博物要覽兩種

國家古籍整理出版專項經費資助項目
二〇二一—二〇三五年國家古籍工作規劃重點出版項目

［明］谷泰 ◇ 輯
逯銘昕 ◇ 點校

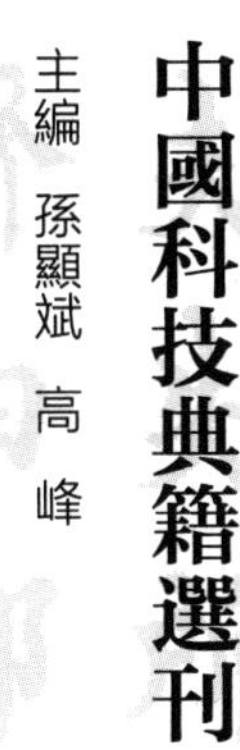
中國科技典籍選刊

第七輯

主編 孫顯斌 高峰

山東科學技術出版社
·濟南·

圖書在版編目（CIP）數據

博物要覽兩種 /（明）谷泰輯；逯銘昕點校 . —濟南：山東科學技術出版社，2023.10
（中國科技典籍選刊 / 孫顯斌，高峰主編 . 第七輯）
ISBN 978-7-5723-1824-5

Ⅰ. ①博… Ⅱ. ①谷… ②逯… Ⅲ. ①歷史文物－中國－古代－目録 Ⅳ. ① K871

中國國家版本館 CIP 數據核字（2023）第 184305 號

博物要覽兩種
BOWU YAOLAN LIANGZHONG

責任編輯：楊　磊
裝幀設計：孫　佳
封面題簽：徐志超

主管單位：山東出版傳媒股份有限公司
出 版 者：山東科學技術出版社
地址：濟南市市中區舜耕路 517 號
郵編：250003　電話：（0531）82098088
網址：www.lkj.com.cn
電子郵件：sdkj@sdcbcm.com
發 行 者：山東科學技術出版社
地址：濟南市市中區舜耕路 517 號
郵編：250003　電話：（0531）82098067
印 刷 者：山東新華印務有限公司
地址：濟南市高新區世紀大道 2366 號
郵編：250104　電話：（0534）2671218

規格：16 開（184 mm × 260 mm）
印張：37.5　字數：543 千
版次：2023 年 10 月第 1 版　印次：2023 年 10 月第 1 次印刷
定價：198.00 元

中國科技典籍選刊

中國科學院自然科學史研究所組織整理

《中國科技典籍選刊》總序

我國有浩繁的科學技術文獻，整理這些文獻是科技史研究不可或缺的基礎工作。竺可楨、李儼、錢寶琮、劉仙洲、錢臨照等我國科技史事業開拓者就是從解讀和整理科技文獻開始的。二十世紀五十年代，科技史研究在我國開始建制化，相關文獻整理工作有了突破性進展，涌現出许多作品，如胡道静的力作《夢溪筆談校證》。

改革開放以來，科技文獻的整理再次受到學術界和出版界的重視，這方面的出版物呈現系列化趨勢。巴蜀書社出版《中華文化要籍導讀叢書》(簡稱《導讀叢書》)，如聞人軍的《考工記導讀》、傅維康的《黄帝内經導讀》、繆啓愉的《齊民要術導讀》、胡道静的《夢溪筆談導讀》及潘吉星的《天工開物導讀》。上海古籍出版社與科技史專家合作，爲一些科技文獻作注釋并譯成白話文，刊出《中國古代科技名著譯注叢書》(簡稱《譯注叢書》)，包括程貞一和聞人軍的《周髀算經譯注》、聞人軍的《考工記譯注》、郭書春的《九章算術譯注》、繆啓愉的《東魯王氏農書譯注》、陸敬嚴和錢學英的《新儀象法要譯注》、潘吉星的《天工開物譯注》、李迪的《康熙幾暇格物編譯注》等。

二十世紀九十年代，中國科學院自然科學史研究所組織上百位專家選擇并整理中國古代主要科技文獻，編成共約四千萬字的《中國科學技術典籍通彙》(簡稱《通彙》)。它共影印五百四十一種書，分爲綜合、數學、天文、物理、化學、地學、生物、農學、醫學、技術、索引等共十一卷(五十册)，分别由林文照、郭書春、薄樹人、戴念祖、郭正誼、唐錫仁、苟翠華、范楚玉、余瀛鰲、華覺明等科技史專家主編。編者爲每種古文獻都撰寫了“提要”，概述文獻的作者、主要内容與版本等方面。自一九九三年起，《通彙》由河南教育出版社(今大象出版社)陸續出版，受到國内外中國科技史研究者的歡迎。近些年來，國家立項支持《中華大典》數學典、天文典、理化典、生物典、農業典等類書性質的系列科技文獻整理工作。類書體例容易割裂原著的語境，這對史學研究來説多少有些遺憾。

總的來看，我國學者的工作以校勘、注釋、白話翻譯爲主，也研究文獻的作者、版本和科技内容。例如，潘吉星將《天工開物校注及研究》分爲上篇（研究）和下篇（校注），其中上篇包括時代背景，作者事迹，書的内容、刊行、版本、歷史地位和國際影響等方面。《導讀叢書》《譯注叢書》《通彙》等爲讀者提供了便於利用的經典文獻校注本和研究成果，也爲科技史知識的傳播做出了重要貢獻。不過，可能由於整理目標與出版成本等方面的限制，這些整理成果不同程度地留下了文獻版本方面的缺憾。《導讀叢書》《譯注叢書》和其他校注本基本上不提供保持原著全貌的高清影印本，并且録文時將繁體字改爲簡體字，改變版式，還存在截圖、拼圖、换圖中漢字等現象。《通彙》的編者們儘量選用文獻的善本，但《通彙》的影印質量尚需提高。

歐美學者在整理和研究科技文獻方面起步早於我國。他們整理的經典文獻爲科技史的各種專題與綜合研究奠定了堅實的基礎。有些科技文獻整理工作被列爲國家工程。例如，萊布尼兹（G. W. Leibniz）的手稿與論著的整理工作於一九〇七年在普魯士科學院與法國科學院聯合支持下展開，文獻内容包括數學、自然科學、技術、醫學、人文與社會科學，萊布尼兹所用語言有拉丁語、法語和其他語種。該項目因第一次世界大戰而失去法國科學院的支持，但在普魯士科學院支持下繼續實施。第二次世界大戰後，項目得到東德政府和西德政府的資助。迄今，這個跨世紀工程已經完成了五十五卷文獻的整理和出版，預計到二〇五五年全部結束。

二十世紀八十年代以來，國際合作促進了中文科技文獻的整理與研究。我國科技史專家與國外同行發揮各自的優勢，合作整理與研究《九章算術》《黄帝内經素問》等文獻，并嘗試了新的方法。郭書春分别與法國科研中心林力娜（Karine Chemla）、美國紐約市立大學道本周（Joseph W. Dauben）和徐義保合作，先後校注成中法對照本《九章算術》（*Les Neuf Chapitres*，二〇〇四）和中英對照本《九章算術》（*Nine Chapters on the Art of Mathematics*，二〇一四）。中科院自然科學史研究所與馬普學會科學史研究所的學者合作校注《遠西奇器圖説録最》，在提供高清影印本的同時，還刊出了相關研究專著《傳播與會通》。

按照傳統的説法，誰占有資料，誰就有學問，我國許多圖書館和檔案館都重“收藏”輕“服務”。在全球化與信息化的時代，國際科技史學者們越來越重視建設文獻平臺，整理、研究、出版與共享寶貴的科技文獻資源。德國馬普學會（Max Planck Gesellschaft）的科技史專家們提出“開放獲取”經典科技文獻整理計劃，以“文獻研究＋原始文獻”的模式整理出版重要典籍。編者尽力選擇稀見的手稿和經典文獻的善本，向讀者提供展現原著面貌的複製本和帶有校注的印刷體轉録本，甚至還有與原著對應編排的英語譯文。同時，編者爲每種典籍撰寫導言或獨立的學術專著，包含原著的内容分析、作者生平、成書與境及參考文獻等。

任何文獻校注都有不足，甚至會引起對某些内容解讀的争議。真正的史學研究者不會全盤輕信已有的校注本，而是要親自解讀原始文獻，希望看到完整的文獻原貌，并試圖發掘任何細節的學術價值。與國際同行的精品工作相比，我國的科技文獻整理與出版工作還可以精益求精，比如從所選版本截取局部圖文，甚至對所截取的内容加以“改善”，這種做法使文獻整理與研究的質量打了折扣。

實際上，科技文獻的整理和研究是一項難度較大的基礎工作，對整理者的學術功底要求較高。他們須在文字解讀方面下足够的功夫，并且準確地辨析文本的科學技術内涵，瞭解文獻形成的歷史與境。顯然，文獻整理與學術研究相互支撑，研究决定着整理的質量。隨着研究的深入，整理的質量自然不斷完善。整理跨文化的文獻，最好借助國際合作的優勢。如果翻譯成英文，還須解決語言轉换的難題，找到合適的以英語爲母語的合作者。

在我國，科技文獻整理、研究與出版明顯滯後於其他歷史文獻，這與我國古代悠久燦爛的科技文明傳統不相稱。相對龐大的傳統科技遺産而言，已經系統整理的科技文獻不過是冰山一角。比如《通彙》中的絶大部分文獻尚無校勘與注釋的整理成果，以往的校注工作集中在幾十種文獻，并且没有配套影印高清晰的原著善本，有些整理工作存在重複或雷同的現象。近年來，國家新聞出版廣电總局加大支持古籍整理和出版的力度，鼓勵科技文獻的整理工作。學者和出版家應該通力合作，借鑒國際上的經驗，高質量地推進科技文獻的整理與出版工作。

鑒於學術研究與文化傳承的需要，中科院自然科學史研究所策劃整理中國古代的經典科技文獻，并與湖南科學技術出版社合作出版，向學界奉獻《中國科技典籍選刊》。非常榮幸這一工作得到圖書館界同仁的支持和肯定，他們的慷慨支持使我們倍受鼓舞。國家圖書館、上海圖書館、清華大學圖書館、北京大學圖書館、日本國立公文書館、早稻田大學圖書館、韓國首爾大學奎章閣圖書館等都對“選刊”工作給予了鼎力支持，尤其是國家圖書館陳紅彦主任、上海圖書館黄顯功主任、清華大學圖書館馮立昇先生和劉蔷女士以及北京大學圖書館李雲主任，還慨允擔任本叢書學術委員會委員。我們有理由相信，有科技史、古典文獻與圖書館學界的通力合作，《中國科技典籍選刊》一定能結出碩果。這項工作以科技史學術研究爲基礎，選擇存世善本進行高清影印和録文，加以標點、校勘和注釋，排版采用圖像與録文、校釋文字對照的方式，便於閲讀與研究。另外，在書前撰寫學術性導言，供研究者和讀者參考。受我們學識與客觀條件所限，《中國科技典籍選刊》還有諸多缺憾，甚至存在謬誤，敬請方家不吝賜教。

我們相信，隨着學術研究和文獻出版工作的不斷進步，一定會有更多高水平的科技文獻整理成果問世。

張柏春　孫顯斌

於中關村中國科學院基礎園區

二〇一四年十一月二十八日

目 録

導言

一、《博物要覽》的編者與成書

《博物要覽》是一部論列字畫碑帖、古玩器具、錦繡犀象、金玉珠寶、异木怪石等古物珍玩的著作。其中對金銀産地與冶煉工藝的記述、對明代官窑所制瓷器特點的介紹、對各類木料特色及其用途的梳理，一直是研究鑄造史、陶瓷史、家具史等學者的重要史料。書中對珍珠、水晶、瑪瑙、琥珀等各類寶物奇石鑒别要點的詳細辨析，也成爲收藏家與鑒賞家必備的參考。

《四庫全書總目提要》在子部雜家類存目中著録此書，提要曰："明谷泰撰。泰字寧宇，官蜀王府長史。其書一卷紀碑刻，二卷紀書，三卷紀畫，四卷紀銅器，五卷紀窑器，六卷紀硯，七卷紀黄金，八卷紀銀，九卷紀珠，十卷紀寶石，十一卷紀玉，十二卷紀瑪瑙、珊瑚，十三卷紀琥珀、蜜蠟、玻璃等物，十四卷紀水晶、玳瑁、犀角、象等物，十五卷紀香，十六卷紀漆器、奇石。皆隨所見聞，摭録成帙，未能該備，所論碑板書畫，尤爲簡陋。書成於天啓中，而中有稱明太祖者。殆後人傳寫所改歟？"

《博物要覽》的編撰者是谷泰。谷泰其人的生平事迹已經難以詳考。根據《博物要覽》卷前的序言，我們知道他的字是寧宇。根據每卷首頁"明蜀府長史谷泰輯"的題名，我們知道他曾擔任過蜀王府的長史。

《博物要覽》的成書時間，卷前"天啓丙寅"的序言中有所説明，序謂"因識長史谷君寧宇，莫逆如故，暇日因手一編見示云：此余歷年聞見物，述此以備遺忘，考確頗深，似可以助四民治生之術"云云。由此可知，《博物要覽》一書的編撰是長期累積輯録的結果，但最遲在"天啓丙寅（1626）"已經成書。《四庫全書總目提要》中所説的"稱明太祖者"見於今十六卷本卷一《明碑帖》，謂"明第一山三大字在江南鳳陽府龍興寺，明太祖御書"。《四庫全書總目提要》所著録的版本爲"兩淮馬裕家藏本"，這一版本的具體情况已不可考。今十六卷本僅存抄本，如果兩淮馬裕家藏本是清代抄本的話，那么抄録時改作"明太祖"是完全有可能的。倘若考論其成書時間，仍需參考序言中的記述。

二、《博物要覽》的版本

《博物要覽》的版本，現存主要有十六卷本與十二卷本兩種。十六卷本今有三部抄本存世，分别藏於南京圖書館、北京師範大學圖書館、臺灣省圖書館。其中，南京圖書館藏本被影印收入《四庫全書存目叢書》與《續修四庫全書》。從避諱情况來看，是書諱“玄”字、“弘”字而不諱“顒”字，故其抄録時間當在乾隆時期。臺灣省圖書館本爲張蓉鏡舊藏，卷中有錢大昕嘉慶二年（1797）觀款，謂“此書傳本頗稀，足資考證”。是書與南圖藏本字迹、行款、開本、避諱、缺頁、誤字皆完全相同，疑爲同一書手所抄或覆紙影寫。北京師範大學圖書館藏本爲清道光十一年（1831）葉百川抄本，與南圖本、臺圖本行款皆同。二書漏抄誤抄處，此本亦皆相同，當與之關係密切。由於南圖藏本已經影印出版，流傳較廣，故下文對勘皆依是書。

十二卷本則收録於清代李調元所編《函海》中。存世的抄本十六卷與《四庫全書總目提要》的著録相合，當是谷泰所編本的原貌。十二卷本的問題則較爲複雜。事實上，十二卷本的《博物要覽》是一部經過剜改書名與作者而改頭换面的“改編本”。這一問題最初爲清代的學者周中孚所發現。他在《鄭堂讀書記補逸》卷二十六中談及《博物要覽》時説：“舊題國朝谷應泰撰。仕履見史部紀事本末類。《四庫全書》存目作十六卷，明谷泰撰，乃據兩淮馬裕家所藏傳寫本也。此本僅十二卷，凡分志鼎彝、志雜器、志銅器、志窰器、志金、志銀、志真珠、志寶石、志玉、志瑪瑙、志珊瑚、志水晶、志琥珀、志蜜蠟、志玻璃、志琉璃、志車渠、志玳瑁、志犀角、志象牙、志香、志木、志石、志錦二十四門，門各有子目，蓋較提要所載之本其前少記碑刻、記書、記畫、記硯四卷也。其於諸物，各記其所出之處，品第高下，辨别真僞，并及價值，雖未能該備，亦可爲賞鑒玩好者之考鏡。朱笠亭炎《陶説》嘗引之。然《提要》所載每門作‘記’而不作‘志’。此本前有李雨邨調元序，其文前後語氣不相聯屬，既稱‘其書未刻，爲刊行於世’，而又有‘仍原名、示不敢欺’之語。又書名‘博物要覽’及署‘谷應泰撰’等字，俱係填刻，卷四、卷九、卷十一書名復作‘骨董志’三字，豈其書曾攘爲己有，并改書名，後乃改還其舊，而填刻有未周歟？至撰書之人，《提要》所載作谷泰，泰字寧宇，官蜀王府長史，書成於天啓中，豈此本又誤谷泰爲谷應泰，而佚其四卷歟？惜未得見馬氏本一核之也。”

周中孚首先指出了他所見到的版本與《四庫》存目所記版本卷目的不同。繼而提出了幾點懷疑：第一是作者問題。十二卷本卷端題名作者爲谷應泰，谷應泰（1620—1690）字賡虞，别號霖蒼，是清初學者，著有《明史紀事本末》。與十六卷本的作者，天啓間蜀王府長史的谷泰并非一人。第二是書名填刻與剜改的問題。周中孚注意到，他手中的《博物要覽》，書名“博物要覽”與作者“谷應泰撰”等字俱係填刻，其中卷四、卷九、卷十一的卷端書名題作“骨董志”。第三是卷前李調元序言的問題。周中孚敏鋭地發現，李調元的序文前後語氣不相聯屬，這其中也可能會有挖改。他的這一發現非常重要，但由於他在當時未及見到十六卷本以及十二卷本的其他版本，對這些問題無法做出合理的解釋。至今也仍無學者對此問題有較爲清晰的研究與説明。

事實上，周中孚所見到的《博物要覽》并非谷泰的原作，而是另一種題爲“博物要覽”的“改編本”。這部“改編本”《博物要覽》收録於清代李調元所編叢書《函海》中。根據周中孚所提示的綫索我們發現，卷四、卷九、卷十一所題名的“骨董志”確有其書，亦見於叢書《函海》中，只是版次不同。《函海》所收圖書以歷代蜀人著述爲主，在巴蜀典籍文獻的保存上貢獻巨大。其編修與刊刻過程較爲複雜，先後有五次印行，而每一次修訂刊刻，所收録的書目及内容皆有變化。這一十二卷“改編本”《博物要覽》正是在《函海》不斷重訂的過程中産生的。

《函海》現存的版本主要有：

（一）乾隆四十七年（1782）刻本

美國國會圖書館藏有著録爲“乾隆四十七年羅江李氏刻本”的《函海》一部。學者鄧長風嘗目驗其書，并對這一版本有詳細的介紹。〔一〕是書一百三十四冊，二十函，收書一百四十二種。書前有乾隆四十七年十二月初六日李調元《函海總序》，序中介紹了此書的刊刻緣起及内容：“余適由廣東學政任滿，蒙特恩監司畿輔，去京咫尺，而向在翰院同館諸公又時獲鱗素通，因以得借觀天府藏書之副本。每得善本，輒雇胥録之，始於辛丑秋，迄於壬寅冬，裒然成帙，真洋洋大觀矣。有客諗余所好，勸開以廣其傳，遂欣然爲之。余蜀人也，故書中于錦里諸耆舊著作，尤刻意搜羅，梓行者居其大半；而新都升庵博學鴻文，爲古來著書最富第一人，現行世者除文集、詩集及《丹鉛總録》而外，皆散軼不傳，故就所見已刻未刻者，但睹足本，靡不收入。書成，分二十函，自第一至十皆刻自漢而下以至唐宋元明諸人未見書。自十一至十四，皆專刻明升庵未見書。自十五至二十，則附以拙刻。”這一版本的《函海》中并無《博物要覽》，僅有《骨董志》十二卷，著者題作“綿州李調元輯”，在内容上與後來的十二卷本《博物要覽》完全相同。

（二）乾隆四十九年（1874）刻本

美國國會圖書館又藏有著録爲“清乾隆四十九年羅江李氏續刻本”的《函海》一部。共二十四集，收書一百五十八種（續補之書分别計數）。書前亦有乾隆四十七年十二月初六日李調元《函海總序》，但涉及分卷的文字與乾隆四十七年刻本相比有所不

〔一〕參見鄧長風，《〈函海〉的版本及其編者李調元》，《明清戲曲家考略全編》，上海古籍出版社，2009 年，第 365–398 頁。

同，删改爲："書成，分二十函，自第一至十皆刻自漢而下以至唐宋元明諸人未見書。自十一至十六，皆專刻明升庵未見書。自十七至二十，則附以拙刻。"這一版本較乾隆四十七年刻本多出李調元所撰《函海後序》一文，將李調元甲辰年刊刻的始末做了交待。《函海後序》云："余所刻《函海》，書共二十集。其前十六集皆古人叢書也，而己書四集并附焉。小卷不計，總全卷共一百五十種書，蓋用後體例也。書始於戊戌春，迄於壬寅冬，閲五年而成。予在通永道遭事去官，板片半散堆館廨，半在梓人林姓家，以刻貲未楚，居奇不發。時余獲罪在保陽臬司獄，方將遠戍萬里，莫如之何，且亦無暇及此，自料此書不能完矣。會予姻家永定觀察南部陳公韞山諱琮者，枉過通癬，視予兒女，見板片零落，慨然曰：'此雨村不朽業也，奈何使之中弃乎？'問知其故，立出三百金，交余弟檢討鼎元墨莊，使購板歸。適予亦荷總制袁清愨公保奏，獲贖回通，因完公羈留之暇，修成此書。續有刻者，皆附載二十集之後。凡有校讎，責之余季墨莊，其去取余獨任之。時甲辰春三月也。雖前序云成於壬寅冬，實成於甲辰春，實韞山力也，善不可没，因爲序其顛末於後云。"國會圖書館著録謂："由此可見，乾隆四十七年刻成《函海》二十集當時并未刷印，至乾隆四十九年方才刊印，同時增補四集成二十四集，即此本。兩本相校，行款版式完全相同，可證乾隆四十九年即用乾隆四十七年刻本印刷，再增刻四集。"這一版本的《函海》中亦無《博物要覽》，僅有《骨董志》十二卷，收入第十九集中。

（三）嘉慶十四年（1809）李鼎元重校印本

中國國家圖書館、上海圖書館、南京圖書館、湖北省圖書館等多地皆藏有嘉慶十四年（1809）李鼎元重校印本《函海》。嘉慶本《函海》卷前有李調元從弟李鼎元作於"嘉慶十四年季春既望"的序言，序中備述原委云："吾兄《函海》之刻，流傳海内已廿有年，而讀者每以魯魚豕亥脱文闕簡爲病。讀其歸田後所著及續刻諸書，復二十函，亦頗有前刻之病。因合四十函重加校正，訛者正之，脱者補之，殘毁者足之，闕文者仍之，雖未敢定爲善本，然亦可以告無罪於雨村矣。"卷前涉及分卷的文字改爲："書成，分爲四十函，自第一至十皆刻自晋六朝以至唐宋元明諸人未見書。自十一至十六，皆專刻明升庵未見書。自十七至廿四，則兼刻各家未見書，參以考證，自廿五至四十，則附以拙纂。"落款仍題作"乾隆四十九年十二月初六日"。這一版本的《函海》在所收書目上較乾隆本有較大調整，增加了李調元之父李化楠，及李調元自己的著述近二十種。也正是在這一版本中，《骨董志》一書易名爲《博物要覽》，卷端題名改爲"國初谷應泰撰、綿州李調元輯"，收於第二十一函，屬於"各家未見書"。卷前序文較乾隆四十九年（1784）刻本略有不同。乾隆本序曰："居恒無事，即爲之紀其名稱，考其出産，既又參之谷應泰《博物要覽》中采輯成卷。予説與谷半焉。成書無以名也，每嘗聞人之稱寶器者必曰骨董，恐其臆説無稽。一日讀韓駒詩有云'莫言老衲藍無底，勝取江南骨董歸'，又昔人以魚肉諸物和羹而食之，謂之骨董羹，然後知二字之典而確也，因即以是名之。”此本挖改爲“居恒無事，即爲之紀其名稱，考其出産，乃取國初谷應泰《博物要覽》一書未刻者刊行於世，仍原名，示不敢欺也”。其中，卷四、卷九、卷十一書名仍作“骨董志”，應是挖改未盡的餘迹。這與周中孚的觀察皆一一印證。

這一改動應是李調元晚年修訂《函海》時所爲。根據學者的研究，李調元晚年於嘉慶五年（1800）對《函海》進行了最後一次修訂，并於次年刊刻成書。〔一〕這一過程見於李調元嘉慶六年所撰《續函海序》中，序云：“前刻《函海》一書，業已流傳海内，其板由京載回，藏於萬卷樓之前楹。自去歲庚申，兇焰忽延，長思莫守。於四月初六日，萬卷一炬，化爲烽雲，增《函海》另貯，未成焦土。以故五月中即僱車搬板至省，寄放青石橋白衣巷。迄今已及一年，改訛訂正，又增至四十函，可謂無恨矣。”現存嘉慶十四年重校印本應是在嘉慶六年李調元修訂本的基礎上重新校訂并刊行。

（四）道光五年（1825）李朝夔補刊印本

道光五年，李調元之子李朝夔在李鼎元校刻《函海》印本的基礎上，又增補了《金石存》《全五代詩》等著作，共收録圖書一百六十三種，四十函。今國内各大圖書館多有收藏。這一版本卷前有道光五年李朝夔《補刻函海跋》，略云：“先太夫是書梓行海内久矣。自嘉慶庚申避寇蓉城，往來車載，不無十一之損。越壬戌，先大夫見背。夔惟謹藏此板，以期世守而已。後叔墨莊自京艱歸，不忍殘缺，以廢先君之舉，爰加校訂，亦大苦心。奈書板繁多，殘缺得補者半，而待補者亦半，論者究多太璞不完之歎。夔痛先人之手澤猶存，字字皆心血所費，刻志搜求，因獲初刊原板所印，全部急照殘缺者逐篇抄録付梓補入。又以諸板字半模糊者亦改易其板，歷三寒暑而工始竣。”其中，《博物要覽》一書與嘉慶本完全相同，并無補板的現象。

（五）光緒七年（1881）廣漢鍾登甲樂道齋刻本

光緒七年，川人鍾登甲重刊《函海》。此次刊刻《函海》，收録著作一百六十二種，依舊分裝四十函。内封面鐫“光緒壬午年鋟於樂道齋”，題“順西李雨村編　仿萬卷樓原本”。卷前有乾隆四十七年李調元《函海總序》，涉及分卷的内容也做了文字上的調整：“乾隆四十七年書成，分爲四十函，自第一至十三皆刻自晋六朝以至唐宋元明諸人未見書。自十四至二十二，皆專刻明升庵未見書。廿三至廿七，則兼刻各家未見書，參以考證，自廿八至四十，則附以拙纂。”又有光緒壬午年鍾登甲《重刊函海序》記其刊刻始末，略云：“蜀自青羊劫後，先朝文獻半付烏有，望古曷勝欷歔。我朝歷百餘年，李雨村先生崛起，力尋墜緒，搜羅前代散佚，附以著述，輯書百六十餘種刊行，

〔一〕參見王永波《李調元〈函海〉編修與版刻考論》，《版本目録學研究（第六輯）》，國家圖書館出版社，2015年，第293–308頁。

名曰《函海》。當時海内名公交口推重，未幾兵燹旋興，板付灰燼。今考存書，實多殘缺，難虧全豹。噫，文字之遭阸，又垂數十年矣。竊維好古之士，偶拾殘碑斷碣一字一句，尚摩挲不忍釋手，况鄉先輩著述，能坐視其日就湮没而不竭力表彰之乎？用是慨然念之，遍於藏書家訪求舊本若干部參校，勉成足本，公諸同好。”鍾氏所刻《函海》，在行款格式上一依原書，唯字體由原來的軟體寫刻改爲宋體字。《博物要覽》一書收於第二十五函。内封面鐫“光緒七年八月重鋟於廣漢”。每卷前重新編制了目録，其中卷四、卷九、卷十一的卷端題名仍作“骨董志”。

表 1　　五種《函海》印本與“博物要覽”書名變化表

《函海》版本	《函海》總集數	書名	作者	所在集數
乾隆四十七年本	二十集	《骨董志》	綿州李調元輯	第十六集
乾隆四十九年本	二十四集	《骨董志》	綿州李調元輯	第十九集
嘉慶十四年本	四十集	《博物要覽》	國初谷應泰撰、綿州李調元輯	第二十一集
道光五年本	四十集	《博物要覽》	國初谷應泰撰、綿州李調元輯	第二十一集
光緒七年本	四十集	《博物要覽》	國初谷應泰撰、綿州李調元輯	第二十六集

從以上對《函海》刊刻情况的考察可知，所謂的十二卷本《博物要覽》實際上是嘉慶六年（1801）李調元在《骨董志》的基礎上改易書名、增加編者的結果。這部改頭换面的十二卷本《博物要覽》雖是“改編本”，但由於《函海》的多次刊刻，在“博物要覽”的流傳中，其影響遠遠超過了最初的“原本”。從後世對此書的利用來看，徵引十六卷“原本”的多集中於清初以至乾隆年間。官方所修圖書提及十六卷本的主要有《續文獻通考》與《續通志》。私人著述引用較多的則有康熙間陳元龍所編《格致鏡原》與乾隆間朱琰所撰《陶説》。除此之外，其他文獻中未見有大量徵引。與之相對照，自清代中期以至今天的近二百年中，凡提及或引用“博物要覽”一書者，考其文字，多出於十二卷“改編本”。官修圖書如《清續文獻通考》《清史稿》；私人著述如鄭復光《鏡鏡詅癡》、章鴻釗《石雅》、趙汝珍《古玩指南》、厲荃《事物异名録》、陳瀏《匋雅》、孫壁文《新義録》等，不一而足。甚至直到新中國成立以後，在童書業、陳萬里等人研究明代瓷器史的論著中〔一〕，都曾多次引用十二卷本《博物要覽》的記載作爲重要史料來論證科技史上的現象或問題。由可見十二卷本影響之大。因此，從版本流傳與影響來看，若欲整理《博物要覽》，十二卷本與十六卷本缺一不可。

〔一〕參見陳萬里《三件有永樂年款的青花瓷器》,《故宫博物院院刊》,1958 年第 1 期，第 61 頁。童書業《明代瓷器史上若干問題的研究》,《山東大學學報（歷史版）》，1963 年第 2 期，第 77–85 頁。

三、十二卷本與十六卷本《博物要覽》的异同

昔年周中孚曾感歎“惜未得見馬氏本一核之”，今南京圖書館所藏十六卷抄本被影印收入《四庫存目叢書》與《續修四庫全書》，將此十六卷“原本”與十二卷“改編本”相對而校，可略解周氏之憾。從十二卷本卷前李調元的序言可知，他所編纂的這部《博物要覽》，很大程度上參考了谷泰的原書。十二卷本的框架結構與至少約一半以上的内容來自十六卷本《博物要覽》，序言中所謂“予説與谷半焉”的自我陳説，大致可信。將十二卷本“改編本”與十六卷“原本”對照來看，二者不僅在卷次順序上有所不同，具體到文字内容上也差异較大，主要體現在以下幾個方面。

第一，相近内容的分卷順序不同。十二卷本與十六卷本中有一部分相同或相近的論題，這些論題在兩個版本中的分卷順序不同，如表 2 所示。

表 2　　十六卷本与十二卷本《博物要覽》分卷情況对照表

十六卷本卷次	内容	十二卷本卷次
卷一	古帖考	
卷二	歷代書家	
卷三	論歷代名畫	
卷四	論歷代鼎彝	卷一
卷五	論各種窑器	卷二
卷六	論各種名硯、墨、紙等	
卷七	論黄金	卷三
卷八	論銀	卷四
卷九	論真珠	卷五
卷十	論寶石	卷六
卷十一	論玉	卷七
卷十二	論瑪瑙、珊瑚	卷八
卷十三	論水晶、琥珀	卷八、卷九
卷十四	論玻璃、犀角、象牙	卷九
卷十五	論名香、名木	卷十
卷十六	論漆器、奇石	卷十一
	論錦	卷十二

從上表可以看出，十二卷本與十六卷本二者絶大多數論題相近。十二卷本刪去了十六卷本中古帖考、歷代書畫、論歷代名畫、論各種名硯墨紙等書畫類的論題，使得整本書的焦點集中於古玩器物。同時又增加了一卷，專論歷代各色織錦。

第二，在論題相同或相近的卷次中，二者互有彼此所不載的條目。換言之，十二卷本在十六卷本的基礎上刪除了一些條目，也增加了一些新的條目，如表 3 所示。

表 3　　十二卷本与十六卷本《博物要覽》獨有内容对照表

論題	十六卷本	十二卷本
論黄金	紀御府内帑金十五種（卷七）	
論銀	紀兩京十三省銀色銀錠（卷八）	銅銀用藥點造者、白銀所産狀貌顔色（卷四）
論真珠	論看蠹肚沙眼擊損珠法、洗油珠法（卷九）	珠飾數目（卷五）
論玉	论玉材（卷十一）	玉器名目、辨新舊玉器顔色工作（七）
論其他	雲母、婆娑石、鶴頂、龜筒、翠毛（卷十四）	
論香	龍腦香、麝香、蘇合香、安息香、鬱金香、鷄舌香、丁香、伽楠香、連香、芸香、木香、乳香、零陵香、甘松香、甲香、蘹香、詹唐香、茅香、三柰香、排草香（卷十五）	奇南香、速香（卷十）
論木	鐵梨木、桫木、樟木、新羅松木、鸂鶒木、杉木（卷十五）	蘇木、樺木、槵子木、靈壽木、相思紅豆木（卷十）
論石	臨安石、武康石、常山石、袁石、平泉石、兖石、品石、歙石、菩薩石（卷十六）	卞州石、全州石、萍鄉石、修口石、栢子瑪瑙石、婺源石、招信石、奉化石、大理石、桃花石、紅絲石、無爲石、菩薩石、雪浪石、虢石、仇池石、清溪石（卷十一）

這些十二卷本獨有内容的淵源，大部分來自前代的圖書，如辨新舊玉器顔色工作來自明代高濂的《遵生八箋》，靈壽木、紅豆木等來自明代李時珍的《本草綱目》，全州石、萍鄉石等來自宋代杜綰的《雲林石譜》等；僅有極少部分不能明確稽核其出處。

第三，在論題相同或相近的二級條目中，一些具體的文字表述也有較大差异。略舉數例，如表 4 所示。

表 4　　　　十二卷本与十六卷本《博物要覽》條目内容对照表

條目内容	十六卷本	十二卷本
論黄金産地	一産益州；一産梁州寧州；一産建平晋安；一産嶺南獠洞；一産雲南；一産鄱陽樂安；一産黔南；一産富州賓州涪州（卷七）	黄金産益州；黄金産益州、梁州、寧州；黄金産建平晋安俱福建；一産嶺南獠夷洞中；一産饒州，又産信州；一産南劍州、澄州；一産雲南麗江；一産鄱陽樂安；一産黔南遂府吉州；一産富州賔州涪縣（卷三）
論真珠産地	一産嶺南廉州；一産西蜀女瓜；一産河北塘濼；一産西番；一産淮南；一産南海（卷九）	一産西洋；一産廣東廉州；一産蜀中西路女瓜鄉；一産河北塘濼；一産淮南高郵及沿江；一産安南國；一産廣西；一産廣陽縣；一産永昌郡博南縣；一産舘（陽）[陶]縣；一産豫章海昏；一産欝林州；一産蘇祿國；一産日本國；一産佛菻國；一産錫蘭山；一産於闐國；一産占城國；一産馬八兒國；一産拘弭國；一産罽賔國；一産西洋國；一産渠泥國；一産羅剎國；一産渤泥國；一産南海（卷五）
貓眼寶石	第一貓兒眼睛寶石，産蘭山及默德那國。大如指頂，石色紺黄中含活光一縷，色白，凡遇子午卯酉四正時，其光則正定，若餘時，則其光四散，以此爲异。每顆可值三四十金。第二卵子寶石，産雲南寶井。石色紫黄，大如指頂，中間亦有白光散而不聚，不足爲貴，每顆可值金許。（卷十）	第一默德那國猫眼寶石。默德那國産猫兒眼寶石，石色淡黄，中含青紋一縷，隨時轉動。大者如指頂，可直一二百金一顆。又云：猫兒眼真好者，其中心活縷，與真猫睛至午時及子卯酉四正時則居正中一綫爲异。第二雲南寶井猫兒眼寶石。雲南寶井所産猫兒眼寶石，有種者不過重至錢外，中雖有紋而散不能居中，每顆不過直三四換。（卷六）

以上所示代表了二書文字差异的兩種類型：一類是十二卷本在十六卷本的基礎上做了補充，如“論珍珠産地”條，一類是二者的文字互不相同，當是淵源各异，如“貓眼寶石”條。檢考十二卷本中相异文字的來源，多無直接文獻依據，當是李調元綜括諸書撰著而成。

從以上的對比可知，十六卷本與十二卷本無論在論題、條目還是具體文字上都存在一定差异。大要而言，十二卷本的框架結構與至少約一半以上的内容來自十六卷本《博物要覽》。二書在論題的選擇上各有側重，在相同的論題中，十二卷本的有些内容甚至比十六卷本更爲詳盡。從整體價值來看，十二卷本可以説是十六卷本的“深度改編本”，在二者互异的條目或文字上，都有彼此未及的史料與知識，但在纂修水準上差异并不明顯，二者各具特色，難分軒輊。從保存更多文獻史料的角度來看，若欲整理《博物要覽》，十六卷本與十二卷本缺一不可。

四、“原本”《博物要覽》的史料來源

在“博物要覽”的流傳中，改頭換面的十二卷本《博物要覽》的影響遠遠超過了最初的“原本”，以致於“原本”《博物要覽》的價值與意義一直未被發掘與認識。作爲一部有關技術與工藝的典籍，它本質上是經過彙纂而成的著作。彙纂與撰著不同，它是按照一定體例與方法將史料彙編成書的著述方式。如欲揭示其價值與意義，首先需要檢視書中内容的史料來源，惜乎尚無學者對此進行討論。通過深入的考察，我們可以發掘出“原本”《博物要覽》據以編修的種種史料與素材。將這些史料素材與《博物要覽》一一對照，不僅可以揭示出編者增删取舍的過程、背後的編纂原則與體例，更可呈現出“原本”《博物要覽》一書獨特的價值與意義所在。

考察十六卷本《博物要覽》的史料來源，最主要的有以下幾種。

（一）《墨池編》與《格古要論》

《博物要覽》卷一、卷二主要論述碑帖與書家。其史料來源主要是《墨池編》與《格古要論》。這在卷一開篇已有提及，卷一《古帖考》云：“如王氏《墨池編》及《格古論要》所載各省碑帖已經遍訪，半属殘缺，（令）[今]海内所存者兹以録焉，餘不具哉。”《墨池編》是北宋朱長文（1039—1098）編寫的一部書法理論總集。分爲字學、筆法、雜議、品藻、贊述、寶藏、碑刻、器用八个门類。采輯前人論著，依類彙編，包括凡筆法要旨、名家品評，以及歷代古碑、文房四譜，無不收録，是研究古代書學的重要參考資料。《墨池編》的版本較多，現存最早的刻本是明隆慶二年（1568）的薛晨校注本，共二十卷。這一版本并非朱長文的原作，書中在“碑刻”部分增加了元代與明代的碑刻。但《博物要覽》所徵引的恰是這一增加了元明碑刻後的版本。以下對照文字皆用隆慶二年薛晨校注本。《格古要論》是明代曹昭所撰寫的一部分門别類介紹鑒賞古物珍玩的著作。全書共三卷十三論。上卷爲古銅器、古畫、古墨迹、古碑法帖四論；中卷爲古琴、古硯、珍奇、金鐵四論；下卷爲古窑器、古漆器、錦綺、异木、异石五論。其後明代王佐將其增編爲十三卷，於古墨迹、古碑法帖部分增補尤詳。《博物要覽》所參考的，就是經過增編的“王氏”本。

《博物要覽》卷一主要論述碑帖，在内容上是對《墨池编》卷十七、卷十八的改編。《墨池編》著録了自周代至明代的碑帖，《博物要覽》在此基礎上進行了大幅删减。其删减遵循“海内所存者兹以録焉，餘不具哉”的標準，僅著録存世的碑帖。因此在著録碑帖的數量上，較《墨池編》大大减少。如秦碑，《墨池編》著録九種，《博物要覽》删减爲五種；漢碑《墨池編》著録九十四種，《博物要覽》删减爲十三種；隋碑，《墨池編》著録三十種，《博物要覽》删减爲八種；唐碑，《墨池編》著録一百九十七種，《博物要覽》删减爲二十種。在所著録碑帖的説明文字上，《博物要覽》也有較大的改

動。略舉數例，如表 5 所示。

表 5　　《墨池編》與《博物要覽》碑帖著録對照表

《墨池編》卷十七	《博物要覽》卷一
周封比干銅槃銘（古篆十六字，右林左泉後岡前道萬世之寧玆焉是寶，在汲縣）	周封比干墓銅槃銘（在陝西西安府汲縣）
周壇山石刻（周穆王時史籀篆吉日癸巳四字，舊在贊皇壇山，今鑿石龕於趙州署壁）	周壇山石刻（舊在贊皇縣，今鑿石龕於趙州署壁）
周石鼓文（石鼓凡十，宣王時史籀篆，舊在鳳翔府麟遊縣，合移北京國子監先師廟儀門）	周石鼓文（舊在鳳翔府麐遊縣，今移在北京國子監）
周張仲器銘（在宋嘉祐中翰林學士劉原甫家藏）	周張仲器銘（在河南開封府）

兩相對照，我們可以看出，《博物要覽》在編纂時將碑帖的作者及具體文字删去，僅保留了碑刻的現存地點，如無地點者則補充完整。

《博物要覽》卷二論歷代書家，其主要來源應該是《墨池編》，但在形式上更爲簡略。《墨池編》卷六至卷十的“品藻”門中記載了歷代書家的生平傳記及其所長。《博物要覽》則僅記書家姓名與工於某書。

（二）《遵生八箋》

《遵生八箋》也是《博物要覽》的重要材料來源。《遵生八箋》題明代高濂所撰，是一部内容廣博又切實用的養生專著。全書分爲《清修妙論箋》《四時調攝箋》《延年却病箋》《起居安樂箋》《飲饌服食箋》《靈秘丹藥箋》《燕閑清賞箋》《塵外遐舉箋》八箋。《博物要覽》卷三、卷四、卷五的絶大部分内部都來源於《燕閑清賞箋》（見表 6）。《遵生八箋》的版本較多，這里采用的是時間較早的明萬曆十九年（1591）刻本作爲參照。

表 6　　《博物要覽》與《遵生八箋》内容對照表

卷數	《博物要覽》	《遵生八箋》
卷二	《古今帖辨》	卷十四《論帖真僞紙墨辨正》
卷三	《論歷代名畫》《論唐朝畫》《論宋朝名畫》《論元朝名畫》	卷十五《論畫》
	《論看畫辨真僞法》	卷十五《畫家鑒賞真僞雜説》
卷四	《紀論歷代鼎彝》《紀論巵匜盤洗》《紀論觚尊觶等器》《紀論壺瓶甋等器》《紀論各種古鏡》《紀論鉤燈等器》	卷十四《論古銅器具取用》

續表

卷數	《博物要覽》	《遵生八箋》
卷四	《論古銅真僞顏色》	卷十四《論新舊銅器辨正》《論古銅色》
	《紀論僞造銅器顏色》	卷十四《論新鑄僞造》
卷五	《紀論柴、汝、官、哥窑器》《論官窑器皿》《論哥窑器皿》	卷十四《論官哥窑器》
	《論定窑器皿》	卷十四《論定窑》
	《論古龍泉窑器》《論均窑器皿》《論古建窑器皿》《論大食窑器皿》《論玻璃窑器皿》	卷十四《論諸品窑器》
	《論各種饒窑器皿》《論宣德窑器皿》《論成化窑器皿》《論弘治正德嘉靖窑器皿》	卷十四《論饒器新窑古窑》
卷六	《論各種名硯》	卷十五《論硯》
	《論硯式入格者》	卷十五《高似孫〈硯箋〉諸式》
	《論藏硯法》	卷十五《滌藏硯法》
	《論各朝名紙》	卷十五《論紙》
	《論文房器具》	卷十五《論文房器具》
卷十一	《論玉材》	卷十四《论古玉器》

從具體條文的對比來看，《博物要覽》對《遵生八箋》進行了一些節選與删減，但在文字上差别不大，能够非常直觀地辨識出材料的來源。

（三）《本草綱目》

《博物要覽》卷十四《論服食雲母法》云："（雲母）服食治煉之法甚多，俱見於《本草綱目》。"这是《博物要覽》曾參考過《本草綱目》的明證。事實上，《博物要覽》中涉及金銀、珍珠、瑪瑙、琥珀、玻璃、象牙、名香等珍玩的條文與《本草綱目》的内容非常接近，如表7所示。

表7　《博物要覽》與《本草綱目》内容對照表

卷數	《博物要覽》	《本草綱目》
卷七	《論黄金産地》《紀外國真金五種》《紀假金十五種》	卷八《金》
卷八	《論銀産地》《紀真銀六種》	卷八《銀》
卷九	《論真珠産地》《論南北珠身分顏色》	卷四十六《真珠》

續表

卷數	《博物要覽》	《本草綱目》
卷十二	《論瑪瑙所産地》《紀各種瑪瑙》	卷八《马脑》
	《紀珊瑚所産地》	卷八《珊瑚》
卷十三	《紀琥珀所産地》《論琥珀生産顏色道地》《論琥珀真假》《論琥珀顏色身分》	卷三十七《琥珀》
卷十四	《紀玻璃所産地》《論玻璃顏色》	卷八《玻璃》
	《琉璃所産地》	卷八《琉璃》
	《雲母》《論服食雲母法》	卷八《雲母》
	《婆娑石》	卷八《婆娑石》
	《琿璖》	卷四十六《車渠》
	《犀角》《論犀角貴賤顏色身分法》《紀各種犀角》	卷五十一《犀》
	《象牙》	卷五十一《象》
卷十五	《紀論名香品第》	卷十四《木香》《零陵香》《茅香》《鬱金香》《甘松香》、卷二十六《蘹香》、卷三十四《龍腦香》《沉香》《檀香》《蘇合香》《安息香》《丁香》《降真香》《乳香》、卷五十一《麝》

《博物要覽》對《本草綱目》的參考與利用，并不像對《墨池編》《格古要論》《遵生八箋》那樣與原始材料相似度較高，而是對文字做了重新編排。以論玻璃爲例，《本草綱目》卷八《玻璃》條云："釋名：頗黎、水玉。時珍曰：本作頗黎。頗黎，國名也。其瑩如水，其堅如玉，故名水玉，與水精同名。集解：藏器曰：玻瓈，西國之寶也。玉石之類，生土中。或云千歲水所化，亦未必然。時珍曰：出南番。有酒色、紫色、白色，瑩澈與水精相似，碾開有雨點花者爲真。列丹家亦用之，藥燒者有氣眼而輕。《玄中記》云：大秦國有五色頗黎，以紅色爲貴。梁《四公子記》云：扶南人來賣碧頗黎鏡，廣一尺半，重四十斤，内外皎潔，向明視之，不見其質。蔡絛云：御庫有玻黎母，乃大食所貢，狀如鐵滓，煅之但作珂子狀，青、紅、黄、白數色。"

《博物要覽》則將其分作《紀玻璃所産地》與《論玻璃顏色》兩部分。《紀玻璃所産地》云："一産西洋國。玻璃本作頗黎，國名也。其瑩如水，其堅如玉，故名水玉，與水晶同名。一産南番。玻璃，國之寶也，玉石之類，生於土中。或云千歲冰所化，或恐未然。有酒色、紫色、白色，瑩徹與水晶相似，碾開有雨點花者爲（直）[真]。列丹家亦用之，藥燒者，有氣眼而輕。”《論玻璃顔色》云：“大（食）[秦]國有五色玻璃，以紅色爲貴，其外有碧、緑、紫、白四色，其價不甚重。梁武帝時，扶南人來賣碧玻璃鏡。廣一尺半，重四十餘斤，内外皎潔，向明視之，不見其質。當時以爲至寶。宋御庫中有玻璃母，乃大食國所貢，狀若鉄滓，煅之但作珂子狀，青、黄、紅、白數色。”

《本草綱目》一書自有其編寫體例，即先釋名，再集解，後有李時珍綜括各種材料而來的按語。《博物要覽》的改編則將李時珍原有的體例打破，重新匯入自己的體例中，先交待産地，後描述顔色與性狀，删去了原始的引文出處，行文更爲精練明晰。

以上所舉論玻璃的例子在文字上較多的參考了《本草綱目》，但在另外一部分内容里，盡管《本草綱目》中有相同的條目，《博物要覽》一書却采録較少。比如卷十五《紀論名香品第》中所論各種名香，《本草綱目》的論述文字少則數百字，多則上千字，而《博物要覽》的采録多数不足二百字。這也説明，《博物要覽》的編纂自有其體例。

（四）其他來源

上文所提到的材料來源大約占了《博物要覽》全書文字的一半左右。其他可以考見的來源在字數上占比較少，少則數百字，多則不足一卷。例如，宋代杜綰的《雲林石譜》。在《博物要覽》卷十六《紀各種奇石》中，對靈壁石至六合石共二十種奇石的描述與介紹，皆來自《雲林石譜》。又比如明代劉侗的《帝京景物略》。《博物要覽》卷四《紀論宣銅器具》《論宣銅爐鑄顔色》、卷十六《紀各種漆器》與《帝京景物略》卷四的部分内容几乎完全相同。又比如被收入《居家必用事類全集》戊集的《寶貨辨疑》。《博物要覽》卷七《紀良金十種》《紀花銀十一種》、卷九《論南北珠身分顔色》《論看一匣珠法》《看馬價珠法》皆与之在文字上非常接近。

五、《博物要覽》的價值與意義

對史料來源的考察是討論一部著作價值與意義的前提。《博物要覽》是一部以彙纂輯抄爲主的著述。從上面的分析可知，《博物要覽》全書約有三分之二的内容可以追溯其史料來源。因此，《博物要覽》的價值首先體現在它對史料的選擇、剪裁、編排上。

《博物要覽》一書的編纂體例取法於明代曹昭編撰、王佐新增的《格古要論》。《格古要論》分别記述古琴、古墨、古碑法帖、金石遺文、古畫、珍寶、古銅、古硯、异石、古窑器、古漆器、古錦、异木、竹、文房等主題，《博物要覽》在此基礎上稍加調整取舍，所論主題變化不大。在具體節目的論述上，《博物要覽》略於碑帖字畫而詳於器物珍玩。在記論每種器物珍玩時，《博物要覽》很少借用《格古要論》的文字，而是組織材料，重新編述，因此在具體内容上與《格古要論》差别較大。可以説，《博物要覽》是用《格古要論》的舊瓶裝了自己的新酒。

從具體内容看，總結起來,《博物要覽》對史料的編纂與加工主要有以下幾個方面。

第一，拆分條目。從上面的文字對比可以看出,《博物要覽》的條目都較爲短小。原始材料中的一個條目在《博物要覽》中常常被拆分爲幾個條目。例如，引用《遵生八箋》時，原書卷十四《論古銅器具取用》一個條目,《博物要覽》拆分爲《紀論歷代鼎彝》《紀論巵匜盤洗》《紀論觚尊觶等器》《紀論壺缾瓿等器》《紀論各種古鏡》《紀論鈎燈等器》六個條目。卷十四《論諸品窑器》一條,《博物要覽》拆分爲《論古龍泉窑器》《論均窑器皿》《論古建窑器皿》《論大食窑器皿》《論玻璃窑器皿》五個條目。

第二，删減文字。與原始史料相比,《博物要覽》對部分條文進行了大量的删減。以卷六《論文房器具》爲例，這一部分皆來源於《遵生八箋》卷十五《論文房器具》，記述了文具匣、硯匣、筆格、筆床、筆屏、水注、筆洗、水中丞、硯山、印色方、糊斗、法糊方、鎮紙、壓尺、圖書匣、秘閣、貝光、裁刀、書燈、筆硯、墨匣、臘斗、筆船、琴劍、香几，共二十五種文具。《博物要覽》則删減爲硯匣、筆架、水注、鎮紙、圖書匣、論書燈、香爐、香几八種。每個條目的文字也有大幅删減。如論鎮紙一則,《遵生八箋》約千餘字,《博物要覽》則删減爲不足百字。

第三，補充内容。《博物要覽》的一少部分内容，在原始材料的基礎上又補充了一些文字，使之更爲完善。例如，卷十四對幾種犀的介紹來自《本草綱目》卷五十一，原文曰:“《開元遺事》有辟寒犀，其色如金，交趾所貢，冬月暖氣襲人。《白孔六帖》有辟暑犀，唐文宗得之，夏月能清暑氣。《嶺表録异》有辟塵犀，爲簪梳帶胯，塵不近身。《杜陽編》有蠲忿犀，云爲帶令人蠲去忿怒，此皆希世之珍，故附見之。”《博物要覽》拆分爲四則，删去了出處，但每一條都根據他書增補了文字，其云:“辟寒犀，唐(文)[玄]宗有辟寒犀，色如黄金，每當冬月寒烈之時，以金盤貯角置之殿中，則温暖如春，爲世之珍寶。辟暑犀，唐(玄)[文]宗有辟暑犀如意，每夏月炎蒸之時，則取以執之，即清凉遍體，如在深秋矣。辟塵犀，晋魏時，有得帶胯乘馬馳驟風塵中，衣冠之上了無纖塵沾染，亦奇物也。蠲忿犀，唐同昌公主有蠲忿犀，帶恕俱蠲，常生歡喜。”

第四，改變形式。除了在内容上進行改變之外，在形式上,《博物要覽》將那些單純羅列器物名稱的敘述性話語改爲表格，使之更爲醒目。這樣的改寫有卷四《紀論歷代鼎彝》、卷六《論各種名硯》《論硯式入格者》《紀唐時紙品》《紀宋時各紙品》《紀元時各紙品》。例如，卷四《紀論歷代鼎彝》中,《遵生八箋》卷十四作:“方者以飛龍腳文王鼎爲上賞。獸吞直腳亞虎父鼎、商召父鼎、周花足鼎，光素者如南宫鼎爲次賞。若周象簠鼎，腹壯而膀腳肖鷄腿，又如百乳鼎者，皆下品也。”《博物要覽》則改爲:“方而大者：文王鼎(飛龍腳者爲上賞)、亞虎父鼎、商召父鼎、周花足鼎、南宫鼎(已上四種方者次賞之)、周家簠鼎、百乳鼎(已上二種方之下品)。”

利用以上這些方式，《博物要覽》重新對史料進行了編排加工，形成了自己明晰、簡要、精練的體例，正如其書名所示，是對“博物”的一種“要覽”。

《博物要覽》一書約有近三分之一的内容難以考察其史料來源。根據其彙纂輯抄的性質，我們可以推測，這部分内容很可能也是來源於其他圖書。但這些圖書現在已經亡佚，因此，《博物要覽》便成爲有關這些知識的唯一記載。當然，這部分難以考索的記述也可能來源於編撰者谷泰的親身見聞。無論如何，這部分内容也體現着《博物要覽》的價值所在。總結起來，大致有兩個方面。

第一，史料價值。書中保存了一些金融史、語言學史方面的重要史料。例如，卷七《紀禦府内帑金十五種》總結了明代内帑金的成色、重量、制法、流通方式，卷八《紀兩京十三省銀色銀錠》記録了明代各地區所用銀錠的樣式、成色、名稱、製作工藝、流通範圍、品第高下，是了解明代貨幣演變的稀見史料。相比十二卷本《博物要覽》，十六卷本卷十中記載了更多寶石的音譯名稱，如避者達、伊尼剌、兀伊剌、罕賴剌、馬思艮底、尼蘭助把、披遐西等，是研究波斯語、印地語等西域小語種以及中外交通史的重要資料。

第二，工藝與技術價值。書中對金銀、寶石的製作工藝與鑒定方法記載較爲詳盡。例如，卷七總結了歷史上許多“辨黄金真假法”，這些方法雖然不能盡如其所説的“以此辨别，萬無一失”，但也記録了古人在辨别真假黄金上的經驗與智慧。卷十記論各種寶石的產地、特點、價值與鑒别方法，是目前有關這一内容最爲全面的敘述。卷十二所述瑪瑙、珊瑚，儘管《格古要論》與《本草綱目》中皆有記載，但十六卷《博物要覽》中對質地、顔色、產地及其價值有更爲詳盡的描述。卷十三討論水晶的鑒别時，如實地記録了自己的經驗。同卷討論琥珀顔色身分時，從行光、座光的角度來鑒别的方法，亦不見於其他典籍。所有這些，皆值得科技史研究者的關注與重視。明代之前，極少有專門記述古物珍玩的圖書，這一題材的内容多散見於類書或筆記中。明初曹昭的《格古要論》是存世較早的一部論述古玩優劣、真僞鑒别的文物鑒賞專著。《博物要覽》踵武其後，賡續前論。雖然《博物要覽》是一部以彙纂輯抄爲主的著述，但它參詳諸家，綜括衆説，編例得體，綱舉目張，文字簡明。它與《格古要論》各有側重，詳略互异。在明代古玩文物類圖籍中，《博物要覽》亦屬上乘之作。

六、整理説明

十二卷本的《博物要覽》民國時期商務印書館曾據《函海》本排印，收入《叢書集成初編》，并加以舊式標點。十六卷本的《博物要覽》則有《四庫全書存目》所收録的南京圖書館藏抄本，這一版本尚未有點校本出版。本次《中國科技典籍選刊》將十六卷本與十二卷本分别點校整理，方便讀者互相參閲。十六卷本采用南京圖書館藏清乾隆抄本作爲底本。十二卷本采用嘉慶十四年（1809）李鼎元重校印《函海》本作爲底本。

十六卷抄本并不是一個好的底本，它在文字上的錯誤較多，有很大一部分是因爲字形相近或字音相近産生的誤字。形近而誤的比如卷四《紀論歷代鼎彝》“聊以通用之數論之”，“通”當作“適”。《紀論壺缾甌等器》“用有蟠虬甌、魚甌等”，“用”當作“周”。《論官窑器皿》“經尺大盤”，“經”當作“徑”；“大撞梅花瓣泰勝合子”，“泰”當作“春”；“束腰大角小架”，“大”當作“六”。《論古龍泉窑器》“有耳末腰小爐”，“末”當作“束”；“有深腹草邊盥盆”，“草”當作“單”。《論成化窑器皿》“宣窑之青，乃蘇浮泥青也，後俱用畫”，“浮”當作“浡”，“畫”當作“盡”。卷六《論藏硯法》“若用二三日不滌則墨色若域”，“若域”當作“差減”。值得注意的是，在這個抄本中，形近而誤并非僅限於楷書字形相近的錯誤，也有因爲草書字形相近而産生的錯誤，如卷三《論歷代名畫》“生則形似”，“則”字當作“外”字；卷九《看南北西湖珠法》“西珠摸緑小封形”，“形”字當作“頭”字；卷十六《常山石》“地名石洪，或云登字”，“登”字當作“空”字。其中“形”與“頭”、“登”與“空”的草書字形非常相近。音近而誤的比如卷四《紀論卮匜盤洗》“盤用以承其水”，“其”當作“棄”；“今可用作香圓盤”，“圓”當作“櫞”。卷四《論弘治正德嘉靖窑器皿》“奈何饒窑之土入地漸無”，“無”當作“惡”。卷六《論藏硯法》“滌者不可磨去墨秀”，“秀”當作“鏽”。卷六《論水注》“有金銀片嵌天（緑）”，“緑”當作“鹿”；“有姜鑄眠牛”，“姜”當作“江”。卷十五《紀論名香品第》“塊大者曰的乳”，“的”當作“滴”。卷十六《常州石》“或欹斜尖細，互相撐住之勢”，“尖”當作“纖”，“住”當作“拄”。《平泉石》“磨礱光潤而青堅”，“青”當作“清”。《端石》“所謂靈羊峽對山也”，“靈”當作“羚”。

從整體情況來看，十六卷抄本的誤字數量較一般古籍爲多。幸有十二卷刻本存世，可取以相校，糾謬正誤，這可以約略視之爲對校，即取二書中相同或相近的内容相互校勘。又因爲《博物要覽》一書多由抄纂裒輯而來，我們也可以將其與所依據的原始材料相互對照，比如上文提到的《墨池編》《遵生八箋》《本草綱目》，還有《漢書》《山海經》《杜陽雜編》《初學記》《太平御覽》《金石録》《雲林石譜》《香譜》《帝京景物略》等，這可以稱之爲他校。此外，《博物要覽》中還有一些史實上或記載上的錯誤，比如卷十四《辟寒犀》條謂“唐文宗有辟寒犀，色如黄金”，考《開元天寶遺事》云：“開元二年冬至，交趾國進犀一株，色黄如金，使者請以金盤置於殿中，温温然有暖氣襲人，上問其，故使者對曰，此辟寒犀也。”事在玄宗年間，故“文”字當爲“玄”字之誤。這一類校改可稱之爲理校。

此次整理《博物要覽》運用他校之法尤多，但由於《博物要覽》引用他書文字時并非忠于原文的直接引用，而是經過了改寫與重編，在一些文字上與原文并不相同。如果以他校之名强而改之，反而失却了古書的原貌。因此在改字時也遵循這樣一個原則，即凡涉及史實性的錯誤、對器物描述或與制作工藝的明顯錯誤，則以他校校改。其餘與原文不一致之處，如文義兩通，則不做校改。此次整理在形式上采用圖文對照的版式，將書影與文字及校勘記對照排版，方便了研究與閱讀，并爲書中一些繁難的字詞增加了簡明的注釋。爲保持與書影的一致性，在整理時最大限度地保留了异體字。而一些异體字，如“己已巳”等在古籍刻印中不加分别的文字及避諱字，則一律徑改。

《博物要覽》十六卷

清乾隆抄本

南京圖書館藏

博物要覽序
余膺
簡命出撫蜀邦政事之暇得以遊覽江山
勝景昔人所云蜀州沃野千里金城天府
之國良不誣也余以劣才承乏鞅掌彌勤
竊恐一夫失所幸荷
聖福天齊四郊安堵烽火無驚余得以安
其疎陋時得與文雅之士流連觴詠而蜀
府賢王以　帝冑之尊亦得親承顧問因
識長史谷君寧宇莫逆如故暇日因手一
編見示云此余歷年聞見物述此以備遺
忘考確頗深似可以助四民治生之術子

博物要覽序

余膺

簡命，出撫蜀邦，政事之暇，得以遊覽江山勝景。昔人所云蜀州沃野千里、金城天府之國，良不誣也。余以劣才承乏[1]，鞅掌[2]彌勤，竊恐一夫失所。幸荷聖福天齊，四郊安堵，烽火無驚，余得以安其疎陋。時得與文雅之士流連觴詠[3]，而蜀府賢王以帝冑之尊，亦得親承顧問。因識長史谷君寧宇，莫逆如故。暇日因手一編見示云：此余歷年聞見物，述此以備遺忘，考確頗深，似可以助四民治生之術，子

1 承乏，承繼空缺之職位。

2 鞅掌，職事紛擾煩忙。

3 觴詠，指飲酒賦詩。

能諒可我否余因敬受捧讀卒業駭歎曰
異哉此書也張茂先以瞻持名家觀其所
博物志半屬浮誕無関世用至今人猶寶
同拱璧何如此編考核精嚴況考索書畫
辨別鼎彝博識金玉珠寶以及異木怪石
錦繡犀象無不具載抑且核究詳明搜羅
淵博真大有功於生民者不淺矣書凡十
六卷余因叙而藏之以傳子孫永世不朽
云時
天啟丙寅四月之望
賜進士及第前翰林院詹事府正詹奉
命巡撫四川等處地方都察院右副都

能諒可我否？余因敬受捧讀卒業，駭歎曰：異哉此書也。張茂先[1]以瞻持名家，觀其所《博物志》半属浮誕，無関世用，至今人猶寶同拱璧[2]，何如此編考核精嚴。况考索書畫，辨别鼎彝，博識金玉珠寶，以及異木怪石，錦繡犀象，無不具載。抑且核究詳明，搜羅淵博，真大有功於生民者不淺矣。書凡十六卷，余因叙而藏之，以傳子孫，永世不朽云。時

天啟丙寅四日之望

賜進士及第前翰林院詹事府正詹奉命巡撫四川等處地方都察院右副都

1 張茂先，即張華（232—300），字茂先，范陽方城（今河北固安）人。曹魏時歷任太常博士、河南尹丞、佐著作郎、中書郎等職。西晋建立後，拜黄門侍郎，封關内侯。後拜中書令，加散騎常侍。所編《博物志》一書爲中國第一部博物學著作。

2 拱璧，比喻極其珍貴之物。

御史古

博物要覽卷之一目録

古碑帖考
周帖計四種
秦碑帖計五種
漢碑帖計十三種
蜀漢碑帖計一種
魏碑帖計六種
吴碑帖計四種
晋碑帖計十一種
宋齊梁陳碑帖計八種
隋碑帖計八種
唐碑帖計二十種

博物要覽卷之一目録

古碑帖考

周帖計四種

秦碑帖計五種

漢碑帖計十三種

蜀漢碑帖計一種

魏碑帖計六種

吴碑帖計四種

晋碑帖計十一種

宋齊梁陳碑帖計八種

隋碑帖計八種

唐碑帖計二十種

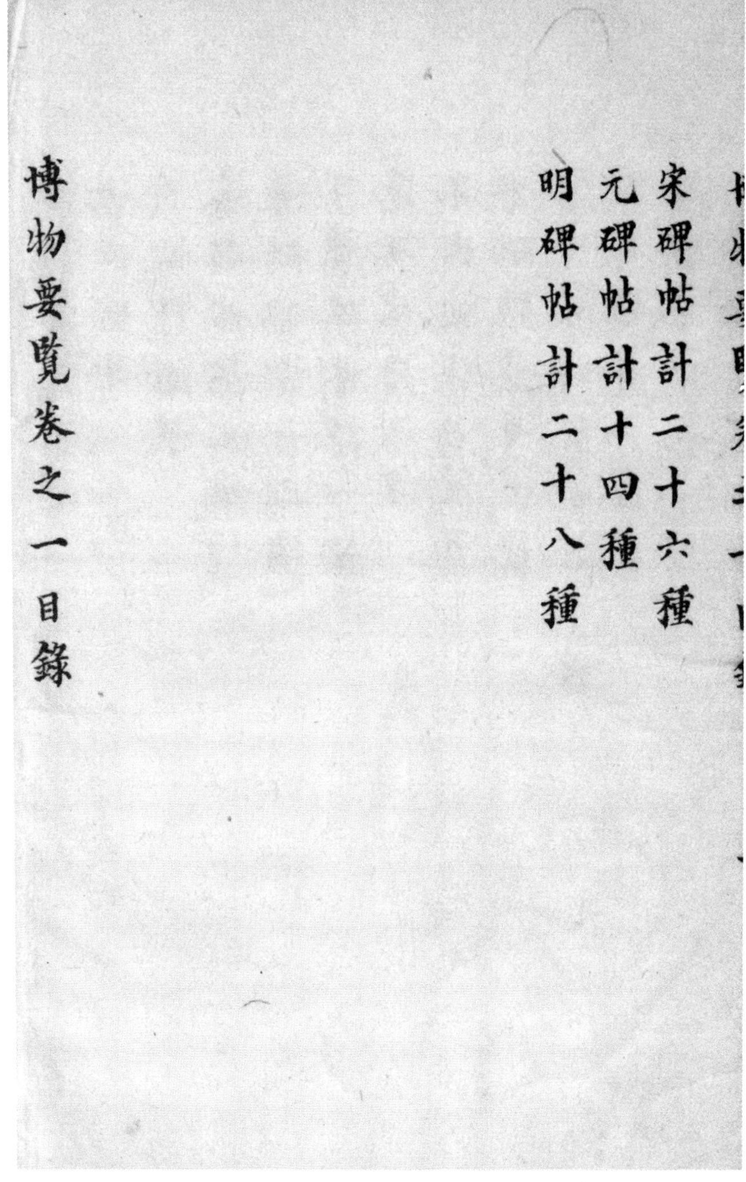

宋碑帖計二十六種

元碑帖計十四種

明碑帖計二十八種

博物要覽卷之一目録

博物要覧卷之一

明蜀府長史谷泰輯

古帖考

如王氏《墨池編》[1]及《格古論要》[2]所載各省碑帖已經遍訪，半属殘缺，（令）[今][3]海内所存者兹以録焉，餘不具載。

周帖計四種

周封比干墓銅槃銘在陝西西安府汲縣

周壇山石刻舊在贊皇縣，今鑿石龕于趙州署壁

周石鼓文舊在鳳翔府麐游縣，今移在北京國子監

周張仲器銘在河南開封府

秦碑計五種

1《墨池編》，北宋朱長文（1039—1098）編寫的一部書法理論總集。分爲字學、筆法、雜議、品藻、贊述、寶藏、碑刻、器用八个门類。采輯前人論著，依類彙編，包括凡筆法要旨、名家品評，以及歷代古碑、文房四譜，無不收録，是研究古代書學的重要參考資料。

2《格古要論》，明曹昭撰，是一部分門别類介紹鑒賞古物珍玩的著作。全書共三卷十三論。上卷爲古銅器、古畫、古墨迹、古碑法帖四論；中卷爲古琴、古硯、珍奇、金鐵四論；下卷爲古窑器、古漆器、錦綺、异木、异石五論。後明代王佐將其增編爲十三卷，於古墨迹、古碑法帖部分增補尤詳。

3 今，原作"令"，據文義改。

秦泰山碑在山東泰安州泰山頂上

秦嶧山碑在山東嶧縣

秦二世詔書碑在山東泰安州泰山頂上

秦皇朐山碑在山東臨朐山上

秦祀巫咸神文在陝西鳳翔府

　漢碑計十三種

漢北海相景君碑碑在河南陳州

漢天祿辟邪字在鄧州南陽界宗資墓前石獸膊上

漢魯相瑛置孔廟卒吏碑在山東兖州府曲阜縣孔子廟

漢孔德讓碑在山東兖州府曲阜縣孔子廟中

漢泰山尉孔君宙碑在山東曲阜縣孔府殿門前

漢韓明府重修孔子廟器碑在山東曲阜縣孔子廟中

漢樊常侍碑在河南南陽府湖陽縣

漢成皋令任伯嗣碑在陝西成皋縣儀門外

漢南陽太守（泰）[秦][1]君碑在河南南陽界中，碑院好

漢殽阮君神祠碑在陝西華州鄭縣

漢樊毅修華岳庙碑在陝西華州華陰縣西岳華山上

漢幽州刺史朱龜碑在亳州譙縣

漢司隸郭君究碑在孟州濟源縣

漢劉曜井陰碑在鄆州

三國碑

蜀漢碑一種

蜀漢諸葛丞相出師表在四川成都府諸葛廟中，云係孔明真蹟，隸法妙絶

1 秦，原作“泰”，據宋趙明誠《金石録》卷十九、宋朱長文《墨池編》卷十七改。

魏碑六種

魏立魯孔子廟碑在山東兖州府孔子廟中

魏鍾繇賀捷表鍾繇楷書，在陝西西安府學中

魏武帝大饗碑在河南通許縣，曹子建撰文、鍾繇書、武帝篆，稱三絶碑

魏豫州刺史賈逵碑在江西南昌府學中

魏兖州刺史賈思伯碑在山東兖州府曲阜縣

魏華岳碑在陝西華陰縣西岳廟中

吴碑四種

吴大帝碑在江寧府上元縣

吴征西將軍陸禕碑在蘇州府長洲縣

吴延陵季子碑在江南常州府江陰縣暨陽鄉季子廟

吴國山碑在常州府宜興縣國山寺中

晋碑計十一種
晋尉氏令陳君碑在河南尉氏縣
晋前將軍陸喈碑在江南松江府華亭縣
晋泰山君改高樓碑在山東濟南府
晋議郎陳先生碑在河南長葛縣
晋平西將軍碑
晋王羲之筆陣圖碑在陝西西安府學
晋王羲之告墓文在陝西西安府學
晋王羲之宣示表在陝西西安府學
晋王羲之蘭亭記石刻在浙江山陰縣
晋王羲之黄庭經石刻在浙江山陰縣
晋二王法帖石刻在陝西西安府學

晋碑計十一種
晋尉氏令陳君碑在河南尉氏縣
晋前將軍陸喈碑在江南松江府華亭縣
晋泰山君改高樓碑在山東濟南府
晋議郎陳先生碑在河南長葛縣
晋平西將軍碑
晋王羲之筆陣圖碑在陝西西安府學
晋王羲之告墓文在陝西西安府學
晋王羲之宣示表在陝西西安府學
晋王羲之蘭亭記石刻在浙江山陰縣
晋王羲之黄庭經石刻在浙江山陰縣
晋二王法帖石刻在陝西西安府學

宋齊梁陳四朝碑計八種

宋宗慤母夫人碑在江南江寧府

齊桐栢山金庭觀碑在浙江台州府天台山

梁開善大法師碑在江南江寧府

梁上元真人司命茅君九錫文碑在句容縣茅山

梁上清真人長史許君舊舘壇碑在句容縣茅山

梁瘞寉銘在江南鎮江府焦山

梁貞白先生陶弘景碑在句容縣茅山

陳張慧湛墓銘在江寧府

隋碑計八種

隋老子廟碑在河南南陽府賴鄉

隋姑蘇上方寺舍利塔銘在蘇州府上方山

隋梁洋建塔表德政碑在蔡州新息縣

隋禹廟碑在浙江山陰縣禹陵

隋廬山西林道場碑在江西廬山

隋景陽井銘在江寧府

隋高陰郡陰聖道場碑在浙江古州府，虞世南書

隋姚辨志銘在陝西京兆，歐陽詢書

唐碑計廿種

唐鄭文貞公魏徵碑在陝西醴泉縣

唐大將軍李思訓碑在蒲城縣李北海書

唐涼國公李抱真碑石在陝西長安縣，顔魯公書

唐右丞相宋璟碑在湖廣荊州府沙河驛

唐容州總管元結碑在河南汝陽魯山縣，顔魯公書

唐程知節碑

博物要覽卷之一

宋星鳳樓帖在江西南（原）[康][1]府

宋甲秀堂帖在廬江李氏

宋刻歷代鐘鼎款志銘在江西九江府府庫

宋高宗御製聖賢像贊在浙江杭州府仁和縣學

宋龍井記在杭州府，米元章書

宋晝錦記在河南彰德府，蔡君謨書

宋洋州園池詩在江南溧陽縣，蘇東坡書

宋米芾游金山龍游寺題名在鎮江府金山

1 康，原作“原”，據宋朱長文《墨池编》卷六改。

宋誠齋字在江西吉水縣宋孝宗書

宋大魁字在江西廬陵縣壁上，文天祥書

宋清氣二字在在江西吉水縣，文天祥書

宋第一山三大字在江南盱眙縣，米元章書

宋禮義廉耻四字在江西廬陵縣學，張載書

宋歸去來辭二碑一在江西南康府，東坡書；一在南康府，黄山谷書

元碑帖計十四種

元丹陽公言偃祠堂碑在蘇州府常熟縣子游祠堂，趙子昂書

元臨争坐位帖在北京國子監，趙子昂書

元小楷度人經在鎮江丹徒縣學，趙子昂書

元臨黄庭樂毅論帖在北京國子監趙子昂小楷書

元蘭亭十三跋在松江府華亭縣，趙子昂書

元行書千文帖在松江府趙子昂書
元鉄佛寺鐘銘在松江府宦河報恩懺院趙子昂書
元棲霞阡在江西金谿縣趙子昂書
元東嶽行宮記在浙江湖州府長興縣趙子昂書
元七觀帖在浙江寧波府趙子昂書
元示子手帖在江西臨江府學趙子昂書
元歸田賦帖在江西臨江府學趙子昂書
元真書千文在松江府鮮于伯機書
元四體千文在江西鄱陽縣周伯琦書
元孝經在江西吉安府顏輝小楷書
明碑帖計二十八種
明第一山三大字在江南鳳陽府龍興寺明太祖御書

元行書千文帖在松江府，趙子昂書

元鉄佛寺鐘銘在松江府宦（河）[砂][1]報恩懺院，趙子昂書

元棲霞阡 [表][2]在江西金谿縣，趙子昂書

元東嶽行宮記在浙江湖州府長興縣，趙子昂書

元七觀帖在浙江寧波府，趙子昂書

元示子手帖在江西臨江府學，趙子昂書

元歸田賦帖在江西臨江府學，趙子昂書

元真書千文在松江府，鮮于伯機書

元四體千文在江西鄱陽縣，周伯琦書

元孝經在江西吉安府，顏輝小楷書

明碑帖計二十八種

明第一山三大字在江南鳳陽府龍興寺，明太祖御書

1 砂，原作“河”，今據《墨池編》卷十八改。

2 表，原無此字，今據《墨池編》卷十八補。

明春夜宴桃李園記在蘇州府崑山縣詹孟舉書
明大字千文
明蘭亭臨本在河南周王府
明泉帖在福建泉州府學
明汝帖在河南汝州
明鼎帖在湖廣鼎州
明東書堂帖在河南周王府
明停雲館帖在蘇州府文衡山家
明大二王帖在常州府江陰縣王氏
明小二王帖在蘇州府胥門陸氏
明重刻淳化帖在松江府上海縣顧氏
明欣賞齋帖在常州府無錫縣華氏

明春夜宴桃李園記在蘇州府崑山縣，詹孟舉書

明大字千文

明蘭亭臨本在河南周王府

明泉帖在福建泉州府學

明汝帖在河南汝州

明鼎帖在湖廣鼎州

明東書堂帖在河南周王府

明停雲館帖在蘇州府文衡山家

明大二王帖在常州府江陰縣王氏

明小二王帖在蘇州府胥門陸氏

明重刻淳化帖在松江府上海縣顧氏

明欣賞齋帖在常州府無錫縣華氏

明缺角蘭亭帖在蘇州府文家
明四體千文在蘇州府文家
明葛可久墓志銘在蘇州府祝枝山書
明月賦在蘇州府毛氏祝枝山書
明雪賦在蘇州府徐氏祝枝山書
明石湖書院記在蘇州府王雅宜書
明華氏義田記在常州府無錫縣華氏
明吴文定墓志在蘇州府文衡山書
明顧東橋墓志銘在蘇州府文衡山書
明羅念菴父墓志銘在江西吉安府文衡山書
明墨賦在徽州府商山吴氏之衡山書
明拙政園記在蘇州府文衡山書

明缺角蘭亭帖在蘇州府文家

明四體千文在蘇州府文家

明葛可久墓志銘在蘇州府祝枝山家

明月賦在蘇州府毛氏，祝枝山書

明雪賦在蘇州府徐氏，祝枝山書

明石湖書院記在蘇州府，王雅宜書

明華氏義田記在常州府無錫縣華氏

明吴文定墓志在蘇州府，文衡山書

明顧東橋墓志銘在蘇州府，文衡山書

明羅念菴父墓志銘在江西吉安府，文衡山書

明墨賦在徽州府商山吴氏，（之）［文］[1]衡山書

明拙政園記在蘇州府，文衡山書

1 文，原作“之”，據文義改。

明八角石記在無錫縣華氏

明西室記在蘇州府王氏，文衡山書

明衡山文先生墓志銘在蘇州府，文三橋書

博物要覽卷之一

博物要覽卷之二

目錄

歷代書家

皇上古計一人

夏計二人

商計一人一

周計二人

秦計四人

漢計十四人

蜀漢計二人

魏計三人

吳計二人

博物要覧卷之二

目録

歷代書家

皇上古計一人

夏計二人

商計一人

周計一人

秦計四人

漢計十四人

蜀漢計二人

魏計三人

吳計二人

晋計十六人
宋計三人
齊計四人
梁計六人
陳計三人
隋計一人
唐計五十一人
宋計二十九人
元計十六人
明計四十六人
古今帖辨
博物要覽卷之二目錄

晋計十六人

宋計三人

齊計四人

梁計六人

陳計三人

隋計一人

唐計五十一人

宋計二十九人

元計十六人

明計四十六人

古今帖辨

博物要覽卷之二目録

博物要覽卷之二

明蜀府長史谷泰輯

歷代書家

上古計一人

蒼頡觀鳥跡而製字，為百代書家之祖。

夏計二人

禹主工象形篆字。

史籀工大篆籀文。

商計一人

務光作倒薤篆。

周計二人

太史柱作石鼓文。

孔仲尼工大篆。

　秦計四人

李斯工大、小篆。

趙高工大篆，作正書、行書。

程邈工八分古隸。

王次仲工八分古隸。

　漢計十四人

蕭何工署書、草、隸。

漢武帝工正書及隸。

曹喜工小篆、隸書。

張彭祖工行、草書。

崔瑗工小篆、隸、草。

蔡邕作飛白，工篆、隸。

杜伯度作章草。

邯鄲淳工古文、小篆。

師宜官工正書及草隸。

王綺工正書、草、隸。

杜林工古文。

衛密工古文。

梁鵠工八分書。

張芝工八分、行、草。

　蜀漢計二人

諸葛亮工古隸。

張飛工章草。

魏計三人
鍾繇工篆隸正行草
鍾會工楷行草書
衛夫人工楷書及行草
吴計二人
皇象工八分書
吴大帝工行草書
晋計十六人
王羲之楷書行草
王獻之楷書行草
王徽之工行書及草
王凝之工行書隸

魏計三人

鍾繇工篆、隸、正、行、草。

鍾會工楷、行、草書。

衛夫人工楷書及行、草。

吴計二人

皇象工八分書。

吴大帝工行、草書。

晋計十六人

王羲之楷書、行、草。

王獻之楷書、行、草。

王徽之工行書及草。

王凝之工行書、隸。

謝安工行草書
桓温工行草書
庾亮工行草書
阮籍工行草書
嵇康工行草書
王戎工行草書
郗超工行草書
王廙工正書行書
卞壺工行草書
王洽工八分及篆
索靖工章草
衛瓘工隸書及行草

謝安工行、草書。

桓温工行、草書。

庾亮工行、草書。

阮籍工行、草書。

嵇康工行、草書。

王戎工行、草書。

郗超工行、草書。

王廙工正書、行書。

卞壺工行、草書。

王洽工八分及篆。

索靖工章草。

衛瓘工隸書及行、草。

宋齊梁陳計十六人

羊欣工草、隸。

蕭思話工行、草書。

謝靈運工行隸。

齊

陸彦達工行、草書。

周顒工行、草書。

邱道護工正書及行書。

梁

武皇帝工正書及行書。

陶宏景工行、草及隸。

邵陵王工行、草。

简文帝工行書及隸。

庾肩吾工隸、行、草書。

蕭子雲工行書及隸。

陳

阮研工正書及行書。

張正見工行、草。

沈君理工行書及隸。

隋計一人

賀渾工行、草。

唐計五十一人

太宗工楷書及行、草。

高宗工行、草。

武則天工行草
玄宗工八分行楷
歐陽詢工正書及行草
虞世南工正書及行草
褚遂良工正書及行草
薛稷工正書及行草
陸東之工行草
房元齡工行草
梁昇卿工八分書
盧藏用工行草及隸
韓擇木工八分書
李陽冰工古篆及隸書

武則天工行、草。

玄宗工八分、行楷。

歐陽詢工正書及行、草。

虞世南工正書及行、草。

褚遂良工正書及行、草。

薛稷工正書及行、草。

陸東之工行、草。

房元齡工行、草。

梁昇卿工八分書。

盧藏用工行、草及隸。

韓擇木工八分書。

李陽冰工古篆及隸書。

張廷珪工行草及八分書
史維則工篆及八分書
蕭誠工楷書及行草
韋陟工楷及行書
李邕工楷書及行草
宋儋工正書及行草
徐浩工正書及行書
顏真卿工正書及行書
沈千運工正書及行草
鄭虔工行草
宋之問工正書及行書
張從申工正書

張廷珪工行、草及八分書。

史維則工篆及八分書。

蕭誠工楷書及行、草。

韋陟工楷及行書。

李邕工楷書及行、草。

宋儋工正書及行、草。

徐浩工正書及行書。

顏真卿工正書及行書。

沈千運工正書及行、草。

鄭虔工行、草。

宋之問工正書及行書。

張從申工正書。

柳公權工正書及行書
張旭工草書
孫過庭工行書
鍾紹京工正書
沈傳師工行草
張芬工草書
釋懷素工草書
釋高閑工草書
釋湛然工真行書
釋崇簡工行書
釋玄悟工真書
釋清照工真行書

柳公權工正書及行書。

張旭工草書。

孫過庭工行書。

鍾紹京工正書。

沈傳師工行、草。

張芬工草書。

釋懷素工草書。

釋高閑工草書。

釋湛然工真、行書。

釋崇簡工行書。

釋玄悟工真書。

釋清照工真、行書。

王維摩詰工草書及隸
盧鴻工篆籒
賀知章工草書
王知敬工隸書及行草
裴行儉工草隸
楊師道工草書
鄔彤工正書及行草
李德裕工正書
李紳工行書
錢俶工草書
裴休工行書
錢惟治工草隸

王維摩詰工草書及隸。

盧鴻工篆、籒。

賀知章工草書。

王知敬工隸書及行、草。

裴行儉工草、隸。

楊師道工草書。

鄔彤工正書及行、草。

李德裕工正書。

李紳工行書。

錢俶工草書。

裴休工行書。

錢惟治工草、隸。

李煜工行書
宋計二十九人
王著工正書及行草
郭忠恕工正書及篆隸
勾中正工篆籀
李建中工正草隸篆籀
宋綬工真行書
杜衍工草書
范仲淹工真書
歐陽修工真書
王洙工隸書
周越工真書

李煜工行書。

宋計二十九人

王著工正書及行、草。

郭忠恕工正書及篆、隸。

勾中正工篆、籀。

李建中工正、草、隸、篆、籀。

宋綬工真、行書。

杜衍工草書。

范仲淹工真書。

歐陽修工真書。

王洙工隸書。

周越工真書。

蔡襄工真書及行草
唐詢工真行書
雷簡大工真行書
章友直工篆籀
楊南仲工篆籀
蘇軾工正書及行草
蘇轍工正書
蘇過工正書及行草
秦觀工正書及行書
秦覯工行書
黃庭堅工正書及行書
米芾工真行草書

博物要覽卷之二　七

蔡襄工真書及行、草。

唐詢工真、行書。

雷簡大工真、行書。

章友直工篆、籀。

楊南仲工篆、籀。

蘇軾工正書及行、草。

蘇轍工正書。

蘇過工正書及行、章。

秦觀工正書及行書。

秦覯工行書。

黃庭堅工正書及行書。

米芾工真、行、草書。

米友仁工真、行書。

吴説工真、行書。

邵餗工篆書。

張伯玉工真、行書。

吴琚工真、行書。

釋梦瑛工篆、籀。

元計十六人

趙孟頫工真、行、草書。

巙山工真行、草書。

鮮于樞工真行書。

趙雍工真行書。

宋克工真行、草。

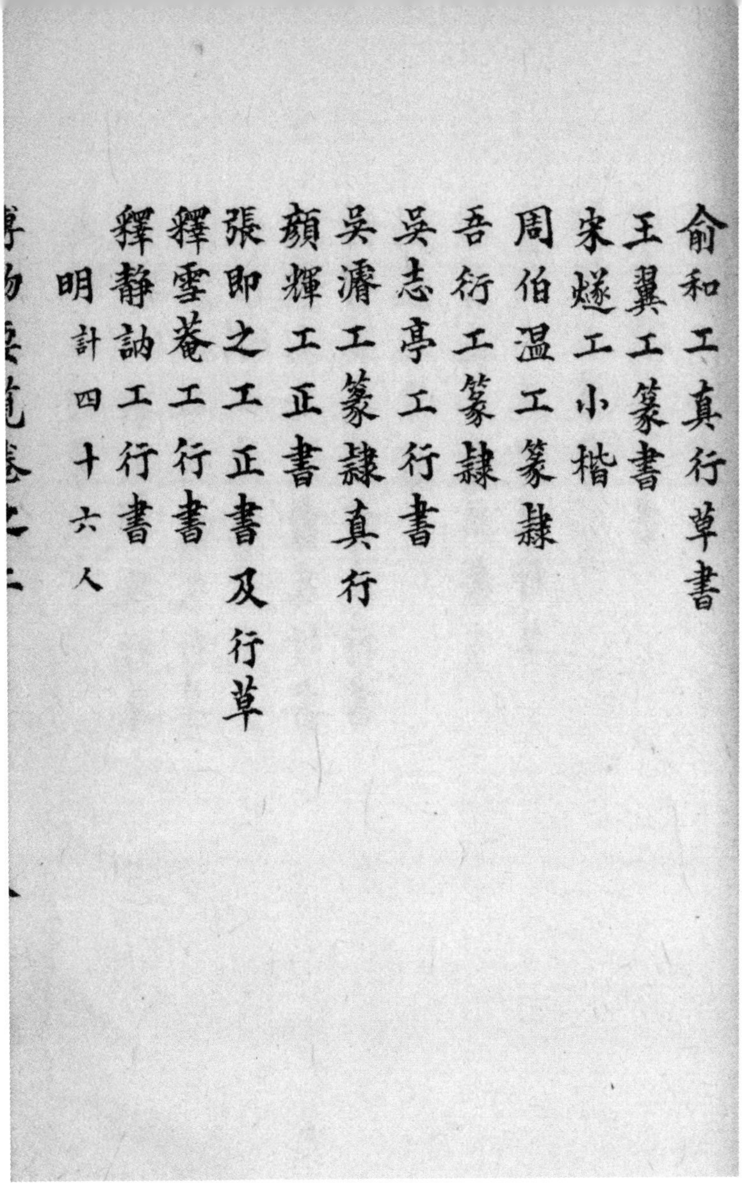

俞和工真行草書
王翼工篆書
宋燧工小楷
周伯温工篆隸
吾衍工篆隸
吳志亭工行書
吳濬工篆隸真行
顏輝工正書
張即之工正書及行草
釋雪菴工行書
釋静訥工行書
明計四十六人

俞和工真、行、草書。

王翼工篆書。

宋燧工小楷。

周伯温工篆、隸。

吾衍工篆、隸。

吴志亭工行書。

吴濬工篆、隸、真、行。

顏輝工正書。

張即之工正書及行、草。

釋雪菴工行書。

釋静訥工行書。

明計四十六人

太祖工行草
宣宗宣德工正書及行草
憲宗成化工正書及行草
神宗萬曆工行書
周獻王工正書及行書
蜀穆王工正書及行書
劉基工正書
李善長工行草書
詹同工正書及行草
解縉工草書
方孝孺工正書
沈度工正書

太祖工行、草。

宣宗宣德工正書及行、草。

憲宗成化工正書及行、草。

神宗萬曆工行書。

周獻王工正書及行書。

蜀穆王工正書及行書。

劉基工正書。

李善長工行、草書。

詹同工正書及行、草。

解縉工草書。

方孝孺工正書。

沈度工正書。

楊榮期工正書
李東暘工行書
楊士奇工行書
聶大年工正書
吳寬工正書及行草
沈周工行書
徐有貞工行草
李應楨工行書
祝允明工正書及草
文徵明工正書行草篆
文彭工真行草篆隸
文嘉工真行書

楊崇期工正書。

李東暘工行書。

楊士奇工行書。

聶大年工正書。

吴寬工正書及行、草。

沈周工行書。

徐有貞工行、草。

李應楨工行書。

祝允明工正書及草。

文徵明工正書行、草、篆。

文彭工真、行、草、篆、隸。

文嘉工真、行書。

文伯仁工真行書
王寵工真行草書
王穀祥工真行書
彭年工真行書
唐寅工真行書
張靈工真行書
張天駿工行草書
許初工真書
文葆光工行書
文從龍工正書行書
周天球工正書及行草
莫是龍工真行書

文伯仁工真、行書。

王寵工真行、草書。

王穀祥工真、行書。

彭年工真、行書。

唐寅工真、行書。

張靈工真、行書。

張天駿工行、草書。

許初工真書。

文葆光工行書。

文從龍工正書、行書。

周天球工正書及行、草。

莫是龍工真、行書。

邢侗工真行書
姜立綱工正書
董其昌工正行草書
文震孟工正書
王世貞工正書
王世懋工真行書
唐寉徵工真行書
許穀工真行書
姜寶工章草
鄒之麐工正書及行草
古今帖辨
法帖真偽一時入手少不用心著眼即不

邢侗工真、行書。

姜立綱工正書。

董其昌工正、行、草書。

文震孟工正書。

王世貞工正書。

王世懋工真、行書。

唐寉徵工真、行書。

許穀工真、行書。

姜寶工章、草。

鄒之麐工正書及行、草。

古今帖辨

法帖真偽，一時入手，少不用心著眼即不

能辨。故欲觀帖，古今真僞，必須先別帋素。南帋堅薄，極易榻墨，北紙鬆厚，不甚受墨。故北榻如薄雲之過青天，以其北地用松煙，墨色青淺，不和油蠟，故色淡而紋皺，非夾紗作蟬翅榻[1]也。南榻用烟、油墨及油蠟者，間有效法烏金榻[2]者，故色深純黑，面有浮光。今之僞帖多用此法。亦有仿松烟墨榻者，榻色似青淺而敲法入石太深，字有邊痕，用墨深淺不勻，濃淡各異，濃處若烏雲生雨，淺者如白虹跨天，殊乏雅趣。惟取眼生，以惑矇瞶。古帖受裱数多，歷年更遠，其墨濃者，堅若生漆，且有一種不可稱比

1 蟬翅榻，一種色淡而紋皺的碑帖拓本。明文震亨《長物志・南北紙墨》："古之北紙，其紋横，質松而厚，不受墨。北墨色青而茂，不和油蠟，故色澹而紋皺，謂之蟬翅搨。"

2 烏金榻，一種墨色厚重、烏黑有光澤，具有層次和質感的拓本。明屠隆《考槃餘事・帖箋・南北墨紙》："南紙，其紋豎，墨用油煙以蠟，及造烏金紙，水敲刷碑文。故色純黑而有浮光，謂之烏金搨。"

博物要覽卷之二 十七
能辨故欲觀帖古今真偽必須先别帋素
南帋堅薄極易榻墨北紙鬆厚不甚受墨
故北榻如薄雲之過青天以其北地用松
烟墨色青淺不和油蠟故色淡而紋皺非
夾紗作蟬翅榻也南榻用烟油墨及油蠟
者間有效法烏金榻者故色深純黑面有
浮光今之偽帖多用此法亦有倣松烟墨
榻者榻色似青淺而敲法入石太深字有
邊痕用墨深淺不匀濃淡各異濃處若烏
雲生雨淺者如白虹跨天殊乏雅趣惟取
眼生以惑矇瞶古帖受裱数多歷年更遠
其墨濃者堅若生漆且有一種不可稱比

異香發自紙墨之外若以手揩墨色纖毫
無染兼之紙面光采如妍其紙年久質薄
觸即脆裂側勒展折處並無沁水墨痕浸
染字法今之濃墨榻者以指微抹滿指皆
墨其古帖紙色面有舊意原人摩弄積久
自然陳色故面古而背色長新以古紙堅
厚不烟今之贗榻大率以川扇紙竹紙用
掛灰爐烟瀝水相和染成古色表裡濕透
兩面如一若以一角試揭薄者即裂厚者
性健不斷如古帖不然薄者揭之堅而不
裂以受糊多耳厚者反破裂莫舉以年遠
糊重紙脆故也此俱以形似求之若以字

異香，發自紙墨之外。若以手揩墨色，纖毫無染，兼之紙面光采如（妍）［研］[1]，其紙年久質薄，觸即脆裂，側勒展折處，並無沁水墨痕浸染字法。今之濃墨榻者，以指微抹，滿指皆墨。其古帖紙色面有舊意，原人摩弄積久，自然陳色，故面古而背色長新，以古紙堅厚不（烟）［湮］[2]。今之贗榻，大率以川扇紙、竹紙，用掛灰爐烟瀝水相和，染成古色，表裡（濕）［湮］[3]透，兩面如一。若以一角（試揭）［揭試］[4]，薄者即裂，厚者性健不斷。如古帖不然，薄者揭之，堅而不裂，以受糊多耳。厚者反破裂莫舉，以年遠糊重，紙脆故也。此俱以形似求之。若以字

1 研，原作“妍”，據《遵生八箋》卷十四改。研，碾磨物體，使緊密光亮。

2 湮，原作“烟”，據《遵生八箋》卷十四改。

3 湮，原作“濕”，據《遵生八箋》卷十四改。

4 揭試，原作“試揭”據《遵生八箋》卷十四改。

法刻手，過目翻閱，雖宋榻之妍醜，即有贋榻，豈可愚哉？雖然，近有吴中高手贋為舊帖，以堅簾厚粗竹紙，皆特妙也。作夾紗榻法，以草烟末香烟熏之，火氣逼脆本質，用香和糊，若古帖（真）[嗅][1]味，全無一毫新狀，入手[多不能破。其智巧精采，反能奪目，鑒賞當具神通觀法。][2]

博物要覽卷之二

1 嗅，原作“真”，據《遵生八箋》卷十四改。

2 “多不能破”一句，原無此句，據《遵生八箋》卷十四補。

博物要覽卷之三

目録

楚國一人
秦國一人
前漢五人
後漢四人
蜀漢一人
魏國四人
吴國二人
晉朝十四人
六朝共十八人
唐朝二十四人
五代十一人
宋朝三十三人

楚國一人

秦國一人

前漢五人

後漢四人

蜀漢一人

魏國四人

吴國二人

晉朝十四人

六朝共十八人

唐朝二十四人

五代十一人

宋朝三十三人

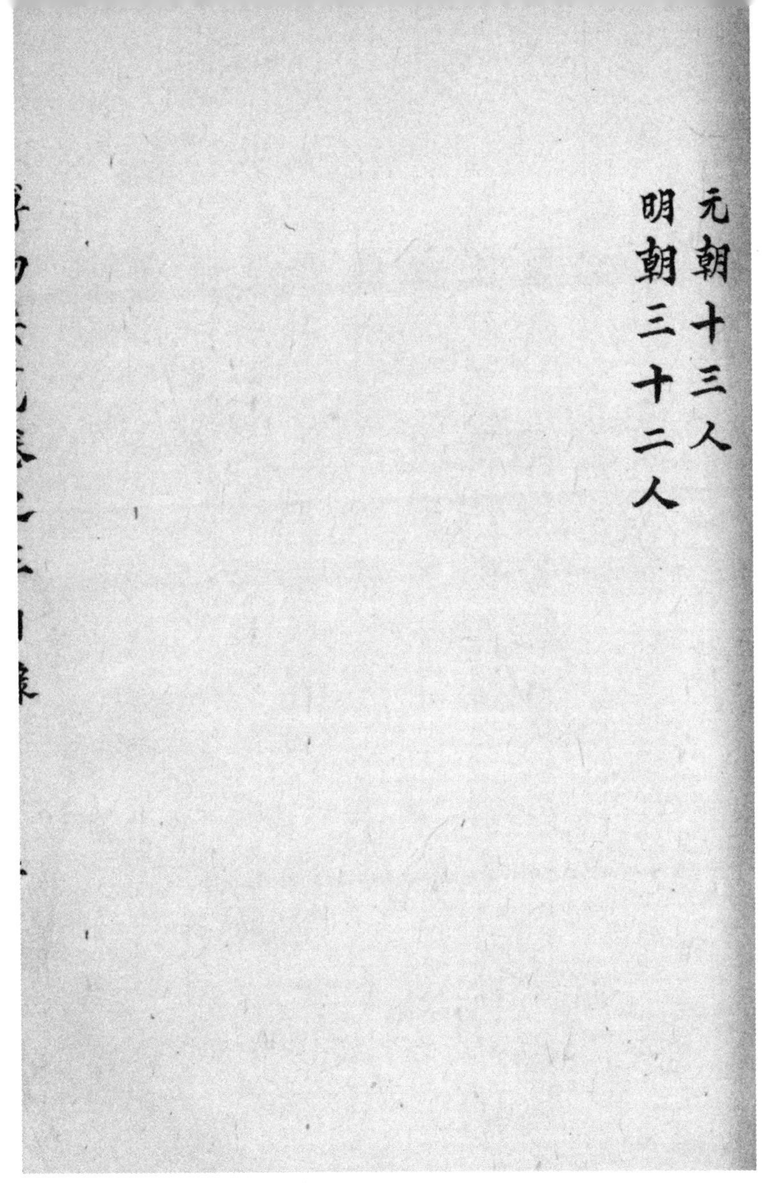

元朝十三人

明朝三十二人

博物要覽卷之三目録

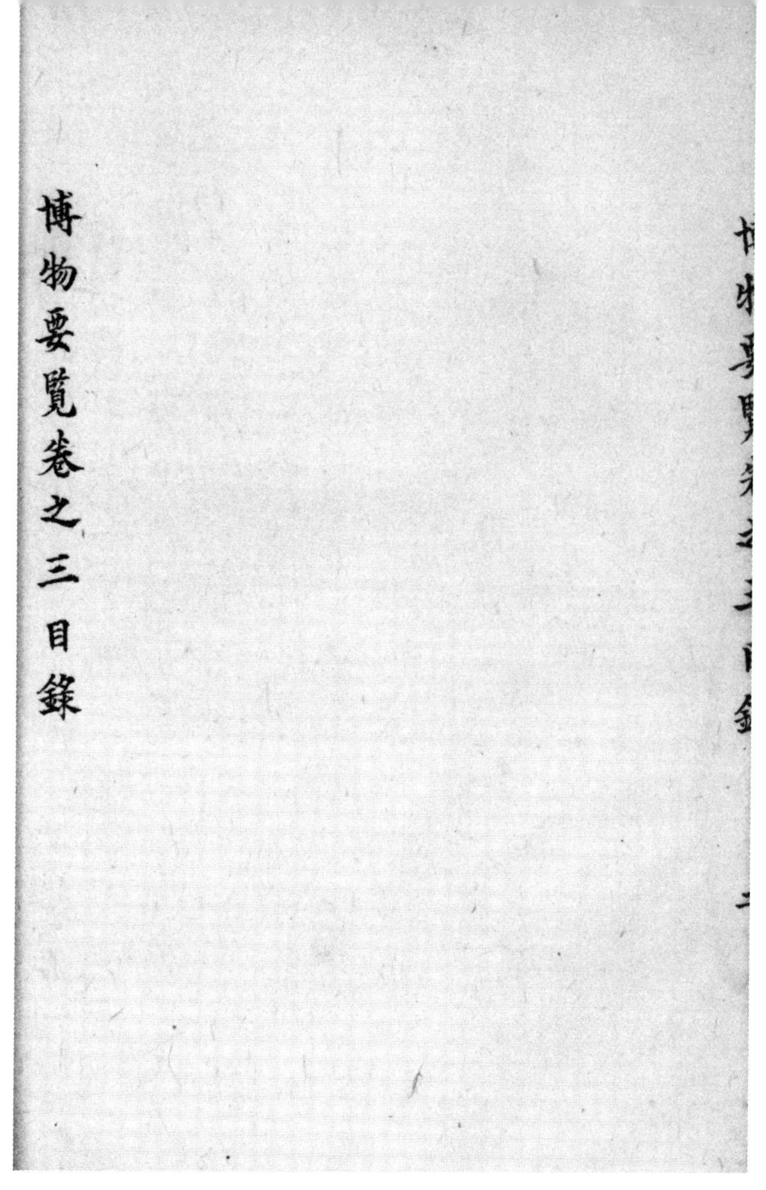

博物要覽卷之三目録

在此。船由印度至者，在此云集。其升洲[①]产鳖，商船卖之。

一多马[②]等岛地荒芜，在危尼海隅。其林稠密，民皆匪类。属西班亚国。多烟瘴。

一青群岛[③]属葡萄亚。有火山，天气亢旱。惟产绵花，居民屡遭饥馑。

加那利洲[④]属西班亚国，出葡萄。尼勒岛[⑤]居民十九万，山水最美。

又有绝美之洲曰马地拉[⑥]，出美酒、百果，与圣港屿[⑦]皆属葡萄亚。居民十二万。地气清爽，英国人多留此医病养生。

---

①升洲（Ascension），阿森松岛。
②多马（Ilha Sǎo Tomé），圣多美岛。
③青群岛（Cape Verde），今佛得角共和国。
④加那利洲（Islas Canarias），加那利群岛。
⑤尼勒岛（Tenerife），特内里费岛。
⑥马地拉（Madeira Is.），马德拉群岛。
⑦圣港屿（Pôrta Santa），圣港岛。

博物要覽卷之三
明蜀府長史谷泰輯
論歷代名畫
畫家三病六法此為勤學入門訣也以之論畫畫則斯下矣余所論畫則以天趣人趣物趣取之天趣者神是也人趣者生是也物趣者形似是也夫神在形似之外而形在神氣之中形則生動其失則板生則形似其失則疎故求神氣於似之外取生意於形似之中生神取自遠望為天趣也形似得於近觀為人趣也故圖畫張掛以遠望之山川徒具

博物要覽卷之三

明蜀府長史谷泰輯

論歷代名畫

畫家三病六法[1]，此為勤學入門訣也。以之論畫，畫則斯下矣。余所論畫則以天趣、人趣、物趣取之。天趣者，神是也；人趣者，生是也；物趣者，形似是也。夫神在形似之外，而形在神氣之中，形（則）[不][2]生動，其失則板；生（則）[外][3]形似，其失則疏。故求神氣於似之外，取生意於形似之中。生神取自遠望，為天趣也；形似得於近觀，為人趣也。故圖畫張掛，以遠望之，山川徒具

1 六法，《新增格古要論》卷五："謝赫云：'畫有六法，一曰氣韻生動，二曰骨法用筆，三曰應物象形，四曰隨類賦彩，五曰經營位置，六曰傳移模寫。'"三病，《新增格古要論》卷五："畫有三病，皆系用筆，一曰板，二曰刻，三曰結。版者，腕弱筆癡，全虧取與，物狀平褊，不能圜混也。刻者，運筆中疑，心手相戾，勾畫之際，妄生圭角也。結者，欲行不行，當散不散，似物凝礙，不能流暢也。"按，"三病説"初見於宋郭若虛《國畫見聞志》卷一。

2 不，原作"則"，據《遵生八箋》卷十五改。

3 外，原作"則"，據《遵生八箋》卷十五改。

峻削而無烟巒之潤林樹掛作層疊而
無搖動之風人物徒肖尸居壁立而無
言語顧盼之步履轉　云容花鳥徒具
毛羽文彩顏色錦簇而無若飛若鳴若
香若溼之想皆謂之無四者無可指摘
玩之儼然形具此謂得神得物趣也能
以人趣中求其生意運動則趣始具足
論唐朝畫
唐人之畫為萬世法葢唐人畫莊重律
嚴不求工巧而自多妙處思所不及後
人之畫克意求工巧而物趣悉到殊乏
唐人渾然天趣所以唐畫為冠

峻削而無煙巒之潤，林樹（掛）[徒][1]作層疊而無搖動之風，人物徒肖、尸居壁立而無言語顧盼、（之）[2]步履轉（□）[折][3]（云）[之][4]容，花鳥徒具毛羽文彩、顏色錦簇而無若飛若鳴、若香若濕之想，皆謂之無[神][5]。四者無可指摘，玩之儼然形具，此謂得神得物得趣也。能以人趣中求其生意運動，則趣始具足。

論唐朝畫

唐人之畫，為萬世法，蓋唐人畫莊重律嚴，不求工巧，而自多妙處，思所不及。後人之畫，克意求工巧，而物趣悉到，殊乏唐人渾然天趣，所以唐畫為冠。

1 徒，原作“掛”，據《遵生八箋》卷十五改。

2 之，《遵生八箋》卷十五無此字，據刪。

3 折，原無此字，據《遵生八箋》卷十五補。

4 之，原作“云”，據《遵生八箋》卷十五改。

5 神，原無此字，據《遵生八箋》卷十五補。

論宋朝名畫
宋人畫物趣迥邁于唐而唐之天趣則
遠過于宋也今之評畫者以宋人畫為
院畫不以為重獨尚元畫以為宋畫太
過於巧而神不足也然宋人之畫亦非
後人所造堂室而元人之畫敢為並驅
也

論元朝名畫
元人之畫稱為士氣者乃士林中能作
隸家畫品全用神氣生動為法不物趣
以得天趣為高觀其白寫而不　者
欲脫盡畫工院氣故耳此等謂之寄興

論宋朝名畫

宋人畫物趣，迥邁于唐，而唐之天趣，則遠過于宋也。今之評畫者，以宋人畫為院畫[1]，不以為重，獨尚元畫，以為宋畫太過於巧而神不足也。然宋人之畫亦非後人所造堂室，而元人之畫敢為并驅也。

論元朝名畫

元人之畫稱為士氣者，乃士林中能作隸家畫品，全用神氣生動為法，不［求］[2]物趣，以得天趣為高，觀其（白）［曰］[3]寫而不（□□）［曰描］[4]者，欲脱盡畫工院氣故耳。此等謂之寄興，

1 院畫：中國傳統繪畫的一種，一般指宋代翰林圖畫院及其後宫廷畫家的繪畫作品。這類作品爲迎合帝王宫廷需要，多以花鳥、山水、宫廷生活及宗教内容爲題材，作畫講究法度，重視形神兼備，風格華麗細膩。

2 求，原無此字，據《遵生八箋》卷十五補。

3 曰，原作“白”，據《遵生八箋》卷十五改。

4 曰描，原無此二字，據《遵生八箋》卷十五補。

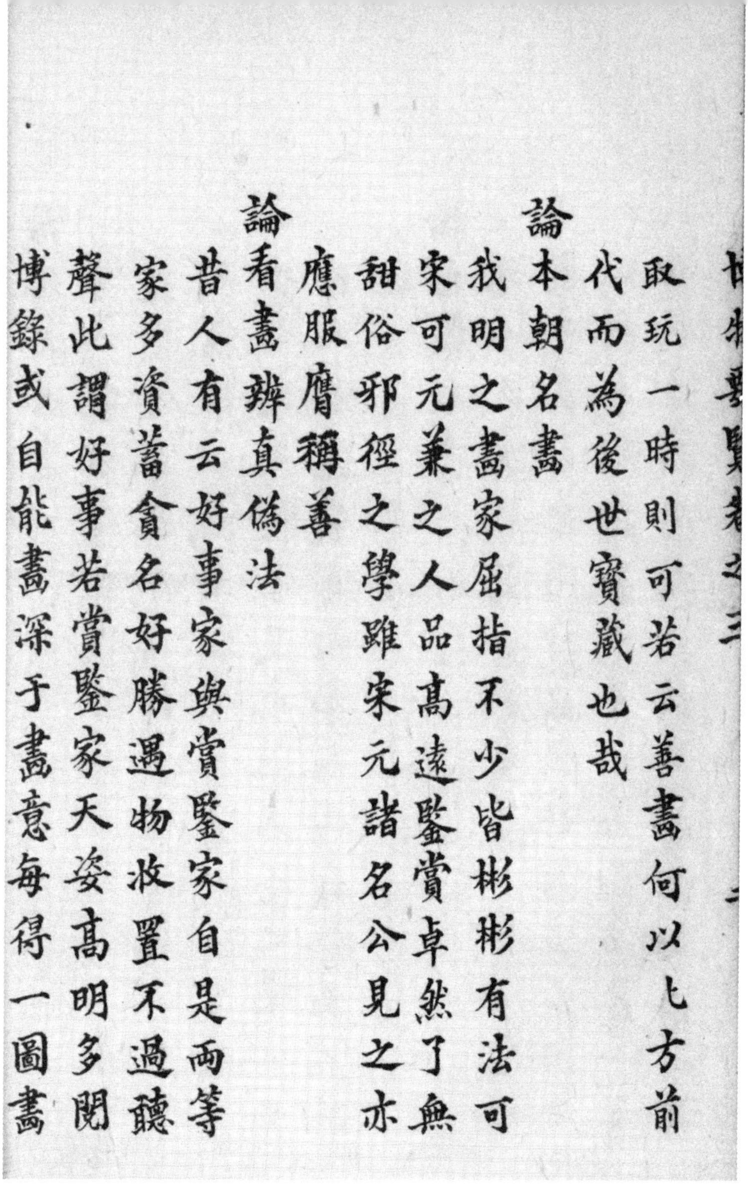
博物要覽卷之三
取玩一時則可若云善畫何以匕方前
代而為後世寶藏也哉
論本朝名畫
我明之畫家屈指不少皆彬彬有法可
宋可元兼之人品高遠鑒賞卓然了無
甜俗邪徑之學雖宋元諸名公見之亦
應服膺稱善
論看畫辨真偽法
昔人有云好事家與賞鑒家自是兩等
家多資蓄貪名好勝遇物收置不過聽
聲此謂好事若賞鑒家天姿高明多閱
博錄或自能畫深于畫意每得一圖畫

取玩一時則可，若云善畫，何以比方前代，而為後世寶藏也哉？

論本朝名畫

我明之畫家，屈指不少，皆彬彬有法，可宋可元，兼之人品高遠，鑒賞卓然，了無甜俗邪徑之學。雖宋元諸家名公見之，亦應服膺稱善。

論看畫辨真偽法

昔人[1]有云："好事家與賞鑒家自是兩等家。多資蓄，貪名好勝，遇物收置，不過聽聲，此謂好事。若賞鑒家，天姿高明，多閱傳録，或自能畫，深于畫意。每得一圖畫

1 昔人，《遵生八箋》卷十五作"米元章"。

終日寶玩如對古人聲色之奉不能奪
也名曰真賞然看畫法次先辨各朝絹
紙然後看唐紙用硬黃短簾絹則絲粗
而厚百搗熟者濶尺許宋絹則光細如
紙揩摩若玉夾則如常更有濶五六尺
者名曰紬梭絹紙用鵝白澄心堂居多
宋畫迄今其紙絲性消滅更受糊多無
復堅韌以指微跑則絹絲如灰堆起表
裡一色若今時絹素偽作古畫者以藥
水染舊無論揩跑絲露即用刀刮亦不
可損古今絹素以此辨之似不容偽矣
元人畫絹有紬梭絹與宋絹相似本朝

終日寶玩，如對古人，聲色之奉不能奪也，名曰真賞。”然看畫法次先辨各朝絹紙，然後看唐紙用硬黃短簾，絹則絲粗而厚，有搗熟者，闊尺許。宋絹則光細如紙，揩摩若玉，夾則如常。更有闊五六尺者，名曰（紬）[獨][1]梭（絹），紙用（鵝）[鵠]白、澄心堂[2]居多。宋畫迄今，其紙絲性消滅，更受糊多，無復堅韌，以指微跑，則絹絲如灰堆起，表裡一色。若今時絹素偽作古畫者，以藥水染舊，無論（揩）[指][3]跑絲露白，即刀刮亦不可損。古今絹素以此辨之，似不容偽矣。元人畫絹有（紬）[獨][4]梭絹，與宋絹相似。本朝

1 獨，原作“紬”，據《遵生八箋》卷十五改。獨梭絹，《新增格古要論》卷五：“唐絹絲粗而厚，或有搗熟者。有獨梭絹，闊四尺餘者。五代絹極粗如布。宋有院絹，匀净厚密，亦有獨梭絹。”

2 澄心堂，《新增格古要論》卷九：“宋朝諸名公寫字及李伯時畫，多用澄心堂紙。歐陽公謂南唐澄心唐紙極佳，但不知所出。”

3 指，原作“揩”，據《遵生八箋》卷十五改。

4 獨，原作“紬”，據《遵生八箋》卷十五改。

所有宣德絲縷綢密更勝宋而宣紙乃
在宋紙之上
紀歷代善畫名公
上古一人
史皇工畫人物為畫祖
周朝二人
太公工畫人物
封膜工畫山川
齊國一人
敬君工畫人物
楚國一人
沈諸梁工畫龍

所有，宣德絲縷綢密更勝宋，而宣紙乃在宋紙之上。

紀歷代善畫名公

上古一人

史皇工畫人物為畫祖。

周朝二人

太公工畫人物。

封膜工畫山川。

齊國一人

敬君工畫人物。

楚國一人

沈諸梁工畫龍。

秦國一人
列裔工畫山川花鳥
前漢五人
毛延壽工畫人物
陳敞工畫牛
劉白工畫馬
龔寬工畫牛馬
樊育工畫人物
後漢四人
趙岐工畫人物
劉褒工畫山水人物
蔡邕工畫人物

秦國一人

列裔工畫山川花鳥。

前漢五人

毛延壽工畫人物。

陳敞工畫牛。

劉白工畫馬。

龔寬工畫牛馬。

樊育工畫人物。

後漢四人

趙岐工畫人物。

劉褒工畫山水、人物。

蔡邕工畫人物。

張衡工畫人物

蜀漢一人

諸葛亮

魏朝四人

曹髦工畫人物

楊修工畫人物山水

桓範工畫人物車馬

徐邈工畫禽獸

吴國二人

曹不興工畫龍及雜畫

趙大人工畫山水人物

晉朝十四人

張衡工畫人物。

蜀漢一人

諸葛亮。

魏朝四人

曹髦工畫人物。

楊修工畫人物、山水。

桓範工畫人物、車馬。

徐邈工畫禽獸。

吴國二人

曹不興工畫龍及雜畫。

趙大人工畫山水、人物。

晉朝十四人

司馬紹工畫佛像
荀勗工畫人物
衛協工畫佛像人物
王廙工畫人物
王羲之工畫人物禽獸
王獻之工畫人物禽獸
顧愷之工傳神及人物
史道碩工畫人馬及鵞
謝雉工畫人物
稽康工畫禽獸
温嶠工畫人物
王濛工畫人物山水

司馬紹工畫佛像。

荀勗工畫人物。

衛協工畫佛像人物。

王廙工畫人物。

王羲之工畫人物、禽獸。

王獻之工畫人物、禽獸。

顧愷之工傳神及人物。

史道碩工畫人馬及鵝。

謝雉工畫人物。

（稽）［嵇］[1]康工畫禽獸。

温嶠工畫人物。

王濛工畫人物、山水。

1 嵇，原作“稽”。

戴逵工畫佛像山水
夏侯瞻工畫人物
六朝共計十八人
南宋
陸探微工畫佛像人物
顧寶光工畫人物
宋炳工畫山水
王微工畫山水
謝莊工畫山水
南齊
謝恭工畫山水人物
謝惠連工畫山水

戴逵工畫佛像、山水。

夏侯瞻工畫人物。

　六朝共計十八人

　南宋

陸探微工畫佛像、人物。

顧寶光工畫人物。

宋炳工畫山水。

王微工畫山水。

謝莊工畫山水。

　南齊

謝恭工畫山水、人物。

謝惠連工畫山水。

毛惠遠工畫馬及婦人
梁
元帝工畫人物
蕭賁工畫山水人物
陶弘景工畫山水人物
張僧繇工畫佛像人物
陳
顧野王工畫山水人物
北齊
展子虔工畫人物花鳥
北周
鄭法士工畫人物

毛惠遠工畫馬及婦人。

梁

元帝工畫人物。

蕭賁工畫山水、人物。

陶弘景工畫山水、人物。

張僧繇工畫佛像、人物。

陳

顧野王工畫山水、人物。

北齊

展子虔工畫人物、花鳥。

北周

鄭法士工畫人物。

隋
楊契丹工畫人物
李雅工畫佛像鬼神
唐朝二十四人
閻立本工畫人物佛像
閻立德工畫人物襍畫
滕王工畫蛺蝶
韓王嘉工畫龍虎馬
范長壽工畫人物
吴道子工畫佛像人物
盧稜迦工畫佛像人物
楊庭工畫佛像

隋

楊契丹工畫人物。

李雅工畫佛像、鬼神。

唐朝二十四人

閻立本工畫人物、佛像。

閻立德工畫人物、襍畫。

滕王工畫蛺蝶。

韓王嘉工畫龍虎馬。

范長壽工畫人物。

吴道子工畫佛像、人物。

盧稜迦工畫佛像、人物。

楊庭工畫佛像。

李思訓工畫山水

李昭道工畫山水

薛稷工畫禽獸鳥

楊昇工畫人物

張萱工畫花卉

盧鴻工畫山水

鄭虔工畫山水

曹霸工畫馬

韓幹工畫馬

戴嵩工畫牛

邊鸞工畫花鳥

王維工畫山水人物

李思訓工畫山水。

李昭道工畫山水。

薛稷工畫禽獸鳥。

楊昇工畫人物。

張萱工畫花卉。

盧鴻工畫山水。

鄭虔工畫山水。

曹霸工畫馬。

韓幹工畫馬。

戴嵩工畫牛。

邊鸞工畫花鳥。

王維工畫山水、人物。

畢宏工畫松石
張藻工畫山水
周昉工畫人物士女
孫位工畫山水
張南本工畫火
五代計十一人
荆浩工畫山水
關仝工畫山水
滕昌裕工畫花鳥
刁光胤工畫花石
黃筌工畫人物花鳥
黃居寶工畫花鳥

畢宏工畫松石。

張藻工畫山水。

周昉工畫人物、士女。

孫位工畫山水。

張南本工畫火。

五代計十一人

荊浩工畫山水。

關仝工畫山水。

滕昌裕工畫花鳥。

刁光胤工畫花石。

黃筌工畫人物、花鳥。

黃居寶工畫花鳥。

李昇工畫山水
胡瓌工畫馬
李賛華工畫鹿馬
郭忠恕工畫山水人物
僧貫休工畫佛像
　宋朝三十三人
仁宗皇帝畫神像
徽宗皇帝畫山水花鳥
高宗皇帝畫山水人物
嗣濮王工畫蘆雁
周文矩工畫人物
董源工畫山水
博物要覽卷之三

李昇工畫山水。

胡環工畫馬。

李贊華工畫鹿馬。

郭忠恕工畫山水、人物。

僧貫休工畫佛像。

　宋朝三十三人

仁宗皇帝畫神像。

徽宗皇帝畫山水、花鳥。

高宗皇帝畫山水、人物。

嗣濮王工畫蘆雁。

周文矩工畫人物。

董源工畫山水。

巨然工畫山水。

趙千里工畫山水。

趙大年工畫山水。

李公（鱗）［麟］[1]工畫佛像、人物。

李成工畫山水。

郭熙工畫山水。

范寬工畫山水。

許道寧工畫山水。

蘇軾工畫枯木竹石。

米芾工畫魚、山水。

米友仁工畫山水。

李唐工畫山水、人物、花鳥。

1 麟，原作“鱗”。

夏圭工畫山水。

劉松年工畫山水、人物。

馬遠工畫山水、人物。

馬和之工畫山水、人物。

馬麐工畫人物。

王晋卿工畫山水。

梁楷工畫人物、花鳥。

蘇漢臣工畫士女、嬰兒。

蕭照工畫人物。

顧閎中工畫人物。

徐熙工畫花鳥。

徐崇嗣工畫花鳥。

文與可工畫墨竹
楊補之工畫梅花
崔白工畫花鳥
元朝十三人
趙子昂工畫馬及山水人物
黃公望工畫山水
吴鎮工畫山水梅竹
王蒙工畫山
倪瓚工畫山水
高克恭工畫山水
朱澤民工畫山水
管夫人工畫墨竹

文與可工畫墨竹。

楊補之工畫梅花。

崔白工畫花鳥。

　元朝十三人

趙子昂工畫馬及山水、人物。

黄公望工畫山水。

吴鎮工畫山水、梅竹。

王蒙工畫山。

倪瓚工畫山水。

高克恭工畫山水。

朱澤民工畫山水。

管夫人工畫墨竹。

趙維工畫人物
錢選工畫人物花鳥
盛懋工畫山水花鳥
倪伯惠工畫山水
方壺工畫山水
明朝三十二人
王孟端工畫山水
李在山水人物
商喜工畫山水人物花鳥
周臣工畫山水人物
夏昶工畫墨竹
王舜耕工畫山水

趙維工畫人物。

錢選工畫人物、花鳥。

盛懋工畫山水、花鳥。

倪伯惠工畫山水。

方壺工畫山水。

　明朝三十二人

王孟端工畫山水。

李在山水人物。

商喜工畫山水、人物、花鳥。

周臣工畫山水、人物。

夏昶工畫墨竹。

王舜耕工畫山水。

劉珏工畫山水
陳憲章工畫墨梅
邊景昭工畫花鳥
林良工畫花鳥
吕紀工畫花鳥
戴文進工畫山水
謝廷詢工畫山水
吴偉工畫山水人物
沈周工畫山水
唐寅工畫山水人物花鳥
張靈工畫山水人物
仇英工畫山水人物

劉珏工畫山水。

陳憲章工畫墨梅。

邊景昭工畫花鳥。

林良工畫花鳥。

吕紀工畫花鳥。

戴文進工畫山水。

謝廷詢工畫山水。

吴偉工畫山水、人物。

沈周工畫山水。

唐寅工畫山水、人物、花鳥。

張靈工畫山水、人物。

仇英工畫山水、人物。

文徵明工畫山水
文嘉工畫山水
文伯仁工畫山水
陸治工畫山水花鳥
錢穀工畫山水人物
謝時臣工畫山水人物
俞江村工畫花鳥
周之冕工畫花鳥
杜薰工畫人物花鳥
王枚之工畫花鳥
夏芷工畫山水
石銳工畫山水

文徵明工畫山水。

文嘉工畫山水。

文伯仁工畫山水。

陸治工畫山水、花鳥。

錢穀工畫山水、人物。

謝時臣工畫山水、人物。

俞江村工畫花鳥。

周之冕工畫花鳥。

杜薰工畫人物、花鳥。

王枚之工畫花鳥。

夏芷工畫山水。

石銳工畫山水。

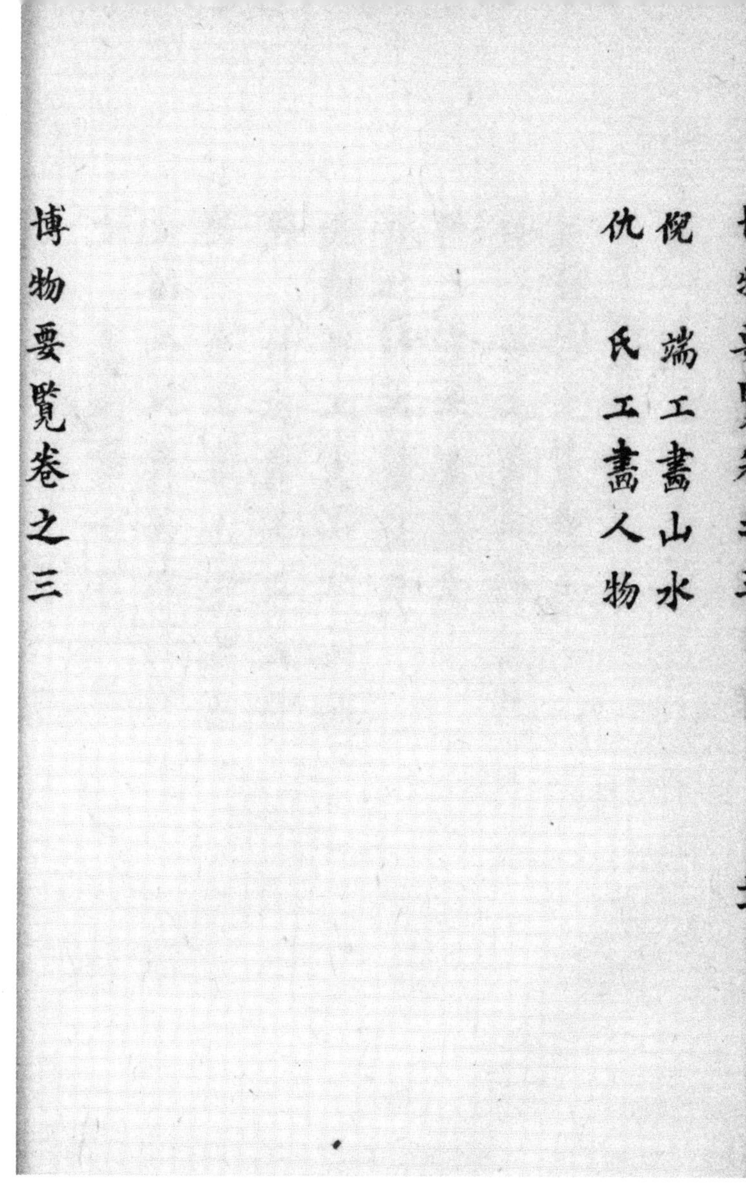

倪端工畫山水。
仇氏工畫人物。

博物要覽卷之三

博物要覽卷之四

目録

紀論歷代鼎彝

論方鼎

論圓鼎大者

論圓鼎小者

紀論鼎彝爐

論彝爐方者

論彝爐入格者

論彝敦入格者

論巵匜盤洗

紀論觚尊觶等器

博物要覽卷之四　目録　一

博物要覽卷之四

目録

紀論歷代鼎彝

論方鼎

論圓鼎大者

論圓鼎小者

紀論鼎彝爐

論彝爐方者

論彝爐入格者

論彝敦入格者

論巵匜盤洗

紀論觚尊觶等器

紀論杖頭等雜器
紀論各種古鏡
紀論鈎燈等器
紀論宣銅爐器具
論宣爐鑄顏色
論古銅真僞顏色
論僞造顏色銅器

博物要覽卷之四目錄

紀論杖頭等雜器
紀論各種古鏡
紀論鈎燈等器
紀論宣銅爐器具
論宣爐鑄顏色
論古銅真僞顏色
論僞造顏色銅器

博物要覽卷之四目録

博物要覽卷之四

明蜀府長史谷泰輯

紀論歷代鼎彝[1]

上古銅物，存於今日，聊以（通）［適］[2]用（之數）［數者］[3]論之。鼎者，古之食器也，故有五鼎三鼎之説。今用為爇香（□）［具］[4]者，以今不用鼎（烹）［供］[5]故耳。然鼎之大小有兩用，大者陳於廳堂，小者置之齋室。方而大者

文王鼎飛龍腳者為上賞

亞虎父鼎　　商召父鼎

周花足鼎　　南宮鼎已上四種方者次賞之

周家簠鼎　　百乳鼎已上二種方之下品，古鼎方而小

1 鼎彝：鼎，古代炊器，又爲盛熟牲之器。多用青銅或陶土製成。圓鼎兩耳三足，方鼎兩耳四足。盛行於商周。多用爲宗廟的禮器和墓葬的明器。彝，古代盛酒的器具。

2 適，原作“通”，據《遵生八箋》卷十四改。

3 數者，原作“之數”，據《遵生八箋》卷十四改。

4 具，原無此字，據《遵生八箋》卷十四補。

5 供，原作“烹”，據《遵生八箋》卷十四、《函海》本《博物要覽》卷一改。

周王伯鼎　單從鼎
周豐鼎已上三種方而小者式紋精美俱屬上品
論圓鼎大者
商父乙鼎　父己鼎　父癸鼎
若癸鼎　商子鼎　秉仲鼎
饕餮鼎　季婦鼎　商魚鼎
周益鼎　素腹鼎　商乙毛鼎
蟬紋鼎　父甲鼎　公妃鼎
子父鼎已上十六種圓而大者款紋精妙俱為上品
論圓鼎小者
周太叔鼎　垂花鼎　周鑾鼎
唐三螭鼎已上四種圓而小者製度精雅亦屬上品

周王伯鼎　　單從鼎

周豐鼎已上三種方而小者式紋精美，俱為上品。

論圓鼎大者

商父乙鼎　　父己鼎　　父癸鼎

若癸鼎　　商子鼎　　秉仲鼎

饕餮鼎　　季婦鼎　　商魚鼎

周益鼎　　素腹鼎　　商乙毛鼎

蟬紋鼎　　父甲鼎　　公妃鼎

子父鼎已上十六種圓而大者，款紋精妙，俱為上品。

論圓鼎小者

周太叔鼎　　垂花鼎　　周（鑾）[綠][1]鼎

唐三螭鼎以上四種圓而小者，裂度精雅，亦屬上品。

1 綠，原作"鑾"，據《遵生八箋》卷十四改。

紀論鼎彝爐入格

周（隋）[甗][1]彝　父辛彝

商虎首彝已上三種俱圓，花紋精美可為上品。

論彝爐方者可以入格

己酉彝　百乳彝已上二種製度精雅，亦属上品。

論彝爐入格者

商母乙（格）[鬲][2]　周蔑敖（格）[鬲]　饕餮（格）[鬲]

論彝敦入格者

周師望敦　兕敦　翼敦

紀論卮匜盤洗

卮者，古酒器也。義取上窮而危，知節則無危矣，寓戒之之意。其製如盂[3]，兩耳外束，又

1 甗，原作“隋”，據《遵生八箋》卷十四改。

2 鬲，原作“格”，據《遵生八箋》卷十四改。

3 盂，盛湯漿或飯食的圓口器皿。

如腰腹翼耳
盉亦酒器也以牛首為製加以籠絡亦戒
貪逸之意詩云酌彼兕觥是也今之盉製
不一而無此式也
匜者矯首坦腹一有三足有圓足如梟形
者是也古人以為盥水注注足俱全今俗
以巵為匜以匜為巵然云金銀酒器者悮
矣
盤洗二器盤深而洗淺盤之以盛其水內
有銘篆有招耳上沖者有盤內種種海獸
者或有蟠螭為足或有紋圓足者又名彝
盤俗指為歃血盤者非也今可用作香圓盤

如腰腹翼耳。

盉亦酒器也。以牛首為製，加以籠絡，亦戒貪逸之意。詩云“酌彼兕觥”是也。今之盉製不一，而無此式也。

匜[1]者，矯口坦腹，一［鼐捏手］[2]，有三足，有圓足，如（梟）［鴨］[3]形者是也。古人以為盥水注，注足俱全。今俗以巵為匜，以匜為巵，然云金銀酒器者，誤矣。

盤、洗二器，盤深而洗淺。盤用以承（其）［棄］[4]水，內有銘篆，有招耳上沖者，有盤內種種海獸者，或蟠螭為足，或（有）［雷］[5]紋圓足者，又名彝盤。俗指為歃血盤者，非也。今可用作香（圓）［櫞］[6]盤。

1 匜，古代盥器，形如瓢，與盤合用，用匜倒水，以盤承接。

2 鼐捏手，原無此三字，據《遵生八箋》卷十四補。

3 鴨，原作“梟”，據《遵生八箋》卷十四改。

4 棄，原作“其”，據《遵生八箋》卷十四改。

5 雷，原作“有”，據《遵生八箋》卷十四改。

6 櫞，原作“圓”，據《遵生八箋》卷十四改。香櫞盤，古人書齋中陳設的一種小型果盤，常置黃色香或佛手於其中。

其洗用作盥手故紋用雙魚用菱花有三
乳足者有圓足者傍有獸面環繞者今用
以注水爲几筵賓主酹酢器似得古今之
遺意

紀論觚尊觶等器

觚尊觶三器俱可插花觚尊口撇插花散
漫不佳須打錫套管入內收口作一小孔
以管束花枝不令斜倒又可貯滚水養芙
蓉牡丹等花

紀論壺缾瓿等器

壺缾古用以貯酒若古素温壺口如蒜榔
式者俗云蒜蒲瓶乃古壺也極便貯滚水

其洗用作盥手，故紋用雙魚，用菱花。有三乳足者，有圓足者，傍有獸面環繞者，今用以注水，為几筵賓主酹酢［滌］[1]器，似得古人遺意。

紀論觚尊觶等器

尊[2]、觚[3]、觶[4]三器俱可插花。觚、尊口（撇）［敞］[5]，插花散漫，不佳。須打錫套管，入內收口，作一小孔，以管束花枝，不令斜倒。又可（貯）［注］[6]滾水，養芙蓉、牡丹等花。

紀論壺缾瓿等器

壺缾古用以貯酒。若古素温壺，口如蒜榔式者，俗云蒜蒲缾，乃古壺也，極便（貯）［注］滾水，

1 滌，原無此字，據《遵生八箋》卷十四補。

2 尊，古代的盛酒器具，用作祭祀或宴享的禮器。早期用陶制，後多以青銅澆鑄。鼓腹侈口，高圈足，形制較多，常見的有圓形及方形，盛行於商及西周。

3 觚，古代飲酒器具，多青銅制。長身侈口，口部與底部呈喇叭狀，細腰，圈足。盛行於商代和西周初期。

4 觶，古代飲酒器具，圓腹，侈口，圈足，或有蓋，形似尊而小。青銅制，盛行於商代和西周初期。陶制者多爲明器。

5 敞，原作“撇”，據《遵生八箋》卷十四改。

6 注，原作“貯”，據《遵生八箋》卷十四改。下同。

插牡丹芍藥之類塞口最緊惟質厚者為佳他如粟紋四環壺方壺匾壺弓耳壺俱書室插花以花之多寡合宜此器分置若周之蟠螭瓶螭首瓶俗云觀音瓶者今之酒壺全用此式更變漢之麟瓶形若瓠子稍彎背有提靶此瓶也用有盤虬瓿魚瓿等可作多花

紀論杖頭等雜器

古之杖頭有單鳩雙鳩者用金銀填嵌又見飛鳩杖頭身用鎏金以作棕竹杖式妙甚若漢之蟠龍頭形如爪槌式

編鐘漢時有小者音韻清美頗宜書齋清

插牡丹、芍藥之類。塞口最緊，惟質厚者為佳也。它如粟紋四環壺、方壺、匾壺、弓耳壺，俱書室插花，以花之多寡合宜此五器分置。若周之蟠螭瓶、螭首瓶，俗云觀音瓶者，今之酒壺，全用此式。更變漢之麟瓶，形若瓠子稍彎，背有提（靶）［靶］[1]。此瓶也，（用）［周］[2]有蟠虬瓿，魚瓿等，可作多花。

紀論杖頭等雜器

古之杖頭有單鳩雙鳩者，用金銀填嵌，又見飛鳩杖頭，（身用）［周身］[3]鎏金，以作棕竹杖（式）［飾］[4]，妙甚。若漢之蟠龍頭，形如爪槌式。

編鐘漢時有小者，音韻清美，頗宜書齋清

1 靶，原作“靶”，據《遵生八箋》卷十四改。

2 周，原作“用”，據《遵生八箋》卷十四改。

3 周身，原作“身用”，據《遵生八箋》卷十四改。

4 飾，原作“式”，據《遵生八箋》卷十四改。

響俱得宮商之音為最難得
刀布錢古有嵌金字者可作界作軸用
提梁卣小樣者可作糊斗如伯夷頮盤季
姜盉兩耳杯製小者可用作硯旁毫洗
紀論各種古鏡
古鏡為人所必用若秦

響，（俱）［但］[1]得宮商（二）［之］[2]音為最難得。

刀布錢古有嵌金字者，可作界（作）［畫］[3]軸用。

提梁卣[4]小樣者可作糊斗[5]，如伯夷頮盤、季姜盉兩耳杯製小者，可用作硯旁筆洗。

紀論各種古鏡

古鏡為人所必用，若秦

1 但，原作“俱”，據《遵生八箋》卷十四改。

2 二，原作“之”，據《遵生八箋》卷十四改。

3 畫，原作“作”，據《遵生八箋》卷十四改。

4 提梁卣，古代一種中型酒樽，青銅制，一般爲橢圓形，大腹，斂口，圈足，有蓋與提梁，多用作禮器，盛行於商代和西周。

5 糊斗，文房中盛糨糊的器具，一般有蓋以防鼠竊。明屠隆《考槃餘事》：“糊斗有銅質、陶質材料製成。有酒杯式、帶足長桶式等數種，今無此製作。”

紀論鈎燈等器

古銅有腰帶鈎，多長至盈尺者，其製不一。有金銀碧瑱嵌者，有片金（□）[商][1]者，若羊頭鈎及螳螂捕蟬鈎鎏金者，皆秦漢[以前三代之][2]物也。無可用處，而書室中懸于壁，掛畫、掛劍、[掛][3]拂塵，俱甚雅。

若古之雁足燈、鳳龜燈，有（栢）[柄][4]行燈，用以秉

1 商，原無此字，據《遵生八箋》卷十四補。

2 以前三代之，《遵生八箋》卷十四無此五字。

3 掛，原無此字，據《遵生八箋》卷十四補。

4 柄，原作“栢”，據《遵生八箋》卷十四改。

燭駝燈羊燈犀燈用以燃油此皆文具一器

紀論宣銅器具

宣銅器具以爐為首製有辨色宜取書室中几案賞玩之物然有數種貴賤不一

百乳彝　中樣乳爐　日摺彝爐

魚耳爐　小戟耳爐　蚰耳爐已上六種皆屬上品

押經爐　索耳格爐　花邊天鷄爐

臺九爐　石榴足爐　葵耳彝爐

如意爐　法盞馬蹄爐已上八種俱為次等

薰冠爐　漏空桶爐　象鼻爐

獸面爐　四方直脚　橘囊爐

燭、駝燈、羊燈、犀燈，用以燃油，此皆文具一器。

紀論宣銅器具

宣銅器具以爐為首，製有辨色，宜取書室中几案賞玩之物，然有數種，貴賤不一。

百乳彝　中樣乳爐　日摺彝爐

魚耳爐　小戟耳爐　蚰耳爐已上六種皆屬上品

押經爐　索耳格爐　花邊天鷄爐

臺九爐　石榴足爐　葵耳彝爐

如意爐　法盞馬蹄爐已上八種俱為次等

黄冠爐　漏空桶爐　象鼻爐

獸面爐　四方直脚　橘囊爐

翻環爐　六稜爐　井口爐
竹節爐已上十種俱屬下等
論宣銅爐鑄顏色
宣爐多倣宋磁中有身耳逼近施錯無餘地乃鑄耳磨治釘入分寸始合也釘耳多偽宣爐鑄耳若不稱揀出更鑄十不一留故偽者但能釘耳色種種倣宋燒班者初年色也尚沿永樂爐製蠟茶色者中年色也中年之色愈工謂燒班色掩其銅質之精乃尚本色用舊番硇侵擦薰洗之本色愈淡者末年色也末年愈顯銅質着色愈淡後人評宣爐色五等栗殼色茄皮色棠

翻環爐　　六稜爐　　井口爐

竹節爐已上十種俱屬下等

論宣銅爐鑄顏色

宣爐多倣宋（磁）[窑][1]，中有身耳逼近，施錯無餘地，乃別鑄耳。磨治釘入，分寸始合也。釘耳多偽。宣爐鑄耳若不稱，揀去更鑄，十不一留，故偽者但能釘耳。色種種：倣宋燒班者，初年色也。尚沿永樂爐製。蠟茶色者，中年色也。中年之色愈工，謂燒班色掩其銅質之精，乃尚本色，用舊番硇侵擦薰洗之。本色愈淡者，末年色也。末年愈顯銅質，着色愈淡。後人評宣爐色五等：栗殼色、茄皮色、棠

1 窑，原作“磁”，據《帝京景物略》卷四改。

梨色褐色而藏經紙色為最鋈金色次本
色為掩銅質也鋈腹以下曰湧祥雲鋈口
以下曰覆祥雲鷄皮色者覆手色火氣久
而成也跡如鷄皮拂之實無跡者本色之
厄二嘉隆前有燒班厄時尚燒班有取本
色貞爐真加燒班者近有磨新厄過求銅質
之露取本色爐磨治一新至有一歲再磨
者款亦有辨色辨之陰印陽紋真書大明
宣德年製六字字完整地明潤與爐色等
舊非經彫鑿薰造者後有偽造者有舊爐
偽疑者真爐真款而釘嵌者偽造有北鑄
南鑄之別北鑄嘉靖時有學道近有施家

梨色、褐色，而藏經紙色為最。鋈金色次本色，為其掩銅質也。鋈腹以下曰湧祥雲，鋈口以下曰覆祥雲。雞皮色者，覆手色，火氣久而成也。跡如鷄皮，拂之實無跡者。本色之厄有二：嘉靖、隆慶前有燒斑厄。時尚燒班，有取本色（貞）［真］[1]爐，（真）［重加］[2]燒班者。近有磨新厄，過求銅質之露，取本色爐磨治一新，至有一歲再磨者。款亦有辨色。辨之陰印陽紋，真書“大明宣德年製”六字，字完整，地明潤，與爐色等舊，非經彫鑿薰造者。後有偽造者，有舊爐偽疑者，真爐真款而釘嵌者。偽造有北鑄、南鑄之別。北鑄嘉靖時有學道，近有施家。

1 真，原作“貞”，據《帝京景物略》卷四改。

2 重加，原作“真”，據《帝京景物略》卷四改。

然施不如學道遠甚間有宣銅錢器故鑄
南鑄有蘇州蔡家南京伍家伍不如蔡遠
甚蔡惟魚耳一種可比學道宣爐真者多
有無款當時進呈樣爐也如中式方照樣
定款進入今人以無款爐為非真宣爐非
也當宣德年鑄爐時宣皇問鑄工云銅得
法而煉佳工奏曰煉至六則現珠光寶色
異恒銅矣上曰煉十二煉十二已條之置
鉄鋼篩格赤炭熔之其清者先滴則以鑄
爐其存之格上者以作它器故宣爐比它
器為佳

然施不如學道遠甚。間（有）[用][1] 宣銅錢器（故）[改][2] 鑄。南鑄有蘇州蔡家，南京（伍）[甘][3] 家，（伍）[甘] 不如蔡遠甚，蔡惟魚耳一種可比學道。宣爐真者多有無款，當時進呈樣爐也，如中式方照樣定款進入。今人以無款爐為非真宣爐，非也。當宣德年鑄爐時，宣皇問鑄工云："銅（得）[何][4] 法而煉佳？" 工奏曰："煉至六，則現珠光寶色，異恒銅矣。" 上曰："煉十二。" 煉十二已，條之，置鉄鋼篩格，赤炭鎔之。其清者先滴，則以鑄爐，其存之格上者，以作它器，故宣爐比它器為佳。

1 用，原作"有"，據《帝京景物略》卷四改。
2 改，原作"故"，據《帝京景物略》卷四改。
3 甘，原作"伍"，據《帝京景物略》卷四改。
4 何，原作"得"，據《帝京景物略》卷四改。

論古銅真偽顏色

三代之器，鐘鼎居多，且大容升斗。雖有商質周文之説，然質者未嘗不文，文者未嘗不質。其質者，製度尚（象）[1]，款志規模，鑄法工巧，（得）［何］[2]文如之？其文者，雖彫鏤極細，文理繁密，而矩度渾成清楚，絲髮不亂。殷時嵌金銀細，嵌雲雷紋，片用玉及與碧填嵌，美甚。或云：商無嵌法，非也。商亦有之，惟多金銀片，而少雲雷絲嵌細法。今之巧匠偽造殷商嵌法者，以金銀之色，古今皆同，可偽為。玉及碧填，似不容假。且銅器入土千年則色純青，入水千年者，則純緑如瓜皮，皆光瑩

1 象，原無此字，據《遵生八箋》卷十四補。

2 何，原作“得”，據《遵生八箋》卷十四改。

如玉若三代之物迄今何止千年豈盡瑩
潤而各純青綠也若云入土則青入水則
綠其水銀色并褐色黑漆古者此又埋于
何地者也凡三代之器入土年遠地近山
岡多青山氣濕蒸鬱而成青近河者多綠
水氣滷浸潤而成綠余見一物乃三代款
式半身水浸年遠水痕涸濫者為入水無
跡其色乃純青而著水潭底寸許見黃綠
色則水土之說豈信然哉余思鑄時銅質
清瑩不雜者多發青質之美渾雜則發綠
譬之白金足色者作器純白白久則以收
黑不足色者久則發紅發綠此論質不論

如玉。若三代之物，迄今何止千年，豈盡瑩潤而各青緑也。若云入土則青，入水則緑，其水銀色并褐色黑漆古者，此又埋于何地者也。凡三代之器，入土年遠，地近山岡多青，山氣濕蒸，欝而成青。近河者多緑，水氣滷浸，潤而成緑。余見一物，乃三代款（式）[識][1]，半身水浸，年遠，水痕涸（濫）[溢][2]者為入水無（跡）[疑][3]，其色乃純青，而其著水潭底寸許，（見）[少][4]黄緑色。則水土之説，豈（信）[盡][5]然哉？余思鑄時，銅質清瑩不雜者，多發青，質之（美）[6]渾雜則發緑。譬之白金，足色者，作器純白，（白）[7]久則（以收）[乃發][8]黑；不足色者，久則發紅發緑。此論質不論

1 識，原作"式"，據《遵生八箋》卷十四、《函海》本《博物要覽》卷一改。

2 溢，原作"濫"，據《遵生八箋》卷十四、《函海》本《博物要覽》卷一改。

3 疑，原作"跡"，據《遵生八箋》卷十四、《函海》本《博物要覽》卷一改。

4 少，原作"見"，據《遵生八箋》卷十四改。

5 盡，原作"信"，據《遵生八箋》卷十四、《函海》本《博物要覽》卷一改。

6 美，《遵生八箋》卷十四無此字，疑衍。

7 白，《遵生八箋》卷十四無此字，疑衍。

8 乃發，原作"發收"，據《遵生八箋》卷十四改。

製也。其水銀色者，銅器入土，或地有水銀沾染，或入墓中棺内有水銀散漫沾著，故作色變，而看銅器以純青為上，水銀緑色為次，其褐色罕傳流于世，三五千年方能成之，故褐色又在青銅之上。

紀論偽造銅器顏色

偽造銅器者，以新銅鑄成器具，磨剔光净，或以刀刻文理或花鳥，用井花水調泥礬浸一伏時，取起烘熱，再浸再烘，三度為止，名（曰）[作][1]腳色。候乾，以硇砂、膽礬、寒水石、硼砂、金絲礬各為末，以鹽化水净，筆蘸藥刷三兩度，候一二日洗去，晒乾再洗。全在調停

1 作，原作“曰”，據《遵生八箋》卷十四改。

彩色水洗功夫須三五度方定名為脚色
銅次掘一坑以炭火燒紅令遍將暗醋潑
下坑内後放銅器坑中仍以醋糟塞之加
土泥覆葢藏三日取看即生各色之彩用
蠟擦之要色深者以竹葉燒烟薰之其點
綴顏色有寒熖之法均用明乳香令人口
嚼吐書紙上方配白蠟焙和要青色用石
青投入蠟内綠用四支綠紅用硃砂熖用
蠟多寒用蠟少此以調成顏色其他用針
砂滷銹其水銀色以水銀和砂錫塗抹鼎
彝邊角上以法蠟顏色罩葢隱露些可以
愚隸家用手揩摩則有香氣觸鼻洗不可

顏色、水洗功夫，須三五度方定，名為脚色銅。次掘一地坑，以炭火燒紅令遍，將（暗）［釅］[1]醋潑下坑内，後放銅器坑中，仍以醋糟（塞）［罨］[2]之，加土泥覆蓋，藏三日取看，即生各色之彩。用蠟擦之，要色深者，用竹葉燒烟薰之。其點綴顏色，有寒熖之法，均用明乳香，令人口嚼，吐書紙上，方配白蠟（焙）［鎔］[3]和。要青色，用石青投入蠟内。緑用四支緑，紅用硃砂。熖用蠟多，寒用蠟少，此以調成顏色。其他用針砂滷銹，其水銀色以水銀和砂錫塗抹鼎彝邊角上，以法蠟顏色罩蓋，隱露些（可）［少］[4]，以愚隸家。用手揩摩，則有香氣觸鼻，洗不可

1 釅，原作“暗”，據《遵生八箋》卷十四改。

2 罨，原作“塞”，據《遵生八箋》卷十四改。

3 鎔，原作“焙”，據《遵生八箋》卷十四改。

4 少，原作“可”，據《遵生八箋》卷十四改。

脫或做成後埋藏盐滷地内二三年方可
似有古意

脱。或做成後埋藏鹽滷地内二三年，方可似有古意。

博物要覽卷之四

博物要覽卷之四

博物要覽卷之五

目録

論永樂窑器皿
論宣德窑器皿
論成化窑器皿
論弘治正德嘉靖窑器皿

博物要覽卷之五目錄

論永樂窑器皿

論宣德窑器皿

論成化窑器皿

論弘治正德嘉靖窑器皿

博物要覽卷之五目録

博物要覽卷之五
明蜀府長史谷泰輯
紀論柴汝官哥窑器
柴汝官哥窑柴則余未之見且論製不一
有云青如天明如鏡薄如紙聲如磬是薄
磁也或云柴窑足多黃土何相懸也汝窑
余嘗見之其色卵白汁水中眼隱若蟹爪
底有芝蔴花細小掙釘余藏一蒲盧大壺
圓直光如僧首圓處密排細小掙釘数上
如吹塤收起觜若筆帽僅二寸直槊向天
壺口徑四寸許上加罩蓋腹大徑尺製亦
奇矣又見碟子大小數枚圓淺甕腹磬口

博物要覽卷之五

明蜀府長史谷泰輯

紀論柴、汝、官、哥窑器

柴、汝、官、哥窑，柴則余未之見，且論製不一。有云："青如天，明如鏡，薄如紙，聲如磬"，是薄磁也。或[1]云："柴窑足多黃土。"何相懸也？汝窑，余嘗見之。其色卵白，汁水中［棕］[2]眼，隱若蟹爪，底有芝蔴花細小掙釘[3]。余藏一蒲盧大壺，圓（直）［底］[4]，光如僧首，圓處密排細小掙釘數［十］[5]，上如吹塤收起，（觜）［嘴］[6]若筆帽，僅二寸，直槊向天。壺口徑四寸許，上加罩蓋，腹大徑尺，製亦奇矣。又見碟子大小數枚，圓淺甕腹，磬口

1 或，《遵生八箋》卷十四作"曹明仲"。

2 棕，原無此字，據《遵生八箋》卷十四補。

3 掙釘，上尖下圓的痕迹。

4 底，原作"直"，據《遵生八箋》卷十四改。

5 十，原無此字，據《遵生八箋》卷十四補。

6 嘴，原作"觜"，據《遵生八箋》卷十四改。

1 弓壺，原作“之”，據《遵生八箋》卷十四改。
2 素，原無此字，據《遵生八箋》卷十四補。

泑足，底有細釘。以官窑較之，質製滋潤。

論官窑器皿

官窑品格，大率與哥窑相同，色取粉青為上，淡白次之，油灰色，色之下也。紋取冰裂鱔血為上，梅花片墨紋次之，細碎紋，紋之下也。論製器如商庚鼎、純素鼎、葱管空足冲耳乳爐、商貫耳（之）［弓壺］[1]、大獸面花紋用貫壺、漢耳環壺、父己尊、祖丁尊，皆法古圖進呈物也，當為官窑第一妙品。又如葱管脚鼎爐、環耳汝爐、小竹節雲板脚爐、冲耳牛奶足小爐、戟耳彝爐、盤口束腰桶肚大鉼、子一觚、立戈觚、周之小圓觚、（□）［素］[2]觚、低槌鉼、胆

餅雙耳匙筯餅筆筒筆格元葵洗桶樣大
洗甕肚鉢盂二種水中丞二色雙桃水注
立瓜卧瓜卧茄水注匾淺磬口橐盤方印
色池四八角矮角印色池有紋圖書戟耳
彝爐小方蓍草餅小製漢壺竹節壁瓶凡
此皆官窑之上乘也桶爐六稜餅盤口紙
槌大蓍草餅鼓爐菱花壁瓶多嘴花罐肥
腹漢壺大碗中碗茶盞茶托茶洗抱包茶
壺六稜酒壺瓜壺蓮子壺方圓八角酒甆
酒杯各製勸杯大小圓碟河西碟荷葉盤
淺碟桶子箍碟絛環水池中大酒海方圓
花盆菖蒲盆龜背絛環六角長盆觀音彌

餅、雙耳匙筯餅、筆筒、筆格、元葵筆洗、桶樣大洗、甕肚鉢盂、二種水中丞、二色雙桃水注、立瓜、卧瓜、卧茄水注、匾淺磬口橐盤、方印色池、四八角矮角印色池、有紋圖書戟耳彝爐、小方蓍草餅、小製漢壺、竹節壁餅，凡此皆官窑之上乘也。桶爐六稜餅、盤口紙槌大蓍草餅、鼓爐菱花壁瓶、多嘴花罐、肥腹漢壺、大碗、中碗、茶盞、茶托、茶洗、抱包茶壺、六稜酒壺、瓜壺、蓮子壺、方圓八角酒甆、酒杯、各製勸杯、大小圓碟、河西碟、[荷葉盤淺碟、桶子箍碟、絛環水池、中大酒][1] 海、方圓花盆、菖蒲盆、龜背絛環六角長盆、觀音、彌

1“荷葉盤淺碟”至“中大酒”，原文無此數字，據《遵生八箋》卷十四補。

勒、洞賓神像、鷄頭罐、查斗、圓硯、筯槊、二色紋篆圖書象碁子、齊筯小碟、螭虎鎮紙，凡此皆官窑之中乘品也。大雙耳高大餅、(經)[徑][1]尺大盤、夾底骰盆、大撞梅花瓣(泰)[春][2]勝合子、棋子罐、大扁獸耳彝敦、鳥食罐、(匾)[編][3]籠小花瓶、大小平口藥瓶、眼藥合製小罐、肥皂罐、中菓合子、蟋蟀盆、内中事件佛前供水碗、束腰(大)[六][4]角小架、各色酒案盤碟，凡此皆官窑之下品也。要知古人用意，無所不到，此余概論如是。

論哥窑器皿

宋時官窑乃宋修内司設窑，燒于杭州之

1 徑，原作“經”，據《遵生八箋》卷十四改。

2 春，原作“泰”，據《遵生八箋》卷十四改。

3 編，原作“匾”，據《遵生八箋》卷十四改。

4 六，原作“大”，據《遵生八箋》卷十四改。

鳳皇山下，其土紫，故足色若鉄。時云紫口鉄足。紫口，乃器口上仰，泑水流下，比周［身］[1]較淺，故口露紫痕。此何足貴，惟尚鉄足，以它處之土咸不及此。哥窑亦燒于杭，乃民間私家燒造者，取土俱在此地。官窑（盤）［質］[2]之隱紋如蟹爪，哥窑質之隱紋如魚子，但汁料不如官窑料佳耳。哥窑燒出時，器皿多有窑變者，其間紋片顔色状類蝴蝶、禽鳥、麐豹等象。布於泑外變色，或黄，或黑，或紅紫，形肖可愛。是皆火之文明幻化，否則理不可曉，似更難得。後有仿燒哥窑者，名董窑、烏泥窑，俱法其泑水式樣，但質粗不潤，而泑水燥

1 身，原無此字，據《遵生八箋》卷十四補。

2 質，原作“盤”，據《遵生八箋》卷十四改。

暴涸入哥窑今亦傳世後若元末新燒究
不及此近年諸窑美者亦有可取惟紫骨
與粉青色不相似耳若今新燒去諸窑遠
甚亦有粉青乾燥無華即光潤變為綠色
且營大價愚人更有一種復燒取舊官哥
窑器如爐火足耳瓶損口稜者以舊補舊
加以泑藥裹以泥合入窑一火燒成如舊
製無異但補處色渾而本質乾燥不甚精
采得此更勝新燒奈何哥窑如葱管脚鼎
爐在海内僅存一二乳爐花觚曾計十數
彝爐或以百計四品為鑒家至寶無怪價
之

暴，涸入哥窑，今亦傳世。後若元末新燒，（究）［宛］[1]不及此。近年諸窑美者，亦有可取，惟紫骨與粉青色不相似耳。若今新燒，去諸窑遠甚。亦有粉青色，乾燥無華，即光潤者，變為緑色，且（營）［索］[2]大價愚人。更有一種復燒，取舊官哥窑器，如爐火足耳，瓶損口稜者，以舊補舊，加以泑藥，以泥合入窑，一火燒成，如舊製無異，但補處色渾，而本質乾燥，不甚精采，得此更勝新燒。奈何哥窑如葱管脚鼎爐，在海内僅存一二，乳爐、花觚，曾計十數，彝爐或以百計，四品為鑒家至寶，無怪價之［忘值，日就增重，後此又不知凋謝如何］[3]。

1 宛，原作“究”，據《遵生八箋》卷十四改。

2 索，原作“營”，據《遵生八箋》卷十四改。

3 “忘值”至“如何”，原無此數字，據《遵生八箋》卷十四補。

論定窯器皿

定窯者乃宋時北定州燒造窯器也其色
白間有紫有黑然俱白骨加以泑水有如
淚痕者為最其紋有畫花有繡花有印花
三種以繡花為上其花紋多牡丹萱草飛
鳳其所造器具式多工巧至佳者如獸面
彝爐子父鼎爐獸頭雲板脚桶爐胆瓶花
尊花觚畧似古意多用已製此為定窯上
品餘如合子有内子口者有内替盤者自
三四寸以至寸許式亦甚多枕有長三尺
製甚可觀余得一枕式用哇哇手持荷葉
覆身葉形前偃後仰枕首通遶奇巧莫與

論定窰器皿

定窰者，乃宋時北定州燒造窰器也。其色白，間有紫、有黑，然俱白骨加以泑水，有如淚痕者為最。其紋有畫花、有繡花、有印花三種，以繡花為上，其花紋多牡丹、萱草、飛鳳。其所造器具，式多工巧，至佳者如獸面彜爐、子父鼎爐、獸頭雲板脚桶爐、胆瓶、花尊、花觚，畧似古（意）[製][1]，多用已（製）[意][2]，此為定窰上品。餘如合子，有内子口者、有内替盤者，自三四寸以至寸許，式亦甚多。枕有長三尺，製甚可觀。余得一枕，式用哇哇手持荷葉覆身葉形，前偃後仰，枕首通適，奇巧莫與

1 製，原作“意”，據《遵生八箋》卷十四改。

2 意，原作“製”，據《遵生八箋》卷十四改。

並瓶式之巧百出而碟製萬狀余有數碟長樣兩角如錠槽高起旁有四拙又有方式四出角樣如蓮瓣而旁若蓮卷或中作水池旁作濶邊可作筆洗筆硯此皆上古所無亦燒人物但人哇哇居多而禿頭觀音彌勒像貌形體眉目衣摺之美克有生動其小物妙如中丞各色餅罐自五寸以至一二寸高余見何止百十而製無雷同更有燈檠大小碗甃酒壺茶注式有多種巧者多心思不及其水注之式用蟾蜍及瓜茄鳥獸種種入妙若巨觥危匜盂斝柳斗柳升柳巴其編絲穿線摸塑絲毫不斷又

并。瓶式之巧百出，而碟製萬狀。余有數碟，長樣兩角如錠槽高起，旁有四（拙）［摺］[1]。又有方式四出角樣如蓮瓣，而旁若蓮卷。或中作水池，旁作闊邊，可作筆洗、筆硯，此皆上古所無。亦燒人物，但［仙］[2]人哇哇居多。而（禿）［兜］[3]頭觀音、彌勒，像貌形體、眉目衣摺之美，克（有）［肖］[4]生動。其小物，（妙）[5]如中丞，各色缾罐，自五寸以至（一）［三］[6]二寸高，余見何止百十，而製無雷同。更有燈檠，大小碗甃、酒壺、茶注，式有多種，巧者多心思不及。其水注之式，用蟾蜍及瓜茄、鳥獸，種種入妙。若巨觥、卮匜、盂斝、柳斗、柳升、柳巴、其編絲穿線模塑，絲毫不斷。又

1 摺，原作“拙”，據《遵生八箋》卷十四改。
2 仙，原無此字，據《遵生八箋》卷十四補。
3 兜，原作“禿”，據《遵生八箋》卷十四改。
4 肖，原作“有”，據《遵生八箋》卷十四改。
5 妙，《遵生八箋》卷十四無此字。
6 三，原作“一”，據《遵生八箋》卷十四改。

如菖蒲盆底大小水底儘有可觀更有坐
墩式雅花囊元腹口坦如橐盤中孔徑二
寸許用插多花酒囊圓腹撇口如一小碟
光淺中穿一孔用以勸酒式雅類多莫可
名狀諸窑中無與比並雖然但製出一時
工巧殊無古人遺意以巧勝古則可以製
勝古則未也如宋宣和政和時燒造者色
白質薄土色如玉物價甚貴其色黃質厚
者下品也後吳門有周泉仿燒各種定器
俱可亂真元時仿定窑者有彭君寶燒于
霍州者名霍窑又名彭窑與古定器無二
最為佳品

如菖蒲盆底，大小水底，儘有可觀。更有坐墩式雅花囊，(元)[圓][1]腹口坦如橐盤，中孔徑二寸許，用插多花。酒囊圓腹(撇)[㣿][2]口如一小碟，光淺，中穿一孔，用以勸酒。式雅類多，莫可名狀，諸窑中無與比並。雖然，但製出一時工巧，殊無古人遺意。以巧勝古則可，以製勝古則未也。如宋宣和、政和時燒造者，色白質薄，土色如玉，物價甚貴。其色黃質厚者，下品也。後吳門有周泉仿燒各種定器，俱可亂真。元時仿定窑有彭君寶燒于霍州者，名霍窑，又名彭窑，與古定器無二，最為佳品。

1 圓，原作“元”，據《遵生八箋》卷十四改。

2 㣿，原作“撇”，據《遵生八箋》卷十四改。

論古龍泉窑器

定窑之下，而龍泉窑次之。古宋龍泉窑器，土細質薄，色甚葱翠，妙者與官、哥争艷，但少紋并紫骨鉄足耳。其製若瓶，若觚，若蓍草方瓶，若（格）［鬲］[1]爐、桶爐，有耳（末）［束］[2]腰小爐。菖蒲盆底有圓者、八角者、葵花菱花者。各樣酒散盆，其（水）［冰］[3]盤之式，有百（摺）［稜］[4]者，有大圓徑二尺外者，此與菖蒲盆相同。有深腹（草）［單］[5]邊盥盆、酒海、大小藥鐔，有上凸起花紋，甚精。有（武）［坐］[6]鼓高墩，有大獸蓋香爐燭臺，并立地插梅大瓶，俱諸窑所無，但製不甚雅，僅可適用。種種器具，製不法古，而工匠亦拙。然

1 鬲，原作“格”，據《遵生八箋》卷十四改。
2 束，原作“末”，據《遵生八箋》卷十四改。
3 冰，原作“水”，據《遵生八箋》卷十四改。
4 稜，原作“摺”，據《遵生八箋》卷十四改。
5 單，原作“草”，據《遵生八箋》卷十四改。
6 坐，原作“武”，據《遵生八箋》卷十四改。

器質厚實極耐磨弄不易
論均窑器皿
均州窑有硃砂紅葱翠俗名鸚哥綠茄皮
紫紅若胭脂青若葱翠紫若墨黑三者色
純無可變露者為上品底有一二三四数
目字號為記猪肝色火裡紅青翠錯雜若
垂涎色者皆上三色之燒不者非特有
此色樣俗即取作鼻涕涎猪肝等名是可
笑耳此窑惟種菖蒲盆底佳甚其它如生
墩爐合方罐餅子俱以黃沙泥為坯故器
質粗厚為不佳
論古建窑器皿

器質厚實，極耐磨弄，不易［茅蔑］[1]。

論均窑器皿

均州窑有硃砂紅、葱翠［青］[2]，俗名鸚哥緑者、茄皮紫。紅若胭脂，青若葱翠，紫若墨黑。三者色純，無（可）［少］[3]變露者，為上品。底有一二三四數目字號為記。豬肝色、火裡紅、青翠錯雜，若垂涎色，皆上三色之燒不（□）［足］[4]者，非特有此色様。俗即取作鼻涕、豬肝等名，是可笑耳。此窑惟種菖蒲盆底佳甚。其他如（生）［坐］[5]墩爐合、方罐餅子，俱以黄沙泥為坯，故器質粗厚不佳。

論古建窑器皿

1 茅蔑，原無此二字，據《遵生八箋》卷十四補。《遵生八箋》卷十四："行語以開路曰蔑，損失些少曰茅。"

2 青，原無此字，據《遵生八箋》卷十四補。

3 少，原作"可"，據《遵生八箋》卷十四改。

4 足，原無此字，據《遵生八箋》卷十四補。

5 坐，原作"生"，據《遵生八箋》卷十四改。

古建窑器多鼈口碗盞色黑而滋潤有質
兎毫班滴珠大者為真但體極厚薄者可
見
論大食窑器皿
大食窑者本出大食國器用銅身藥料燒
成五色有香爐花餅合子之類窑之至下
者也
論玻璃窑器皿
玻璃窑出島夷惟粤中有之其製不一奈
無雅品惟瓶之小者有佳趣它如酒鍾高
罐盤盂高脚勸杯等物無可取色有白纏
絲鴨綠天青黃鎖口三種俱可觀但不耐

古建窑器，多鼈口碗盞，色黑而滋潤有質，黃兔毫班、滴珠大者為真，但體極厚，薄者（可）[少][1]見。

論大食窑器皿

大食窑者，本出大食國，器用銅身，藥料燒成五色，有香爐、花餅、合子之類，窑之至下者也。

論玻璃窑器皿

玻璃窑出自島夷，惟粤中有之。其製不一，奈無雅品。惟瓶之小者有佳趣，它如酒（鍾）[盅][2]、高罐、盤盂、高脚勸杯等物，無[一][3]可取。色有白纏絲、鴨緑天青、黄鎖口三種，俱可觀，但不耐

1 少，原作“可”，據《遵生八箋》卷十四改。
2 盅，原作“鍾”，據《遵生八箋》卷十四改。
3 一，原無此字，據《遵生八箋》卷十四補。

用耳
論各種饒窑器皿即今江西窑
古之饒窑進御用者體薄而潤色白花青
較定窑少次元時燒小足印花內有樞府
字號者價重且不易得我朝永樂年造壓
手杯坦口折腰沙足滑底中心畫有雙獅
滚毬毬內篆書永樂年製四字細若粒米
為上品鴛鴦心者次之花心又其次也杯
外青花深翠式樣精妙傳用可久價亦甚
高若近時仿效規製蠢厚火底火足畧得
形似殊無可觀
論宣德窑器皿

用耳。

論各種饒窑器皿即今江西窑

古之饒窑進御者，體薄而潤，色白花青，較定窑少次。元時燒小足印花，內有樞府字號者，價重且不易得。我朝永樂年造壓手杯[1]，坦口折腰，沙足滑底，中心畫有雙獅滚毬，毬內篆書“永樂年製”四字，細若粒米，為上品。鴛鴦心者次之，花心又其次也。杯外青花深翠，式樣精妙，傳用可久，價亦甚高。若近時仿效，規製蠢厚，火底火足，畧得形似，殊無可觀。

論宣德窑器皿

1 壓手杯：古代陶瓷質茶具，用於盛湯液，創於宋代，鈞窑、官窑燒造。朱琰《陶説》卷六：“此即也，坦口折腰，手把之，其口正壓手，故名。”

宣德燒造各種窑器以祭紅為上又有紅
魚靶杯以西紅寶石為末塗畫魚形自骨
内燒出凸起寶光鮮明紅班奪目若紫黑
色者火候失平似稍次矣青花如龍松梅
花靶杯人物海獸酒靶杯硃砂紅小壺紅
色大碗如日用口鎖口又竹節靶罩蓋酒
壺此等器物從古未有它如妙用種種不
可盡述而爐瓶盤鑵無不製雅式美更有
五采者世亦罕有矣又有一種心有壇字
白甌所謂壇盞是也質細料厚式美足用
真文房佳器又等細白茶盞較壇盞少低
而甕肚釜底線足光瑩如玉内有絶細龍

宣德年造各種窑器，以紅為上，又有紅魚靶杯[1]，以西紅寶石為末，(塗)[圖][2]畫魚形，自骨内燒出凸起，寶光鮮明，紅斑奪目。若紫黑色者，火候失(平)[手][3]，似稍次矣。青花如龍松梅花靶杯、人物海獸酒杯、硃砂紅小壺、紅色大碗，如日用(口)[白][4]鎖口。又竹節靶罩蓋酒壺，此等器物，從古未有。它如妙用種種，不可盡述，而爐、瓶、盤、罐，無不製雅式美。更有五采者，世亦罕有矣。又有一種心有壇字白甌，所謂壇盞是也。質細料厚，式美足用，真文房佳器。又等白茶盞，較壇盞少低，而甕肚釜底綫足，光瑩如玉，内有絶細龍

1 靶杯，高足杯，上爲碗形，下有柄，柄呈圓柱形或竹節形。

2 圖，原作“塗”，據《遵生八箋》卷十四改。

3 手，原作“平”，據《遵生八箋》卷十四改。

4 白，原作“口”，據《遵生八箋》卷十四改。白鎖口，用白釉做的口沿。

鳳暗花底有大明宣德年製暗類隱隱橘
皮紋起雖定磁何能比方真一代絕品惜
乎外不多見又若坐墩之美如漏空花紋
填以五色華若毫錦有以五彩寔填花紋
細艷悅目二種皆深青地子又有填五彩
種種增妙不可盡述
論成化窑器皿
成窑上品無過五采蒲桃甆口匾肚把盃
式較宣盃妙甚次若草虫可口子母鷄勸
杯人物蓮子酒盞五供養淺盞草虫小盞
青花紙薄酒盞五采齊筯小碟香合各製
小罐皆精妙可人余意青花成窑不及宣

鳳暗花，底有“大明宣德年製”暗（類）[款][1]，隱隱橘皮紋起，雖定、磁何能比方，真一代絶品，惜乎外不多見。又若坐墩之美，如漏空花紋，填以五色，華若雲錦。有以五彩寔填花紋，細艷悦目。二種皆深青地子。又有填五彩，種種增妙，不可盡述。

論成化窑器皿

成窑上品，無過五采蒲桃甆口匾肚把盉，式較宣盉妙甚。次若草虫可口子母鷄勸杯、人物蓮子酒盞、五供養淺盞、草虫小盞、青花紙薄酒盞、五采齊筯小碟、香合、各製小罐，皆精妙可人。余評青花成窑不及宣

1 款，原作“類”，據《遵生八箋》卷十四改。

窑五采宣德不如成化宣窑之青乃蘇浮
泥青也後俱畫至成窑時皆青矣宣
窑五采深厚堆垛故不甚佳而成窑五采
用色淺深且用染色頗為畫意故佳
論弘治正德嘉靖窑器皿
弘治窑料細質薄可仿永樂而綠龍紅龍
沙龍盤碗猶貴重有一種名嬌黃窑者色
如初圻秋葵花嬌倩無比亦為世寶其正
德青花少下于宣五采隐文各種器具俱
佳嘉窑青花五采二窑製悉備奈何饒窑
之土入地漸無較之宣成時代不相侔有
小白甌内燒茶字酒字姜湯字乃世宗徃

窑，五采宣德不如成化。宣窑之青，乃蘇（浮）[浡][1] 泥青也，後俱用（畫）[盡][2]。至成化窑時，皆（□□）[平等][3] 青矣。宣窑五采，深厚堆垛，故不甚佳。而成窑五色，用色淺深，且用染色，頗為畫意，故佳。

論弘治正德嘉靖窑器皿

弘治窑料細質薄，可仿永樂，而绿龍、紅龍、沙龍盤碗猶貴，有一種名嬌黃窑者，色如初圻秋葵花，嬌倩無比，亦為世寶。其正德青花少下于宣，五采隐文各種器具俱佳。嘉窑青花、五采二窑，製[器][4] 悉備，奈何饒窑之土入地漸（無）[惡][5]，較之宣成時代不相侔。有小白甌，内燒“茶”字、“酒”字、“姜湯”字，乃世宗（徃）[經][6]

1 浡，原作“浮”，據《遵生八箋》卷十四改。蘇浡泥青，是一種産於非洲的色料，含鐵量高，含錳量低。元代與明代早期景德鎮青花瓷使用的主要色料，發色青翠豔麗。

2 盡，原作“畫”，據《遵生八箋》卷十四改。

3 平等，原無此二字，據《遵生八箋》卷十四補。平等青，又稱陂塘青，明代成化到嘉靖間景德鎮青花瓷使用的主要色料，産於今江西樂平。發色呈藍中灰青色，清澈淡雅。

4 器，原無此字，據《遵生八箋》卷十四補。

5 惡，原作“無”，據《遵生八箋》卷十四改。

6 經，原作“徃”，據《遵生八箋》卷十四改。

籙醮壇用器亦曰壇盌又有磬口饅心圓
凡外燒三色魚匾盞紅鉛小花合子其大
如錢亦爲世珍

籙醮壇用器，亦曰壇盞。又有磬口、饅心、圓足，凡外燒三色魚匾盞、紅鉛小花合子，其大如錢，亦為世珍。

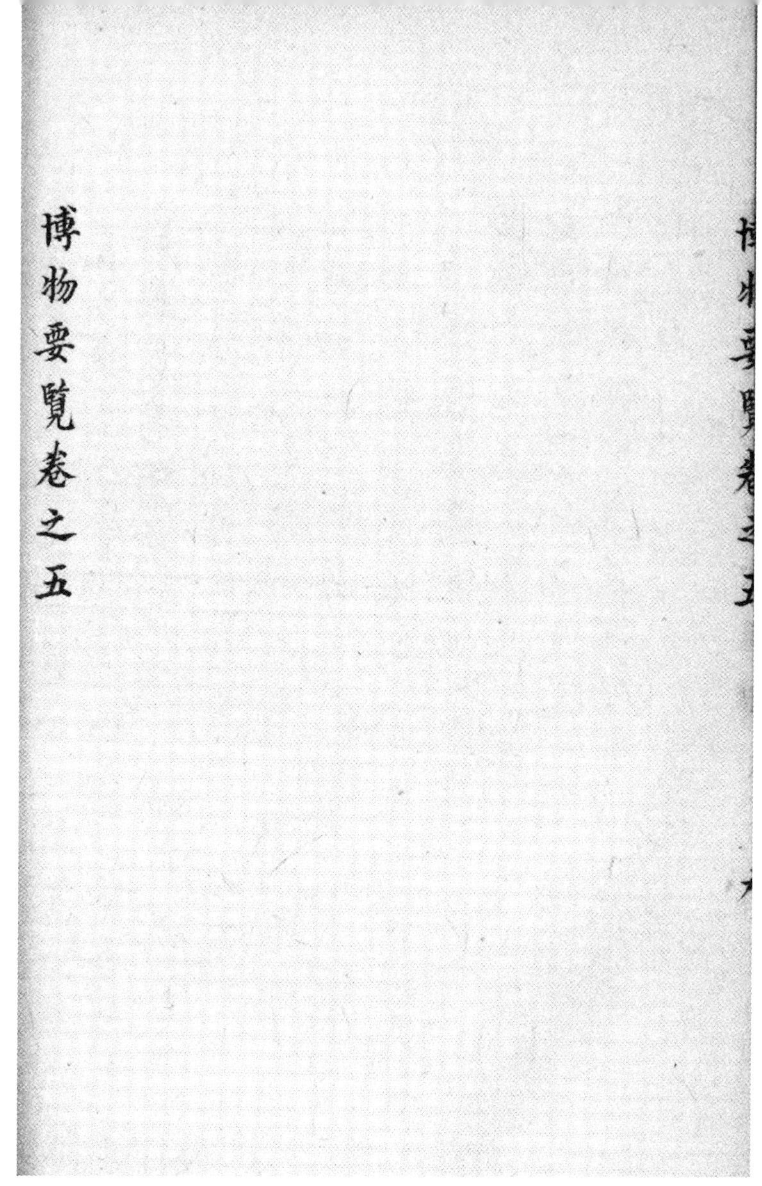

博物要覽卷之五

博物要覽卷之六

目錄

論各種名硯

論硯式入格者

論藏硯法

論各種名墨

論歷代造墨名家

論古今名墨優劣

論各朝名紙

論唐紙

論宋紙

論元紙

博物要覽卷之六

目録

論各種名硯

論硯式入格者

論藏硯法

論各種名墨

論歷代造墨名家

論古今名墨優劣

論各朝名紙

論唐紙

論宋紙

論元紙

論明紙

論古今紙

論文房器具

論硯匣

論筆架

論水注

論鎮紙

論圖書匣

論書燈

論香爐

論香几

論香合

論匙筯瓶

論宋錦宋繡

博物要覽卷之六目録

博物要覽卷之六目録

博物要覽卷之六目録

博物要覽卷之六

明蜀府長史谷泰輯

論各種名硯

古硯首重端歙二石，端石以下岩子石為貴，歙石以金星、龍尾為貴。其外佳品頗多，不能盡述，聊陳數品於左，以資博覽。

洮河硯產洮河	紅絲硯產青州	黃玉硯產山東
褐色硯產遼東	紫金硯產廣東	白石硯產蔡州
仙石硯產浮盖山	(且)[丹][1]石硯產河南	唐石硯產唐州
宿石硯產宿州	紫石硯產吉州	護村硯產蘇州
黃金硯產淄州	水晶硯產信州	石末硯產青州
澄泥硯產潭州	銅雀硯產桐州	未尖底硯產陝西

1 丹，原作“且”，據《遵生八箋》卷十五改。

更有各種奇石可為硯者不可勝紀，因未經閱目，故未敢博記。

論硯式入格者

鳳池式	玉堂式	玉臺式
蓬萊式	圭　式	辟雍式
房相式	郎官式	風字式
鼎　式	瓶樣式	曲水式
八稜式	四直式	蓮葉式
圓池式	玉環式	舍人式
太師式	蟾　式	東坡式
都堂式	内相式	雙履式
隻履式	月池式	方池式

斧形式　　笏　式　　琴　式

瓢　式　　葫蘆式

已上諸硯俱款式仿古，可以入格。

論藏硯法

佳硯池水不可令乾，每日易以清水，以養石潤，不可一日不滌。若用二三日不滌，則墨色（若域）[差減][1]。滌者不可磨去墨（秀）[鏽][2]，此為古硯之徵。滌以皂角清水為妙，滚水不可滌硯。以半夏切平浸爛，極能去宿墨。擦或絲瓜穰及蓮蓬壳浸軟滌硯，去垢不損硯。不可以氈片故紙揩抹，恐氈毛紙屑以混墨色。大忌滚水磨墨，茶亦不可。新墨初用，膠性

1 差減，原作“若域”，據《遵生八箋》卷十五改。

2 鏽，原作“秀”，據《遵生八箋》卷十五改。

未伏，稜角鋭利，不可重磨，恐傷硯質。

論各種名墨

古今製墨名家不勝屈指，其得名者，以南唐時李廷珪為第一。今録後之南唐二人

李　超	李廷珪	
宋十人		
徐　鉉	韓（希）［熙］[1]載	范　質
朱君（德）［得］[2]	柴　珣	景（熕）［煥］[3]
陳　朗	張遇（之）[4]	蔡　瑫
潘　谷		
元二人		
朱萬初	吴國良	

1 熙，原作“希”，據《遵生八箋》卷十五改。
2 得，原作“德”，據《遵生八箋》卷十五改。
3 焕，原作“熕”，據《遵生八箋》卷十五改。
4 之，《遵生八箋》卷十五無此字，疑衍。

明十二人

羅小華　查文通　龍正迪

方正　蘇眉陽　邵格之

桑林里　汪中山　方于魯

葉元卿　程君房　吴去塵

更有海内鑒賞名家多起竈自造者不可勝數

論古今名墨優劣

前代名墨傳世甚少如李廷珪張遇之潘谷等墨目未一覩惟元時朱萬初墨好事之家間或有之然亦難得真者故于我朝造墨名家多出新安法易水遺製可與李

明十二人

羅小華	查文通	龍（正）［忠］[1]迪
方　正	蘇眉陽	邵格之
桑林里	汪中山	方于魯
葉元卿	程君房	吴去塵

更有海内鑒賞名家，多起竈自造者，不可勝數。

論古今名墨優劣

前代名墨傳世甚少，如李廷珪、張遇（之）[2]、潘谷等墨，目未一覩。惟元時朱萬初墨，好事之家間或有之，然亦難得真者。故于我朝造墨名家多出新安，法易水遺製，可以李

1 忠，原作“正”，據《遵生八箋》卷十五改。

2 之，《遵生八箋》卷十五無此字，疑衍。

氏父子並驅不愧當時羅小華為最其墨堅緻如玉週身布犀角紋磨之既久墨汁方下紫光浮硯色黑如漆且染之絹素雖久墨采如新當時蓋用麋角膠用膠得法故也其後如邵格之黃三暘輩雖噪名一時然迥不及之而方于魯程君房輩出徒以譜牒爭高愚惑隸家究考墨料未精多以士林引重以瞞耳食者而吳去塵者一洗方程之習趨于清迥故其造墨材料極精可與小華並驅惜所作每多小挺薄片稍或收藏不謹多至斷裂為可恨耳看墨之法以盆水置一硯板子洗淨揩乾將各

氏父子并驅不愧。當時羅小華為最，其墨堅緻如玉，週身布犀角紋，磨之既久，墨汁方下紫光浮硯，色黑如漆，且染之絹素雖久，墨采如新。當時蓋用麋角膠，用膠得法故也。其後如邵格之、黃三暘輩，雖噪名一時，然迥不及之。而方于魯、程君房輩出徒，以譜牒争高，愚惑隸家，究考墨料未精，多以士林引重以瞞耳食者。而吴去塵者，一洗方、程之習，趨于清迥，故其造墨材料極精，可與小華并驅。惜所作每多小挺薄片，稍或收藏不謹，多至斷裂，為可恨耳。看墨之法以盆水置一硯，板子洗净揩乾，將各種墨磨試于上晒乾復浸水中觀之其色紫者為上青為次黃又次之白色為下古墨周身之裂紋要細如絲髮者為最亦有假造新紋者以新墨于飯甑上微蒸乘熱納于細石灰内半月即爆裂矣但紋理甚粗裂紋中散白灰揩摩不去者藏墨惟於黃梅時防暑温蒸壞以墨藏于多年蘄艾包中無壞

論各朝名紙

上古無紙用汗青者以火炙竹乍令汗出取青易于書至葉 蔡倫始製紙為萬世利也

種墨磨試于上，曬乾後浸水中觀之，其色紫者為上，青為次，黃又次之，白色為下。古墨周身之裂紋要細如絲髮者為最，亦有假造新紋者，以新墨于飯甑上微蒸，乘熱納于細石灰内，半月即爆裂矣。但紋理甚粗，裂紋中散白灰，揩摩不去者藏墨，惟於黃梅時防暑温蒸坑壞，以墨藏于多年蘄艾包中無壞。

論各朝名紙

上古無紙，用汗青者，以火炙竹，乍令汗出取青，易于書。至（葉□）[漢][1]蔡倫始製紙，為萬世利也。

1 漢，原作“葉□”，據《遵生八箋》卷十五改。

紀唐時紙品
蜀箋 側理紙 黃麻紙
白麻紙 桃花紙 雲藍紙
薛濤箋 綾紋紙
紀宋時各紙品
澄心紙 莊經紙 白經紙
春樹箋 龍鳳箋 印金團花紙
藤白紙
紀元時各紙品
黃麻紙 白鹿紙 鉛山紙
常山紙 英山紙 臨川小箋紙
上虞紙 觀音連紙

紀唐時紙品

蜀　箋	側理紙	黃麻紙
白麻紙	桃花紙	雲藍紙
薛濤箋	綾紋紙	

紀宋時各紙品

澄心紙	（莊）［藏］[1] 經紙	白經紙
春樹紙	龍鳳箋	印金團花紙
藤白紙		

紀元時各紙品

黃麻紙	白鹿紙	鉛山紙
常山紙	英山紙	臨川小箋紙
上虞紙	觀音連紙	

1 藏，原作“莊”，據《遵生八箋》卷十五改。

紀本朝各紙品

大內龍鳳箋泥金描金二種

宣德鏡面箋

宣德宮箋 研花箋

五色牋紙 磁青紙

扇面連四紙

已上諸紙俱所目覩且日用不乏故以志焉

洒金箋

羅紋紙

太史竹紙

高麗紙

日潭紙

論古今紙精粗美惡

古紙如澄心堂紙好事之家間有莊然多遭俗子之手以與庸末鄙俚書畫不可勝紀而我朝之宣紙遠駕宋箋之上今亦漸

紀本朝各紙品

大內龍鳳箋泥金、描金二種		洒金箋
宣德鏡面箋		羅紋紙
宣德宮箋	研花箋	太史竹紙
五色牋紙	磁青紙	高麗紙
扇面連四紙		日（潭）[譚][1]紙

已上諸紙俱所目覩且日用不乏，故以志焉。

論古今紙精粗美惡

古紙如澄心堂紙，好事之家間有（莊）[藏][2]，然多遭俗子之手，以與庸末鄙俚書畫，不可勝紀。而我朝之宣紙遠駕宋箋之上。今亦漸

1 譚，原作“潭”，據《遵生八箋》卷十五改。

2 藏，原作“莊”，據上文改。

次難得，得者當寶藏之。宣紙長大者至長一丈二尺，闊五尺餘，以水噴之，内中可揭起三張，以鏡面光者為上，其光滑似□綾素者，着墨生彩，妍妙輝光，宋箋所不及。外如羅箋亦佳，其淡箋、飛采、齊仰花諸箋俱為文房珍品，今亦罕得矣。

論文房器具

論硯匣

用古端歙硯一方，以豆瓣楠或紫檀花梨為匣，匣底鋪青黑色細氊以藉硯。

論筆架

筆架有玉為山形者，玉為卧仙者，有珊瑚

瑪瑙製卧馬卧羊三山五山者余見哥窑
五山者製古色潤又見白定卧花哇哇瑩
白精巧有大銅十二峰頭為架古有古銅
螭起伏為架者又見一友人有老樹報枝
盤屈萬狀長至七寸宛若龍形鱗甲爪牙
悉備摩弄如玉此誠天生筆架又見英石
及靈壁石將樂石筆架精絶者頗多

論水注

水注有玉為圓壺方壺者其花紋甚巧又
見吳中陸子岡製白玉辟邪中空貯水上
嵌青絲石片法古舊形滑熟可愛有玉蟾
蜍注古銅者青緑天鷄壺有金銀片嵌天

瑪瑙製臥馬、臥羊、三山、五山者。余見哥窑五山者，製古色潤。又見白定臥花哇哇，瑩白精巧。有（大）[古][1]銅十二峰頭為架（古）[者][2]，有古銅螭起伏為架者，又見一友人有老樹（報）[根][3]枝，盤屈萬狀，長至七寸，宛若龍行，鱗甲爪牙悉備，摩弄如玉，此誠天生笔架。又見英石及靈壁石、將樂石筆架精絶者頗多。

論水注

水注有玉為圓壺、方壺者，其花紋甚巧。又見吴中陸子岡製白玉辟邪，中空貯水，上嵌青（絲）[緑][4]石片，法古舊形，滑熟可愛。有玉蟾蜍注，古銅者，青緑天鷄壺，有金銀片嵌天

1 古，原作“大”，據《遵生八箋》卷十五改。

2 者，原作“古”，據《遵生八箋》卷十五改。

3 根，原作“報”，據《遵生八箋》卷十五改。

4 緑，原作“絲”，據《遵生八箋》卷十五改。

博物要覽卷之

綠妙甚有半身鸕鷀杓有鎏金雁壺有姜
鑄眠牛牧童騎跨作注者磁本有官哥方
圓水壺有立瓜卧瓜壺有雙桃注有雙蓮
房注有筆架内注水兩用者
論鎮紙
有古銅青綠蝦蟇虛置銅座重有斤餘又
有古銅青綠卧虎古銅流金獅豹辟邪天
鹿宣銅戲哇山羊諸種玉有睡仙馬羊玉
尺及玉如意瑪瑙石鼓水晶波斯諸伙皆
堪書鎮
論圖書匣
有用豆瓣楠及紫檀紫榆為之者或彫漆

（緑）[鹿][1]，妙甚，有半身鸕鷀杓，有鎏金雁壺，有（姜）[江][2]鑄眠牛，牧童騎跨作注（者）[管][3]。磁本有官、哥方圓水壺，有立瓜、臥瓜壺、有雙桃注，有雙蓮房注，有筆架内注水兩用者。

論鎮紙

有古銅青緑蝦蟇虛置銅座，重有斤餘。又有古銅青緑臥虎，古銅流金獅豹辟邪、天鹿宣銅、戲哇山羊諸種。玉有睡仙馬羊玉尺，及玉如意、瑪瑙、石鼓、水晶、波斯諸伙，皆堪書鎮。

論圖書匣

有用豆瓣楠及紫檀紫榆為之者，或彫漆

1 鹿，原作“緑”，據《遵生八箋》卷十五改。

2 江，原作“姜”，據《遵生八箋》卷十五改。

3 管，原作“者”，據《遵生八箋》卷十五改。

及退光黑漆或閩中牙嵌人物黑漆匣為
宜
論書燈
有古銅駝燈羊燈龜燈諸葛軍中行燈鳳
龜燈有圓燈盤及定窑有三臺燈檠宣窑
有兩臺燈檠皆可為書燈之用
論香爐
香爐用三代古銅青鼎爐或宣銅合款彝
爐以口徑五寸者適用其官哥定窑諸磁
爐雖舊恐難日用
論香几
書室中香几之製有二高者二尺八寸几

及退光黑漆，或閩中牙嵌人物黑漆匣為宜。

論書燈

有古銅駝燈、羊燈、龜燈、諸葛軍中行燈、鳳龜燈，有圓燈盤。及定窑有三臺燈檠，宣窑有兩臺燈檠，皆可為書燈之用。

論香爐

香爐用三代古銅青鼎爐，或宣銅合款彝爐，以口徑五寸者適用，其官、哥、定窑諸磁爐雖舊，恐難日用。

論香几

書室中香几之製有二，高者二尺八寸，几

面或大理石岐陽瑪瑙石或以閘栢楠鑲
心或四八角委角或方或圓及梅花葵花
慈姑等或漆或　磨諸木成造者以閣蒲
石或單玩美石或香圓盤或獨置一爐焚
香此高几也如置之案頭者几宜小短為
佳其長尺許濶六七寸高三寸許以倭漆
者佳
論香合
香合以宣德填漆彫漆金銀合子及倭漆
嵌金銀片者佳其玉合及磁合雖舊恐不
耐用
論匙筯瓶

面或大理石、岐陽瑪瑙石，或以（閘栢）［豆瓣］[1]楠鑲心，或四（八）［入］[2]角委角，或方或圓，及梅花、葵花、慈（姑）［菰］[3]等，或漆或（□）［水］[4]磨諸木成造者，以閣蒲石，或單玩美石，或香（圓）［櫞］[5]盤，或獨置一爐焚香，此高几也。如置之案頭者几宜小短為佳，其長尺許闊六七寸，高三寸許，以倭漆者佳。

論香合

香合以宣德填漆彫漆金銀合子，及倭漆嵌金銀片者佳，其玉合及磁合雖舊，恐不耐用。

論匙筯瓶

1 豆瓣，原作“閘栢”，據《遵生八箋》卷十五改。
2 入，原作“八”，據《遵生八箋》卷十五改。
3 菰，原作“姑”，據《遵生八箋》卷十五改。
4 水，原無此字，據《遵生八箋》卷十五補。
5 櫞，原作“圓”，據《遵生八箋》卷十五改。

匙筯瓶以紫檀者或犀角彫花細孔重寔
者佳以其插筯不仆故也象牙者畏風日
及鼠性易裂不佳玉及磁防損破不可作
筯瓶

論宋錦宋繡

宋時御府所造合錦其人物花卉禽獸肖
生明朗如畫且兩面俱光采色如一多有
細花盤金線厚于錢者其紡皆雙絲故歷
年久如新不朽不腐亦有一種輕薄者又
佳厚者

宋繡多有畫幅作山水人物花鳥者五采
相宜細入毫髮且不露邊際而繡法淨潔

匙筯瓶以紫檀者，或犀角彫花細孔重寔者佳，以其插筯不仆故也。象牙者，畏風日及鼠，性易裂，不佳。玉及磁防損破，不可作筯瓶。

論宋錦宋繡

宋時御府所造合錦，其人物、花卉、禽獸肖生，明朗如畫，且兩面俱光，采色如一，多有細花盤金線厚于錢者，其紡皆雙絲，故歷年久如新，不朽不腐。亦有一種輕薄者，又佳厚者。

宋繡多有畫幅作山水人物花鳥者，五采相宜，細入毫髮，且不露邊際，而繡法净潔

明朗即名公畫筆亦所不及以此其價甚
貴今亦罕見

博物要覽卷之六

明朗，即名公畫筆亦所不及，以此其價甚貴，今亦罕見。

博物要覽卷之六

博物要覽卷之七

目錄

論黃金產地

一產益州

一產梁州寧州

一產建平晋安

一產嶺南獠洞

一產雲南

一產鄱陽樂安

一產黔南

一產富州賓州涪州

紀良金十種

博物要覽卷之七目錄

博物要覽卷之七

目録

論黃金産地

一産益州

一産梁州寧州

一産建平晋安

一産嶺南獠洞

一産雲南

一産鄱陽樂安

一産黔南

一産富州賓州涪州

紀良金十種

第一馬蹄金

第二橄欖金

第三瓜子金

第四顆塊金

第五胯子金

第六麩片金

第七豆瓣金

第八麥顆金

第九沙子金

第十葉子金

紀御府内帑金十五種

第一鎮庫金錠

第二鎮庫金餅
第三鎮庫金錢
第四鎮庫金鋌
第五鎮庫金磚
第六户部節省金
第七工部節省金
第八光祿寺節省金
第九尚衣監節省金
第十司禮監節省金
第十一奉宸庫金米
第十二奉宸庫金豆
第十三女官庫葉金

第二鎮庫金餅
第三鎮庫金錢
第四鎮庫金鋌
第五鎮庫金磚
第六户部節省金
第七工部節省金
第八光祿寺節省金
第九尚衣監節省金
第十司禮監節省金
第十一奉宸庫金米
第十二奉宸庫金豆
第十三女官庫葉金

第十四女官庫金線
第十五女官庫金箔
紀外國真金五種
波斯國紫金
西洋國綠金
東丹國青金
林邑國赤金
占城國烏金
紀假金十五種
辨黃金真僞法
又論黃金真假
又論

第十四女官庫金線

第十五女官庫金箔

紀外國真金五種

波斯國紫金

西洋國緑金

東丹國青金

林邑國赤金

占城國烏金

紀假金十五種

辨黃金真僞法

又論黃金真假

又論

又論
又論
又論
看金器法

又論

又論

又論

看金器法

博物要覽卷之七目錄

博物要覽卷之七目録

博物要覽卷之七
明蜀府長史谷泰輯
論黃金產地
一產益州即四川
一產梁州寧州生水砂作屑謂之生金
一產建平晉安福建生石中乃金砂矣燒煉
鼓鑄為碣雖被火亦未熟須更煉
一產嶺南獠洞生獠蠻洞純赤成塊最佳
一產雲南各屬生水中及砂石中作片作屑
不等
一產鄱陽樂安生土石中成塊或作屑土
人淘漉得之

博物要覽卷之七

明蜀府長史谷泰輯

論黃金產地

一產益州即四川。

一產梁州、寧州。生水砂作屑，謂之生金。

一產建平、晉安福建。生石中，乃金砂矣。燒煉鼓鑄為碣，雖被火亦未熟，猶須更煉。

一產嶺南獠洞中。生獠蠻洞，純赤成塊最佳。

一產雲南各屬。生水中及砂石中，作片作屑不等。

一產鄱陽樂安。生土石中，成塊或作屑，土人淘漉得之。

一產黔南四川生紅砂中須淘汰沙滓鼓鑄
方成
一產富州賓州涪州四川生水中或土石中
成片成塊不等
紀良金十種
第一馬蹄金產林邑國名紫磨金又名陽
邁金出林邑國山峒中國人鑿石取之狀
如馬蹄每得必雙每二蹄重一觔足十二
成赤紫色至難得又名馬蹄金乃生金也
第二橄欖金產嶺南乃荊南山土中得者
顆形大如橄欖兩首俱銳紅紫色足十二
成不煩淘煉自然顆粒乃生金也

一產黔南四川。生紅砂中，須淘汰沙滓鼓鑄方成。

一產富州賓州涪州四川。生水中，或土石中，成片成塊不等。

紀良金十種

第一馬蹄金。產林邑國[1]，名紫磨金，又名陽邁金，出林邑國山峒石中，國人鑿石取之，狀如馬蹄，每得必雙，每二蹄重一觔，足十二成，赤紫色，至難得。又名馬蹄金，乃生金也。

第二橄欖金。產嶺南，乃荊南山土中得者。顆形大如橄欖，兩首俱銳，紅紫色，足十二成，不煩淘煉，自然顆粒，乃生金也。

1 林邑國，古國名，約在今越南南部順化等處。西漢設爲日南郡象林縣，稱爲象林邑，又稱林邑。其後定都於占城，至明代，爲安南所滅。

第三瓜子金産江五溪江中大如瓜子足
赤十一成色不須淘煉自然顆粒亦生金
第四顆塊金産雲南麗江諸處或土砂中
顆塊如山石狀有重至十餘觔或觔許兩
許者不等足赤十一成色不須淘煉自然
顆塊亦生金也
第五胯子金産湖廣湖南諸郡砂土中象
臘茶腰帶胯子足赤色十成不須淘煉自
然顆塊亦生金也
第六麩片金産高麗國砂土中淘漉而出
如麥麩之片足赤色十成國人鑄煉成小
餅每十七餅重一觔乃熟金也

博物要覽卷之七

第三瓜子金。産［漢］[1]江、五溪江中。大如瓜子，足赤十一成，不須淘煉，自然顆粒，亦生金。

第四顆塊金。産雲南麗江諸處，或土砂中，顆塊如山石狀，有重至十餘觔、或觔許兩許者不等，足赤十一成色，不須淘煉，自然顆塊，亦生金也。

第五胯子金。産湖廣、湖南諸郡砂土中。象臈茶腰帶胯子，足赤十成，不須淘煉，自然顆塊，亦生金也。

第六麩片金。産高麗國砂土中，淘漉而出，如麥麩之片，足赤十成，國人鑄煉成小餅，每十七餅重一觔，乃熟金也。

1 漢，原無此字，據函海本《博物要覽》卷三補。

第七豆瓣金一産梁州土中掘土十餘丈
方見形質圓匾如豆瓣狀足赤十成土人
鑄煉成錠每錠重一兩六七錢不等亦熟
金也一名蒜條金
第八麥顆金産梁州各屬土石中形尖顆
如麰麥足赤十成土人鼓鑄成小錠重三
四錢亦熟金也
第九沙子金産湖廣各屬砂水土中土人
畜鴨使唼砂水留其糞穢淘漉鼓鑄成小
瓶大小足赤十成一名鴨屎金乃熟金也
第十葉子金産雲南省城為道地各店鋪
户將足赤金箔抬造葉子有八色九色至

第七豆瓣金。一産梁州土中，掘土十餘丈方見，形質圓匾，如豆瓣狀，足赤十成。土人鑄煉成錠，每錠重一兩、六七錢不等，亦熟金也。一名蒜條金。

第八麥顆金。産梁州各属土石中，形尖顆如麰麥，足赤十成。土人鼓鑄成小錠，淘煉而成小錠，重三、四錢，亦熟金也。

第九沙子金。産湖廣各属砂水土中。土人畜鴨使唼砂水，留其糞穢淘漉，鼓鑄成小瓶大小，足赤十成。一名鴨屎金，乃熟金也。

第十葉子金。産雲南省城為道地，各店鋪户將足赤金箔抬造葉子，有八色、九色至

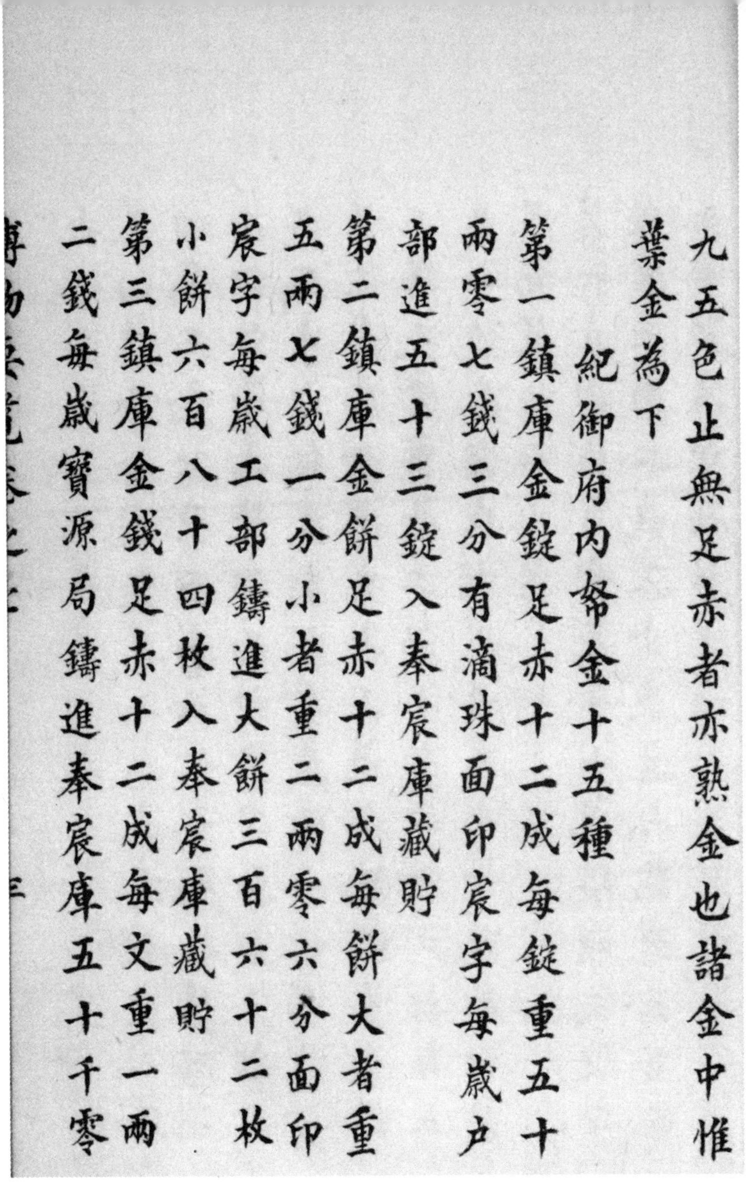
九五色止無足赤者亦熟金也諸金中惟
葉金為下
紀御府内帑金十五種
第一鎮庫金錠足赤十二成每錠重五十
兩零七錢三分有滴珠面印宸字每歲户
部進五十三錠入奉宸庫藏貯
第二鎮庫金餅足赤十二成每餅大者重
五兩七錢一分小者重二兩零六分面印
宸字每歲工部鑄進大餅三百六十二枚
小餅六百八十四枚入奉宸庫藏貯
第三鎮庫金錢足赤十二成每文重一兩
二錢每歲寶源局鑄進奉宸庫五十千零

九五色止，無足赤者，亦熟金也。諸金中惟葉金為下。

紀御府内帑金十五種

第一鎮庫金錠。足赤十二成，每錠重五十兩零七錢三分，有滴珠，面印宸字，每歲户部進五十三錠，入奉宸庫藏貯。

第二鎮庫金餅。足赤十二成，每餅大者重五兩七錢一分，小者重二兩零六分，面印宸字，每歲工部鑄進大餅三百六十二枚，小餅六百八十四枚，入奉宸庫藏貯。

第三鎮庫金錢。足赤十二成，每文重一兩二錢，每歲寶源局[1]鑄進奉宸庫五十千零

1 寶源局，明清時期掌管鑄造錢幣的機構，隸屬工部。

六十二文
第四鎮庫金鋌足赤十二成每鋌重六兩
四錢三分七厘五毫二絲方長如笏形一
面印江山之紋一面印宸字每歲户部鑄
進三十六鋌進奉宸庫藏貯
第五鎮庫金磚足赤十成每塊輕重大小
不等大者重十二觔小者六觔户部每五
年一進奉宸庫大小共三十六塊面印龍
鳳花紋
第六户部節省金足赤十成鎔傾成錠每
錠重三兩二錢三分歲進內藏庫三百錠
面有豫字印

六十二文。

第四鎮庫金鋌。足赤十二成，每鋌重六兩四錢三分七厘五毫二絲，方長如笏形，一面印江山之紋，一面印宸字，每歲户部鑄進三十六鋌，進奉宸庫藏貯。

第五鎮庫金磚。足赤十成，每塊輕重大小不等，大者重十二觔，小者六觔，户部每五年一進奉宸庫，大小共三十六塊，面印龍鳳花紋。

第六户部節省金。足赤十成，鎔傾成錠，每錠重三兩二錢三分，歲進內藏庫三百錠，面印有豫字印。

第七工部節省金足赤十成鎔傾成錠每
錠重三兩二錢每歲進內藏庫三百錠面
有豫字印
第八光祿節省金足赤十成鎔傾成錠每
錠重二兩四錢一分歲進內藏庫二百二
十錠面有豫字印
第九尚衣監節省金足赤十成鎔傾成錠
每錠重一兩二錢四分歲進內女官庫一
百二十錠面有豐字印
第十司禮監節省金足赤十成鎔傾成錠
每錠重一兩二錢每歲進內女官庫一百
二十錠面有豐字印

第七工部節省金。足赤十成，鎔傾成錠，每錠重三兩二錢，每歲進內藏庫三百錠，面有豫字印。

第八光祿節省金。足赤十成，鎔傾成錠，每錠重二兩四錢一分，每歲進內藏庫二百二十錠，面有豫字印。

第九尚衣監節省金。足赤十成，鎔傾成錠，每錠重一兩二錢四分，歲進內女官庫一百二十錠，面有豐字印。

第十司禮監節省金。足赤十成，鎔傾成錠，每錠重一兩二錢，歲進內女官庫一百二十錠，面有豐字印。

第十一奉宸庫金米足赤十成每顆重一
錢或五六分不等工部每五歲造進內奉
宸庫一萬零百顆
第十二奉宸庫金豆足赤十成每顆重三
錢二分工部每五歲造進內奉宸庫三千
六百六十枚
第十三女官庫葉子金足赤十成每葉方
三寸二分每葉重五錢三分五厘工部歲
進內女官庫三百四十片
第十四女官庫金線足赤十成粗細不等
以一丈二尺五寸為率每歲工部造進內
女官庫三百六十二條

第十一奉宸庫金米，足赤十成，每顆重一錢或五六分不等，工部每五歲造進內奉宸庫一萬零百顆。

第十二奉宸庫金豆，足赤十成，每顆重三錢二分，工部每五歲造進內奉宸庫三千六百六十枚。

第十三女官庫葉子金，足赤十成，每葉方三寸二分，每葉重五錢三分五厘，工部歲進內女官庫三百四十片。

第十四女官庫金線，足赤十成，粗細不等，以一丈二尺五寸為率，每歲工部造進內女官庫三百六十二條。

第十五女官庫金箔足赤十成又有名浄
黄者係足八五色因分濃淡二色工部每
歲造進內女官庫一萬八千張每張方三
寸五分比年奉旨減免三千張
已上內帑金十五種因國初至隆慶猶
未徵也至萬暦末遼左用兵户工二部
有節省之進遂及鎮帑之金并後餘項
今奉勅一槩停免而公私天恩皆有甦
色矣因附誌焉
紀外國真金五種
紫磨金產波斯國色如紫鑛性柔如綿韋
可以手指屈伸真奇寶也

第十五女官庫金箔，足赤十成，又有名浄黄者，係足八五色，因分濃淡二色。工部每歲造進內女官庫一萬八千張，每張方三寸五分，比年奉旨減免三千張。

已上內帑金十五種，因國初至隆慶猶未徵也。至萬曆末，遼左用兵，户、工二部有節省金之進，遂及鎮帑之金并後餘項。今奉勅一槩停免，而公私天恩皆有甦色矣，因附誌焉。

紀外國真金五種

紫磨金，産波斯國，色如紫鑛，性柔如綿韋，可以手指屈伸，真奇寶也。

綠金產西洋古里國色綠雲南所產緬風
金彩奇麗不可名狀實奇珍也
青金產東丹國色如青黛光彩非常況性
堅可以刻玉世不常有珍物也
赤金產林邑國色如鷄冠光能奪目相傳
帶之可辟鬼魅惟內帑有之
烏金產占城國色光黑如髹漆性能解諸
毒藥世有得者多煆作飲食器皿焉
紀假金十五種
水銀金　丹砂金　雄黃金
雌黃金　硫黃金　曾青金
石綠金　石胆金　母砂金

緑金，産西洋古里國[1]，色緑，雲南所産緬風金彩，奇麗不可名狀，實奇珍也。

青金，産東丹國[2]，色如青黛，光彩非常，况性堅，可以刻玉，世不常有，珍物也。

赤金，産林邑國，色如鷄冠，光能奪目，相傳帶之可以辟鬼魅，惟内帑有之。

烏金，産占城國，色光黑如髹漆，性能解諸毒藥，世有得者多煅作飲食器皿焉。

紀假金十五種

水銀金	丹砂金	雄黄金
雌黄金	硫黄金	曾青金
石緑金	石胆金	母砂金

1 西洋古里國，《明一統志》卷九十："其國乃西洋諸番之會。本朝永樂元年，國王馬那必加剌滿遣其臣馬戍來朝貢馬，自是朝貢不絶。"故地在今印度西南沿海卡利卡特一帶。1407 年鄭和曾到此訪問，并立有石碑。

2 東丹國，耶律阿保機滅渤海國後在其地設立的一個屬國，以其地封予皇太子耶律倍。因在契丹東，故名東丹國，建都天福城（今黑龍江寧安）。存在時間爲 926 年至 982 年。

白錫金　黑鉛金　銅點金

生鉄金　熟鉄金　鍮石金

已上諸金俱用藥物鍊點至有火鎔不變者但鎔銷一度則每兩輕折錢許以此可辨而出火之後顔色昏滯嗅之微銅鉄雄硫臭為辨别耳

辨黃金真假法

黃金真者剪開有茶口寶光射目脚如新開菜花新黃鮮艷若茶口閃色渾濁脚帶紅色者内有紅銅器子脚帶青色者内有銀器以此辨别萬無一失矣

又論黃金真假

白錫金　　黑鉛金　　銅點金

生鉄金　　熟鉄金　　鍮石金

已上諸金俱用藥物鍊點，至有火鎔不變者，但鎔銷一度，則每兩輕折錢許，以此可辨，而出火之後顔色昏滯，嗅之微銅鉄雄硫臭為辨别耳。

辨黃金真假法

黃金真者，剪開有茶口，寶光射目，脚如新開菜花，新黃鮮艷。若茶口閃色渾濁，脚帶紅色者，内有紅銅器子。脚帶青色者，有銀氣。以此辨别，萬無一失矣。

又論黃金真假

如看成錠黃金須于密室預備純鋼細長
鑽一枝將錠底密密一鑽以水銀灌入故
定久之鑽孔金色變白者為真如錠中有
銅鉄色胎則水銀不入隨即流出
凡看金物須于堅實木桌從高以手投金
物桌上金物連轉方止者真也一轉即止
者内有鉄胎及銅器若内有銀胎一抛直
躍向前了不連轉以此辨之百無一失
一法用蓝泥固濟用猛火煅之真者顏色
鮮黃或潔白假者則色黑或青緑色可辨
一法金物入手性重而震入口咀之味甜
而帶淡微有古香假者味酸或苦腥氣觸

如看成錠黃金，須于密室預備純鋼細長鑽一枝，將錠底密密一鑽，以水銀灌入，故定久之，鑽孔色變白者為真。如錠中有銅鉄色胎，則水銀不入，隨即流出。

凡看金物，須于堅實木桌從高以手投金物桌上，金物連轉方止者，真也。一轉即止者，内有鉄胎及銅器。若内有銀胎，一抛直躍向前，了不連轉。以此辨之，百無一失。

一法：用鹽泥固濟，用猛火煅之，真者顏色鮮黃或潔白，假者色黑或青緑色可辨。

一法：金物入手，性重而震，入口咀之，味甜而帶淡微有古香，假者味酸或苦，腥氣觸

鼻真偽立辨矣
凡看金器如瓶壺爐鼎盃斝之類瓶壺防
夾底爐鼎防脚耳中有灌鉛錫鉄砂石屑
之類都下及新安匠人最善此技每造成
時以瀝青及漆膏和鉛鉄砂石之物調稠
得所填滿空處用捍藥捍好不露邊際試
之法以試金擊其底足一二處搖撼聽之
如中有夾假則擊處成窩且內中作聲瑟
瑟矣金器中惟釧鐲扁方之類多有包裹
銅鉄者須細辨之

鼻，真偽立辨矣。

凡看金器，如瓶壺、爐鼎、盃斝之類，瓶壺防夾底，爐鼎防脚耳，中有灌鉛錫鉄砂石屑之類。都下及新安匠人最善此技。每造成時，以瀝青及漆膏和鉛鉄砂石之物調稠，得所填滿空處，用捍藥捍好，不露邊際。試之法，以試金擊其底足一二處，搖撼聽之，如中有夾假則擊處成窩，且内中作聲瑟瑟矣。金器中惟釧鐲、扁方之類，多有包裹銅鉄者，須細辨之。

博物要覽卷之七

博物要覽卷之七

博物要覽卷之八

目録

論銀所産地

一産永昌

一産虢州

一産高麗

一産饒州樂安

一産黔南

一産鄱陽

一産犍為朱提縣

一産浙江諸處

一産閬中晋安

博物要覽卷之八

目録

論銀所産地

一産永昌

一産虢州

一産高麗

一産饒州樂安

一産黔南

一産鄱陽

一産犍為朱提縣

一産浙江諸處

一産閬中晋安

一産湖廣荆州
一産雲南
一産貴州
一産交趾國
一産波斯國
紀花銀十一種
第一金漆花銀
第二濃稠花銀
第三茶花銀
第四大胡花銀
第五薄花銀
第六薄花細滲

一産湖廣荆州
一産雲南
一産貴州
一産交趾國
一産波斯國
紀花銀十一種
第一金漆花銀
第二濃稠花銀
第三茶花銀
第四大胡花銀
第五薄花銀
第六薄花細滲

第七紙灰花銀
第八細滲銀
第九粗滲銀
第十斷滲銀
第十一無滲銀
紀真銀六種
第一波斯銀
第二老翁鬚銀
第三杯鉛銀
第四生牙銀
第五母砂銀
第六黑鉛銀

第七紙灰花銀

第八細滲銀

第九粗滲銀

第十斷滲銀

第十一無滲銀

紀真銀六種

第一波斯銀

第二老翁鬚銀

第三杯鉛銀

第四生牙銀

第五母砂銀

第六黑鉛銀

紀兩京十三省銀色銀錠
第一北京各屬銀色銀錠
第二南京各屬銀色銀錠
第三浙江各屬銀色銀錠
第四福建各屬銀色銀錠
第五廣東各屬銀色銀錠
第六廣西各屬銀色銀錠
第七江西各屬銀色銀錠
第八湖廣各屬銀色銀錠
第九河南各屬銀色銀錠
第十山東各屬銀色銀錠
第十一山西各屬銀色銀錠

紀兩京十三省銀色銀錠
第一北京各属銀色銀錠
第二南京各属銀色銀錠
第三浙江各属銀色銀錠
第四福建各属銀色銀錠
第五廣東各属銀色銀錠
第六廣西各属銀色銀錠
第七江西各属銀色銀錠
第八湖廣各属銀色銀錠
第九河南各属銀色銀錠
第十山東各属銀色銀錠
第十一山西各属銀色銀錠

第十二陝西各属銀色銀錠

第十三四川各属銀色銀錠

第十四雲南各属銀色銀錠

第十五貴州各属銀色銀錠

論各種假銀

又論辨假銀

又論

又論

又論

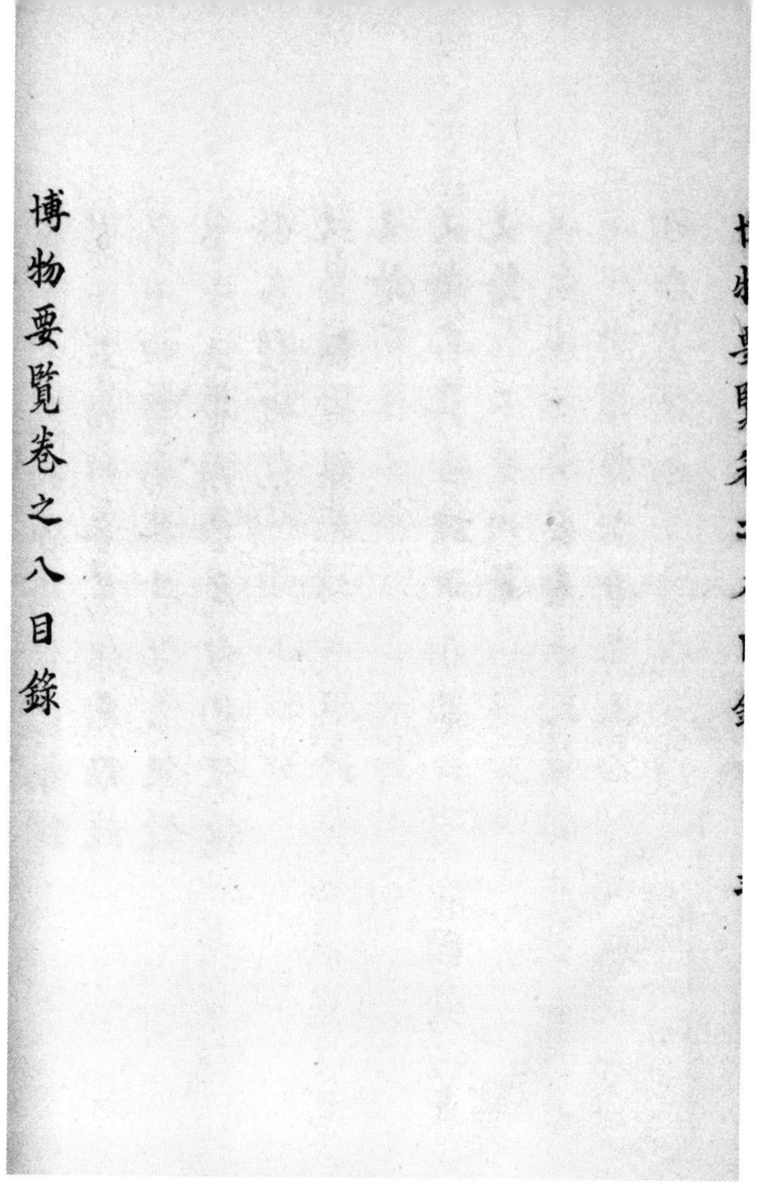

博物要覽卷之八目録

博物要覽卷之八
明蜀府長史谷泰輯
論銀産地
一産永昌生山石砂土中皆成屑須鑄冶
方成
一産虢州銀産礦中惟此為勝餘處多帶
鉛脚不佳
一産高麗生礦中乃銀鉟所出國鑄冶作
帖色青不虢州者
一産饒州樂安産于坑銀鉟中狀如硬錫
紋理粗錯自然者真土人鎔傾數次方可
用乃生銀也

博物要覽卷之八

明蜀府長史谷泰輯

論銀産地

一産永昌，生山石砂土中，皆成屑，須鑄冶方成。

一産虢州，産礦中，惟此地為勝，餘處多帶鉛腳，不佳。

一産高麗，生礦中，乃銀鉟所出國，鑄冶作帖，色青，不［如］[1]虢州者。

一産饒州樂（安）［平］[2]，産于坑銀鉟中，狀如硬錫，紋理粗錯，自然者真。土人鎔傾數次方可用，乃生銀也。

1 如，原無此字，據《本草綱目》卷八補。
2 平，原作“安”，據《本草綱目》卷八改。

一產黔南生礦中自成片塊色青如鉛錫
狀生者產石鉟中與銅相雜土人採取以
鉛再三煎煉方成故謂之熟銀也
一產鄱陽產山石礦中如笋牙者色正白
名天生牙為銀中之最今亦不產矣
一產犍為朱提縣四川朱提銀重八兩為
一流直一千五百八十它銀一流一千是
為銀貨
一產浙江諸處
一產閬中晋安
一產湖廣荊州
一產雲南

一産黔南，生礦中，自成片塊，色青如鉛錫狀。生者産石鉟中，與銅相雜。土人採取以鉛，再三煎煉方成，故謂之熟銀也。

一産鄱陽，産山石礦中，如笋牙者，色正白，名天生牙，為銀中之最，今亦不産矣。

一産犍為朱提縣，四川朱提銀重八兩為一流，直一千五百八十，它銀一流一千，是為銀貨。

一産浙江諸處。

一産閬中晋安。

一産湖廣荆州。

一産雲南。

一產貴州
一產交趾國
一產波斯國
紀花銀十一種
第一金漆花銀真正出礦生銀鎔傾成錁
一百分足
第二濃稠花銀真正出礦生銀未經鉛點
者九十九分九厘
第三茶花銀真正出礦生銀畧經鉛點者
九十九分八厘
第四大胡花銀真正出礦生銀二經鉛點
者九十九分七厘

一産貴州

一産交趾國

一産波斯國

　　紀花銀十一種

第一金漆花銀，真正出礦生銀鎔傾成錁，一百分足。

第二濃稠花銀，真正出礦生銀未經鉛點者，九十九分九厘。

第三茶花銀，真正出礦生銀畧經鉛點者，九十九分八厘。

第四大胡花銀，真正出礦生銀二經鉛點者，九十九分七厘。

第五薄花銀真正出礦生銀三經鉛點者
九十九分六厘
第六薄花細滲真正出礦生銀四經鉛點
者九十九分五厘
第七紙灰花銀熟銀下銅鉛點定者九十
九分四厘
第八細滲銀熟銀再加銅鉛點定者九十
九分三厘
第九粗滲銀熟銀三加銅點九十九分二厘
第十斷滲銀熟銀四加銅鉛點定者九十
九分一厘
第十一無滲銀熟銀五加銅鉛點定者九

第五薄花銀，真正出礦生銀三經鉛點者，九十九分六厘。

第六薄花細滲，真正出礦生銀四經鉛點者，九十九分五厘。

第七紙灰花銀，熟銀下銅鉛點定者，九十九分四厘。

第八細滲銀，熟銀再加銅鉛點定者，九十九分三厘。

第九粗滲銀，熟銀三加銅點，九十九分二厘。

第十斷滲銀，熟銀四加銅鉛點定者，九十九分一厘。

第十一無滲銀，熟銀五加銅鉛點定者，九

十七分五厘
熟銀成錠面有金花為上緑花者為次黑
花者為下故謂之花銀
紀真銀六種
第一波斯銀産波斯國石中天生藥銀柔
軟可作試藥指環且能辟諸毒藥諸銀中
惟此種為最貴
第二老翁鬚銀生銀産藥手坑中銀錍内
狀如硬錫其金坑中所得乃在石土中滲
漏成條若絲髮然土人謂之老翁鬚極難
得方書中用生銀者得此為最勝
第三杯鉛銀銀産積年燒珠甕下精液流

十七分五厘。

熟銀成錠，面有金花為上，緑花者為次，黑花者為下，故謂之花銀。

紀真銀六種

第一波斯銀，産波斯國石中，天生藥銀，柔軟，可作試藥指環。且能辟諸毒藥，諸銀中惟此種為最貴。

第二老翁鬚銀，生銀，産藥手坑中，銀錍内狀如硬錫。其金坑中所得，乃在石土中，滲漏成條，若絲髮然，土人謂之老翁鬚銀，極難得，方書中用生銀者，得此為最勝。

第三杯鉛銀，銀産積年燒珠甕下，精液流

結成銀名杯鉛銀光軟甚好與波斯銀功
力相當只是難得今時煉丹家用一斤生
鉛必得此銀一二兩點之方能成母故得
之者稱為至寶
第四生牙銀銀産外國銀坑内石縫中狀
如亂絲色紅者為上入火紫白色如草根
者為次喞黑石者最奇
第五母砂銀銀産五溪丹砂穴中色理微
紅光采發耀亦佳種也
第六黑鉛銀産鉛穴中色黑微青性柔軟
可以屈伸鉛為銀母得母子之氣故能成
銀而美

結成銀，名杯鉛銀，光軟甚好，與波斯銀功力相當，只是難得。今時煉丹家用一斤生鉛必得此銀一二兩點之，方能成母，故得之者稱為至寶。

第四生牙銀，銀産外國銀坑内石縫中。狀如亂絲，色紅者為上，入火紫白色如草根者為次，喞黑石者為最奇。

第五母砂銀，銀産五溪丹砂穴中，色理微紅，光采發耀，亦佳種也。

第六黑鉛銀，産鉛穴中，色黑微青，性柔軟，可以屈伸，為銀母，得母子之氣，故能成銀而美。

紀十三省銀錠
第一北京順天府屬所銀錠用銀成色順
天保定河間三府各屬所用銀足九五色
至低至八五色止其大名及各府州縣俱
用九三色至低至八色錠式扁方名蝦蟇
錠又有束腰小元寶式者琢州銀錠圓而
高邊名酒杯錠京中有一種偽銀元然白
面細孔平底可看九五色其實只有一成
銀用藥煑成稍或失眼得者大負矣
第二南京應天府各屬所用銀色及銀錠
應天府及太平安慶池州寧國滁州和州
諸屬所用銀俱用九色起至八色止又有

紀十三省銀錠

第一北京順天府屬所銀錠用銀成色。順天、保定、河間三府各屬所用銀，足九五色，至低至八五色止。其大名及各府州縣俱用九三色，至低至八色。錠式扁方，名蝦蟇錠。又有束腰小元寶式者，琢州銀錠圓而高邊，名酒杯錠。京中有一種偽銀元，絲白面細孔平底，可看九五色，其實只有一成，銀用藥煑成，稍或失眼得者大負矣。

第二南京應天府各屬所用銀色及銀錠。應天府及太平、安慶、池州、寧國、滁州、和州諸屬所用銀，俱用九色起，至八色止。又有

用足紋及九七色者例九折惟徽州廬州
鳳陽用足九七色至低八色止其淮揚蘇
常鎮用銀最低九色為上至低至三色者
至于吴下更有高手奸匠將白銅藥責剪
碎可看九七其錠式圓長仿佛上江銀錠
多高邊而長下江銀錠惟瓜州者無邊而
改心足紋為異
第三浙江各屬所用銀色及銀錠杭州及
嘉興湖州三府用銀當以九五色至七三
色足紋者惟九九色名杭州包其寧紹二
府最多低潮之銀蓋天下鎔傾銀錁奸匠
多寧紹人故所鎔之銀底面極佳而中成

用足紋及九七色者，例九折。惟徽州、廬州、鳳陽，用足九七色，至低八色止。其淮、揚、蘇、常、鎮用銀最低九色為上，至低至三色者。至于吴下，更有高手奸匠，將白銅藥責剪碎，可看九七。其錠式圓長，仿佛上江銀錠，多高邊而長。下江銀錠，惟瓜州者無邊，而改心足紋為異。

第三浙江各屬所用銀色及銀錠。杭州及嘉興、湖州三府用銀，當以九五色至七三色足紋者，惟九九色名杭州包。其寧、紹二府最多低潮之銀，蓋天下鎔傾銀錁，奸匠多寧、紹人，故所鎔之銀，底面極佳，而中成

色最低殊為可惡如溫台衢處各屬所用
俱各九色至八五止浙省銀錠多圓而高
邊名馬蹄錠自大及小成套如套杯狀亦
有長方如書帕銀者
第四福建各屬所用銀色及銀錠福州及
延平建寧泉州四府銀色仿佛俱用九三
色至八三色止汀漳各屬及沿海等處用
銀頗高有九七者至九色止更有番船攜
來銀錁作方餅色黑面有番字金花足紋
十一成又有番國銀錢足紋至九色止以
人物為上花鳥為下
第五廣東各屬所用銀色及銀錠廣州及

色最低，殊為可惡。如溫、台、衢、處各屬所用，俱各九色至八五止。浙省銀錠多圓而高邊，名馬蹄錠，自大及小成套，如套杯狀，亦有長方如書帕銀者。

第四福建各屬所用銀色及銀錠。福州及延平、建寧、泉州處四府銀色仿彿俱用九三色至八三色止。汀、漳各屬及沿海等處用銀頗高，有九七者，至九色止。更有番舶攜來銀錁作方餅，色黑，面有番字金花，足紋十一成。又有番國銀錢，足紋至九色止，以人物為上，花鳥為下。

第五廣東各屬所用銀色及銀錠。廣州及

肇慶雷州三府各屬用銀九七色至九色
止惟潮州諸府用銀稍低九色至六色止
錠式尖長而凸心亦有書帕銀茶脚甚紅
如江南七色銀其實成色甚高有足九五
色名廣水絲銀亦有番銀番錢與福建同
第六廣西各屬所用銀色及銀錠桂林及
潯州二府用銀最高至九七色至低至九
色止其餘各屬府州用銀多九五至八三
色止桂林有一種出礦生銀狀如硬錫成
錠面有清油元絲如江南九三色其寔足
紋也錠式圓扁凹心如鏾盤亦有番銀多
安南交趾來者作元餅面有番字每銅重

肇慶、雷州三府各属用銀，九七色至九色止。惟潮州諸府用銀稍低，九色至六色止，錠式尖長而凸心。亦有書帕銀，茶脚甚紅，如江南七色銀，其實成色甚高，有足九五色，名廣水絲銀。亦有番銀、番錢，與福建同。

第六廣西各属所用銀色及銀錠。桂林及潯州二府用銀最高，至九七色，至低至九色止。其餘各属府州用銀多九五至八三色止。桂林有一種出礦生銀，狀如硬錫，成錠，而有清油元絲，如江南九三色，其寔足紋也。錠式圓扁凹心，如鏾盤。亦有番銀，多安南、交趾來者，作元餅，面有番字，每銅重

九錢六分
第七江西各屬所用銀色及銀錠南昌及
臨江吉安袁州四府用銀九三色至八色
一其外各屬府州所用俱相同惟瑞州府
屬用色獨高足紋至九五色止銀錠式圓
扁底平名蝦蟇錠
第八湖廣各屬所用銀色及銀錠武昌及
黃州常德鄂州四府用銀獨高九五色至
八五色止如衡州荊州安陸諸府屬用銀
俱九三色至七色而武昌有圓絲一種如
九七者實有九一二色錠式高邊有頭尾
名大小海船錁子

九錢六分。

第七江西各屬所用銀色及銀錠。南昌及臨江、吉安、袁州四府用銀九三色至八色一。其外各屬府州所用俱相同，惟瑞州府屬用色獨高，足紋至九五色止，銀錠式圓扁，底平，名蝦蟇錠。

第八湖廣各屬所用銀色及銀錠。武昌及黃州、常德、鄂州四府用銀獨高，九五色至八五色止。如衡州、荊州、安陸諸府屬用銀俱九三色至七色。而武昌有圓絲一種，如九七者，實有九一二色，錠式高邊，有頭尾，名大小海船錁子。

第九河南各屬所用銀色及銀錠開封及
歸德彰德南陽汝寧五府屬用銀俱九三
色至九色止無低潮不堪者錠式扁方束
腰類元寶名書帕銀每錠重至廿四兩者
十二兩者小者亦至三兩止其餘各府屬
用銀色俱相同
第十山東各屬所用銀色及銀錠濟南及
兖州青州登州來州五府用銀俱九五色
至九色止又有一種八五色茶脚粗紅如
江南所用七色者名煤炭銀其餘各府屬
用銀俱相同銀錠圓長高邊凹心有如海
船錁子雖是紋面多黑油以煤炭傾鎔故

第九河南各屬所用銀色及銀錠。開封及歸德、彰德、南陽、汝寧五府屬用銀俱九三色至九色止，無低潮不堪者。錠式扁方束腰，類元寶，名書帕銀，每錠重至廿四兩者、十二兩者，小者亦至三兩止。其餘各府屬用銀俱相同。

第十山東各屬所用銀色及銀錠。濟南及兖州、青州、登州、來州五府用銀俱九五色至九色止。又有一種八五色，茶脚粗紅，如江南所用七色者，名煤炭銀。其餘各府屬用銀俱相同。銀錠圓長，高邊，凹心，有如海船錁子，雖是紋面，多黑油，以煤炭傾鎔故

也
第十一山西各屬所用銀色及銀錠潞安
及各府屬所用銀色最高九七起至九三
止無低潮者錠式如河南書帕錠而有生
銀成餅面有竹葉花青者極細之銀足色
十一成但餅底有鉄砂須細看為妙
第十二陝西各屬所用銀色及銀錠西安
及鳳翔延安三府屬用銀最高九七起至九
色止其漢中諸府屬俱用九三色無低潮
者又有煎餅銀九五色面有皺紗紋者為
上麻角紋只可九色為下人極賤此種惟
僱牲口及買木植與調停訟事與衙役人

也。

第十一山西各屬所用銀色及銀錠。潞安及各府屬所用銀色最高，九七起至九三止，無低潮者，錠式如河南書帕錠，而有生銀，成餅，面有竹葉花青者，極細之銀，足色十一成，但餅底有鉄砂，須細看為妙。

第十二陝西各屬所用銀色及銀錠。西安及鳳翔、延安三府用銀最高，九七起至九色止。其漢中諸府屬俱用九三色，無低潮者。又有煎餅銀，九五色，面有皺紗紋者為上，麻角紋只可九色，為下。人極賤此種，惟僱牲口及買木植與調停訟事，與衙役人

方用之錠式圓方而長如書帖者
第十三四川各屬所用銀色及銀錠成都
及西寧重慶夔州龍安五府屬用銀俱足
紋至九五色止無低潮者其外如秦鳳階
州等府屬所用俱九七色至九色止亦生
銀作錁子者色青黑如鑌鉄狀因未去鉛
淨故耳其寔足紋也錠式同元寶而束腰
處特瘦為異
第十四雲南各府屬所用銀色及銀錠雲
南及大理諸府屬所用銀色俱足色至九
三色止無低潮者又有西洋來銀錁子如
海螺樣甚奇俱足紋十一成面嵌金字番

方用之。錠式圓方而長，如書帖者。

第十三四川各屬所用銀色及銀錠。成都及西寧、重慶、夔州、龍安五府屬用銀，俱足紋至九五色止，無低潮者。其外如秦、鳳、階州等府屬所用，俱九七色至九色止。亦生銀作錁子者，色青黑如鑌鉄狀，因未去鉛净故耳，其寔足紋也。錠式同元寶，而束腰處特瘦為異。

第十四雲南各府屬所用銀色及銀錠。雲南及大理諸府屬所用銀色，俱足色至九三色止，無低潮者。又有西洋來銀錁子，如海螺樣，甚奇，俱足紋，十一成，面嵌金字番

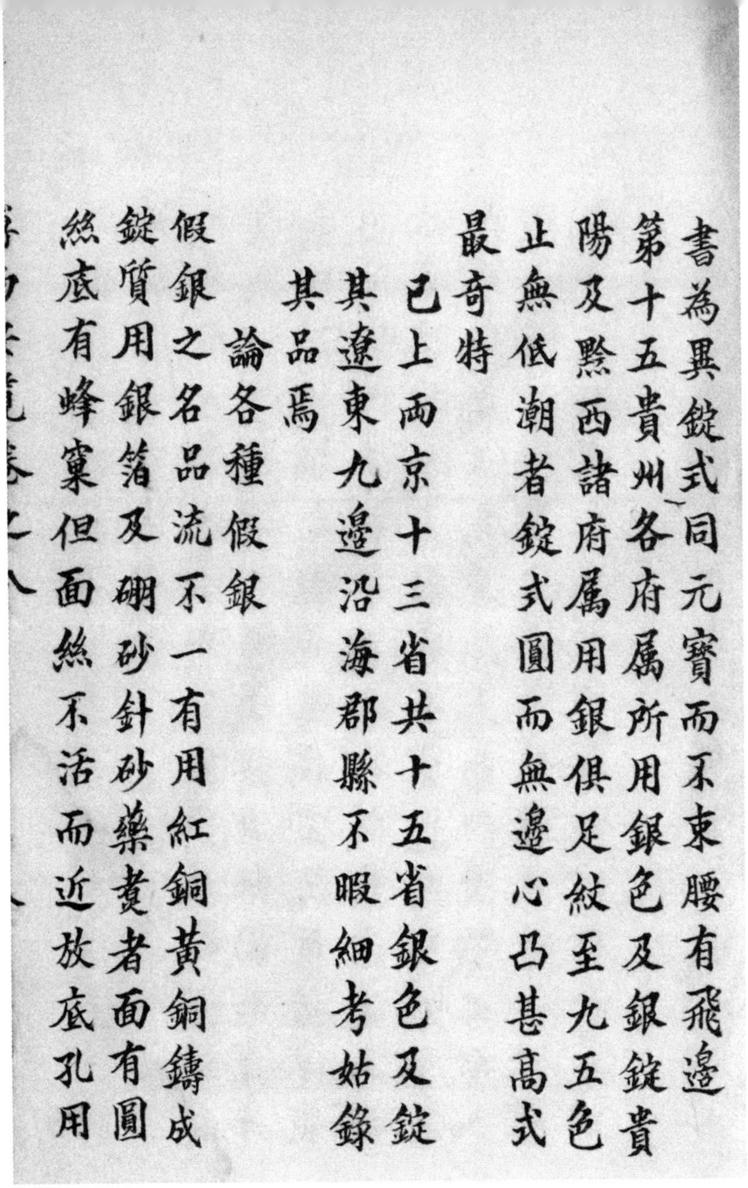
書爲異錠式同元寶而不束腰有飛邊
第十五貴州各府屬所用銀色及銀錠貴
陽及黔西諸府屬用銀俱足紋至九五色
止無低潮者錠式圓而無邊心凸甚高式
最奇特
已上兩京十三省共十五省銀色及錠
其遼東九邊沿海郡縣不暇細考姑錄
其品焉
論各種假銀
假銀之名品流不一有用紅銅黃銅鑄成
錠質用銀箔及硼砂針砂藥煑者面有圓
絲底有蜂窠但面絲不活而近放底孔用

書為異。錠式同元寶而不束腰，有飛邊。

第十五貴州各府屬所用銀色及銀錠。貴陽及黔西諸府屬用銀，俱足紋至九五色止，無低潮者。錠式圓而無邊，心凸甚高，式最奇特。

已上兩京十三省共十五省銀色及錠，其遼東九邊、沿海郡縣，不暇細考，姑録其品焉。

論各種假銀

假銀之名，品流不一，有用紅銅、黃銅鑄成錠質，用銀箔及硼砂、針砂藥煮者，面有圓絲，底有蜂窠，但面絲不活而近放，底孔用利錐細鑿銀裏貼，再用水銀薰擦，然後用梅礬水煎湯煮之。

又有名天蓋地者，本質原係足紋銀錁，奸匠每以絶利銅小鋸子鋸去銀面，將下半截用利刀剜去銀屑，惟存空殼。將鋸下錠面用捍藥捍好，留下小孔，熔熱灌滿，再將銀屑填孔，入火捍成，不露邊際。雖積年善别銀色者，亦多遭其毒手。而灌鉛之銀，入戥之時，錠即呆定，不至旋轉，且捍口微露青紋及鉛珠為証。有此等銀，以銀剪夾開即見。

又有不插香者，將銀錠底用細鑽鑽深，蜂

窠熔熱鉛灌入内亦不多又有包銅夾錫
者又有將白銅鑿成碎塊重兩許及數錢
錢許分許者銀箔裹滿入藥水中煑成
上石試驗可作九七夾開茶口晃白不變
但隔一宿即變紅淡色昏滯無寶光矣
又有名鼎銀者及丹士以水銀藥物入爐
火煉成有絲紋底孔夾開可看九三色若
傾銷入爐則嘖嘖作聲化烟飛去矣

窠熔熱鉛灌入内，亦不多。又有包銅夾錫者，又有將白銅鑿成碎塊，重兩許及數錢、錢許、分許者，銀箔裹滿入藥水中煑成。上石試驗，可作九七，夾開茶口，晃白不變，但隔一宿，即變紅淡色，昏滯無寶光矣。

又有名鼎銀者，及丹士以水銀藥物入爐火煉成，有絲紋，底孔夾開，可看九三色，若傾銷入爐，則嘖嘖作聲，化烟飛去矣。

博物要覽卷之八

博物要覽卷之九

目錄

論真珠産地
一産嶺南廉州
一産西蜀女瓜
一産河北塘濼
一産西畨
一産淮南
一産南海
論南北珠身分顔色
又論南珠看法
又論北珠看法

博物要覽卷之九

目録

論真珠産地

一産嶺南廉州

一産西蜀女瓜

一産河北塘濼

一産西番

一産淮南

一産南海

論南北珠身分顔色

又論南珠看法

又論北珠看法

又論看大珠身分顏色節病法
論看一匣珠法
論看南北西湖珠法計三條
論看馬價珠法
論看蠹肚沙眼擊損珠法
洗油珠法
紀官珠七種
紀歷代寶珠
洞光珠
照乘珠
照月珠
舘陶珠

又論看大珠身分顏色節病法

論看一匣珠法

論看南北西湖珠法計三條

論看馬價珠法

論看蠹肚沙眼擊損珠法

洗油珠法

紀官珠七種

紀歷代寶珠

洞光珠

照乘珠

照月珠

舘陶珠

豫章珠
鬱林珠
青泥珠
水　珠
上清珠
履水珠
岑　珠
記事珠
滴翠珠
蘇祿珠

豫章珠

鬱林珠

青泥珠

水　珠

上清珠

履水珠

岑　珠

記事珠

滴翠珠

蘇祿珠

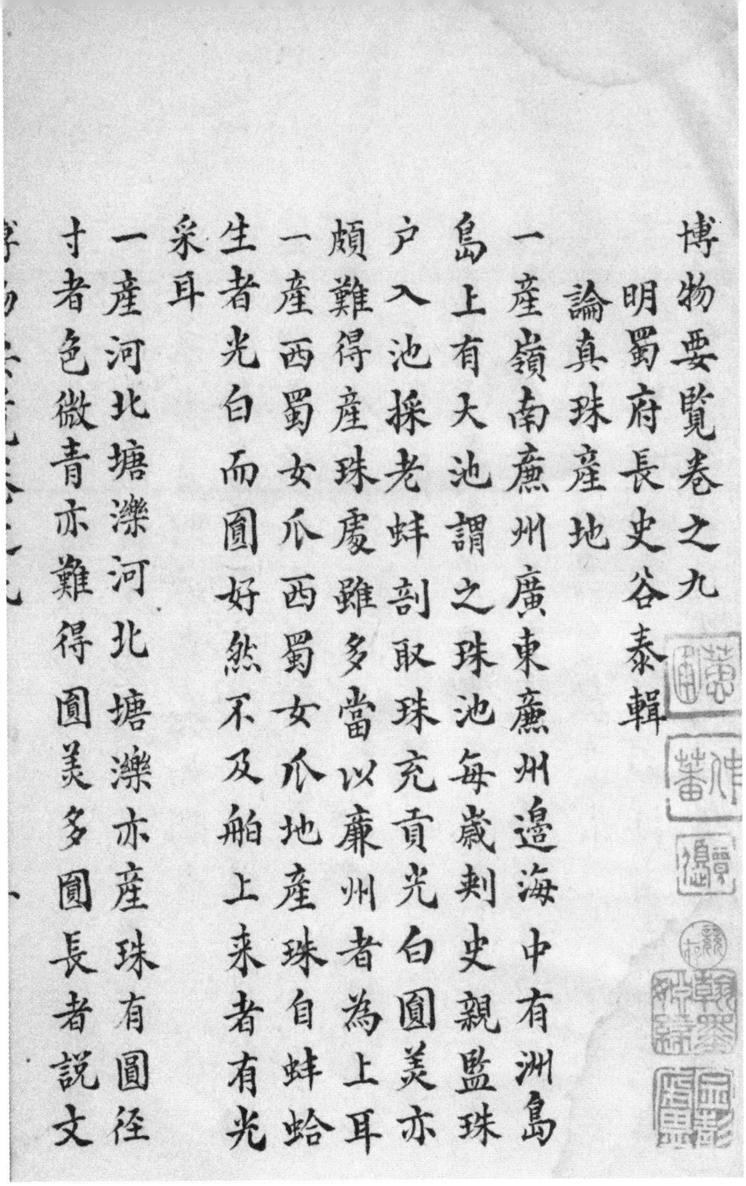

博物要覽卷之九
明蜀府長史谷泰輯
論真珠産地
一産嶺南廉州廣東廉州邊海中有洲島
島上有大池謂之珠池每歲刺史親監珠
户入池採老蚌剖取珠充貢光白圓美亦
頗難得産珠處雖多當以廉州者為上耳
一産西蜀女爪西蜀女爪地産珠自蚌蛤
生者光白而圓好然不及舶上来者有光
采耳
一産河北塘濼河北塘濼亦産珠有圓徑
寸者色微青亦難得圓美多圓長者説文

博物要覽卷之九

明蜀府長史谷泰輯

論真珠産地

一産嶺南廉州。廣州連州邊海，中有洲島，島上有大池，謂之珠池。每歲刺史親監珠户，入池採老蚌，剖取珠充貢。光白圓美，亦頓難得。産珠處雖多，當以廉州者為上耳。

一産西蜀女瓜。女瓜地産珠，自蚌蛤生者，光白而圓好，然不及舶上來者有光采耳。

一産河北塘濼。河北塘濼亦産珠，有圓徑寸者，色微青，亦難得圓美，多圓長者。《説文》

博物要覽卷之六

所為河北多蠙璣即此是也
一產西番西番產色白圓好而有光采從
舡上来亦有明珠光亮如燭者
一產淮南禹貢言淮但產蠙珠宋時高郵
甓社湖產徑五寸珠老蚌含之與月爭光
湖濱居人百計取之不得以此徵論不誣
也
一產南海南海真珠或產石決明中亦有
光白圓美者但不甚光采為嫌耳
論南北珠身分顏色
凡要看珠須分南北及西洋者南珠色紅
北珠色青西洋珠色白三等之色亦有高

所為河北多蠙璣，即此是也。

一産西番。西番産色白圓好而有光采，從舡上來，亦有明珠光亮如燭者。

一産淮南。《禹貢》言淮但産蠙珠[1]，宋時高郵甓社湖産徑五寸珠，老蚌含之，與月争光。湖濱人百計取之不得，以此徵論，不誣也。

一産南海。南海真珠或産石決明中，亦有光白圓美者，但不甚光采為嫌耳。

論南北珠身分[2]顔色

凡要看珠，須分南北及西洋者。南珠色紅，北珠色青，西洋珠色白，三等之色亦有高

1《禹貢》言淮但産蠙珠：《尚書·禹貢》曰："淮夷蠙珠暨魚。"孔穎達疏："蠙是蚌之別名，此蚌出珠，遂以蠙爲珠名。"

2 身分：珠之形狀。

下必須細考，方無差謬。

南番珠色白圓耀者為上，廣西者次之，北海珠色微青為上，粉白油黃者下也。西番馬價珠為上，色青如翠，其老［色］[1]、夾石、粉青、油烟者下也。

凡看北珠顏色須是看訖，閉目再閃看，顏色一同，方為驗也。其珠青者，亦暑末（社）［秋］[2]初，乍雨還晴，雲破處閃出青天帶，白雲［中現出青天］[3]，此青係真色第一。其青不用深青，只要白包青籠罩，乃嫩青也。其珠青只在頂上蓋者，不披青至頂下者，謂之摩孩羅兒頂青[4]也。其青若至腰下及竅眼者，名轉身青，為第一。

1 色，原無字此，據《本草綱目》卷四十六補。

2 秋，原作“社”，據《居家必用事類全集》戊集《寶貨辨疑》及《函海》本《博物要覽》卷五改。

3 中現出青天，據《居家必用事類全集》戊集《寶貨辨疑》補。

4 頂青，原作“青頂”，據《居家必用事類全集》戊集《寶貨辨疑》及《函海》本《博物要覽》卷五改。摩孩羅兒，即《元典章》之“摩合羅”，波斯語源，本意爲“珠”“小球”。

腰上青者謂之披肩青為第二若珠頂上
只有一點青不能盖頂謂之鬼眼睛不為
奇也
論看大珠身分顔色節病法
所看北珠身分須是帶圓口用竅眼其珠
子身分是青白或色緑或牽黄磁白骨色
低樣如粉白尤得如北珠身下有白搭搏
或面上有牽字格及黄上青色者皆不中
式惟青上帶黄者方好如直打眼及竅眼
歪邪身分有損壊處以及穴眼并改鑽三
眼四眼者亦不中也且如買直鑽北珠只
買昕兒高者謂如竅眼上尖乃黍頭下濶

腰上青者，謂之披肩青，為第二。若珠頂上只有一點青，不能盖頂，謂之鬼眼睛，不為奇也。

論看大珠身分顏色節病法

所看北珠，身分須是帶圓，（口）[只][1]用竅眼。其珠子身分是青白或色緑，或牽黄、磁白，骨色低様，如粉白尤得。如北珠身下有白搭（搏）[膊][2]，或面上有牽（字格）[孛落][3]及黄上青色者，皆不中式。惟青上帶黄者方好。如直打眼及竅眼歪邪，身分有損壞處，以及穴眼并改鑽三眼四眼者，亦不中也。且如買直鑽北珠，只買（昕）[肚][4]兒高者，謂如竅眼上尖，乃黍頭，下闊

1 只，原作“口”，據《居家必用事類全集》戊集《寶貨辨疑》及《函海》本《博物要覽》卷五改。

2 膊，原作“搏”，據《居家必用事類全集》戊集《寶貨辨疑》及《函海》本《博物要覽》卷五改。

3 孛落，原作“字格”，據《居家必用事類全集》戊集《寶貨辨疑》改。

4 肚，原作“昕”，據《居家必用事類全集》戊集《寶貨辨疑》及《函海》本《博物要覽》卷五改。

者謂之寶裝亦名無篤珠子也如一頭大
一頭小者名為鼓槌中間一大兩頭圓者
謂之横亦不中也
論看一匣珠法
須用絹帛蘸水突其珠面其絹帛不青乃
真色有色偽造者多用好青紙作筒將珠
捲在内突取青色又有骨色低珠偽作粉
白色以竹紙作筒捲珠在内用粉突之則
珠少有白色必須仔細辨到方可無矣
看南北西湖珠法
南珠須看明亮精神掖圓或粉紅色白色
不犯油黄價貫方高

者謂之寶裝，亦名無篤珠子也。如一頭大一頭小者，名為鼓槌；中間一（大）［穴］[1]兩頭圓者，謂之横［鑚］[2]，亦不中也。

論看一匣珠法

須用絹帛蘸水，突其珠面，其絹帛不青乃真色。有色偽造者，多用好青紙作筒，將珠捲在内，突取青色。又有骨色低珠偽作粉白色，以竹紙作筒，捲珠在内，用粉突之，則珠少有白色。必須仔細辨到，方可無矣。

看南北西湖珠法

南珠須看明亮精神（掖）［撚］[3]圓，或粉紅色白色，不犯油黄，價貫方高。

1 穴，原作“大”，據《居家必用事類全集》戊集《寶貨辨疑》及《函海》本《博物要覽》卷五改。

2 鑚，據《居家必用事類全集》戊集《寶貨辨疑》及《函海》本《博物要覽》卷五補。

3 撚，原作“掖”，據《居家必用事類全集》戊集《寶貨辨疑》及《函海》本《博物要覽》卷五改。

北珠須看青要美披肩轉身青迭白玉分
者貫價不廉鬼眼睛及粉白磁色勒腰骨
色蓮子搭膊兒直鑽眼等皆有褒彈
西珠摸綠小封形先須看輕重有無圓者
醜尖者脱手較遲
看馬價珠法
馬價珠名青珠兒要蘆甘色者方為道地
珠兒要珠面大肉臉高方妙
亦有轉身青者多做寶齒兒顏色好者值
錢亦有當三折二錢大者價貫不可一例
看土番國異回回珠兒顏色不佳與碧靛
相似北珠兒多是西夏販到者

北珠須看青要美，披肩轉身青迭（白玉）［四五］[1]分者，貫價不廉。鬼眼睛及粉白、磁色、勒腰、骨色、蓮子搭膊兒、直鑽眼等，皆有褒彈。

西珠（摸）［毯］[2]（緑）［線］[3]小封（形）［頭］[4]，先須看輕重，有無圓者，醜尖者脱手較遲。

看馬價珠法

馬價珠名青珠兒，要蘆甘色者方為道地。珠兒要珠面大，肉（臉）［驗］[5]高（方）［者］[6]妙。

亦有轉身青者，多做寶（齒）［索］[7]兒顏色，（好）［妙］[8]者值錢。亦有當三折二錢大者，價貫，不可一例看。土番國異回回珠兒顏色不佳，與碧靛相似，（北）［此］[9]珠兒多是西夏販到者。

1 四五，原作“白玉”，據《居家必用事類全集》戊集《寶貨辨疑》改。

2 毯，原作“摸”，據《居家必用事類全集》戊集《寶貨辨疑》改。毯，一種織有花紋的毛織物，亦稱毛緞。

3 線，原作“緑”，據《居家必用事類全集》戊集《寶貨辨疑》改。

4 頭，原作“形”，據《居家必用事類全集》戊集《寶貨辨疑》改。

5 驗，原作“臉”，據《居家必用事類全集》戊集《寶貨辨疑》改。

6 者，原作“方”，據《居家必用事類全集》戊集《寶貨辨疑》改。

7 索，原作“齒”，據《居家必用事類全集》戊集《寶貨辨疑》改。寶索，一種戰斗及狩獵用具，捕人馬之繩索，因無物不取，又稱不空羂索。

8 妙，原作“好”，據《居家必用事類全集》戊集《寶貨辨疑》改。

9 此，原作“北”，據《居家必用事類全集》戊集《寶貨辨疑》改。

論看蠹肚沙眼擊損珠法

凡看有節病大珠須於密室暗處燃燭細細照看腹中黑點若填墨者內有胡沙年久極易變色黑黃照之內有黃白暈者腹中蠹蛀已空極易損壞最宜細看照之身有紅筋者此是擊傷及重物壓碎不久即破也大須留神無失眼

洗油珠法

南北珠色黃黑者須净洗方復舊色用珠盛夾絹袋內以熱豆萁灰水淋洗用手慢慢輕搓漸用净水洗過揩乾用人乳半盞鵞涎少許相和將珠入在內浸半日取起

論看蠹肚沙眼擊損珠法

凡看有節病大珠，須于密室暗處燃燭細細照看。腹中黑點若填墨者，內有胡沙，年久極易變色黑黃。照之內有黃白暈者，腹中蠹蛀已空，極易損壞，最宜細看。照之身有紅筋者，此是擊傷，及重物壓碎，不久即破也，大須留神，無失眼。

洗油珠法

南北珠色黃黑者，須净洗方復舊色。用珠盛夾絹袋內，以熱豆萁灰水淋洗，用手慢慢輕搓，漸用净水洗過揩乾。用人乳半盞、鵝涎少許相和，將珠入在內，浸半日取起，用净帚蘸乳再洗再净，顔色如新矣。

紀官珠七種

第一名瑠珠，瑠珠之次為走珠，走珠之次為滑珠，滑珠之次為磥砢珠，磥砢之次為官雨珠，官雨珠之次為稅珠，稅珠之次為葱符珠。

紀歷代寶珠

洞光珠。周時燕昭王有黑鳥白頭集王之所居，啣洞光之珠，圓徑尺。此珠色黑如漆，而懸室内，光明洞達，百神不能隱其形焉。

照乘珠。周時魏王與齋威王會田于郊，魏

王曰寡人國小尚有徑寸之珠照車前後
各十二乘者十枚奈何以萬乘之國而無
寶乎
照月珠漢武帝太初三年起甘泉望風臺
臺上得白珠如花一枚帝以錦盖覆之光
如照月因賜董偃盛以琉璃之筐
館陶珠漢章帝元和元年明珠出館陶大
如李夜有光彩形如明月
豫章珠漢章帝元和三年明珠出豫章海
昏大如鷄子圓四寸八分光耀非常郡國
以表上之御府
鬱林珠漢和帝永元五年鬱林降人獻大
博物要覽卷之九

王曰：寡人國小，尚有徑寸之珠，照車前後各十二乘者十枚，奈何以萬乘之國而無寶乎？

照月珠。漢武帝太初三年，起甘泉望風臺，臺上得白珠，如花一（枚）［枝］[1]。帝以錦盖覆之，光如照月，因賜董偃，盛以琉璃之筐。

館陶珠。漢章帝元和元年，明珠出館陶，大如李，夜有光彩，形如明月。

豫章珠。漢章帝元和三年，明珠出豫章海昏，大如鷄子，圓四寸八分，光耀非常，郡國以表上之御府。

鬱林珠。漢和帝永元五年，鬱林降人獻大

1 枝，原作“枚”，據《函海》本《博物要覽》卷五改。

博物要覽卷之
珠一枚圓五寸七分光如燃火
青泥珠唐武則天時西國獻青泥珠一枚
珠類拇指微青后不貴重施於西明寺僧
布施于金剛額上後寺僧講經胡人来聽
見珠而不聽講諦視其珠不在講僧知其
故因問欲買珠耶胡云必若賣當請寶價
僧初索千貫漸至萬貫胡即歸後遂至當
十萬貫買之胡得珠納腿中還西國僧即
奏則天恩赦召求此胡人數日得使復還
使者問胡人珠所在胡于腿中取出使云
此珠何以用焉胡云西國有青泥泊多但
苦泥深不可得以此珠投泊中泥悉成水

珠一枚，圓五寸七分，光如燃火。

青泥珠。唐武則天時，西國獻青泥珠一枚，類拇指，微青。后不［知］[1]貴，重施於西明寺僧，布施于金剛額上。後寺僧講經，胡人來聽，見珠而不聽講，諦視其珠，不在講。僧知其故，因問："欲買珠耶？"胡云："必若賣，當請（寶）［重］[2]價。"僧初索千貫，漸至萬貫。胡即歸，後遂至，當十萬貫買之。胡得珠，納腿中，還西國。僧即奏，則天恩赦召求此胡人，數日得，使復還。使者問胡人珠所在，胡于腿中取出。使云："此珠何以用焉？"胡云："西國有青泥泊多，但苦泥深不可得，以此珠投泊中，泥悉成水，

1 知，原無此字，據《函海》本《博物要覽》卷五補。
2 重，原作"寶"，據《太平廣記》卷四百二、《函海》本《博物要覽》卷五補。

其寶易得矣
水珠唐開元十年大安國寺僧造功德開
櫃閱寶物得一珠狀如片石赤色夜有微
光高数寸視之函封曰此珠值億萬月餘
有西域胡人遊寺求寶見珠大喜使譯問
珠價值幾何僧云一億萬胡人撫珠細閱
曰珠果值億萬今胡客久以四千萬求之
可乎僧允問其故胡人曰貞觀中通好列
國西國以此珠来貢後吾國念之今幸得
之此水珠也每軍行乏水地掘坑二尺埋
之水泉立至故軍行常不缺水自珠貢後
行軍每苦渴僧命掘地埋珠試之果得水
博物要覽卷之九

其寶易得矣。”

水珠。唐開元十年，大安國寺僧造功德，開櫃閱寶物。得一珠，狀如片石，赤色，夜有微光，高數寸，視之函封，曰此珠值億萬。月餘，有西域胡人遊寺求寶，見珠大喜，使譯問珠價值幾何。僧曰：“一億萬。”胡人撫弄細閱曰：“珠果值億萬，今胡客久以四千萬求之，可乎？”僧允，問其故。胡人曰：“貞觀中通好，列國西國以此珠來貢，後吾國念之，今幸得此。此水珠也，每軍行乏水，地掘坑二尺埋之，水泉立至。故軍行常不缺水。自珠貢後，軍行每苦渴。”僧命掘土埋珠試之，果得水。

胡人持珠即去後不知所之
上清珠唐代宗為兒時有聖經玄宗命取
上清珠以絳紗囊繫于頸上即罽賓國所
貢光明潔白可照一室細視珠內有仙人
雲雀絳節之象搖動其中及上即位藏之
內庫往往有寶氣神光盖上清珠之彩耀
也
履水珠唐順宗即位之歲拘弭國貢履水
珠色黑如鉄大如鷄卵其上有鱗皺其中
有竅云入江海可長行洪波之上遂命善
遊者以五絲貫之繫之左臂而毒龍畏之
遂入龍池其人則驟步于波上若履平地

胡人持珠即去，後不知所之。

上清珠。唐代宗為兒時，有聖經。玄宗命取上清珠，以絳紗囊繫于頸上，即罽賓國[1]所貢。光明潔白，可照一室。細視之，珠內有仙人、雲雀絳節之象，搖動其中。及上即位，藏之內庫，往往有寶氣神光，盖上清珠之彩耀也。

履水珠。唐順宗即位之歲，拘弭國[2]貢履水珠。色黑如鉄，大如鷄卵。其上有鱗皺，其中有竅，云入江海可長行洪波之上。遂命善遊者，以五絲貫之，繫之左臂，而毒龍畏之，遂入龍池。其人則驟步于波上，若履平地，

1 罽賓國，漢唐時之西域國名，位於卡菲裏斯坦至喀布爾河中下游之間的河谷平原。後發展成爲佛教中心之一。

2 拘弭國，帕米爾高原西部的古代小國，其所在位置今有二說，一說位於今塔吉克斯坦中部的喀爾提錦；一説位於今塔吉克斯坦南部、瀕臨噴赤河的羅善地區。《魏書》譯爲居密，唐朝以來譯爲拘謎陀、拘密支、俱密等。屬安西大都護府，公元 8 世紀中廢。

亦潛于水中良久復出體畧不沾濕上奇
之因命藏于內庫
岑珠唐時端溪俚人岑班入山遇一寶珠
徑五寸取還夜發光明照燭一室俚人大
懼以火燒之雖損猶能照夜
記事珠唐開元中張說為相有人惠一珠
紺色有光名記事珠或有遺忘若玩弄此
珠心神頓悟
滴翠珠唐時士人宋述家藏一珠大如鷄
卵微紺色瑩徹如水持之映空而觀則末
底一點凝翠其上翠色漸淺若回轉則翠
常在下不知何物名滴翠珠 手

亦濳于水中，良久復出，體畧不沾濕。上奇之，因命藏于内庫。

岑珠。唐時端溪俚人岑班入山，遇一寶珠，徑五寸，取還，夜發光明，照燭一室。俚人大懼，以火燒之，雖損猶照夜。

記事珠。唐元宗開元中，張説為相，有人惠一珠，紺色有光，名記事珠。或有遺忘，若玩弄此珠，心神頓悟。

滴翠珠。唐時士人宋述家藏一珠，大如鷄卵，微紺色，瑩徹如水，持之映空而觀，則末底一點凝翠，其上色漸淺，若回轉，則翠常在下，不知何物，或名曰滴翠珠。

蘇祿珠明永樂間蘇祿國進大寶珠一顆
重七兩五錢光明照夜

博物要覽卷之九

蘇祿珠。明永樂間，蘇祿國[1]進大寶珠一顆，重七兩五錢，光明照夜。

博物要覽卷之九

1 蘇祿國，古代東南亞地區一個信奉伊斯蘭教的酋長國。以今菲律賓蘇祿群島爲統治中心，區域包括蘇祿群島、巴拉望島等和馬來西亞沙巴州東北部。明朝永樂年間，蘇祿國三王曾率眷屬及侍從三百餘人，遠渡重洋訪問中國，受到明朝永樂皇帝盛情款待。

博物要覽卷之十

目錄

論寶石所產地

一產西洋古里國

一產默德那國

一產回鶻國

一產天方國

一產錫蘭山

一產雲南寶井

一產遼東

紀紅寶石八種

第一避者達紅寶石

博物要覽卷之十

目録

論寶石所産地

一産西洋古里國

一産默德那國

一産回鶻國

一産天方國

一産錫蘭山

一産雲南寶井

一産遼東

紀紅寶石八種

第一避者達紅寶石

第二映水紅寶石

第三昔剌紅寶石

第四伊尼剌紅寶石

第五兀伊剌紅寶石

第六罕賴剌紅寶石

第七羊血紅寶石

第八石榴紅寶石

紀黃寶石五種

第一黃亞姑寶石

第二黃剌姑寶石

第三黃伊思寶石

第四鵞兒黃寶石

第二映水紅寶石

第三昔剌紅寶石

第四伊尼剌紅寶石

第五兀伊剌紅寶石

第六罕賴剌紅寶石

第七羊血紅寶石

第八石榴紅寶石

紀黃寶石五種

第一黃亞姑寶石

第二黃剌姑寶石

第三黃九思寶石

第四鵝兒黃寶石

第五臘酒黃寶石
紀綠寶石三種
第一助把綠寶石
第二助木綠寶石
第三撒尼綠寶石
紀紫寶石六種
第一你伊紫寶石
第二馬思艮底紫寶石
第三尼蘭助把紫寶石
第四茄苞紫寶石
第五披遐西紫寶石
第六相袍紫寶石

第五臘酒黄寶石

紀緑寶石三種

第一助把　　緑寶石

第二助木　　緑寶石

第三撒　　　尼緑寶石

紀紫寶石六種

第一你伊紫寶石

第二馬思艮底紫寶石

第三尼蘭助把紫寶石

第四茄苞紫寶石

第五披遐西紫寶石

第六相袍紫寶石

紀青寶石五種

第一青亞姑寶石

第二鴉鶻青寶石

第三螺絲青寶石

第四天雲青寶石

第五青水寶石

紀白寶石二種

第一白亞姑寶石

第二羊眼睛白寶石

紀貓兒眼睛寶石二種

第一貓兒眼睛寶石

第二卵子寶石

論看寶石真偽法
又論看寶石真假
又論
論假紅寶石
論假黃寶石
論假紫寶石
論青綠白三色寶石

博物要覽卷之十目錄

論看寶石真偽法

又論看寶石真假

又論

論假紅寶石

論假黃寶石

論假紫寶石

論青緑白三色寶石

博物要覽卷之十目錄

博物要覽卷之十目録

博物要覽卷之十
明蜀府長史谷泰輯
論寶石所産地
一産西洋古里國國有摩雲山極高峻人蹟所難到者山産寶石青紅紫白四色俱有每歲春時大雨從山巔沖下國人往往拾得大小不等有如拇指者有如栗者米豆者皆極精瑩甚可寶愛
一産默德那國國近西番多産寶玉且國甚富饒土人無有貧者國西訛平島中産寶石大者如橡栗小者如櫻桃青紅黃紫各種咸備國王禁人採取犯者為奴價

博物要覽卷之十

明蜀府長史谷泰輯

論寶石所産地

一産西洋古里國[1]。國有摩雲山，極高峻，人蹟所難到者。山産寶石，青、紅、紫、白四色俱有。每歲春時，大雨從山巔沖下，國人往往拾得，大小不等，有如拇指者、有如栗者、米豆者，皆極精瑩，甚可寶愛。

一産默德那國[2]，國近西番，多産寶玉，且國甚富饒，土人無有貧者。國西訛平島中産寶石，大者如橡栗，小者如櫻桃，青、紅、黃、紫各種咸備。國王禁人採取，犯者為奴，價

1 西洋古里國，位於南亞次大陸西南部的一個古代王國，曾爲馬拉巴爾地區的一部分，約在今印度西南部喀拉拉邦的科澤科德一帶，爲古代印度洋海上的交通要塞。明代鄭和下西洋曾先後三次到達古里國。《明一統志》卷九十："其國乃西洋諸番之會，本朝永樂元年國王馬那必加剌滿遣其臣馬戍來朝貢馬，自是朝貢不絶。"

2 默德那國，"即回回祖國也。初國王謨罕驀德生而神靈，有大德，臣服西域諸國，諸國尊號爲別諳拔爾，猶華言天使云。其教專以事天爲本，而無像設，其經有三十本，凡三千六百餘卷。其書體旁行，有篆草楷三法。今西洋諸國皆用之。又有陰陽、星曆、醫藥、音樂之類。隋開皇中，國人撒哈八撒阿的斡葛思始傳其教入中國，其地接天方國。本朝宣德中，其國使臣隨天方國使臣來朝并貢方物。"故地在今沙特阿拉伯。

甚貴重
一產回鶻國國中多砂磧寶石產磧中最
難故國王每三歲一採寶于磧費用極浩
故所得者價最昂唐貞元中存貢中國有
紅寶石大如拳碧寶石大如枕當時估計
其值傾内庫之儲不足以償之至寶也
一產天方國即西番國也地土豐稔國人
富饒無饑寒者國有三神山各產一寶惟
東神山池中產各色寶石國王有禁人無
敢私取者
一產錫蘭山山極高峻飛鳥不能過人蹟
罕至者每大雨沖流國人于山澗中往往

甚貴重。

一産回鶻國[1]，國中多砂磧[2]，寶石産磧中，最難。故國王每三歲一採寶于磧中，費用極浩，故所得者價最昂。唐貞元中存貢中國有紅寶石，大如拳，碧寶石大如枕，當時估計其價，傾内庫之儲不足以償之，至寶也。

一産天方國[3]，即西番國也。地土豐稔，國人富饒，無饑寒者。國有三神山，各産一寶，惟東神山池中産各色寶石。國王有禁，人無敢私取者。

一産錫蘭山[4]，山極高峻，飛鳥不能過，人蹟罕至者。每大雨沖流，國人于山澗中往往

1 回鶻國：回鶻原稱回紇，其先祖爲匈奴，是維吾爾族的祖先。主要分布於新疆，在内蒙古、甘肅、蒙古以及中亞的一些地區也有散居。

2 砂磧：沙漠。

3 天方國：《明一統志》卷九十："古筠冲之地，舊名天堂，又名西域。本朝宣德中，國王遣其臣沙瓛等來朝并貢方物。"今在沙特阿拉伯地區。

4 錫蘭山：《明一統志》卷九十："前代無考，相傳其國有巨人足迹，本朝永樂十年詔諭其國王不刺葛麻巴思剌查。正統十年，國王遣其臣耶把剌謨的里啞等來朝并貢方物。天順三年，其王葛力生夏剌昔利把交剌惹復遣使來貢。"

拾得青紫、紅黃諸色寶石大小不等俱極
明瑩可寶
一產雲南寶井雲南有寶井者中產無價
諸寶而于紅紫紫色之石恒多土官每歲
監視人役採取充貢每役人出井必加搜
揀多噙諸口中竊出者然大者頗少如豆
穀之大者最多價亦不賤
一產遼東遼東產寶石多鶵青色及紫色
者無甚紅色之石價頗不廉
紀紅寶石八種
第一避者達紅寶石產西洋古里國深紅
色最鮮艷紅如猩血石薄而嬌元大德間

拾得青、紫、紅、黃諸色寶石，大小不等，俱極明瑩可寶。

一産雲南寶井。雲南有寶井者，中産無價諸寶，而于紅紫、紫色之石恒多。土官每歲監視人役採取充貢，每役人出井必加搜揀，多噙口中竊出者。然大者頗少，如豆穀之大者最多，價亦不賤。

一産遼東。遼東産寶石，多鷄青色及紫色者，無甚紅色之石，價頗不廉。

紀紅寶石八種

第一避者達紅寶石[1]，産西洋古里國。深紅色最鮮艷，紅如猩血，石薄而嬌。元大德間

1 避者達紅寶石：清章鴻釗《石雅》卷三：“《博物要覽》云：回回國産大紅寶石，名靺鞨寶石，番名避者達，深紅鮮明如猩血，光彩可照夜。案，避者達亦見《輟耕録》。洛氏引此，并舉維物孟氏（Wiedemann）之説以證之曰：避者達即阿剌伯語之避桀提（bigādi），亦即石榴子石（Garnet）也。”石榴子族礦物晶體多成菱形十二面體或四角三十八面體，常呈塊狀或粒狀結合體，其色隨成分而有紅、棕、緑、黃、褐等。無解理，玻璃光澤。

本國巨商賣此紅石于官庫當時估值中
統鈔一千四萬貫用嵌帽頂上其後累朝
皇帝相承寶重凡正旦及天壽節大朝會
則服之其貴重可知矣
第二映水紅寶石産西番天方國深紅色
微淡如上等寶石茶花色而嬌艶明艶以
白磁貯水浸於中磁盎及水俱成紅色以
之嵌匳云戴者週身俱紅敵人畏之
第三昔剌泥紅寶石産錫蘭山石色深紅
而帶微黃嬌艶若初圻海榴花也絶無極
大者不過大如指頂小如菽麥而已大者
價可值五百餘換小者七八十餘

本土巨商賣此紅石于官庫，當時估值中統鈔一（千）[十][1]四萬貫，用嵌帽頂上。其後累朝皇帝相承寶重，凡正旦及天壽節、大朝會，則服用之，其貴重可知矣。

第二映水紅寶石[2]，産西番天方國。深紅色微淡，如上等寶石茶花色，而嬌艷明艷。以白磁貯水浸於中，磁盎及水俱成紅色。以之嵌盔，云戴者週身俱紅，敵人畏之。

第三昔剌泥紅寶石[3]，産錫蘭山。石色深紅而帶微黃，嬌艷若初圻海榴花也。絶無極大者，不過大如指頂，小如菽麥而已。大者價可值五百餘換，小者七八十餘。

1 十，原作“千”，據《函海》本《博物要覽》卷六改。

2 映水紅寶石，又名映紅。清趙翼《粤滇雜記》：“寶石有紅、藍諸色，舊時質大而光厚，并有映紅、映藍二種，貯水缸滿則缸如其色，近已不可得。”

3 昔剌泥紅寶石：昔剌泥爲波斯語錫蘭之譯音，指産于斯里蘭卡的紅寶石。

第四伊泥刺紅寶石產默德那國石次紅
色絶艷麗如初開絳桃明瑩閃爍多有大
者其價可值四百餘換小者八九十換
第五兀伊刺紅寶石產默德那國石色次
紅帶紫若石榴子明瑩中有金絲脈為異
有絶大者如巨栗胡桃價可值四百餘換
小者七八十換
第六罕賴刺紅寶石產回鶻國石色淡紅
而嬌艷明瑩國人稱為童子色以顏如童
子也多大顆有重至兩許價值五六百換
如錢許分許者其價不過七八十換
第七羊血紅寶石產雲南寶井中石色深

第四伊泥刺紅寶石，産默德那國。石次紅色，絶艷麗如初開絳桃，明瑩閃爍。多有大者，其價可值四百餘换，小者八九十换。

第五兀刺紅寶石，産默德那國。石色次紅帶紫，若石榴子，明瑩中有金絲脈為異。有絶大者，如巨栗胡桃，可值四百餘换，小者七八十换。

第六罕賴刺紅寶石，産回鶻國。石色淡紅而嬌艷明瑩。國人稱為童子色，以顔如童子也。多大顆，有重至兩許，價值五六百换，如錢許分許者，其價不過七八十换。

第七羊血紅寶石，産雲南寶井中，石色深

紅如羊血，明瑩中微帶渾濁，石中有片裂筋紋。大者頗多，不過三百餘換，小者三四十換、十餘換而已，不足貴也。

第八石榴紅寶石，產雲南寶井。石色深紅帶紫明瑩。無大顆，至大者如扁豆，小者如粟米，可嵌首飾、腰帶、杯斝之類，價值二三百換，小者數十換而止。

紀黃寶石五種

第一黃亞姑寶石[1]，產天方國。石色深黃如金，明瑩光彩，驚心奪目。相傳走獸見之伏，故大將兜牟之上即盔也，多用嵌頂及額上，敵人之騎見之則伏，不復能起，故為之至

1 黃亞姑寶石：亞姑，又作鴉姑、雅姑、牙烏、雅鶻，阿拉伯語音譯，寶石名，有黃、青、紅、白等色。元陶宗儀《南村輟耕録》："雅鶻：紅雅古特、密斯堪尼、青雅古特、尼勒朗、烏帕尼勒朗、黃雅古特、白雅古特。"

寶大者其價無等中小者三四千換
第二黃剌姑寶石產錫蘭山石色嫩黃如
初開秋葵色艷麗鮮明無甚大者其價亦
一二千換及八九百換不等
第三黃伊思寶石產默德那國色淡黃如
鵞珀明瑩中有鮮紅硃砂點有大顆重至
六七錢者價值少至千餘換中小者七百
餘換
第四鵞皃黃寶石產西洋古里國色最嫩
黃嬌艷如雛鵞顆重至兩許者可值千換
中小者八九百換不一
第五臘酒黃寶石產回鶻國石色老黃如

寶。大者其價無等，中小者三四千換。

第二黃剌姑寶石[1]，產錫蘭山。石色嫩黃，如初開秋葵，色艷麗鮮明。無甚大者，其價亦一二千換及八九百換不等。

第三黃伊恩寶石，產默德那國。色淡黃如鵝珀，明瑩中有鮮紅硃砂點。有大顆重至六七錢者，價值少至千餘換，中小者七百餘換。

第四鵝兒黃寶石，產西洋古里國。色最嫩黃，嬌艷如雛鵝。顆重至兩許者可值千換，中小者八九百換不一。

第五臘酒黃寶石，產回鶻國。石色老黃如

1 黃剌姑寶石：明宋詡《宋氏家規部》卷四：“黃雅琥，色黃，有水色，澈底明亮。”

臘酒之色明瑩中微渾多大顆有重至二
三兩者價值五六百換中小者二三百換
而已
紀綠寶石三種
第一助把綠寶石產回鶻國石色深綠
而明瑩如碧玉即祖母綠也夜能放光無
微不燭永樂中回鶻國曾遣使入貢每設
朝賀未升殿中宮中尚暗中使以金盤貯
石迎導則滿殿光明如曙矣又能催生如
遇產難以石與產母吞之其胎即下石于
兒手握出至寶也世不恒有其價無等
第二助木綠寶石產錫蘭山石色嫩綠

臘酒之色，明瑩中微渾。多大顆，有重至二三兩者，價值五六百換，中小者二三百换而已。

紀緑寶石三種

第一助把［避］[1]緑寶石，産回鶻國。石色深緑，而明瑩如碧玉，即祖母緑也。夜能放光，無微不燭。永樂中，回鶻國曾遣使入貢。每設朝賀未升，殿中宫中尚暗，中使以金盤貯石迎導，則滿殿光明如曙矣。又能催生，如遇産難，以石與産母吞之，其胎即下。石于兒手捏出，至寶也。世不恒有，其價無等。

第二助木［刺］[2]緑寶石，産錫蘭山。石色嫩緑

1 避，原缺，據元陶宗儀《南村輟耕録》卷七補。助把避：波斯語音譯，直譯爲“蠅色的”，指優質緑寶石。《南村輟耕録》卷七：“助把避，上等，暗深緑色。”又作“鎖把鼻”，《宋氏家規部》卷四：“鎖把鼻，鉞羢緑色，内有蜻蜓翅形光耀，其性脆。”

2 剌，原缺，據元陶宗儀《南村輟耕録》卷七補。助木剌：即祖母緑，波斯語音譯，又作子母緑、助木緑、鎖目緑。《南村輟耕録》卷七：“助林剌，中等，明緑色。”《宋氏家規部》卷四：“鎖目緑，緑色，其性脆，南人稱蛇見怕。”明蔣一葵《長安客話》卷二：“祖母緑，元人所謂助木剌也，出回回地面。其色深緑，其價極貴，而大者尤罕得。聞成化間宫里以銀數千兩買得重四五兩者一塊，以爲稀世之寶。”

如新苔翠碧明瑩中有銀絲碎脉為異無
大顆至大不過如指頂小者如豆瓣大者
價值千換小者數百換而已
第三撒 尼綠寶石產西洋古里國石色
翠綠如鸚哥羽而有白水漿皮包裹相傳
此石能辟火每燃炭一巨爐以此石投入
其火隨滅而石不損者乃真也其價可值
七八百換多大顆無小者
紀紫寶石六種
第一你伊紫寶石產西番國石色深紫如
茄皮而明潤中有紅脉若氷裂紋有大顆
重至二三兩者價可值五百餘換中小者
博物要覽卷之十

如新苔翠碧，明瑩中有銀絲碎脈為異。無大顆，至大不過如指頂，小者如豆瓣。大者價值千換，小者數百換而已。

第三撒［卜］[1] 尼緑寶石，産西洋古里國。石色翠緑如鸚哥羽，而有白水漿皮包裹。相傳此石能辟火，每燃炭一巨爐，以此石投入，其火隨滅，而石不損者，乃直也。其價可值七八百換，多大顆，無小者。

紀紫寶石六種

第一你伊紫寶石，産西番國。石色深紫如茄皮，而明潤中有紅脈，若冰裂紋。有大顆，重至二三兩者，價可值五百餘換，中小者

1 卜，原缺，據元陶宗儀《南村輟耕録》卷七補。撒卜泥：波斯語音譯，直譯爲“石碱草色的”。《南村輟耕録》卷七：“撒卜泥，下等，帶石，淺緑色。”《宋氏家規部》卷四：“撒浡泥，淡绿色，其性軟。”

一二百換
第二馬思艮底紫寶石產天方國石色深
紫如紫絨明瑩閃透身分多圓長有大顆
重至三四兩者價值可四五百換中者二
三百換
第三尼蘭助把紫寶石產默德那國石色
嫩紫而明艷若玫瑰花然中有銀絲脉直
紋有大顆重至二三兩者價可值三四百
換中小者數百換
第四茄苞紫寶石產回鶻國石色淡紫明
瑩鮮麗如茄花初開艷雅無比多大顆無
極小者大可三百餘換中小者百十換

一二百換。

第二馬思艮底紫寶石[1]，産天方國。石色深紫如紫絨，明瑩閃透，身分多圓長。有大顆重至三四兩者，價值可四五百換，中者二三百換。

第三尼蘭助把紫寶石[2]，産默德那國。石色嫩紫，而明艷若玫瑰花，然中有銀絲脈直紋。有大顆重至二三兩者，價可值三四百換，中小者數百換。

第四茄苞紫寶石，産回鶻國。石色淡紫，明瑩鮮麗，如茄花初開，艷雅無比。多大顆，無極小者。大可三百餘換，中小者百十換。

1 馬思艮底紫寶石：或爲印地、烏爾都語中之 maskanati，意爲“次等的”。陶宗儀《南村輟耕録》卷七“鴉鶻”條云：“馬思艮底，帶石，無光，二種同坑。”《宋氏家規部》卷四：“馬廝齦蹄，紫紅色，有碎紋，無水光。”

2 尼蘭助把紫寶石：尼蘭，或爲印地、烏爾都語中之 nilam，意爲“藍寶石”。陶宗儀《南村輟耕録》卷七“鴉鶻”條云：“你藍，中等，淺青色。”

第五披遐西紫寶石産錫蘭山石色最淡
名曰紫水明瑩之極多大顆重至十兩許
價值不過一二百換百十換而已
第六相袍紫寶石産雲南寶井石色濃紫
如紫茸明透奪目但有小顆價值三四十
換
紀青寶石五種
第一青亞姑寶石産回鶻國石色深青如
藍靛明透晃亮有大顆重至一二兩者價
值百餘換中小者十數換
第二鴉鶻國青寶石産回鶻國石色深青
如佛頭青明瑩光彩内中黄點子多大顆

第五披遐西紫寶石，産錫蘭山。石色最淡，名曰紫水。明瑩之極。多大顆，重至十兩許，價值不過一二百換，百十換而已。

第六相袍紫寶石，産雲南寶井。石色濃紫如紫茸，明透奪目。但有小顆，價值三四十換。

紀青寶石五種

第一青亞姑寶石[1]，産回鶻國。石色深青如藍靛，明透晃亮。有大顆，重至一二兩者，價值百換，中小者十數換。

第二鴉鶻國青寶石，産回鶻國。石色深青如佛頭青，明瑩光彩，內中黄點子。多大顆

1 青亞姑寶石：即青色的寶石。陶宗儀《南村輟耕録》卷七"鴉鶻"條云："青亞姑，上等，深青色。"《宋氏家規部》卷四："青雅琥，如淡竹葉青色，亦有深青者。"

重可一二兩者價值十數換
第三螺絲青寶石產西番國石色青黑如
螺絲色明亮不濁內有自然水氷裂紋多
大顆有重至一二兩者價可值數十換
第四天雲青寶石產遼東石色嫩青如雨
過天青之色明瑩嬌媚可值一二十換
第五青水寶石產雲南寶井石色淡青如
將靛水點滴白磁器中顏色又鼻涕青寶
石中竅下品大者可值数換
紀白寶石二種
第一白亞姑寶石產回鶻國石色正透明
閃爍如水晶爽神奪目多大顆有重至三

重可一二兩者，價值十數換。

第三螺絲青寶石，産西番國。石色青黑如螺絲，色明亮不濁，内有自然水冰裂紋。多大顆，有重至一二兩者，價可值數十换。

第四天雲青寶石，産遼東。石色嫩青，如雨過天青之色，明瑩嬌媚，可值一二十换。

第五青水寶石，産雲南寶井。石色淡青，如將靛水點滴白磁器中顔色。又鼻涕青寶石，中竅下品，大者可值數换。

紀白寶石二種

第一白亞姑寶石，産回鶻國。石色正透明閃爍，如水晶，爽神奪目。多大顆，有重至三

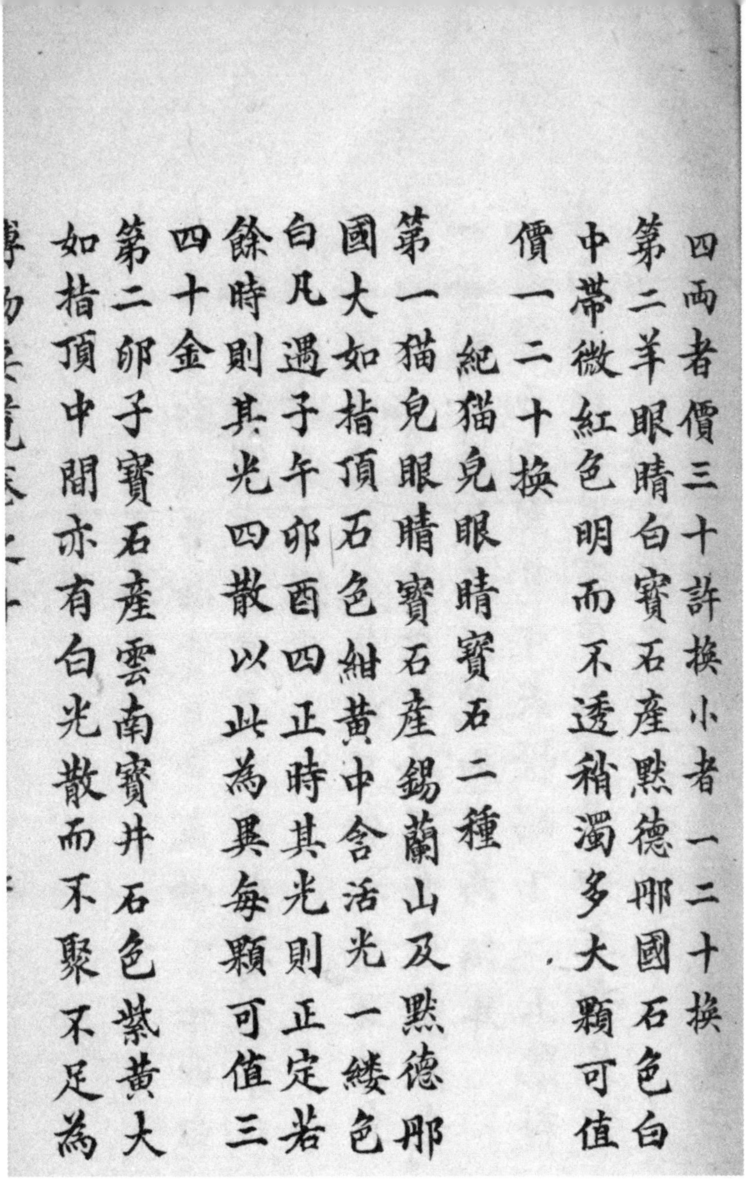

四兩者，價三十許換，小者一二十換。

第二羊眼睛白寶石，産默德那國。石色白中帶微紅色，明而不透，稍濁。多大顆，可值價一二十換。

紀猫兒眼睛寶石二種

第一猫兒眼睛寶石[1]，産蘭山及默德那國。大如指頂，石色紺黄，中含活光一縷，色白。凡遇子午卯酉四正時，其光則正定，若餘時，則其光四散，以此為異。每顆可值三四十金。

第二卯子寶石，産雲南寶井。石色紫黄，大如指頂，中間亦有白光散而不聚，不足為

1 貓兒眼睛寶石：即貓眼石，是金綠寶石中最稀有珍貴的一種，産于今斯里蘭卡。宋趙汝适《諸蕃志》卷下："貓兒睛，狀如母指大，即小石也。瑩潔明透，如貓兒眼，故名。出南毗國。國有江曰淡水江，諸流迤匯，深山碎石爲暴雨淜流，悉萃于此，官以小舸漉取。其圓瑩者，即貓兒睛也。或曰：有星照其地，秀氣鍾結而成。"《宋氏家規部》卷四："貓睛，中含活光一縷，色如煮酒者爲勝，亦有豆青色、湖水色、黑色，皆次也。"

貴每顆可值金許
論看寶石真偽法
凡看青紅寶石必于日中或燈下下以白
綾盛之若寶石真其光下射綾青紅畢現
如或假者了無影跡
凡辨寶石真假只須以口含之半日許真
者口生津液石自然涼冷不至發熱假者
一含則口發熱而涎乾即此為証耳
凡看寶石于烈日中或燈燭下以上號料
半白綿紙盛其下照之其下即有金星銀
翅回光旋轉者真也無此者假也
假紅寶石惟有北京燒紅及福建番燒二

貴，每顆可值金許。

論看寶石真偽法

凡看青紅寶石，必于日中或燈下，下以白綾盛之。若寶石真，其光下射綾，青紅畢現，如或假者，了無影跡。

凡辨寶石真假，只須以口含之半日許，真者口生津液，石自然涼冷，不至發熱；假者一含則口發熱而涎乾，即此為証耳。

凡看寶石，于烈日中或燈燭下，以上號料半白綿紙盛其下照之，其下即有金星銀翅回光旋轉者，真也，無此者假也。

假紅寶石惟有北京燒紅及福建番燒二

種，可以亂真。細看内有泡眼及冰裂紋處，多白痕，色渾濁而無寶光者是也。

假黄寶石番中自有此等石，番人揀明瑩者碾成碎塊，大小如真，可愚人，但石昏滯無寶光，内有石脉百碎可辨。

紫寶石極易作假，奸匠揀紫瑛石之明透者碾成片段愚人，到眼石質自别。真者質地晶明如紫水，假者半明半濁，了無光彩，一見即明。

青緑寶石假者多有京中燒來者，内有泡眼棕孔可辨白。假寶石多用上等銀晶碾成，燈燭下照之，下無形質者是也。

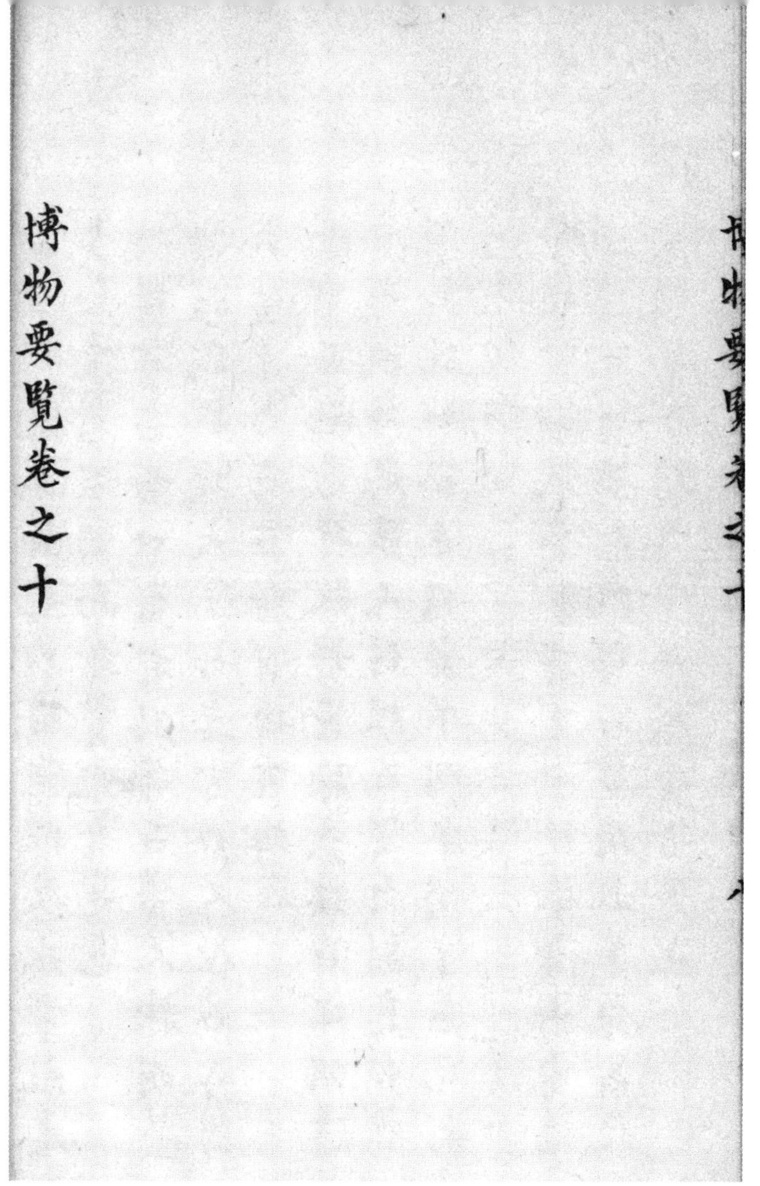
博物要覽卷之十

博物要覽卷之十

博物要覽卷之十一

目錄

論玉所產地

一產日南國

一產于闐國

一產踈勒國

一產交趾國又名交州

一產夫餘國

一產挹婁國

一產大秦國

一產西蜀

一產藍田縣

博物要覽卷之十一　目錄　一

博物要覽卷之十一

目録

論玉所産地

一産日南國

一産于闐國

一産疎勒國

一産交趾國又名交州

一産夫餘國

一産挹婁國

一産大秦國

一産西蜀

一産藍田縣

一産鍾山

論玉材

又論玉材真假

又論玉材真假顔色身分

高下法

論辨古玉真假

論古今玉器碾法

紀古奇玉

夜明玉

觀日玉

昭華玉

火　玉

龍虎玉
自暖玉
冷暖玉一
冷暖玉二
香玉
軟玉
滅瘢玉
凉玉
如意玉
五色玉
應時玉

博物要覽卷之十一目錄

龍虎玉
自暖玉
冷暖玉一
冷暖玉二
香　玉
軟　玉
滅瘢玉
凉　玉
如意玉
五色玉
應時玉

博物要覽卷之十一目錄

博物要覽卷之十一目錄

博物要覽卷之十一目録

博物要覽卷之十一
明蜀府長史谷泰輯
論玉所産地
一産日南國日南國有盧容水中出美玉色如截肪大者有長至数尺者爲希世之寶焉
一産于闐國于闐國有玉河在城外其源出于崑崙山西流一千三百里至于闐界牛頭山乃疏為三河一曰白玉河在城東三十里二曰緑玉河在城西二十里三曰烏玉河在緑玉河西七里其源雖一其玉則隨地而變故其色不同每歲五六月大

博物要覽卷之十一

明蜀府長史谷泰輯

論玉所産地

一産日南國[1]，日南國有盧容，水中出美玉，色如截肪[2]。大者有長至數尺者，為希世之寶焉。

一産于闐國[3]，于闐國有玉河在城外，其源出于崑崙山，西流一千三百里至于闐界牛頭山，乃疏為三河：一曰白玉河，在城東三十里；二曰緑玉河，在城西二十里；三曰烏玉河，在緑玉河西七里。其源雖一，其玉則隨地而變，故其色不同。每歲五、六月大

1 日南國，中國古代郡名，地域在今越南中部地區。古代相傳爲越裳氏地。漢武帝元鼎六年（前 111）平定南越後正式設郡，下轄朱吾縣、比景縣、盧容縣、西卷縣、象林縣五縣，治所在西卷縣。南北朝以後遂爲林邑所有，日南郡廢止。

2 截肪，切開的脂肪，喻顔色和質地白潤。

3 于闐國，古代西域佛教王國，最早見於《史記・大宛傳》，稱其在西域之東。公元前 2 世紀，尉遲氏在此建立於闐國，盛時領地包括今和田、皮山、墨玉、洛浦、策勒、于田、民豐等縣市，都西城（今和田約特幹遺址）。1006 年被喀喇汗國吞并，逐漸伊斯蘭化。

水暴漲其玉則隨水流而至玉之多寡由
水之大小七月八月間水退乃可取彼人
謂之撈玉其國中有禁器用服食往用
玉
一產疎勒國疎勒國在西海外國有山產
美玉白如猪肪扣之善鳴音聲清越比別
產為貴
一產交州即交趾國產白玉精瑩潔珂
雪有至長五尺圓三尺者昔時曾貢一塊
長一丈二尺五寸濶三尺二寸三分希世
奇寶也
一產夫餘國夫餘國在東海邊產赤玉色

水暴漲，則玉隨水流而至。玉之多寡，由水之大小。七月、八月水退乃可取，彼人謂之撈玉。其國中有禁，器用服食，往［往］[1]用玉。

一產疎勒國[2]，疎勒國在西海外國，有山產美玉，白如豬肪，扣之善鳴，音聲清趣，比別產為貴。

一產交州，即交趾國，產白玉，精瑩潔［如］[3]珂雪，有至五尺圓三尺者。昔時曾貢一塊長一丈二尺五寸，闊三尺二寸三分，希世奇寶也。

一產夫餘國[4]，夫餘國在東海邊，產赤玉，色

1 往，原缺，據《函海》本《博物要覽》卷五補。

2 疎勒國，著名的西域三十六古國之一，王治疏勒城（今新疆喀什），位居西域南、北兩道的交會點，爲東西交通的主要進出口。公元前60年，疏勒國正式歸屬中原王朝，此後與歷代中原王朝都保持著政治與經濟文化方面的密切聯繫。

3 如，原缺，據文義補。

4 夫餘國，又作扶餘國，是朝鮮半島北部與今中國東北地區的扶餘人政權國家。自公元前2世紀立國，至494年被高句麗滅國。《後漢書·東夷列傳》：“夫餘國在玄菟北千里，南與高句麗，東與挹婁，西與鮮卑接，北有弱水。地方二千里，本濊地也。”

如鷄冠即璃玉也世亦希産彼國絶重之
不以畀之它國故所見絶少也
一産挹婁國挹婁國産青玉色如藍靛明
瑩温栗亦為希有不類今時之青玉色道
也惜無甚大料多有小材
一産大秦國大秦國産菜玉色如菜葉有
色綠如

一産西蜀西蜀産墨玉即黑玉體輕琢成
有光黑如烏犀古者天子有喪則服帶墨
玉及今亦有用為帶者及鏡者或云即名

如鷄冠，即璃玉也，世亦希産。彼國絶重之，不以畀之它國，故所見絶少也。

一産挹婁國[1]，挹婁國産青玉，色如藍靛，明瑩温栗，亦為希有，不類今時之青玉色道也，惜無甚大料，多有小料。

一産大秦國[2]，大秦國産菜玉，色如菜葉，有色緑如

一産西蜀，西蜀産墨玉，即黑玉，體輕，琢成有光，黑如烏犀。古者天子有喪則服帶墨玉，及今亦有用為帶者及鏡者。或云

1 挹婁國，中國古代的民族，古肅慎之国，活動區域仍在今遼寧省東北部和吉林、黑龍江兩省東半部及黑龍江以北、烏蘇裏江以東的廣大地區内。前後約有600年（漢至晋），公元5世紀後，改號勿吉。《後漢書・地理志》："在夫餘東北千餘里，東濱大海，南與北沃沮接，不知其北所極。土地多山險。人形似夫餘，而言語各異。"

2 大秦國，古代中國對羅馬帝國及近東地區的稱呼。《後漢書・西域傳》："大秦國一名犂鞬，以在海西，亦云海西國。地方數千里，有四百餘城。小國役屬者數十。以石爲城郭。列置郵亭，皆堊塈之。有松柏諸木百草。"

玩也
一產藍田縣藍田縣產美玉其色如藍故
曰藍田昔秦始皇創傳國璽即採藍田美
玉琢成者今亦不甚產此玉實罕寶矣
一產鍾山淮南子云鍾山之玉燔以炭火
三日三夜而色澤不變得天地之精也按
地輿志鍾山即今南聲之鍾山也漢時屬
淮南
論玉材
今之玉材較古似多西城近出大塊劈開
玉料謂之山材從山石中擊搥取用原非
于闐崑岡西流砂水中天生玉子色白質

玩也。

一産藍田縣，藍田縣産美玉，其色如藍，故曰藍田。昔秦始皇創傳國璽即採藍田美玉琢成者。今亦不甚産此玉，實罕寶矣。

一産鍾山，《淮南子》云：鍾山之玉，燔以炭火，三日三夜，而色澤不變，得天地之精也。按，《地輿志》：鍾山即今南聲之鍾山也，漢時属淮南。

論玉材

今之玉材較古似多，西（城）[域][1]近出大塊劈開玉料，謂之山材。從山石中擊搥取用，原非于闐、崑岡。西流砂水中天生玉子色，白質

1 域，原作“城”，據《函海》本《博物要覽》卷五改。

乾内多絡裂俗名江魚絡也恐此類不若
水材為寶有種水石美者白能勝玉内有
飯糝點子可以亂真又如寶定石茅山石
階州石巴嘉陵璞宣化璞忠州石萊州石
阿不公石梳粧樓肖子石俱能混玉但少
温潤水色當細別之則不謬矣

又論玉材真假

石之似玉者為珷為玞為琨為珉為璁為
瓔也北方有鑵子玉色勝雪白内有氣眼
乃藥燒成者不可不辨然皆無温潤不足
貴也

論看玉材真偽顏色身分高下法

乾内多絡裂，俗名江魚絡也。恐此類不若水材為實。有種水石美者，白能勝玉，内有飯糝點子，可以亂真。又如寶定石、茅山石、階州石、巴嘉陵璞、宣化璞、忠州石、萊州石、阿不公石、梳粧樓肖子石，俱能混玉，但少温潤、水色，當細別之，則不謬矣。

又論玉材真假

石之似玉者，為珷、為玞、為琨、為瑉、為璁、為瓔也。北方有鑵子玉，色勝雪白，内有氣眼，乃藥燒成者，不可不辨。然皆無温潤，不足貴也。

論看玉材真偽顏色身分高下法

凡石中韞玉但將石映燈觀之內有紅光
明如初出日便知內有玉也若黑暗不明
則否
凡玉以甘黃為上羊脂白玉次之以黃為
中色且不易得以白為偏時亦有之故耳
然甘黃色要須如蒸栗之色為佳焦黃色
為下甘青者色如新柳近亦無碧玉色如
菠菜深綠為佳有細墨洒點甚好若淡白
間雜者次之墨玉如漆黑光潤者佳西蜀
有石似之紅玉色如鷄冠者其玉世不恒
見都中亦寶重之綠玉類碧色少深翠中
有飯糝點子者佳除此七種玉外皆不足

凡石中韞玉，但將石映燈觀之，內有紅光，明如初出日，便知內有玉也。若黑暗不明則否。

凡玉以甘黃為上，羊脂白玉次之。以黃為中色，且不易得，以白為偏［色］[1]，時亦有之故耳。然甘黃色要須如蒸栗之色為佳，焦黃色為下。甘青者色如新柳，近亦無。碧玉色如菠菜深綠為佳。有細墨灑點甚好，若淡白間雜者次之。墨玉如漆黑光潤者佳，西蜀有石似之。紅玉色如鷄冠者，其玉世不恒見，都中亦寶重之。綠玉類碧色少深，翠中有飯糝點子者佳。除此七種玉外，皆不足

1 色，原無此字，據《遵生八箋》卷十四補。

足取矣
論辨古玉真假
凡看古玉先看玉情要知古人貴重玉者
取其温潤縝密雖小物其彫琢精工迥非
後人可及大率三代秦漢之玉多用羊脂
及甘黃甘青諸美材做手皆雙鉤細碾細
入毫髮玉器入土多有沾血浸者玉上起
古班赭色班爛又有紅如猩血黑如點漆
者又有名土浸者玉上沾染黃色賁刮不
去者是也更有染水銀青色者因近銅器
故也今吳中巧匠用美玉碾成環玦扇墜
杯斝書鎮之類用藥燒成班點紅黑色以

足取矣。

論辨古玉真假

凡看古玉，先看玉情，要知古人貴重玉者，取其温潤縝密，雖小物，其彫琢精工迥非後人可及。大率三代秦漢之玉，多用羊脂及甘黃、甘青諸美材，做手皆雙鉤細碾，細入毫髮。玉器入土，多有沾血浸者，玉上起古班，赭色班爛。又有紅如猩血，黑如點漆者。又有名土浸者，玉上沾染黃色，賁刮不去者是也。更有染水銀青色者，因近銅器故也。今吴中巧匠用美玉碾成環玦、扇墜、斝杯、書鎮之類，用藥燒成，班點紅黑色，以

眩愚者以白梅水煮焉即退新舊立辨矣
論古今玉器碾法
凡看古玉器以做手精雅為佳如秦漢人
所作環玦印鈕盤螭蹲獸種種生動碾處
鋼口圓熟光滑地子清楚平坦無有朦朧
不明諸弊若今之玉器碾手槧不及古人
并以多出已意翻新花紋不合古作其所
碾鋼口茅糙粗混地子糊塗高下凹凸況
兼不甚擇玉材安得更有佳器也哉
紀古奇玉
夜光玉周穆王時西域獻昆吾割玉刀夜
光長滿杯刀切玉如泥杯是白玉之精光

眩愚者，以白梅水煮焉即退，新舊立辨矣。

論古今玉器碾法

凡看古玉器，以做手精雅為佳，如秦漢人所作環玦、印鈕、盤螭、蹲獸，種種生動。碾處鋼口圓熟光滑，地子清楚平坦，無有朦朧不明諸弊。若今之玉器，碾手槧不及古人，并以多出已意翻新，花紋不合古作。其所碾鋼口茅糙粗混，地子湖塗，高下凹凸，況兼不甚擇玉材，安得更有佳器也哉。

紀古奇玉

夜光玉。周穆王時西域昆吾割玉刀，夜光長滿杯刀，切玉如泥，杯是白玉之精，光

明照夜每夕出杯于中庭向天比明而水
汁已滿盃中矣汁甘而香且美飲之長壽
斯寔靈人之器矣
觀日玉扶桑國使使貢觀日玉大如圓鏡
方經尺餘明徹如琉璃映日以觀見日中
宮殿了然分明
昭華玉漢高祖初入咸陽周行庫藏見玉
笛長二尺二寸二十九孔吹口則車馬山
林隱璘相次吹息不復更見名之曰昭華
之玉
火玉唐武宗會昌九年夫餘國獻火玉三
斗色赤長半寸上尖下圓光照十步積之

明照夜。每夕出杯于中庭，向天比明，而水汁已滿盃中矣。汁甘而香且美，飲之長壽，斯寔靈人之器矣。

觀日玉。扶桑國使使貢觀日玉，大如圓鏡，方經尺餘，明徹如琉璃，映日以觀，見日中宮殿了然分明。

昭華玉。漢高祖初入咸陽，周行庫藏，見玉笛，長二尺二寸，二十九孔。吹口則車馬山林隱璘相次，吹息不復更見，名之曰昭華之玉。

火玉。唐武宗會昌九年，夫餘國獻火玉三斗，色赤，長半寸，上尖下圓，光照十步，積之

可燃鼎熟物焉
龍虎玉唐順宗時西域有進美玉二枚一
方一圓方徑各五寸光彩凝冷可鑑毫髮
時伊祈玄解方半于上前熟視之曰此一
龍王一虎玉也圓者龍玉生於水中為龍
所寶若投之水必有虹霓出焉方者虎玉
生于岩谷為虎所寶若以虎毛拂之即紫
光迸逸百獸攝服上異其言命使試之果
然
自暖玉唐内庫有一玉杯色青甚薄有紋
如亂絲杯底有填金字刻曰自暖以之貯
酒逡巡自沸

可燃鼎熟物焉。

龍虎玉。唐順宗時，西域有進美玉二枚，一方一圓，徑各五寸，光彩凝冷，可鑑毫髮。時伊祈玄解方（半）[坐][1]于上前，熟視之，曰：“此一龍玉，一虎玉也。圓者龍玉，生於水中，為龍所寶，若投之水，必有虹霓出焉。方者虎玉，生于岩谷，為虎所寶，以虎毛拂之，即紫光迸逸，百獸攝服。”上異其言，命使試之，果然。

自暖玉。唐内庫有一玉杯，色青甚薄，有紋如亂絲，杯底有填金字刻曰自暖，以之貯酒，逡巡自沸。

1 坐，原作“半”，據《函海》本《博物要覽》卷七改。

冷煖玉唐宣宗時日本國王子來朝善圍
碁帝令待詔顧師言與之對手王子出本
國楸玉碁局冷暖至碁子蓋碁局玉色蒼
本如楸木冷暖之玉至冬則溫煖夏則涼
冷古今之至寶也
冷煖玉唐郭從義掘地得綠玉四方小杵
白四角有胡人坐頂旁有篆紋云仙臺秘
府小杵白冬月以物杵之則溫熱夏月杵
之則涼冷
香玉唐李輔國有香玉邪辟二長一尺五
寸彫琢異巧非人間所有其香可聞百步
雖藏于金匱石函不能掩其芬芳或以衣

冷煖玉。唐宣宗時，日本國王子來朝，善圍碁，帝令待詔顧師言與之對手，王子出本國楸玉碁局、冷暖（至）［玉］[1]碁子。盖碁局玉色蒼，本如楸木，冷暖之玉，至冬則温煖，夏則凉冷，古今之至寶也。

冷煖玉。唐郭從義掘地得緑玉四方小杵（白）［臼］[2]，四角有胡人坐頂，旁有篆紋云仙臺秘府小杵（白）［臼］。冬月以物杵之則温熱，夏月杵之則凉冷。

香玉。唐李輔國有香玉邪辟二，長一尺五寸，彫琢異巧，非人間所有。其香可聞百步，雖藏于金匱石函，不能掩其芬芳，或以衣

1 玉，原作“至”，據《函海》本《博物要覽》卷七改。
2 臼，原作“白”，據《遵生八箋》卷十四改。下文同。

襟拂之則芬馥彌年不歇
軟玉唐玄宗幸興慶宮於複壁寶匣之中
得軟玉鞭一根首尾相屈可以為環伸之
雖水火利刀亦不損壞奇寶也
滅瘢玉漢末内庫有滅瘢玉王莽居攝因
面瘢痕碎而敷之立愈
涼玉唐侍中常寶一玉精盎馬夏日蠅不
敢近盛水經月不腐或病目者含之立效
如意玉唐同昌公主有如意玉圓如桃實
上有九孔通明之象也帶之隨心所欲無
不如意
五色玉唐内庫有五色玉帶高祖時高昌

襟拂之，則芬馥彌年不歇。

軟玉。唐玄宗幸興慶宮，於複壁寶匣之中得軟玉鞭一根。首尾相屈，可以為環，伸之雖水火利刀亦不損壞，奇寶也。

滅瘢玉。漢末内庫有滅瘢玉，王莽居攝，因面瘢痕，碎而敷之，立愈。

涼玉。唐［馬］[1]侍中常寶一玉精（盎）［盌］[2]（馬）[3]，夏日蠅不敢近，盛水經月不腐。或病目者含之，立效。

如意玉。唐同昌公主有如意玉，圓如桃實，上有九孔，通明之象也，帶之隨心所欲，無不如意。

五色玉。唐内庫有五色玉帶，高祖時高昌

1 馬，原文無此字，據唐段成式《酉陽雜俎》卷九補。
2 盌，原作“盎”，據唐段成式《酉陽雜俎》卷九改。
3 馬，唐段成式《酉陽雜俎》卷九無此字，衍文，當刪。

國所進并五色玉衣若今時之鎧也二物
為希世之寶
應時玉唐宣宗時内府有十二玉碁子以
按十二時字置之水中逐時浮出不爽時
過即沉奇寶也

博物要覽卷之十一

國所進，并五色玉衣，若今時之鎧也，二物為希世之寶。

應時玉。唐宣宗時，内府有十二玉碁子，以按十二時字置之水中，逐時浮出不爽，時過即沉，竒寶也。

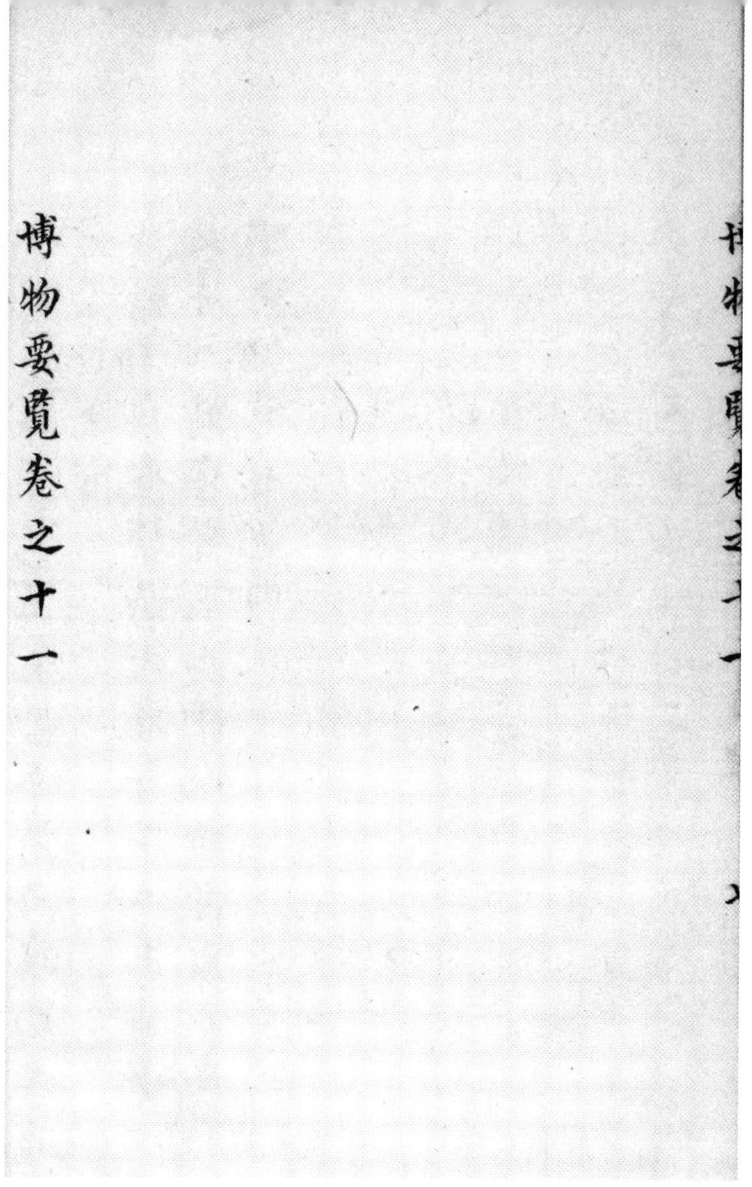

博物要覽卷之十一

博物要覽卷之十二

目錄

博物要覽卷之十二

目録

合子瑪瑙
漿水瑪瑙
醬班瑪瑙
海蟄瑪瑙
鬼面瑪瑙
紫雲瑪瑙
土瑪瑙一
土瑪瑙二
竹葉瑪瑙
紀珊瑚所産地
一産波斯國
一産獅子國

合子瑪瑙
漿水瑪瑙
醬班瑪瑙
海蟄瑪瑙
鬼面瑪瑙
紫雲瑪瑙
土瑪瑙一
土瑪瑙二
竹葉瑪瑙
紀珊瑚所産地
一産波斯國
一産獅子國

一產廣州
一產南番
論看珊瑚顏色身分法
論看珊瑚器具法
紀別種珊瑚
黑珊瑚
碧珊瑚
紀古珊瑚玩器
漢宮烽火樹珊瑚
女珊瑚
石崇家珊瑚樹
珊瑚玦黃金蛇皮螭䲵附

一産廣州

一産南番

論看珊瑚顔色身分法

論看珊瑚器具法

紀别種珊瑚

黑珊瑚

碧珊瑚

紀古珊瑚玩器

漢宫烽火樹珊瑚

女珊瑚

石崇家珊瑚樹

珊瑚玦黄金蛇（皮螭）［頗黎］[1]䲵附

1 頗黎，原作“皮螭”，據《杜陽雜編》卷中改。

珊瑚鏡臺苦寒

珊瑚筆架

博物要覽卷之十二目録

博物要覽卷之十二

明蜀府長史谷泰輯

論瑪瑙所産地

一産西洋國。瑪瑙非石非玉，産於西洋國，有紅色赤爛，如馬之腦故名，有纏黑、白合子等，惟以紅色為勝。

一産南番大食國[1]。瑪瑙産大食者色紅，多有纏絲成山水、人物、花鳥、樹木之形，最為難得，價不貲。

一産西南夷。瑪瑙産西南夷者色多青黑及白色、紺黄者為多，無甚奇異，然有大如斗者，可碾作器皿。

1 大食國，唐代以來的中國史書對阿拉伯帝國的指稱。

一產寧夏瓜砂寧夏瓜砂地面產瑪瑙一
種色綠内有紋如栢枝名栢枝瑪瑙亦可
作器皿晶瑩紋縷可愛

紀各種瑪瑙

錦紅瑪瑙產西洋及大食等國質地明瑩
紅如朱纓週身有錦雲花紋或作山水人
物禽獸樹木之類又有纏絲旋繞更有桃
紅絲纏彩者為最勝若色近淡紅或紅中
帶紫或紅紫夾襍帶白色班駁者其價不
貴

栢枝瑪瑙產寧夏瓜砂地方瑪瑙質瑩白
中有綠紋分明如栢枝狀有若圖畫昔人

一産寧夏瓜砂。寧夏瓜砂地面産瑪瑙一種，色緑，内有紋如栢枝，名栢枝瑪瑙，亦可作器皿，晶瑩紋縷可愛。

紀各種瑪瑙

錦紅瑪瑙，産西洋及大食等國。質地明瑩，紅如朱纓，週身有錦雲花紋，或作山水、人物、禽獸、樹木之類。又有纏絲旋繞，更有桃紅絲纏彩者為最勝。若色近淡紅，或紅中帶紫，或紅紫夾襍帶白色班駁者，其價不貴。

栢枝瑪瑙産寧夏瓜砂地方。瑪瑙質瑩白，中有緑紋分明，如栢枝狀，有若圖畫。昔人有得一栢枝瑪瑙小屏八寸許高尺餘質地白瑩如羊脂美玉内中有綠紋成栢枝樹三株枝柯奇古上有雊鴿鳥數隻栖息于其間毛羽如生圖畫所不能及後為好事者以百金購之實奇物也

纏絲瑪瑙産西南夷諸國質地多白亦有紅黄間色者中有細脉如絲或黄或紅色紋作旋波及水浪雲霞之狀極可人意向見友人處有纏絲瑪瑙盤大徑一尺餘質地極瑩白紅綠二色細絲纏旋成番錦之狀奇麗不可名當時論價以四十千購之彼不肯售後竟不知所之

有得一栢枝瑪瑙小屏，八寸許，高尺餘，質地白瑩如羊脂美玉，内中有緑紋，成栢枝樹三株，枝柯竒古。上有雊鴿鳥數隻栖息于其間，毛羽如生，圖畫所不能及。後為好事者以百金購之，實竒物也。

纏絲瑪瑙産西南夷諸國。質地多白，亦有紅黄間色者，中有細脉如絲，或黄或紅色，紋作旋波及水浪雲霞之狀，極可人意。向見友人處有纏絲瑪瑙盤，大徑一尺餘，質地極瑩白，紅緑二色細絲纏旋成番錦之狀，竒麗不可名。當時論價以四十千購之，彼不肯售，後竟不知所之。

夾胎瑪瑙產南番諸處質地白瑩側視則
有一點鮮紅如凝血者名為夾胎瑪瑙一
物二色也有南京報恩寺僧得一素珠一
百零八顆大如櫻桃顆顆內中俱有紅珠
一粒以為至寶後為一考友愛以三百金
買之
合子瑪瑙產西洋國質地光黑如淳漆中
有白紋間隔或有成物像者近於夔府一
縉紳家見合子瑪瑙風字硯一方濶三寸
長七寸餘製作奇古可愛質地極光黑硯
池之下白紋作一龍首一爪蜿蜒如生名
為白龍飲澗有宣和二篆字刻于硯下的

夾胎瑪瑙産南番諸處。質地白瑩，側視則有一點鮮紅，如凝血者，名為夾胎瑪瑙，一物二色也。有南京報恩寺僧得一素珠，一百零八顆，大如櫻桃，顆顆内中俱有紅珠一粒，以為至寶，後為一考友愛，以三百金買之。

合子瑪瑙産西洋國。質地光黑如淳漆，中有白紋間隔，或有成物像者。近于夔府一縉紳家見合子瑪瑙風字硯一方，闊三寸長七寸餘，製作奇古可愛，質地極光黑。硯池之下白紋作一龍首一爪，蜿蜒如生，名為白龍飲澗。有宣和二篆家刻于硯下的

為宋器無疑
已上五種皆屬貴品類
漿水瑪瑙產大食國諸處質地淡紅黃色
有花暈不成物像或有黃紫相間白暈者
名為漿水瑪瑙多大塊昔于楚中見一枕
長二尺許製作古朴即此瑪瑙也
醬班瑪瑙產大食諸處質地淡黃而上有
紫紅班點不成物像者名為醬班瑪瑙價
不甚高
海蟄瑪瑙產寧海色紫赤渾濁無花紋最
多大料名為海蟄瑪瑙
鬼面瑪瑙產寧夏質地淡紅內有青黑花

為宋器無疑。

已上五種皆屬貴品類

漿水瑪瑙產大食國諸處。質地淡紅黃色，有花暈不成物像。或有黃紫相間白暈者，名為漿水瑪瑙，多大塊。昔于楚中見一枕，長二尺許，製作古樸，即此瑪瑙也。

醬班瑪瑙產大食諸處。質地淡黃而上有紫紅班點，不成物像者，名為醬班瑪瑙，價不甚高。

海蟄瑪瑙產寧海。色紫赤渾濁，無花紋，最多大料，名為海蟄瑪瑙。

鬼面瑪瑙產寧夏。質地淡紅，內有青黑花

暈如鬼神戲臉者故名鬼面瑪瑙惟此種
最下
紫雲瑪瑙産和州質地淡白上有紫紋縹
緲成雲霞之狀名為紫雲瑪瑙
土瑪瑙産山東沂州質地深黄明瑩上有
紅色雲頭纏繞如纏絲者更有胡桃花班
者
土瑪瑙産湖廣均州質地瑩白上有紅暈
及紫暈者以紫暈深色及硃砂紅者為貴
土人多碾為爐頂人物及環玦扇墜諸器
價亦不貴
竹葉瑪瑙産淮南石質紺黄花紋成竹葉

暈如鬼神戲臉者，故名鬼面瑪瑙，惟此種最下。

紫雲瑪瑙産和州。質地淡白，上有紫紋縹緲，成雲霞之狀，名為紫雲瑪瑙。

土瑪瑙産山東沂州。質地深黄明瑩，上有紅色雲頭纏繞，如纏絲者，更有胡桃花班者。

土瑪瑙産湖廣均州。質地瑩白，上有紅暈及紫暈者，以紫暈深色及硃砂紅者為貴。土人多碾為爐頂人物及環玦扇墜諸器，價亦不貴。

竹葉瑪瑙産淮南。石質紺黄，花紋成竹葉

者土人用多大片鑲桌面屏風者價亦甚
廉
紀珊瑚所産地
一産波斯國珊瑚生海底磐石上作枝柯
白如菌一歲黃二歲變赤枝柯交錯高三
四尺海人以鏈入水起其根繫于網中舩
上絞而取之若過時不取則成腐朽
一産獅子國珊瑚生海底作枝柯狀明潤
如紅玉中多有孔亦有無孔者
一産廣州廣州海畔生珊瑚土人取者先
作鉄網沉于水底珊瑚貫中而生歲高二
三尺有枝無葉因絞網出之珊瑚多摧折

者，土人多用大片鑲桌面屏風者，價亦甚廉。

紀珊瑚所産地

一産波斯國。珊瑚生海底磐石上，作枝柯，白如菌，一歲黃二歲變赤。枝柯交錯，高三四尺。海人以鏈入水，起其根，繫于網中，舩上絞而取之。若過時不取，則成腐朽。

一産獅子國[1]。珊瑚生海底作枝柯狀，明潤如紅玉，中多有孔，亦有無孔者。

一産廣州。廣州海畔生珊瑚，土人取者先作鉄網沉于水底。珊瑚貫中而生，歲高二三尺，有枝無葉。因絞網出之，珊瑚多摧折

1 獅子國，中國對斯里蘭卡的古稱，來自梵語音譯。

綱中故難得完好者不知今之取者果尔
否
一産南畨珊瑚生海底五七株成林謂之
珊瑚林居水中直而軟見風日則屈而硬
變紅色如猩血者為上
論看珊瑚顏色身分法
凡看珊瑚先論身分如身分長大或二三
尺高有枝柯大小繁錯三五十枝生相有
情如畫家寫生且顏色鮮明紅潤如硃砂
猩血週身無蛀孔筋脉呈露節節可數者
為上品價最重可值千金一株如身分短
小不成片段粗枝直梗無旁枝彎曲并紅

綱中，故難得完好者，不知今之取者果尔否。

一産南番。珊瑚生海底，五七株成林，謂之珊瑚林。居水中，直而軟，見風日則屈而硬，變紅色，如猩血者為上。

論看珊瑚顏色身分法

凡看珊瑚，先論身分。如身分長大，或二三尺高，有枝柯，大小繁錯，三五十枝，生相有情，如畫家寫生，且顏色鮮明紅潤，如硃砂猩血，週身無蛀孔，筋脉呈露，節節可數者，為上品。價最重，可值千金一株。如身分短小，不成片段，粗枝直梗，無旁枝彎曲，并紅

黃色如蠟燭紅者名為油紅不佳且週身
蛀眼甚多筋脉不露節目不分雖有大樹
價亦不貴
論看珊瑚器具法
凡看珊瑚什物先要看其真假海中有一
種石片與珊瑚相似土人往 碾成什物
愚人大率珊瑚真者週身有彎曲直竪細
羅紋若無此者即為海石也暹羅國有一
種山猪牙國人有藥草染成朱色做就什
物内中亦有細羅紋蛀孔甚可亂真但真
者質重假者質軽造成什物或環玦之類
做手要精顏色俏媚其價即重多有珊瑚

黃色如蠟燭紅者，名為油紅，不佳。且週身蛀眼甚多，筋脉不露，節目不分，雖有大樹，價亦不貴。

論看珊瑚器具法

凡看珊瑚什物，先要看其真假。海中有一種石片，與珊瑚相似。土人往［往］[1] 碾成什物愚人。大率珊瑚真者，週身有彎曲直豎細節羅紋，若無此者即為海石也。暹羅國[2] 有一種山豬牙，國人有藥草染成朱色做就什物，内中亦有細羅紋蛀孔，甚可亂真。但真者質重，假者質輕。造成什物，或環玦之類，做手要精，顏色俏媚，其價即重。多有珊瑚

1 往，原缺，據文義補。
2 暹羅國，中國對泰國的古稱，來自泰語音譯。

什物，蛀眼週身無可奈何者，巧匠多用硃砂和煉粉紅調稠填寔，往往不能看破，（謂）［為］[1]其所愚，不可不細辨。珊瑚什物惟素珠，大者如龍眼核大，紅色如硃砂，無蛀眼損壞者價高。若素珠小而色淡如油紅，有蛀孔者價低。

又論珊瑚別種

黑珊瑚産海外番國，高一二尺者亦有，枝柯成樹，盤曲可愛，但色光黑如髹漆為異，中國亦罕見之，價亦頗高。向見一老中貴家碧玉小盆，中栽紅黑小珊瑚樹，高四五寸，枝梗如畫可愛，各二株。彼時余未識，以

1 爲，原作“謂”，據文義改。

為烏玉及烏犀假造成樹形者詢之方知
永樂中外蕃曾以入貢者云上方所賜之
物也
碧珊瑚一名青琅玕生于闐國及南海石
厓間高尺餘如樹有枝柯根莖上有細孔
如虫蠹蝕者漁人以網取之初從水出色
微紅久之見風則變青色擊之有金石聲
乃與珊瑚相類亦產中國雋州及雍州崑
崙山南海蜀郡以至烏白蠻地界俱有亦
可盆種作供什物可為耳墜細鈒指環諸
物但以色翠青蛀孔少者為勝余向有書
鎮長六寸許高三寸餘就料碾成一獅獸

為烏玉及烏犀假造成樹形者，詢之方知，永樂中外番曾以入貢者，云上方所賜之物也。

碧珊瑚一名青琅玕，生于闐國及南海石厓間，高尺餘，如樹，有枝柯、根莖，上有細孔如虫蠹蝕者。漁人以網取之。初從水出，色微紅。久之見風，則變青色。擊之有金石聲，乃與珊瑚相類。亦産中國雋州及雍州、崑崙山、南海、蜀郡，以至烏白蠻地界俱有。亦可盆種，作供什物，可為耳墜、細鈒、指環諸物，但以色翠青、蛀孔少者為勝。余向有書鎮，長六寸許，高三寸餘，就料碾成一獅獸作狀奇猛，毛髮肖生，週身色如染靛，摩弄滑熟，極可賞玩。後以蜀藩世子出講《周易》并數物獻之。

紀古珊瑚玩器

漢武帝宮中有積翠池，中（值）[植][1]珊瑚樹一株，高一丈二三尺，[一][2]本三柯，上有枝莖四百六十條。云是高祖時南越王趙陀所獻者。每入夜，池中光景燭天，名為烽火樹。漢宮中又有女珊瑚樹一株，高七尺，形質仿佛美人，鮮紅明潤，光鑒毛髮，宮中呼為女珊瑚。

晉王愷以帝舅之尊，家富珍寶，常與石崇

1 植，原作“值”，據文義改。
2 一，原無此字，據《本草綱目》卷八、《宋氏家規部》卷四補。

矜闘，帝每出内帑奇珍助之，恒不能勝崇。愷常恨之，會帝以珊瑚樹一株高二尺許賜愷，［愷］[1]持以示崇，［崇］[2]聲一言，以手中鉄如意擊碎之。愷以崇為妬已，幾至相詬。崇云：此何足貴，當以勝者相償，乃命侍妾入，取高四五尺數償之。唐時宫中恒有黄金小蛇出游堦砌間，宫人有以珊瑚玦下而釣之，蛇并玦帶去，不知所之。後帝按行庫藏，見一金蛇貫于玦上，驗之乃隋煬帝賜宣華陳夫人物也。細視蛇腹下有阿（糜）［麼］[3]二字。帝命取玻璃（雉）［毚］[4]，以蛇并玦繫（雉）［毚］足之上，以雉能啗蛇，使蛇不

1 愷，原缺，據《世説新語·汰侈》補。

2 崇，原缺，據《世説新語·汰侈》補

3 麼，原作“糜”，據《杜陽雜編》卷中改。

4 毚，原作“雉”，據《杜陽雜編》卷中及《博物要覽》目録改。下文同。

能為怪也。

唐時范陽盧氏有珊瑚鏡臺，奇巧無比，云得之隋氏宮人，可值數十萬。宋時錢思公寶愛一珊瑚筆架，常以自隨。子弟欲求錢者，每竊藏之。公徹榜于家庭，以十千求之。一歲常失數次，而思公不悟。

博物要覽卷之十二

博物要覽卷之十三

目錄

紀論水晶所産地

一産日本國

一産北邊

一産湖廣武昌

一産江西信州

紀各種水晶

銀水晶

青水晶

綠水晶

黃水晶

博物要覽卷之十三

目録

紀論水晶所産地

一産日本國

一産北邊

一産湖廣武昌

一産江西信州

紀各種水晶

銀水晶

青水晶

緑水晶

黄水晶

紫水晶

黑水晶

論看水晶顏色及身分

真假法

論看水晶什物法

紀琥珀所產地

一產永昌

一產海南

一產林邑國

一產西域康于河

一產雲南舍齒

論琥珀道地生產

紫水晶

黑水晶

論看水晶顏色及身分

真假法

論看水晶什物法

紀琥珀所產地

一產永昌

一產海南

一產林邑國

一產西域康于河

一產雲南舍齒

論琥珀道地生產

又論琥珀生產
又論
又論琥珀
又論
論琥珀真假
又論
論琥珀顏色身分
又論
又論琥珀
又論
紀蜜珀所產
一產南海及嶺南

博物要覽卷之十三目錄

又論琥珀生産
又論
又論琥珀
又論
又論琥珀真假
又論
論琥珀顏色身分
又論
又論琥珀
又論
紀蜜珀所産
一産南海及嶺南

一產南番及雲南諸處

一產海外諸國

論蜜珀道地

血珀

蜜珀

博物要覽卷之十三目録

博物要覽卷之十三
明蜀府長史谷泰輯
紀水晶所産地
一産日本國日本所産水晶色多晶白有
大料如斗大者有長至二三尺置之水中
不見形質者為佳
一産北邊北地所産水晶色多黑而明瑩
所謂玄晶也亦有大者可為枕云能益目
故為可寶
一産湖廣武昌武昌山中所産亦有重至
數十觔一塊者色微青而質渾濁不甚明
瑩然亦有佳者可充南水晶
博物要覽卷之十三

博物要覽卷之十三

明蜀府長史谷泰輯

紀水晶所産地

一産日本國。日本所産水晶，色多晶白，有大料如斗大者，有長至二三尺，置之水中不見形質者為佳。

一産北邊。北地所産水晶，色多黑而明瑩，所謂玄晶也。亦有大者，可為枕，云能益目，故為可寶。

一産湖廣武昌。武昌山中所産，亦有重至數十觔一塊者，色微青而質渾濁，不甚明瑩。然亦有佳者，可充南水晶。

一產江西信州信州所產色白如礬內有
綿不明土人多製為茶注及酒盃象碁花
罐之類質地粗糙內多綹裂不堪賞玩
紀各種水晶
銀水晶產日本國及西洋者色潔白如新
冰明透閃爍內無半點脉翳置之水中不
見形質昔倪雲林家清閟閣中有銀晶屏
風高一尺每映屏觀之即蠛蠓飛翔亦可
見其翅羽精明至極彼時以為至寶元末
紅巾賊起失去不知所之
青水晶不知產於何所質極明瑩如冰色
微青如月下白向于都下見數物見一茶

一產江西信州。信州所產，色白如礬，內有綿，不明。土人多製為茶注及酒盃、象碁、花罐之類，質地粗糙，內多綹裂，不堪賞玩。

紀各種水晶

銀水晶產日本國及西洋者，色潔白如新冰，明透閃爍，內無半點脉翳，置之水中，不見形質。昔倪雲林家清閟閣中有銀晶屏風，高一尺，每映屏觀之，即蠛蠓飛翔，亦可見其翅羽，精明至極。彼時以為至寶。元末紅巾賊起，失去不知所之。

青水晶不知產於何所，質極明瑩如冰，色微青如月下白。向于都下見數物，見一茶

盂大如南瓜有蓋周身碾花蓋作盤螭極
工又見一硯長六寸高二寸七分作高低
五峯可架筆四矢質明色翠更勝茶盂二
物索價昂至八十千
綠水晶不知所產何處質明瑩無瑕翳色
如鸚羽翠媚不可名狀昔于南中一故友
家見一荷葉盂大七寸許深五分製作奇
巧彼云其祖昔仕粤中所得
黃水晶產于西番質極明透閃爍色秋葵
初圻黃嫩可愛吳中碾者取碎塊碾成指
頂大片充作臈酒黃寶石愚人難辨別余
見一黃晶卧虎書鎮長五寸高二寸餘碾

盂大，如南瓜有盖，周身碾花，盖作盤螭極工。又見一硯，長六寸，高二寸七分，作高低五峯，可架筆，四矢質明色翠，更勝茶盂二物，索價昂至八十千。

緑水晶不知所産何處，質明瑩，無瑕翳，色如鸚羽，翠媚不可名狀。昔于南中一故友家見一荷葉盃，大七寸許，深五分，製作奇巧，彼云其祖昔仕粤中所得。

黄水晶産于西番，質極明透閃爍，色秋葵初圻，黄嫩可愛。吴中碾者取碎塊碾成指頂大片，充作臘酒黄寶石愚人，難辨别。余見一黄晶卧虎書鎮，長五寸，高二寸餘，碾

手極工緻爪牙猛厲有威加百獸之狀余
欲以古玩易之彼以所愛未肯而止今惜
不知所在矣
紫水晶不知産於何所或云非真色番中
以藥物染成者余曾細辨之染色非是質
地有極明透色爛紫葡萄桑椹者亦可愛
玩
黑水晶産北地質地晶明色黑如漆内中
絶無纖翳亦有大料可為盤為枕者昔宋
時蔡君謨家有黑水枕有天生半開盤梅
一枝顏色如生至寶也余見黑晶馬虎書
鎮各数種羅漢像一圖章十餘方皆碾手

手極工緻，爪牙猛厲，有威加百獸之狀。余以古玩易之，彼以所愛，未肯而止，今惜不知所在矣。

紫水晶不知産於何所，或云非真色，番中以藥物染成者。余曾細辨之，染色非是，質地有極明透，色爛紫葡萄、桑椹者，亦可愛玩。

黑水晶産北地，質地晶明，色黑如漆，内中絶無纖翳，亦有大料可為盤為枕者。昔宋時蔡君謨家有黑水枕，有天生半開盤梅一枝，顏色如生，至寶也。余見黑晶馬虎、書鎮各數種、羅漢像一、圖章十餘方，皆碾手

工妙晶料明瑩如玄冰甚可寶愛惜不能
得為恨耳
論看水晶顏色身分真假法
凡看水晶先辨真假有用藥料燒成者名
為硝子晶閃爍亦可亂真但於內有氣眼
可以辨別真者第一要質明無纖翳色同
雪白者為貴若色渾濁內有綿筋及油黃
色裂露多者皆不堪用價低
論看水晶什物法
凡看水晶什物先看碾手杯槃要囂薄款
式要大雅無篾露擊損諸病為佳凡水晶
杯椀切不可貯滾熱酒茗頃刻爆裂即碎

工妙，晶料明瑩如玄冰，甚可寶愛，惜不能得為恨耳。

論看水晶顏色身分真假法

凡看水晶，先辨真假。有用藥料燒成者，名為硝子，晶［瑩］[1]閃爍，亦可亂真，但於內有氣眼，可以辨別。真者第一要質明無纖翳，色同雪白者為貴。若色渾濁，內有綿筋及油黃色裂露多者，皆不堪用，價低。

論看水晶什物法

凡看水晶什物，先看碾手杯槃要囂薄，款式要大雅，無篾露擊損諸病為佳。凡水晶杯椀切不可貯滾熱酒茗，頃刻爆裂即碎。

1 瑩，原缺，據《函海》本《博物要覽》卷九補。

余向年曾經此事故附記于此以貽博識
者除杯槃之外什物甚多惟以完美色佳
為妙如或稍有節病即價低矣
紀琥珀所產地
一產永昌
一產海南
一產林邑
一產西域康于河
一產雲南舍齒
論琥珀生產顏色道地
琥珀產永昌及西戎海南林邑西域康于
河諸處舊說產琥珀者乃松脂淪入地千

余向年曾經此事，故附記于此，以貽博識者。除杯槃之外，什物甚多，惟以完美色佳為妙，如或稍有節病即價低矣。

紀琥珀所產地

一產永昌。

一產海南。

一產林邑。

一產西域康于河。

一產雲南舍齒。

論琥珀生產顏色道地

琥珀產永昌及西戎、海南、林邑、西域康于河諸處。舊說產琥珀者乃松脂淪入地，千

年所化令燒之亦作松氣其中有一蜂形
色如生者為松脂生化無疑
琥珀是海松木中津液初若桃膠後乃凝
結復有南珀不及海上來者
楓脂入地千年亦化為琥珀不獨松脂也
大抵木脂入地千年皆化但不及楓松有
脂而多經年歲耳
海南林邑多出琥珀松脂淪入地所化有
琥珀則旁無草木入土淺者五尺深者八
尺大者如斛削去皮乃成此說為勝但土
有宜產不宜產故有能化不能化耳
琥珀是松樹枝節榮盛時為炎日所灼流
博物要覽卷之十三　四

年所化，令燒之，亦作松氣。其中有一蜂形，色如生者，為松脂生化無疑。

琥珀是海松木中津液，初若桃膠，後乃凝結，復有南珀，不及海上來者。

楓脂入地千年，化為琥珀，不獨松脂也。大抵木脂入地千年皆化，但不及楓松有脂，而多經年歲耳。

海南、林邑多出琥珀，松脂淪入地所化。有琥珀則旁無草木，入土淺者五尺，深者八尺。大者如斛，削去皮乃成，此說為勝。但土有宜產不宜產，故有能化不能化耳。

琥珀是松樹枝節榮盛時為炎日所灼，流

脂出樹身外，日漸厚大，因墜土中，津潤歲久，為土所滲泄，而光瑩之體獨存。令可拾芥，尚有粘性，故其虫蟻之類乃未入土時所粘者。茯苓與琥珀二物，皆自松出，而所產各異。茯苓生于陰而成于陽，琥珀生于陽而成于陰，故皆治虛，安心而利水也。

論琥珀真假

凡看琥珀，先辨真假。辨之之法，以細布拭熱，吸得芥子者真也。有以蜂窠燒造者，有以魚魷製成充作者，但不能拾芥，及色渾濁無寶光耳。

琥珀真者，試於掌中摩熱，以草莖或燈心

寸許置上，以琥珀相離寸許吸之，即時粘上不脱。若假者，面有浮光，内質甚濁，且不能吸草。若摩掌中久而生熱，其珀即軟，以此為辨耳。

論琥珀顏色身分

琥珀出于西番，南番亦有，但不及西番者。色明瑩，絶無纖翳，且顏色紅如猩血。其次鷄冠血色為佳。有大如斛、如斗、如升者。其南番所産，色多般紅，質地渾濁，内中更有土屑、木滓之類，駁雜可厭，價殊低下。

琥珀之色，以猩紅、鷄血為貴，但亦要光瑩。凡看試之法，先以珀手擎向明處照之，晶

透閃爍寶光四射者名為行光以白綾或
厚素紙羃于珀下映日照之寶光下射映
影于珀紙之上紅色鮮明者名為座光大
率琥珀行座二光俱全者為貴若有行光
而無座光者不足貴也
凡看琥珀什物惟杯斝之類要看其杯脚
及耳多有接做者或有損裂處吳中巧匠
多用黃蠟配入辰砂及明雄黃等藥粘接
用烙鐵熨平磨光非留心細看不能辨之
琥珀暖手及扇墜之類今時浙江龍游縣
僞造假珀色紅光瑩甚可亂真但紅如海
蟄色或赭紅色非有猩紅鷄血之鮮艷亦

透閃爍，寶光四射者，名為行光。以白綾或厚素紙羃于珀下映日照之，寶光下射映影于珀紙之上，紅色鮮明者，名為座光。大率琥珀行、座二光俱全者為貴，若有行光而無座光者，不足貴也。

凡看琥珀什物，惟杯斝之類，要看其杯脚及耳，多有接做者，或有損裂處。吳中巧匠多用黃蠟配入辰砂及明雄黃等藥粘接，用烙鐵熨平磨光，非留心細看，不能辨之。琥珀暖手及扇墜之類，今時浙江龍游縣僞造假珀，色紅光瑩，甚可亂真。但紅如海蟄色，或赭紅色，非有猩紅、鷄血之鮮艷，亦

無行座二光之明瑩琥珀真者一摩即香
假者摩久覺有一種油蠟之氣為異耳
紀蜜珀所產地
一產南海及嶺南
一產南番及雲南諸處
一產海外諸國
蜜珀俗名所謂蜜蠟也以其色類蜂蜜及
黃蠟二種之色故名雲南永昌等處多產
亦松脂入土所成者但歷歲未及千年故
其色澤不得琥珀比肩然其種類亦繁計
列于後
論各種蜜珀道地

無行、座二光之明瑩。琥珀真者，一摩即香，假者摩久覺有一種油蠟之氣，為異耳。

紀蜜珀所産地

一産南海及嶺南。

一産南番及雲南諸處。

一産海外諸國。

蜜珀俗名所謂蜜蠟也。以其色類蜂蜜及黄蠟二種之色故名。雲南永昌等處多産，亦松脂入土所成者，但歷歲未及千年，故其色澤不得琥珀比肩，然其種類亦繁，計列于後。

論各種蜜珀道地

血珀色鮮紅稍淡琥珀而明瑩相同賈人
多以色深者充作琥珀貨人惟博識一見
即辨
蜜珀色深黃如蠟而明透晶徹極可觀玩
惜質極脆易損匠人多取大料開成神仙
物象及羊馬虎鹿書鎮及圖書盃斝素珠
之類俱可珍賞
鵞油珀色嫩黃鵞油質地帶渾不明匠人
多用作素珠扇墜之類有大塊如斗如升
者價遜于琥珀
金珀色如淡金質地明透無纖毫絲翳晶
淨皎潔甚可寶愛者于燕聲一老中貴家

血珀色鮮紅稍淡琥珀而明瑩相同，賈人多以色深者充作琥珀貨人，惟博識一見即辨。

蜜珀色深黃如蠟而明透晶徹，極可觀玩，惜質極脆易損。匠人多取大料開成神仙物象，及羊、馬、虎、鹿書鎮及圖書、盃斝、素珠之類，俱可珍賞。

鵝油珀色嫩黃，鵝油質地帶渾不明。匠人多用作素珠、扇墜之類，有大塊如斗如升者，價遜于琥珀。

金珀色如淡金，質地明透，無纖毫絲翳，晶净皎潔，甚可寶愛者。于燕聲一老中貴家

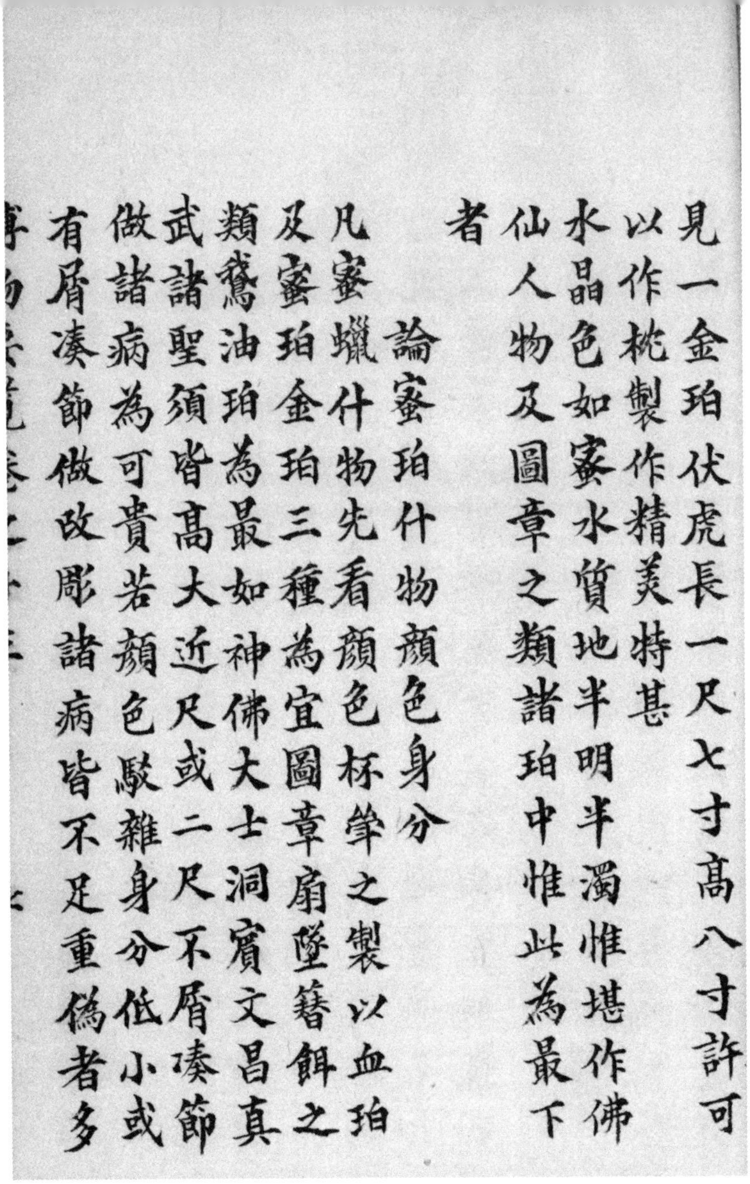

見一金珀伏虎，長一尺七寸，高八寸許，可以作枕，製作精美特甚。

水晶色如蜜水，質地半明半濁，惟堪作佛仙人物及圖章之類，諸珀中惟此為最下者。

論蜜珀什物顏色身分

凡蜜蠟什物，先看顏色，杯斝之製，以血珀及蜜珀、金珀三種為宜。圖章、扇墜、簪餌之類，鵝油珀為最。如神佛、大士、洞賓、文昌、真武諸聖，皆高大近尺或二尺，不屑湊節做諸病為可貴。若顏色駁雜，身分低小，或有屑湊節做改彫諸病，皆不足重。偽者多

仿血珀及鵞油二種亦有製成各種什物
者價亦不貴
蜜蠟什物如杯斝壺樽之屬切不可貯滚
熱茶酒頃即爆損與水晶性同而此種質
地柔脆猶為易損
蜜珀之器最可厭者為彫花扇墜及手鐲
指環之類非獨柔脆易碎即顏色施之於
此亦屬未韵如傖夫作官人其粗野氣到
底不離本色
蜜珀亦能吸芥摩之亦香與琥珀相同但
色不及耳南中匠者將蜜成塊蜜珀未琢
彫者去其外皮削去以快刀及利鑽于珀

仿血珀及鵝油二種，亦有製成各種什物者，價亦不貴。

蜜蠟什物如杯、斝、壺、樽之屬，切不可貯滚熱茶酒，頃即爆損，與水晶性同，而此種質地柔脆，猶為易損。

蜜珀之器最可厭者，為彫花扇墜及手鐲、指環之類，非獨柔脆易碎，即顏色施之於此，亦屬未韵，如傖夫作官人，其粗野氣到底不離本色。

蜜珀亦能吸芥，摩之亦香，與琥珀相同，但色不及耳。南中匠者將蜜成塊蜜珀未琢彫者，去其外皮，削去，以快刀及利鑽于珀

身底下抽分剜空用明瑩魚枕雜碎珀屑
中以魚膠調稠填滿陰乾復以木賊草著
水細磨與原質相同難辨

身底下抽分剜空，用明瑩魚枕雜碎珀屑中，以魚膠調稠填滿陰乾，復以木賊草著水細磨，與原質相同，難辨。

博物要覽卷之十三

博物要覽卷之十四

目錄

紀玻璃所產地

一產西洋國

一產南畨

論玻璃顏色

又論

又論玻璃

論玻璃器物

紀琉璃所產地

一產大秦國

一產天竺諸國

博物要覽卷之十四

目録

紀論玻璃所産地

一産西洋國

一産南番

論玻璃顔色

又論

又論玻璃

論玻璃器物

紀琉璃所産地

一産大秦國

一産天竺諸國

論琉璃顏色身分
又論琉璃
又論
雲母
論服食雲母法
婆娑石
琿璖
又論琿璖
鶴頂
又論鶴頂
龜筒
又論龜筒

論琉璃顏色身分
又論琉璃
又論
雲母
論服食雲母法
婆娑石
琿璖
又論琿璖
鶴頂
又論鶴頂
龜筒
又論龜筒

翠毛

犀角

又論犀角

又論犀角貴賤顏色身分法

又論犀角

又論

紀各種犀角

通天犀

夜明犀

辟寒犀

辟暑犀

辟塵犀

鐲忿犀

象牙

論象牙顔色身分法

又論象牙

又論

又論

博物要覽卷之十四目録

博物要覽卷之十四
明蜀府長史谷泰輯
紀玻璃所産地
一産西洋國玻璃本作頗黎國名也其瑩
如水其堅如玉故名水玉與水晶同名
一産南番玻璃國之寶也玉石之類生於
土中或云千歲氷所化或恐未然有酒色
紫色白色瑩徹與水晶相似碾開有兩點
花者為直列丹家亦用之藥燒者有氣眼
而輕
論玻璃顏色
大食國有五色玻璃以紅色為貴其外有
博物要覽卷之十四

博物要覽卷之十四

明蜀府長史谷泰輯

紀玻璃所産地

一産西洋國。玻璃本作頗黎，國名也。其瑩如水，其堅如玉，故名水玉，與水晶同名。

一産南番。玻璃，[西][1]國之寶也，玉石之類，生於土中。或云千歲冰所化，或恐未然。有酒色、紫色、白色，瑩徹與水晶相似，碾開有雨點花者為（直）[真][2]。列丹家亦用之，藥燒者，有氣眼而輕。

論玻璃顏色

大（食）[秦][3]國有五色玻璃，以紅色為貴，其外有

1 西，原無此字，據《本草綱目》卷八、《函海》本《博物要覽》卷九補。

2 真，原作“直”，據《本草綱目》卷八、《函海》本《博物要覽》卷九改。

3 秦，原作“食”，據《本草綱目》卷八改。

碧綠紫白四色其價不甚重
梁武帝時扶南人来賣碧玻璃鏡廣一尺
有半重四十餘斤内外皎潔向明視之不
見其質當時以為至寶
宋御庫中有玻璃母乃大食所貢狀若鉄
滓煅之但作珂子狀青黄紅白數色
論玻璃器物
大食國有玻璃窑名為大窑各種器物俱
有不佳惟高脚勸杯及大小罐可玩色惟
鴨綠天青二種為最猶以白鎖口者為佳
琉璃所產地
琉璃產大秦國及天竺國本質是石以自

碧、綠、紫、白四色，其價不甚重。

梁武帝時，扶南人來賣碧玻璃鏡。廣一尺半，重四十餘斤，内外皎潔，向明視之，不見其質。當時以為至寶。

宋御庫中有玻璃母，乃大食國所貢，狀若鉄滓，煅之但作珂子狀，青、黄、紅、白數色。

論玻璃器物

大食國有玻璃窑，名為大窑，各種器物俱有，不佳。惟高脚勸杯及大小罐可玩，色惟鴨綠、天青二種為最，猶以白鎖口者為佳。

琉璃所產地

琉璃產大秦國及天竺國，本質是石，以自

然灰治之，可為器物。

琉璃出大秦國，有名金銀琉璃，及赤白黄青緑緅紺紅紫十色，此乃自然之物，澤潤光彩，逾于衆玉。今俗所（開）[用][1]皆銷冶（□）[石][2]汁。以衆藥灌而成之，虛脆不（真）[貞][3]。

石琉璃出高麗，刀刮不動，色白，厚半寸，明于牛角者。

南天竺諸國出琉璃，狀如雲母，色如紫金，用脚踏可開拆之，則薄如蟬翼，積之則聚，亦琉璃雲母之類也。今人多以為燈球，明瑩而能耐久。

雲母石生泰山及齊山、廬山、瑯琊、北定諸

1 用，原作“開”，據《本草綱目》卷八改。

2 石，原缺，據《本草綱目》卷八補。

3 貞，原作“真”，據《本草綱目》卷八改。

處又産于兗州雲夢山及江州杭州紹興
等處生土石間作片成層可拆明滑光白
者為上其片有絶大而瑩潔者至有長五
六尺今人多用作屏風或作飾燈球之類
凡有八色向日視之色青白多黑者名雲
母色黄白多青者名雲英色青白多赤者
名雲珠如沐露潢黄白者名雲沙黄白晶
晶者名雲液皎然純白明徹者名璘石點
點純黑有班紋者名雲膽色雜黑而純肥
者名地涿
論服食雲母法
雲母有五種而人不能別當奉以向日觀

處，又産于兗州雲夢山及江州、杭州、紹興等處。生土石間，作片成層可拆，明滑光白者為上。其片有絶大而瑩潔者，至有長五六尺。今人多用作屏風，或作飾燈球之類。凡有八色，向日視之，色青白多黑者名雲母，色黄白多青者名雲英，色青白多赤者名雲珠，如沐露黄白者名雲沙，黄白皛皛者名雲液，皎然純白明徹者名璘石，點點純黑有班紋者名雲膽，色雜黑而純肥者名地涿。

論服食雲母法

雲母有五種，而人不能別，當奉以向日觀

之陰地不見雜色也五色並具而多青色
者名為雲英宜春服之五色並具而多赤
色者名為雲珠五色並具而多白色者名
為雲液二者宜夏秋服之五色並具而多
黑色者名為雲母宜冬服之又有青黃二
色名為雲砂宜季夏服之皛皛白色者名
為磷石宜四時服之服食治煉之法甚多
俱見于本草綱目服至一年百病除消三
年返老成童鬚白變黑五年心通神聚役
使鬼神十年自有雲氣常覆其身故雲母
乃雲之之母服其母以致其子自然之理
也

之，陰地不見雜色也。五色并具而多青色者，名為雲英，宜春服之；五色并具而多赤色者，名為雲珠；五色并具而多白色者，名為雲液，二者宜以夏秋服之；五色并具而多黑色者，名為雲母，宜冬服之；又有青黃二色者，名雲砂，宜季夏服之；皛皛純白者，名為磷石，宜四時服之。服食治煉之法甚多，俱見于《本草綱目》。服至一年，百病除消；三年返老成童，鬚白變黑；五年心通神聚，役使鬼神；十年自有雲氣常覆其身，故雲母乃雲（之）[1]之母，服其母以致其子，自然之理也。

1之，疑衍，當刪。

博物要覽卷之十四
婆娑石產南海解一切毒其石綠色無班
點有金星磨之成乳汁者為上胡人每珍
重之以金裝飾作指環帶之每欲食及食
罷必含吮數次但防其毒而試之法割雞
冠血器中將此石投入其血即化為水者
真也
硨磲石似玉西國所產以為重寶形似蜯
蛤極厚色白而有紋理大者可以為盤碗
諸器及素珠然價亦非貴中土頗多不甚
貴重
硨磲細考諸書俱以為石之似玉者及細
閱之寔是蜯蛤一類而有別種所產決非

婆娑石產南海，解一切毒。其石綠色，無班點，有金星，磨之成乳汁者為上。胡人每珍重之，以金裝飾，作指環帶之。每欲食及食罷，必含吮數次，但防其毒。而試之法割鷄冠血器中，將此石投入，其血即化為水者，真也。

硨磲石似玉，西國所產，以為重寶，形似蜯蛤，極厚，色白，而有紋理。大者可以為盤碗諸器及素珠。然價亦非貴，中土頗多，不甚貴重。

硨磲，細考諸書俱以為石之似玉者，及細閱之，寔是蜯蛤一類，而有別種所產，決非

石類俟博雅者正之
鶴頂非仙鶴之頂乃海中自有一種魚其
首似鶴而口亦象鶴嘴尖長似之骨色黄
如蜂蠟兩頰有二塊鮮紅明瑩如琥珀土
人多製為杯斝之物内中鑲之以金可為
飲具但聞故老以鶴頂為尊能知毒害如
毒酒則此杯即刻爆裂如佳酒則否
鶴頂紅帶惟四品京堂方許繫著以金鑲
之凡十三省多有假者以西洋大尾羊角
取其極瑩白者以藥染紅黄之色假與真
不可辨别但真者魫中有旋螺紋假者無
有以此為辨

博物要覽卷之十四

石類，俟博雅者正之。

鶴頂非仙鶴之頂，乃海中自有一種魚，其首似鶴而口亦象鶴嘴，尖長似之。骨色黄如蜂蠟，兩頰有二塊，鮮紅明瑩如琥珀。土人多製為杯斝之物，内中鑲之以金，可為飲具。但聞故老以鶴頂為尊，能知毒害。如毒酒則此杯即刻爆裂，如佳酒則否。

鶴頂紅帶惟四品京堂方許繫著，以金鑲之。凡十三省多有假者，以西洋大尾羊角取其極瑩白者，以藥染紅黄之色。假與真不可辨别，但真者魫中有旋螺紋，假者無有，以此為辨。

龜筒出海外番國其色如玳瑁而無班明瑩與魚魫相近無甚大者堪為燈板及裝飾腰帶之類偽者以玳瑁無班者充之價亦不廉

龜筒海外之物多從舶上來者嶺南人多取製為冠子與魚魫冠同價但真者而難得也

翠毛產南番及廣中全翅軟翠為妙軟翠色青紫有珠寶光名為春錢廣翠全翅兩片為之一合十合為一串五箇好者五箇低者又有一種紫翠色帶深紫無光乃山和尚鳥羽不足為貴又有一種綠色者名

龜筒出海外番國，其色如玳瑁而無班，明瑩與魚魫相近，無甚大者，堪為燈板，及裝飾腰帶之類。偽者以玳瑁無班者充之，價亦不廉。

龜筒海外之物，從從舶上來者，嶺南人多取製為冠子，與魚魫冠同價，但真者而難得也。

翠毛産南番及廣中，全翅軟翠為妙。軟翠色青紫，有珠寶光，名為春錢。廣翠全翅兩片為之一合，十合為一串，五箇好者，五箇低者。又有一種紫翠色帶深紫無光，乃山和尚鳥羽，不足為貴。又有一種綠色者，名

為硬翠價低
犀角出雲南永昌及四川湖廣武陵寧州
諸遠山犀有二角以額上者為勝
犀角以南海者為上西蜀者次之犀似水
牛猪首大腹卑脚脚似象有三蹄黑色舌
上有刺好食棘刺皮上每一孔生三毛如
豕有一角二角三角者
論犀角貴賤顏色身分法
犀有二角一角額上為兕犀一角在鼻上
者名胡帽犀牯犀亦有二角謂之毛犀而
今人多博一云說此数種角俱有粟紋觀
紋之粗細便知貴賤角紋有倒挿正挿之

為硬翠，價低。

犀角出雲南永昌及四川、湖廣、武陵、寧川諸遠山。犀有二角，以額上者為勝。

犀角以南海者為上，西蜀者次之。犀似水牛，豬首、大腹、卑腳，腳似象，有三蹄，黑色。舌上有刺，好食棘刺。皮上每一孔生三毛，如豕。有一角、二角、三角者。

論犀角貴賤顏色身分法

犀有二角，一角額上為兕犀，一角在鼻上者名胡帽犀。牯犀亦有二角，謂之毛犀。而今人多（博一云）［傳一角之］說[1]。此數種角俱有粟紋，觀紋之粗細便知貴賤。角紋有倒插正插之

1 傳一角之：原作“博一云”，據《本草綱目》卷五十一改。

辨，倒插者腰以下一半已下通，正插者以上一半已上通。有腰鼓插者，中斷不通。其類極多，故波斯呼象牙為白［暗］[1]，犀角為黑暗，言難識也。犀中最大者名為墮羅犀，堪為腰帶，一株重七八。

川犀、南犀紋細，烏犀有紋顯露，黃犀紋絶少，皆不及西番者，紋高、兩脚顯也。物像黄、外顯者外為正透，物像黑、外黄者名為倒透犀。蓋以烏色為正，以形像肖物為貴。如犀紋像日月、雲龍、人物、花卉之狀，有此方為至貴，價甚高也。

犀角紋如魚子形，謂之粟紋。紋中有眼，謂

1 暗，原無此字，據《本草綱目》卷五十一補。

之粟眼黑中有黃花者為正透黃中有黑
花者名為倒透花中復花者名重透並名
通犀乃上品也花如椒豆班者次之烏犀
純黑無班紋者為下品

紀各種犀角

通天犀乃胎時見天物過形于角上故名
通天但于月以水盆置角于上映之即知
其角上有一白縷直上雲端夜露不濡或
云通天犀乃水犀角出水中淇書所謂駭
雞犀者以角貯米飼雞雞皆驚駭不敢食
致之屋上烏不敢集通天犀者腦上之角
經千年長而且銳白星徹端能出氣通天

之粟眼。黑中有黃花者為正透，黃中有黑花者名為倒透，花中復花者為重透，并名通犀，乃上品也。花如椒豆班者次之，烏犀純黑無班紋者為下品。

紀各種犀角

通天犀乃胎時見天物，過形于角上，故名通天。但于月以水盆置角于上，映之即知。其角上有一白縷直上雲端，夜露不濡。或云：通天犀乃水犀，角出水中，《漢書》所謂駭雞犀者，以角貯米飼雞，雞皆驚駭不敢食。致之屋上，烏不敢集。通天犀者，腦上之角經千年，長而且銳，白星徹端，能出氣通天，

則能通神入水駭雞驚鳥又云以通犀刻
為魚口啣入水水開三尺是也通天犀角
上紋形像物類多奇絶者價貴不貲世罕
得之
夜明犀亦通天犀中一類也置角暗室晦
夜有白光如燭照盈一室雖毫髮皆可辨
至寶也
辟寒犀唐文宗有辟寒犀色如黄金每當
冬月寒烈之時以金盤貯角置之殿中則
温煖如春為世之珍寶
辟暑犀唐玄宗有辟暑犀如意每夏月炎
蒸之時則取以執之即清凉遍體如在深

則能通神、入水、駭雞、驚鳥。又云：以通犀刻為魚，口啣入水，水開三尺是也。通天犀角上紋形像物類多奇絶者，價貴不貲，世罕得之。

夜明犀，亦通天犀中一類也。置角暗室，晦夜有白光，如燭照盈一室，雖毫髮皆可辨，至寶也。

辟寒犀，唐（文）[玄][1]宗有辟寒犀，色如黄金，每當冬月寒烈之時，以金盤貯角置之殿中，則温煖如春，為世之珍寶。

辟暑犀，唐（玄）[文][2]宗有辟暑犀如意，每夏月炎蒸之時，則取以執之，即清凉遍體，如在深

1 玄，原作“文”，據王仁裕《開元天寶遺事》卷上改。
2 文，原作“玄”，據蘇鶚《杜陽雜編》卷中改。

秋矣。

辟塵犀，晉魏時，有得帶胯乘馬馳驟風塵中，衣冠之上了無纖塵沾染，亦奇物也。

蠲忿犀，唐同昌公主有蠲忿犀，帶恕俱蠲，常生歡喜。

象牙

象牙。象多出交趾國及國中潮、[循]諸州。身具十二生肖(内)[肉][1]，有灰白二色，形體腫臃，面目醜陋。大者身長丈餘，高有丈六尺許，肉倍數牛，目細如豕，四足如柱，無指而有爪甲，行則先移左足，臥則以臂着地。其頭不能俯，其頸不能回，其耳[下][2]嚲，其鼻大如臂，下垂

1 肉，原作“内”，據《本草綱目》卷五十一改。

2 下，原無此字，據《本草綱目》卷五十一補。

之地鼻端甚深可以開合中有小肉爪能
拾針芥食物飲水皆以鼻捲入口一身之
力皆在于鼻故傷其鼻即死耳後有穴薄
如鼓皮刺之亦死口內有食齒兩物出兩
牙夾鼻雄者長六七尺雌者纔尺餘耳故
西域重象牙以之飾床及座中國貴之以
為簪笏象每脫牙則自埋藏之崑崙國諸
人以木牙易之象蹄底似犀角可為帶

論象牙顏色身分法

象牙以殺取者為上色紅而潤澤紋理縝
密自死者次之白色而槁蛻于山中多年
者為下色而黃枯燥者為賤品

（之）［至］[1]地。鼻端甚深，可以開合。中有小肉爪，能拾針芥。食物飲水皆以鼻捲入口，一身之力皆在于鼻，故傷其鼻即死耳。後有穴，薄如鼓皮，刺之亦死。口內有食齒，兩（物）［吻］[2]出兩牙夾鼻，雄者長六七尺，雌者纔尺餘耳。故西域重象牙，以之飾床及座。中國貴之，以為簪笏。象每脫牙則自埋藏之，崑崙國諸人以木牙易之。象蹄底似犀（角）[3]，可為帶。

論象牙顏色身分法

象牙以殺取者為上，色紅而潤澤，紋理縝密。自死者次之，白色而槁蛻于山中多年者為下，色而黃枯燥者為賤品。

1 至，原作“之”，據《本草綱目》卷五十一改。
2 吻，原作“物”，據《本草綱目》卷五十一改。
3 角，《本草綱目》卷五十一無此字，衍文當刪。

象牙中紋有成龍鳳雲鶴人物者為希世
之寶象每聞雷則牙上之紋生牙畏鼠過
鼠過則牙上之紋裂
象牙為器甚廣其最重者無過象笏亦有
看法紋中有粗細緊慢有蠹心蛀邊之病
須細辨方妙
象牙作筯須要血牙用訖不可用熱水洗
洗多遍牙則紋裂凡洗須以皂角温水滌
之則不染油膩而色白不黃牙簪及
牙器亦忌烈日晒久亦裂

象牙中紋有成龍鳳、雲鶴、人物者為希世之寶。象每聞雷則牙上之紋生，牙畏鼠過，鼠過則牙上之紋裂。

象牙為器甚廣，其最重者無過象笏，亦有看法，紋中有粗細緊慢，有蠹心蛀邊之病，須細辨方妙。

象牙作筯，須要血牙，用訖不可用熱水洗，洗多遍牙則紋裂。凡洗須以皂角温水滌之，則不染油膩，而色白不黃。牙簪及□□牙器，亦忌烈日，晒久亦裂。

博物要覽卷之十四

博物要覽卷之十四

博物要覽卷之十五

目錄

紀論名香品第

龍腦香

麝香

沉香

檀香

蘇合香

安息香

鬱金香

鷄舌香

丁香

博物要覽卷之十五目錄 一

博物要覽卷之十五

目録

紀論名香品第

龍腦香

麝香

沉香

檀香

蘇合香

安息香

鬱金香

鷄舌香

丁香

伽楠香

連香

降香

芸香

木香

乳香

零陵香

甘松香

甲香

藼香

詹唐香

茅香

三柰香
排草香
紀各種異木
影子木
紫檀木
花梨木
鉄梨木
烏木
黄楊木
楠木
桫木
樟木

三柰香
排草香
紀各種異木
影子木
紫檀木
花梨木
鉄梨木
烏木
黄楊木
楠木
桫木
樟木

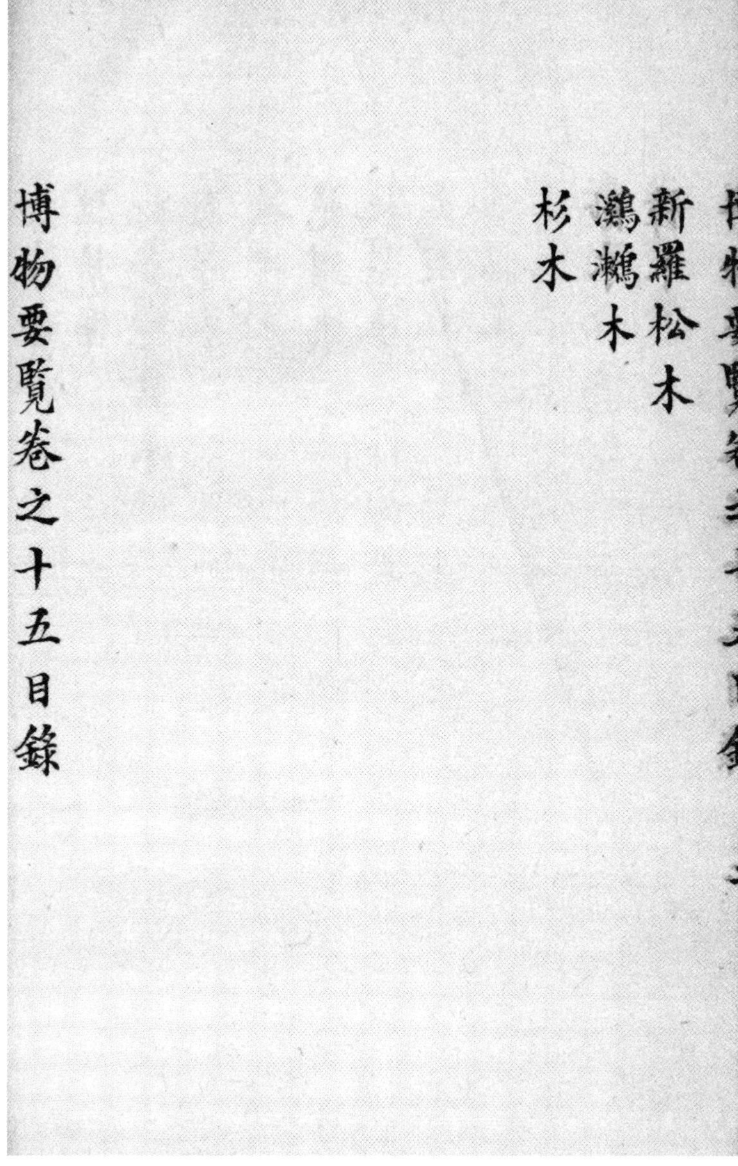
新羅松木
鸂鶒木
杉木

博物要覽卷之十五目錄

新羅松木

鸂鶒木

杉木

博物要覽卷之十五目錄

博物要覽卷之十五

明蜀府長史谷泰輯

紀論名香品第

龍腦香即氷片出波律國樹高八九丈大可六七尺圍葉圓而背白其樹有肥瘦形似松脂作杉木氣乾脂謂之龍腦香清脂謂之婆律膏子似荳蔻皮有甲錯香清氣烈為百藥之冠其絶妙佳者曰梅花龍腦合黑荳糯米相思子貯之則不耗折

麝香生中臺川谷及雍州益州皆有之陶隱居云麝形似麞食栢葉及噉蛇或于五月得者佳往往腹中有蛇皮骨香生臍内

博物要覽卷之十五

明蜀府長史谷泰輯

紀論名香品第

龍腦香即冰片，出（波）［婆］[1]律國。樹高八九丈，大可六七尺圍，葉圓而背白。其樹有肥瘦，形似松脂，作杉木氣，乾脂謂之龍腦香，清脂謂之婆律膏。子似荳蔻，皮有甲錯，香清氣烈，為百藥之冠。其絶妙佳者曰梅花龍腦，合黑荳、糯米、相思子貯之，則不耗折。

麝香生中臺川谷及雍州、益州皆有之。陶隱居云：麝形似麞，噉食栢葉及蛇，或于五月得者佳，往往腹中有蛇皮骨。香生臍内，

1 婆，原作“波”，據《本草綱目》卷三十四改。婆律國，又作婆利國，故地或以爲在今印尼加里曼丹島，或以爲在今印尼巴厘島。公元 6 世紀初至 7 世紀後期，與中國相往來。

博物要覽卷之十五 一
日月食蛇虫多至秋則香滿入春患急痛
自以脚踢臍出之人有得者最為珍寶
沉香
沉香出天竺及單于國與青桂鷄骨馢同
是一樹葉似橘經冬不彫夏生白花而圓
細秋結如梹榔似葚紫色味辛其樹木皮
色青似欅柳重寔黑色沉者是今復生黄
而沉水者謂之蠟沉又為之生結
檀香樹如檀有紫白青黄惟黄白二色者
為勝能辟惡氣通神明
蘇合香生中臺川谷俗傳是獅子糞外國
說不尔今皆從西域來者至難得是紫赤

（日）［夏］[1]月食蛇虫多，至秋則香滿，入春患急痛，自以脚踢臍出之，人有得者，最為珍寶。

沉香

沉香出天竺及單于國，與青桂、鷄骨、馢同是一樹。葉似橘，經冬不彫，夏生白花而圓細，秋結如梹榔似葚，紫色，味辛。其樹木皮色青似欅柳，重寔黑色，沉者是。今復生黄而沉水者謂之蠟沉，又為之生結。

檀香樹如檀有紫、白、青、黄，惟黄、白二色者為勝，能辟惡氣，通神明。

蘇合香生中臺川谷，俗傳是獅子糞，外國說不尔。今皆從西域來者，至難得。是紫赤

1 夏，原作“日”，據《本草綱目》卷五十一改。

色重實如紫檀極芬馥質堅如石燒之灰
白者佳
安息香出西戎似栢脂黃黑色為塊新者
亦柔軟久則乾硬其樹出波斯國人呼
為辟邪樹長三丈許皮黃黑葉有四角經
冬不彫二月有黃花心微碧不結寔刻其
皮出膠如飴名為安息香
鬱金香生大秦國諸處二三月開花如紅
藍五月採之其香十二葉為百草之英
鷄舌香即母丁香生崑崙國及交廣以南樹有
雌雄皮葉並似栗花如梅結寔似棗核能
興陽事春方及香肆中多用之

色，重實如紫檀，極芬馥，質堅如石，燒之灰白者佳。

安息香出西戎，似栢脂，黃黑色為塊。新者亦柔軟，久則乾硬。其樹出波斯國，人呼為辟邪樹。長三丈許，皮黃黑，葉有四角，經冬不彫。二月有黃花，心微碧，不結寔，刻其皮出膠如飴，名為安息香。

鬱金香生大秦國諸處，二三月開花，如紅［藍］[1]，五月採之，其香十二葉，為百草之英。

鷄舌香即母丁香生崑崙國及交、廣以南。樹有雌雄，皮葉并似栗，花如梅，結寔似棗核。能與陽事，春方及香肆中多用之。

1 藍，原無此字，據《本草綱目》卷十四補。

丁香生東海及崑崙國二三月花開七月
結寔又云樹高丈餘凌冬不彫葉似櫟而
花圓細色黃子如丁長四五分紫色中有
粗大長寸許者名母丁香
伽楠香一名奇南香生安南國及海外瓊
崖諸州樹如沉香而香有品第以綠結為
上色微綠而香質甚軟以指甲掐之即陷
少頃香膠即刻生滿其次糖結香亦軟柔
色帶黃紫其香有膠潤如糖粘者其次名
金絲香質漸硬周身色黃有綹絲如金故
名最下為虎班香質黑硬有紋如虎班故
名故諸香之中以奇南為冠以其香濃而

丁香生東海及崑崙國。二、三月花開，七月結寔。又云：樹高丈餘，凌冬不彫，葉似櫟而花圓細，色黃，子如丁，長四五分，紫色，中有粗大長寸許者，名母丁香。

伽楠香一名奇南香，生安南國及海外瓊、崖諸州。樹如沉香，而香有品第。以綠結為上，色微綠而香質甚軟，以指甲掐之即陷，少頃香膠即刻生滿。其次糖結香，亦軟柔，色帶黃紫，其香有膠潤如糖粘者。其次名金絲香，質漸硬，周身色黃，有綹絲如金，故名。最下為虎班香，質黑硬，有紋如虎班，故名。故諸香之中，以奇南為冠，以其香濃而

氣厚且斂惡穢之氣故官僚大臣多以為帶恐奏對時洩氣故也其緑結之價在中國甚貴重每兩或至十金者

速香樹狀如槐其葉似椿一樹有數種之别枝莖緊實者名青桂近節如馬蹄名馬蹄半沉半浮入水狀如鷄骨者名鷄骨近根柔腐者名黄熟総名速香以沉水色黑堅重燒之油重者為佳又有一種名花剗者速香中最下品也黄熟名轎扛者為佳

降香一名降真香生南海諸山及大秦國其香色赤紫如蘇木真者燒能引鶴降故道家祀神多用之

氣厚且斂惡穢之氣，故官僚大臣多以為帶，恐奏對時洩氣故也。其緑結之價在中國甚貴重，每兩或至十金者。

速香樹狀如槐，其葉似椿，一樹有數種之別。枝莖緊實者，名青桂。近節如馬蹄，名馬蹄。半沉半浮，入水狀如鷄骨者，名鷄骨。近根柔腐者，名黄熟。總名速香，以沉水、色黑、堅重、燒之油重者為佳。又有一種名花剗者，速香中最下品也。黄熟名轎扛者為佳。

降香一名降真香，生南海諸山及大秦國，其香色赤紫如蘇木真者，燒能引鶴降，故道家祀神多用之。

芸香一名白膠香生湖廣江西諸處樹高
丈許木理細莖葉生三角香乃樹脂燒之
能辟蠹虫故藏書用之
木香一名蜜從外國船上來者葉似山藥
而根花紫色形如枯骨嚙之粘齒者為上
復有馬兜鈴根名青不香非此類也
乳香生南海波斯國松樹脂有紫赤色如
櫻桃者名乳香薰陸之類也香有數種以
通明塊大者曰的乳其次曰揀香又次曰
餅香又名塌香為最下
零陵香名燕草一名薰草生零陵川谷似
麻葉莖方氣如蘼蕪可以止厲以之賁沐

芸香一名白膠香，生湖廣、江西諸處。樹高丈許，木理細，莖葉生三角，香乃樹脂，燒之能辟蠹虫，故藏書用之。

木香一名蜜，從外國舶上來者。葉似山藥而根花紫色，形如枯骨，嚙之粘齒者為上。復有馬兜鈴，根名青不香，非此類也。

乳香生南海波斯國，松樹脂，有紫赤色如櫻桃者，名乳香，薰陸之類也。香有数種，以通明，塊大者曰（的）[滴][1]乳，其次曰揀香，又次曰（餅）[瓶][2]香，又名塌香，為最下。

零陵香名燕草，一名熏草，生零陵川谷，似麻葉，莖方，氣如蘼蕪，可以止厲，以之賁沐

1 滴，原作“的”，據《本草綱目》卷三十四改。

2 瓶，原作“餅”，據《本草綱目》卷三十四改。

浴常令體香合香家多用之
甘松香生涼州細葉叢生及乾莖葉紫黑
氣甚香而烈可以佩帶純辟五種奇臭合
香家多用
甲香狀如大蛤生雲南大掌青黃色長四
五寸取厴燒灰用之云能發香合香用之
以蕡蜜熬製方入諸香用
蘹香即茴香杜蘅也其狀如葵形如馬蹄
呼為馬蹄香藥中少用道家多服之云令
人身香
詹唐香出交廣等處以南樹形似橘煎其
枝葉為膏似糖而黑多以皮及蠹糞雜之

博物要覽卷之十五

浴，常令體香，合香家多用之。

甘松香生涼州，細葉，叢生。及乾，莖葉紫黑，氣甚香而烈。可以佩帶，純辟五種奇臭，合香家多用。

甲香狀如大蛤，生雲南大掌，青黃色，長四五寸。取厴燒灰用之，云能發香。合香用之，以蕡蜜熬製，方入諸香用。

蘹香即茴香，杜蘅也。其狀如葵，形如馬蹄，呼為馬蹄香，藥中少用，道家多服之，云令人身香。

詹唐香出交廣等處以南，樹形似橘，煎其枝葉為膏，似糖而黑，多以皮及蠹糞雜之，

難得淳正者俗名唵叭香者是也以柔軟
為佳
茅香生劍南諸州其莖葉色黑褐花白非
白茅也花有香可作湯沐能令人去體臭
其香亦罕得真者
三奈香草本叢生一名三賴形類乾姜白
色剉碎甚香如同甘松為最佳內有香石
足者多存皮滓無復白肉也
排草香形如北細辛而色紫黑香味甚烈
合香家所多用亦可作湯沐久能去屍至
體自生香以此為貴
紀各種異木

難得淳正者，俗名唵叭香者是也。以柔軟為佳。

茅香生劍南諸州，其莖葉色黑褐花白，非白茅也。花有香，可作湯沐，能令人去體臭，其香亦罕得真者。

三奈香草本叢生，一名三賴。形類乾姜，白色，剉碎甚香，如同甘松為最佳。內有香石，足者多存皮滓，無復白肉也。

排草香形如北細辛而色紫黑，香味甚烈，合香家所多用，亦可作湯沐，久能去屍，至體自生香，以此為貴。

紀各種異木

影子木一名瘿木乃樹之瘿瘤也有紫檀影花梨瘿楠木影諸種内中惟檀影為貴以其色紫赤又紋理縝密故也影紋亦有高下以猫鼠脚跡滿架葡萄花為上胡桃紋者為次虎班影為下影之奇者内紋成山水人物禽鳥花卉之象多產雲貴交廣獠蠻峒中價亦不廉木中之冠也

紫檀木生廣東廣西諸郡木質堅重色紫燒之有香磨水其汁可以染帛有絶大長二三丈大可二三圍者堪為天然几及床椅之用新者色紅用久色黑内有麻櫟紋亦有無紋者

博物要覽卷之十五

影子木，一名瘿木，乃樹之瘿瘤也。有紫檀影、花梨瘿、楠木影諸種，内中惟檀影為貴，以其色紫赤，又紋理縝密故也。影紋亦有高下，以猫鼠脚跡、滿架葡萄花為上，胡桃紋者為次，虎班影為下。影之奇者，内紋成山水、人物、禽鳥、花卉之象，多産雲南交廣獠蠻峒中，價亦不廉，木中之冠也。

紫檀木，生廣東、廣西諸郡。木質堅重，色紫，燒之有香，磨水其汁可以染帛。有絶大長二三丈、大可二三圍者，堪為天然几及床椅之用。新者色紅，用久色黑，内有麻櫟紋，亦有無紋者。

花梨木生廣東廣西諸處色有紅紫黃三
色木理堅細可亞紫檀嗅之亦有微香內
中以紫色者為上紅次之黃為下又有金
絲梨者乃在紫色之上最多大樹有長至
五六丈大可三四圍者廣人不甚重之多
用構屋為椽柱之用吳中多用為臺椅几
榻之類摩弄久之光采可愛
鐵梨木一名鐵栗木如紫檀堅寔沉重色
紫黑內紺色鷹爪紋產雲貴廣西為多有
極大者長至十餘丈大十餘圍者最宜作
大几臺椅几榻之類以其性堅耐用故也
用之既久光采紫黑可比紫檀

花梨木，生廣東、廣西諸處，色有紅、紫、黃三色，木理堅細，可亞紫檀，嗅之亦有微香。內中以紫色者為上，紅次之，黃為下。又有金絲梨者，乃在紫色之上。最多大樹，有長至五六丈、大可三四圍者。廣人不甚重之，多用構屋為椽柱之用。吳中多用為臺椅、几榻之類，摩弄久之，光采可愛。

鐵梨木，一名鐵栗木，如紫檀堅寔沉重，色紫黑，內紺色，鷹爪紋。產雲貴、廣西為多。有極大者，長至十餘丈、大十餘圍者，最宜作大几、臺椅、几榻之類，以其性堅耐用故也。用之既久，光采紫黑，可比紫檀。

烏木產嶺南諸郡色黑如墨木性極脆磨
汁可以書字為真楚中多以烏楊木染黑
假充者但真質重假者質輕故尔木理細
膩堪為匙筯之用亦可為臺几惜無大料
耳
黃楊木產交廣木理細膩色最黃潤如黃
檀香取之者必須揀無星晦夜伐之則不
裂木亦有長大者可為几面能致五床琴
者方可為貴土人多用製梳及雜物貨之
類又有一種名青檀者色微青木理粗不
佳
楠木產豫章及湖廣雲貴諸郡至高大有

烏木，產嶺南諸郡，色黑如墨，木性極脆，磨汁可以書字為真。楚中多以烏楊木染黑假充者，但真質重，假者質輕故尔。木理細膩，堪為匙筯之用，亦可為臺几，惜無大料耳。

黃楊木，產交、廣，木理細膩，色最黃潤，如黃檀香。取之者必須揀無星晦夜伐之，則不裂。木亦有長大者，可以為几面，能致五床琴者方可為貴。土人多用制梳及雜物貨之類。又有一種名青檀者，色微青，木理粗，不佳。

楠木，產豫章及湖廣、雲貴諸郡，至高大，有

長至數十丈大至數十圍者鋸開甚香亦
有數種一曰開楊楠即影子木一曰含絲楠木
色黃燦如金絲最佳一曰水楠色微綠性
柔為下今內宮及殿宇多選楠材堅大者
為柱梁亦可製各種器具質理細膩可愛
為群木之長
杪木產湖廣長沙武陵諸山谷有長至數
十丈大至十圍者木理有紋如野鷄毛者
名雉雞班為木有霜鋸削之時木氣酷烈
多致㗖㗖匠人每用絹帛窒鼻方敢治之
富貴家多用作棺云雖戀年久其屍不腐
以此為貴亦有假者或用楠木以藥畫就

長至數十丈、大至數十圍者，鋸開甚香。亦有數種，一曰開楊楠即影子木；一曰含絲楠，木色黃燦如金絲，最佳；一曰水楠，色微綠，性柔，為下。今内宮及殿宇多選楠樹堅大者為柱梁，亦可製各種器具。質理細膩可愛，為群木之長。

杪木，産湖廣、長沙、武陵諸山谷，有長至數十丈、大至十圍者。木理有紋，如野鷄毛者，名雉雞班，為木有霜，鋸削之時，木氣酷烈，多致㗖㗖。匠人每用絹帛窒鼻，方敢治之。富貴家多用作棺，云雖戀年久，其屍不腐，以此為貴。亦有假者，或用楠木以藥畫就

雉班愚人者須細辨之
樟木所産處甚廣惟湖四川為多木類楠
而有赤白之色赤者名血樟白者名牙樟
以赤者為最木理堅緻可為器皿
新羅松木産新羅國色白如象齒内有花
紋亦有大料時從船上來者中國罕得價
亦甚貴
鸂鶒木産西洋木色紫白有紋如鸂鶒毛
最為奇特無甚大者番中頗貴重之以作
大酋刀靶及為扇柄之用
杉木産江西及徽州婺源諸山木理黃白
鋸開有一種清香性柔軟可以彫刻堪為

雉班愚人者，須細辨之。

樟木，所産處甚廣，惟湖、四川為多。木類楠而有赤白之色，赤者名血樟，白者名牙樟，以赤者為最。木理堅緻，可為器皿。

新羅松木，産新羅國，色白如象齒，内有花紋，亦有大料。時從船上來者，中國罕得，價亦甚貴。

鸂鶒木，産西洋，木色紫白，有紋如鸂鶒毛，最為奇特，無甚大者。番中頗貴重之，以作大酋刀靶及為扇柄之用。

杉木，産江西及徽州婺源諸山。木理黃白，鋸開有一種清香，性柔軟，可以彫刻，堪為

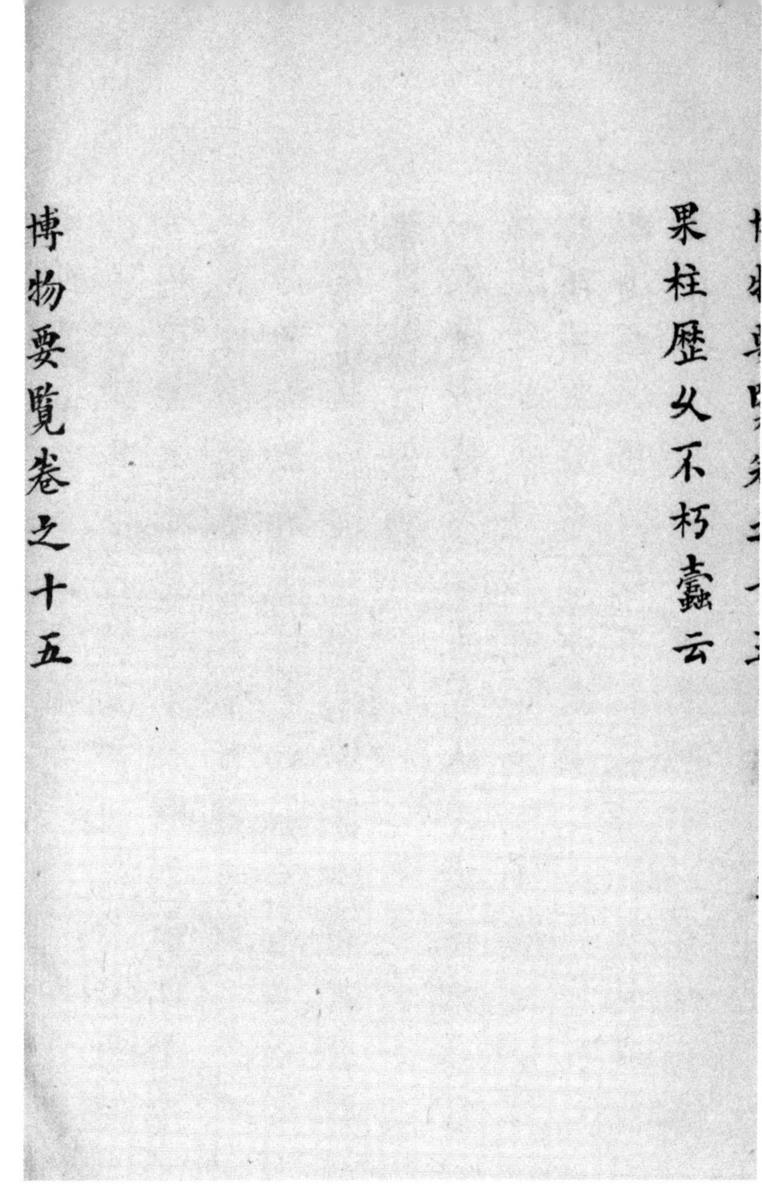

果柱，歷久不朽蠹云。

博物要覽卷之十五

博物要覽卷之十六

目錄

紀各種漆器

論永樂宣德填漆器

論永樂宣德彫漆器

論倭漆器

論彩漆描漆器

紀各種奇石

靈壁石

太湖石

臨安石

武康石

博物要覽卷之十六

目録

紀各種漆器

論永樂宣德填漆器

論永樂宣德彫漆器

論倭漆器

論彩漆描漆器

紀各種奇石

靈壁石

太湖石

臨安石

武康石

崑山石
常山石
英　石
湖口石
袁　石
平泉石
兖　石
永康石
品　石
襄陽石
端　石
歙　石

松化石
寶華石
菩薩石
六合石

博物要覽卷之十六目錄

松花石

寶華石

菩薩石

六合石

博物要覽卷之十六目錄

博物要覽卷之十六目録

博物要覽卷之十六
明蜀府長史谷泰輯
紀各種漆器
宣德填漆器以宣德年第園廠造五采
彫填漆器仿宋填漆器而工作湊花紋胎
質不啻過之多有金銀為胎者其彫法皆
係內府名工先以硃砂漆堆垛至三十六
遍然後彫刻細錦紋地子或山水人物龍
鳳花鳥次第鏤彫而後填以五采稠漆候
乾再填磨平五采陸離放古未有多香合
大小不等有至尺許小至寸餘者及盤盆
几架至于减粧箱子之類雖小物亦極精

博物要覽卷之十六

明蜀府長史谷泰輯

紀各種漆器

宣德填漆器，以宣德年（第）[果][1]園廠[2]造五采彫填漆器仿宋填漆器，而工作凑花紋胎質，不啻過之。多有金銀為胎者，其彫法皆係内府名工，先以硃砂漆堆垛至三十六遍，然後彫刻細錦紋地子，或山水、人物、龍鳳、花鳥次第鏤彫，而後填以五采稠漆，候乾再填，磨平，五采陸離，放古未有。多香合大小不等，有至尺許，小至寸餘者。及盤盆几架，至于减粧箱子之類，雖小物，亦極精

1 果，原作“第”，據《帝京景物略》卷四改。

2 果園廠，清高士奇《金鼇退食筆記》卷下：“果園廠在櫺星門之西，明永樂年製漆器，以金銀錫木爲胎，有剔紅填漆二種……皆稱廠製，世甚珍重之，不可多得。”

妙可愛。下有刀刻小字，款云“大明宣德年製”六字，填以金屑黑漆退光底。而徽州有巧匠姓黄，額有一瘤，名為玉樓者，性最巧，能偽造填漆什物，與宣德填漆什物無别。但彼製有種漆氣及刀形不圓者可辨。所以宣漆無有漆氣及刀形圓者，以經歷年久，漆氣退盡，刀孔摩弄滑熟，鋭處皆圓故耳。但今黄玉樓所製漆器，價亦不廉。

論永樂宣德彫漆。永樂中，(栗圓)[果園][1]廠製合盤匣不一，合有蔗段式、蒸餅式、河西式、三撞、兩撞等式。蔗段者人物為上，蒸餅者花草為次，盤有圓、方、長、八角、絛環、四角、牡丹瓣

1 果園，原作“栗圓”，據《帝京景物略》卷四改。

等式匣有長方四方二撞三撞諸式其法
以金錫或鉛木為胎用硃砂漆三十六次
鏤以細錦底漆黑光針刻大明永樂年製
以比元作張成楊茂其劔環香草之式似
為過之宣德皇帝在東宮時剔紅等製原
經裁定立後廠器終不逮前漆工屢屢被
罪因私購內藏盤合款而進之磨去永樂
針書細款刀刻大明宣德年製濃金填之
故宣款皆永樂器也間存永樂原款則各
有矣宣德初年彫漆多五爪龍紋今亦不
可多得價甚貴重
論倭漆器倭漆國初造者工作與宋倭漆

等式。匣有長、方、四方、二撞、三撞諸式。其法以金錫或鉛木為胎，用硃砂漆三十六次，鏤以細錦，底漆黑光，針刻“大明永年年製”。以比元作張成、楊茂。劍環香草之式，似為過之。宣德皇帝在東宮時，剔紅等製，原經裁定，立後，廠器終不逮前。漆工屢屢被罪，因私購内藏盤合，款而進之。磨去永樂針書細款，刀刻大明宣德年製，濃金填之，故宣款皆永樂器也。間存永樂原款則（各）［稀］[1]有矣。宣德初年，彫漆多五爪龍紋，今亦不可多得，價甚貴重。

論倭漆器。倭漆，國初造者，工作與宋倭漆

1 稀，原作“各”，據《帝京景物略》卷四改。

器相等，胎輕（骨）[漆][1]滑，鉛鈴口，金銀片，漆中金屑，砂砂糝糝，無（可）[少][2]渾暗。有圓者三子、五子、七、九子合，有方者，用有四子、六子、九子小合匣。其小合并匣每隻上重三分。有三撞合，有粉扇筆（芽）[等][3]匣，有木銚，有角盌。以方長可貯圖書者為貴，香合次之，大可容梳，其為最，然不常有。中國盡其技者稱為第一，無過蔣倭[漆][4]與潘鑄倭銅。然真倭漆器用碎金屑入漆，[磨漆][5]金現，其顆粒圓稜，故分明也。蔣用飛金片點，故徧薄模糊耳。

論彩漆描漆器。明正統中，有楊塤者製描漆，徽州汪家之製彩漆，皆設色如畫，用粉

1 漆，原作“骨”，據《帝京景物略》卷四改。

2 少，原作“可”，據《帝京景物略》卷四改。

3 等，原作“芽”，據《帝京景物略》卷四改。

4 漆，原無此字，據《帝京景物略》卷四補。

5 磨漆，原無此二字，據《帝京景物略》卷四補。

入漆，久乃如雪，或云真珠粉也。隆慶中，徽州方信川之堆漆螺鈿，黄平沙之剔紅，即人物精彩，刀法圓熟，亦新安人也。當每一小合值至錢三千，今亦不可多得。偽彫漆者用礬紅漆或灰團起，外用硃砂漆二層，故曰罩紅也。如雲南之製各種漆器，不若徽州之製為佳。

紀各種奇石

靈壁石，宿州靈壁縣産石，在磬山，石生土中，［採取］[1]歲久，穴深數丈，其質為赤泥所漬滿。土人多以鉄刃遍刮，凡三兩次，既露石質，即以竹帚或磁屑刷治清潤，扣之鏗然有聲。石

1 採取，原無此字，據《雲林石譜》卷上補。

底多有漬泥不能盡石在土中隨其大小
具體而生或成物象峯巒巉岩透空又有
一種石理蹸踆若胡桃殼紋其色稍黑多
白脉包裹并有純白如雪者若峯巒岩竇
生得有情且長三五寸四面完全不能斧
鑿者為上可以為硯山或長二三丈八九
尺者可以列之庭榭皆屬可貴
太湖石產蘇州洞庭湖中石性堅而潤有
嵌定穿眼宛轉嶮怪勢一種色白一種色
青而黑一種微青黑其質紋理縱横籠絡
起隱于石面遍多坳坎盖因風浪中衝激
而成謂之彈子窩扣之微有聲採人携鎚

底多有漬泥，不能盡［去］[1]。石在土中，隨其大小，具體而生，或成物像、峯巒，巉岩透空。又有一種石理蹸踆若胡桃殼紋，其色稍黑，多白脉包裹，并有純白如雪者，若峯巒岩竇，生得有情，且長三五寸，四面完全，不能斧鑿者為上，可以為硯山。或長二三丈八九尺者，可以列之庭榭，皆屬可貴。

太湖石，産蘇州洞庭湖中。石性堅而潤，有嵌（定）［空］[2]穿眼，宛轉險怪勢。一種色白，一種色青而黑，一種微青黑。其質紋理縱横，籠絡起隱，于石面遍多坳坎，盖因風浪中衝激而成，謂之彈子窩，扣之微有聲。採人携槌

1 去，原無此字，據《雲林石譜》卷上補。

2 空，原作“定”，據《雲林石譜》卷上改。

鏨入深水中，頗費艱難，度奇巧者鑿取，貫以巨索，浮大舟，設木架繳出之，故價頗貴。然大者多可列之園庭，小者可以登几案者絶少。

臨安石，産杭州臨安縣，石出土中，有兩種，一深青色，一微青白色。其質奇怪，無尖峰崪嵂之勢。高者十數尺，小者纔數尺。温潤而堅，扣之有聲。間有質朴，揔以斧鑿修治，磨礲增巧，頗佳。

武康石，産湖州武康山中土内，一種色青，一種色黄黑而班。其質頗燥不堅，無（濕）［混］[1] 然巉岩峰巒，雖多透空渲眼，亦不甚宛轉，但

1 混，原作“濕”，據《雲林石譜》卷上改。

側峯形扁者多摺道可作豎峯甚佳
崑山石產蘇州府崑山縣石產土中多為
赤土所漬既出土倍費挑剔洗滌其質磊
塊巉岩透空無聳拔峯巒勢扣之無聲土
人惟愛其色潔白或植種山木或種溪蓀
于奇巧處或置之器中互相貴重以求售
石有松花點者為佳又有一種扁薄嵌眼
者名雞骨片最佳
常山石產衢州常山縣思溪又地名石洪
或云登字石去水底側垂似鐘乳雜砂石
不相聯接採人車戽深水甚難得之或大
或小不踰数尺奇巧萬狀多是全質每一

側峯形扁者，多摺道，可作豎峯，甚佳。

崑山石，產蘇州府崑山縣。石產土中，多為赤土所漬，既出土，倍費挑剔洗滌。其質磊塊，巉岩透空，無聳拔峯巒勢，扣之無聲。土人惟愛其色潔白，或種植（山）[小][1]木，或種溪蓀于奇巧處，或置之器中，互相貴重以求售。石有松花點者為佳。又有一種扁薄嵌眼者，名雞骨片，最佳。

常山石，產衢州常山縣思溪，又地名石洪，或云（登）[空][2]字。石（去）[出][3]水底，側垂似鐘乳，雜砂石，不相（聯）[連][4]接。採人車戽深水，甚難得之。或大或小，不踰數尺，奇巧萬狀，多是全質。每一

1 小，原作“山”，據《雲林石譜》卷上改。
2 空，原作“登”，據《雲林石譜》卷上改。
3 出，原作“去”，據《雲林石譜》卷上改。
4 連，原作“聯”，據《雲林石譜》卷上改。

石則有聯續尖銳十數峯高下峭拔嵌空全若大山氣勢亦有如拳大者又于巉岩險怪岩竇中出石笋或欹斜尖細互相撑柱之勢蓋石生溪中為風水衝激融結而成奇巧無比

英石產英州含光真陽縣之間石產溪水中有數種一種微青色有白通脉籠絡一微灰黑色一淺綠各有峯巒嵌空穿眼宛轉相通其質稍潤扣之微有聲又有種色白四面峯巒聳拔多稜角稍瑩澈面面有光可鑑物扣之無聲採人就水中度其奇處鑿取之此石處海外賈人罕知之

石，則有聯續尖鋭十數峯，高下峭拔嵌空，全若大山氣勢、亦有如拳大者。又于巉岩險怪岩竇中出石笋，或欹斜（尖）［纖］[1]細，互相撑（住）［拄］[2]之勢。盖石生溪中，為風水衝激融結而成，奇巧無比。

英石，产英州含光、真陽縣之間，石産溪水中。有數種：一種微青色，有白通脈籠絡；一微灰黑色；一淺緑。各有峯巒，嵌空穿眼，宛轉相通。其質稍潤，扣之微有聲。又有種色白，四面峯巒聳拔，多稜角，稍瑩澈，面面有光，可鑒物，扣之無聲。採人就水中度其奇處鑿取之。此石處海外，賈人罕知之。

1 纖，原作“尖”，據《雲林石譜》卷上改。
2 拄，原作“住”，據《雲林石譜》卷上改。

湖口石產江州湖口縣或在水或生土中
一種色青混然成峯巒岩竇或類諸物像
一種扁薄空嵌穿眼通透夷若木板以利
刀剜刻之狀石理如刷絲色亦微潤扣之
有聲土人李正臣蓄此石大為東坡稱賞
目之為壺中九華有百金歸買小玲瓏之
語然石諸峯間有外來奇巧者相粘級以
增隆怪
袁石產袁州萬載縣去縣十餘里石無数
野舊間其有嶙峋微青色間多峯巒岩四
向又有石罅中上下生小林木蓊鬱可喜
或高三四尺或五六尺全如一大山氣勢

湖口石，産江州湖口縣。或在水，或生土中。一種色青混然，成峯巒岩竇，或類諸物像。一種扁薄（空嵌）[嵌空][1]，穿眼通透。（夷）[幾][2]若木板以利刀剜刻之狀。石理如刷絲，色亦微潤，扣之有聲。土人李正臣蓄此石，大為東坡稱賞，目之為“壺中九華”，有“百金歸買小玲瓏”之語。然石諸峯間有外來奇巧者，相粘（級）[綴][3]以增（隆怪）[玲瓏][4]。袁石，産袁州萬載縣。去縣十餘里，石無數，[出][5]野舊間。其（有）[質][6]嶙峋，微青色，間多峯巒，密岩四向。又有石罅中上下生小林木，蓊鬱可喜。或高三四尺，或五六尺，全如一大山氣勢，

1 嵌空，原作“嵌空”，據《雲林石譜》卷上改。
2 幾，原作“夷”，據《雲林石譜》卷上改。
3 綴，原作“級”，據《雲林石譜》卷上改。
4 玲瓏，原作“隆怪”，據《雲林石譜》卷上改。
5 出，原無此字，據《雲林石譜》卷上補。
6 質，原作“有”，據《雲林石譜》卷上改。

經行凡數百步不斷目地名為亂石里土
人以石占田礲有妨布種恨而無之
平泉石出在関中考之李德裕平泉莊記
花木草石之美其石產水中每獲一石背
鐫有道二字頃于潁昌杜欽益家賞一石
雙峰高下有諠道挺然長數寸許無嵌空
岩竇勢其質不露圭角磨礱光潤而青堅
于石罇中鐫有道二字扣之有聲
兗石產山東兗州出石如褐色謂之栗玉
有巉岩峯巒勢無穿眼其質甚堅潤扣之
有聲堪為器物頗費鐫礲玉人貴重之與
北土所產栗玉頗相類但見峯巒一律耳

經行凡數百步不斷目，地名為亂石里。土人以石占田礲，有妨布種，恨而無之。

平泉石，出在關中。考之李德裕《平泉莊記》，花木草石之美，其石產水中。每獲一石，（背）[皆][1]鐫“有道”二字。頃于潁昌杜欽（益）[蓋][2]家賞一石，雙峰高下，有（諠）[徑][3]道挺然長數（寸）[尺][4]許，無嵌空岩竇勢。其質不露圭角，磨礱光潤而（青）[清][5]堅，于石罇中鐫“有道”二字，扣之有聲。

兗石，產山東兗州。出石如褐色，謂之栗玉。有巉岩峯巒勢，無穿眼，其質甚堅潤，扣之有聲，堪為器物。頗費鐫礲，（玉）[土][6]人貴重之。與北土所產栗玉頗相類，但見峯巒一律耳。

1 皆，原作“背”，據《雲林石譜》卷上改。
2 蓋，原作“益”，據《雲林石譜》卷上改。
3 徑，原作“諠”，據《雲林石譜》卷上改。
4 尺，原作“寸”，據《雲林石譜》卷上改。
5 清，原作“青”，據《雲林石譜》卷上改。
6 土，原作“玉”，據《雲林石譜》卷上改。

永康石蜀水永康軍產異石錢遜叔遺余
一石平如板厚半寸闊七寸于面上如鋪
一紙許甚潔白上有山一座高低前後凡
十數峯劇有佳趣廻底不脫其底山色皆
青黑温潤而堅利刄不能刻扣之有聲清
越目為江山小平遠
品石產建康府即今江寧府有石三塊頗雄偉
有岩洞嶮怪之色色稍蒼翠遍產竹木欝
茂可觀石罅中有六朝唐宋諸公刻字謂
之品石
永康石產永州二署依山廳事之東隅頃
歲太守黃 度因其地稍露山骨除治積

永康石，蜀（水）［中］[1]永康軍產異石。錢遜叔遺余一石，平如板，厚半寸，闊六七寸，于面上如鋪一紙許，甚潔白。上有山一座，高低前後，凡十數峯，劇有佳趣，（廻底）［四邊］[2]不脫其底，山色皆青黑。温潤而堅，利刄不能刻，扣之有聲清越。目為江山小平遠。

品石，產建康府即今江寧府。有石三塊，頗雄偉，有岩洞嶮怪之色。色稍蒼翠，遍產竹木，欝茂可觀。石罅中有六朝唐宋諸公刻字，謂之品石。

永（康）［州］[3]石，產永州二署，依山廳事之東隅。頃歲太守黃（□度）［叔豹］[4]因其地稍露山骨，除治積

1 中，原作“水”，據《雲林石譜》卷上改。

2 四邊，原作“廻底”，據《雲林石譜》卷上改。

3 州，原作“康”，據《雲林石譜》卷上改。

4 叔豹，原作“□度”，據《雲林石譜》卷上改。

壤得真山一座凡八九峯岩洞相通蒼潤
可喜遍有唐人刻字諸峯之側甚奇古怪
又有一石横人許聯綴石上全若水禽因
引泉潴水灌滿岩竇甘石正浮水面亦有
唐人刻石字目之為㶉鶒石
襄陽石產襄陽府去城十數里有山名鳳
凰地中出石横長尺餘或如拳者巉岩險
怪往往如大山勢色稍青黑間有如灰褐
者扣之有聲土人不甚貴重
端石產廣東肇慶府石出斧柯山距州三
四十里所謂靈羊峡對山也凡四種曰巖
石曰小湘石曰後歷石曰蚌坑而巖山極

壤，得真山一座，凡八九峯，岩洞相通，蒼潤可喜。遍有唐人刻字諸峯之側，甚奇古怪。又有一石，橫（人）[尺][1]許，聯綴石上，全若水禽。因引泉瀦水，灌滿岩竇，(甘)[其][2]石正浮水面，亦有唐人刻石字，目之為㶉鶒石。

襄陽石，產襄陽府，去城十數里，有山名鳳凰。地中出石，橫長尺餘，或如拳者，巉岩險怪，往往如大山勢，色稍青黑，間有如灰褐者，扣之有聲。土人不甚貴重。

端石，產廣東肇慶府，石出斧柯山，距州三四十里，所謂（靈）[羚][3]羊峽對山也。凡四種，曰巖石，曰小湘石，曰後歷石，曰蚌坑，而巖[石最貴][4]。山極

1 尺，原作“人”，據《雲林石譜》卷上改。

2 其，原作“甘”，據《雲林石譜》卷上改。

3 羚，原作“靈”，據《雲林石譜》卷下改。

4 石最貴，原無此三字，據《雲林石譜》卷下補。

高峻，以漁舟入小（灣）[溪][1]，即蚌坑。水陸行七[八][2]百步，至下巖，十步許至上巖。自上巖轉（向）[而][3]南，凡百餘步，至龍巖。上岩各三穴，下巖一穴，半邊上穴（九）[凡][4]十餘穴，然以下岩石為第一。盖下岩石産水北壁下，深紫色，有鸜鵒眼，正當中有瞳子數十重，綠碧黄白相間如畫。又有一種青紫色者，乃正岩及龍岩蚌坑石也。石質潤則深紫，燥則青紫灰蒼色，而鴝眼猶大，暈可辨。作硯須下岩為第一，上岩龍岩次之，中岩蚌坑又次之。

歙石，産徽州府婺源縣水中，可為硯材。一種石理有金星點，謂之龍尾，盖出于龍尾

1 溪，原作“灣”，據《雲林石譜》卷下改。

2 八，原無此字，據《雲林石譜》卷下補。

3 而，原作“向”，據《雲林石譜》卷下改。

4 凡，原作“九”，據《雲林石譜》卷下改。

灣其質堅勁大抵多發墨前世多用之以
金星為貴石理微粗以手摩之索　有鋒
鋩者尤佳深溪為上或如刷絲羅紋棗心
或如瓜子或如眉樣兩兩相對又有一種
色青而無紋大抵石質貴清潤發墨為最
又如初門縣文溪所產青紫石理溫潤發
墨頗與後歷石差堅近時出處價倍于常
土人各以石材厚大者為貴又徽州歙縣
縣署獄中井內出石最清潤可作硯為佳
石理頗堅亦甚發墨其紋有刷絲者但今
以禁之不可得矣歙縣石補入
松化石產婺州永康縣松林頃間馬自然

（灣）［溪］[1]，其質堅勁，大抵多發墨，前世多用之，以金星為貴。石理微粗，以手摩之，索［索］[2]有鋒鋩者尤佳。深溪為上，或如刷絲羅紋（棗心），或如［棗心］[3]瓜子，或如眉（樣）［子］[4]，兩兩相對。又有一種色青而無紋，大抵石質貴清潤發墨為最。又如（初）［祁］[5]門縣文溪所産，青紫，石理濕潤發墨，頗與後歷石差（堅）［等］[6]。近時出處價倍于常。土人以石材厚大者為貴。又徽州歙縣縣署獄中井内出石最清潤，可作硯，為佳。石理頗堅，亦甚發墨。其紋有刷絲者，但今禁之，不可得矣。《歙縣志》補入。

松化石，産婺州永康縣松林，頃（間）［因］[7]馬自然

1 溪，原作“灣”，據《雲林石譜》卷下改。

2 索，原無此字，據《雲林石譜》卷下補。

3 棗心，原在“羅紋”二字後，據《雲林石譜》卷下改在“或如”二字後。

4 子，原作“樣”，據《雲林石譜》卷下改。

5 祁，原作“初”，據《雲林石譜》卷下改。

6 等，原作“堅”，據《雲林石譜》卷下改。

7 因，原作“間”，據《雲林石譜》卷中改。

先生在山一夕大風雨松林中大松悉仆地皆截斷化為石大者長三四尺石上有自然松節脂脉紋土人運去為坐具至有小如拳者亦堪致几案間

寶華石出天台縣寶華山土中其質頗與萊州石相類性軟色有紅黄班爛堪為圖書器皿

菩薩石産四川嘉州蛾眉山與五臺山相似出土中其色瑩潔狀如太山狼牙信州永昌之類映目射之有五色圓光其質六稜或大如棗栗則光彩微芒間有小者如櫻桃狀尤五色燦然可愛

先生在山，一夕大風雨，松林中大松悉仆地，皆截斷化為石。大者長三四尺，石上有自然松節脂脉紋，土人運去為坐具。至有小如拳者，亦堪致几案間。

寶華石，出天台縣寶華山土中。其質頗與萊州石相類，性軟，色有紅黄班爛，堪為圖書器皿。

菩薩石，産四川嘉州（蛾）［峨］[1]眉山，與五臺山［石］[2]相似，出土中。其色瑩潔，狀如太山、狼牙、信州、永昌之類。映目射之，有五色圓光。其質六稜，或大如棗栗，則光彩微芒。間有小者，如櫻桃狀，尤五色，燦然可愛。

1 峨，原作“蛾”，據《雲林石譜》卷中改。

2 石，原無此字，據《雲林石譜》卷中補。

六合石産六合縣水中或砂土内明瑩絶
類瑪瑙五采備具其中花紋成山水人物
花卉之狀大如鷄卵小者如棗栗俱有紋
采

六合石，産六合縣水中或砂土内，明瑩絶類瑪瑙，五采備具。其中花紋成山水、人物、花卉之狀。大如鷄卵，小者如棗栗，俱有紋采。

《博物要覽》十二卷

中國國家圖書館藏
嘉慶十四年（1809）重刻《函海》本

博物要覽　序

以書生尠見而欲游百寶之市與富商大賈矜賞鑒之精勢必不能然而書冊所載可考而知則或有富商大賈所不能盡者古人以博物歸儒者洵非誣也余素無金玉之玩徒以久宦　京都再至領海足跡半天下凡夫珠玉犀象可珍可翫之物得之耳聞者固多目見者亦復不少居恒無事即為之紀其名稱考其出産乃取國初谷應泰博物要覽一書未刻者刊行于世仍原名示不敢欺也雨村李調元序

以書生尠見，而欲游百寶之市，與富商大賈矜賞鑒之精，勢必不能。然而書冊所載，可考可知，則或有富商大賈所不能盡者。古人以博物歸儒者，洵非誣也。余素無金玉之玩，徒以久宧京都，再至領海，足跡半天下，凡夫珠玉犀象，可珍可翫之物，得之耳聞者固多，目見者亦復不少。居恒無事，即為之紀其名稱，考其出産，乃取國初谷應泰《博物要覽》一書未刻者刊行于世，仍原名，示不敢欺也。雨村李調元序。

博物要覽序畢

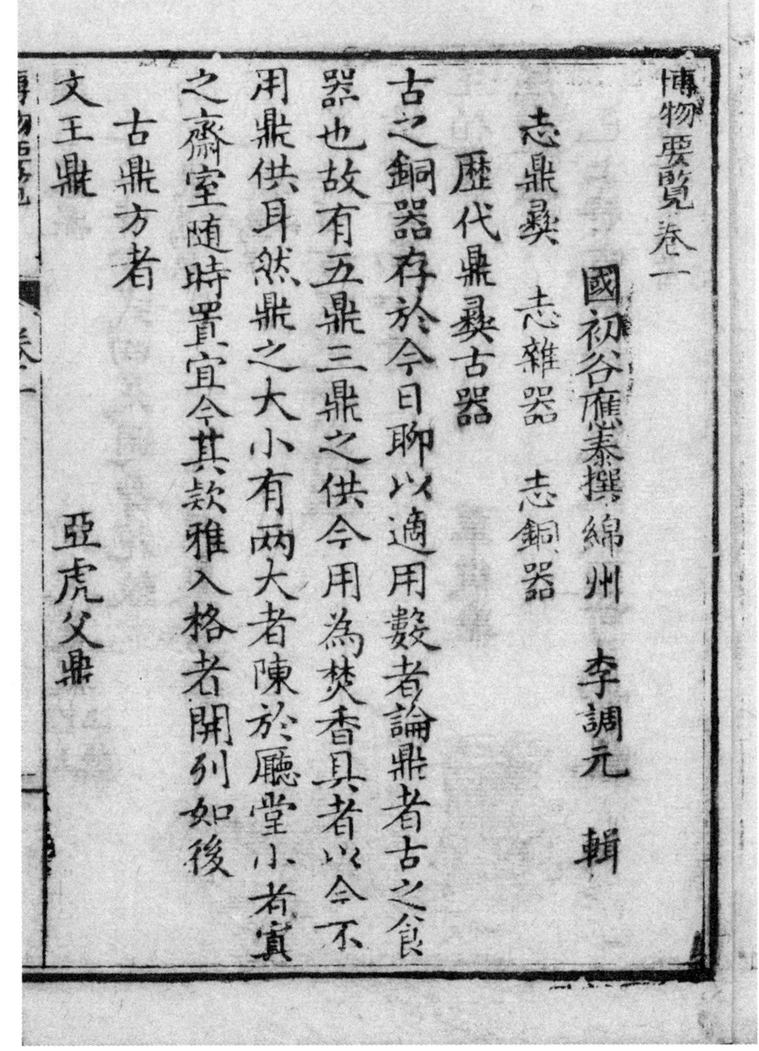

博物要覽卷一

國初谷應泰撰　綿州　李調元　輯

志鼎彝　志雜器　志銅器

歷代鼎彝古器

古之銅器，存於今日，聊以適用數者論［之］[1]。鼎者，古之食器也。故有五鼎三鼎之供。今用為焚香具者，以今不用鼎供耳。然鼎之大小有兩［用］[2]，大者陳於廳堂，小者寘之齋室，隨時置宜。今其款雅入格者，開列如後。

古鼎方者

文王鼎　　亞虎父鼎

1 之，原無此字，據《遵生八箋》卷十四補。

2 用，原無此字，據《遵生八箋》卷十四、抄本《博物要覽》卷四補。

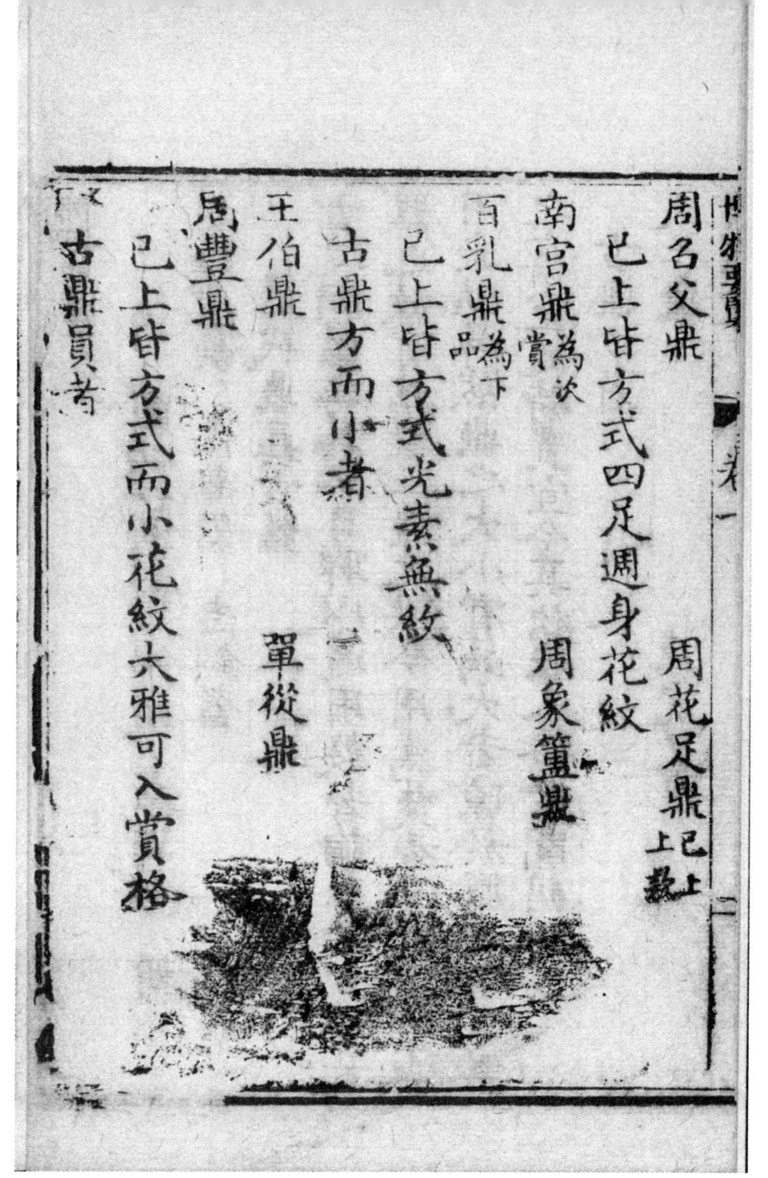

周召父鼎　　　周花足鼎已上上款

　已上皆方式，四足週身花紋。

南宫鼎為次賞　周象簠鼎

百乳鼎為下品

　已上皆方式，光素無紋。

　古鼎方而小者

王伯鼎　　　單從鼎

周豐鼎

　已上皆方式而小，花紋大雅，可入賞格。

　古鼎員者

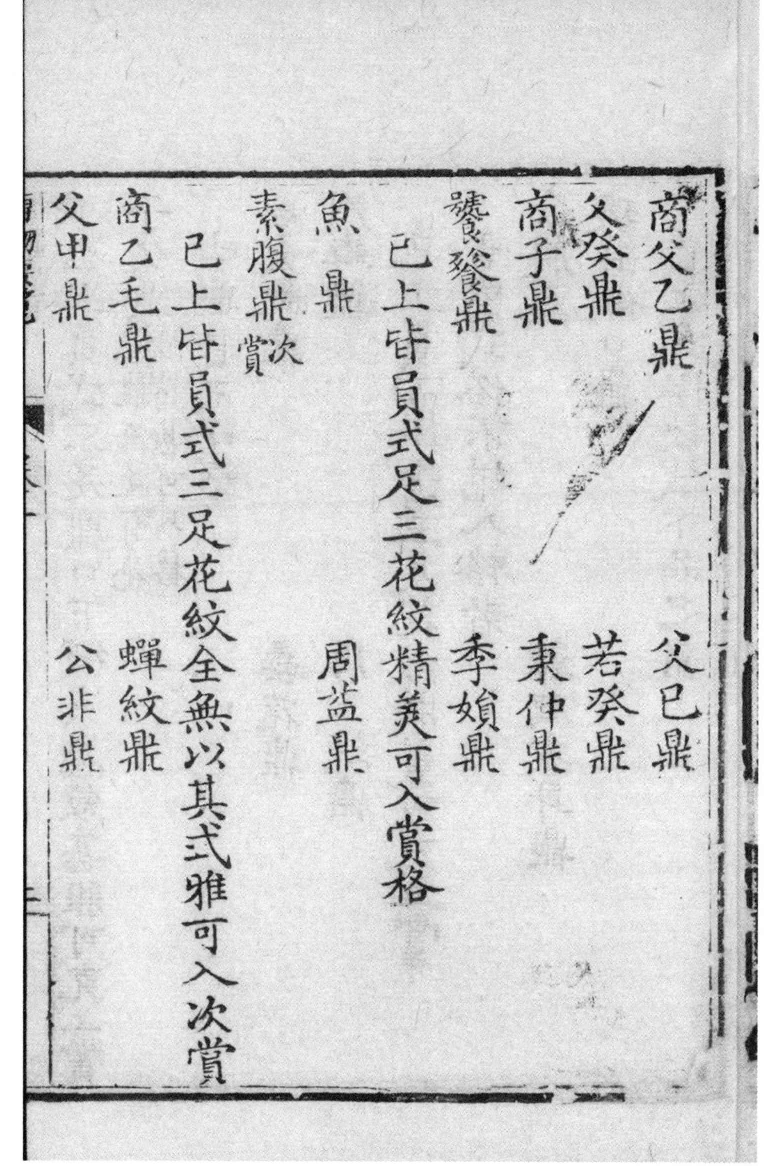

商父乙鼎　　　父己鼎

父癸鼎　　　若癸鼎

商子鼎　　　秉仲鼎

饕餮鼎　　　季娟鼎

　已上皆員式，足三，花紋精美，可入賞格。

魚　鼎　　　周益鼎

素腹鼎次賞

　已上皆員式，三足，花紋全無，以其式雅，可入次賞。

商乙毛鼎　　　蟬紋鼎

父甲鼎　　　公非鼎

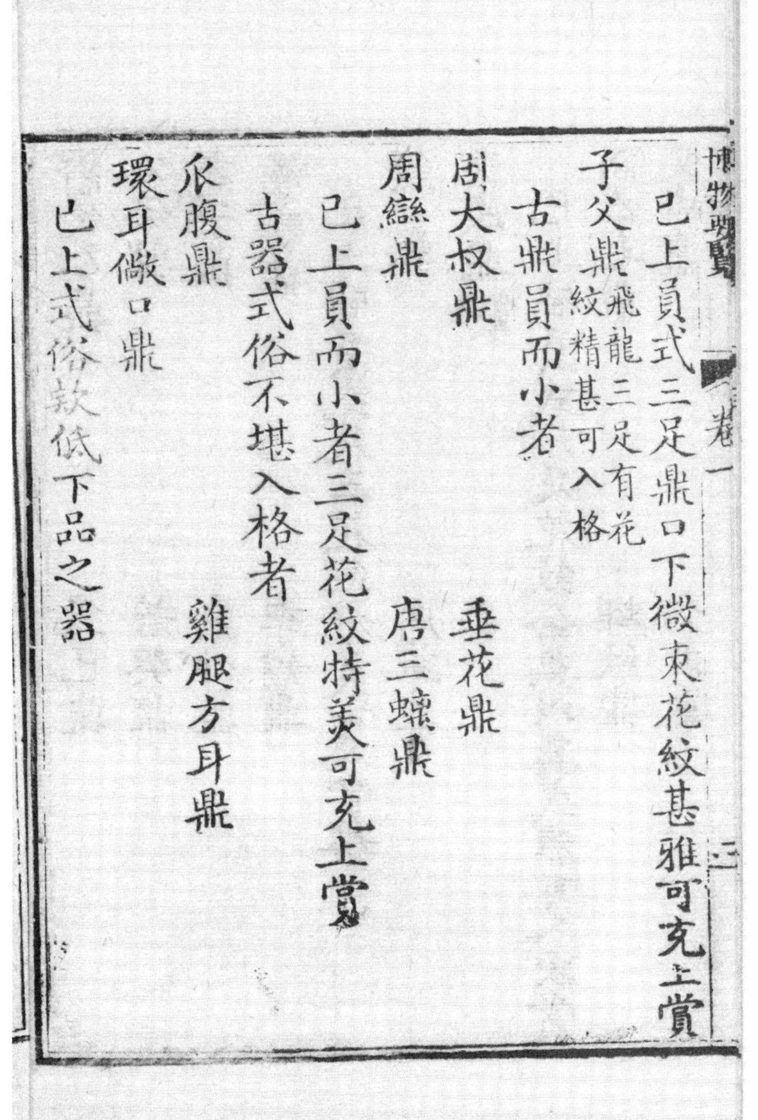

博物要覽 卷一 三

已上員式三足鼎口下微束花紋甚雅可充上賞

子父鼎飛龍三足有花紋精甚可入格

古鼎員而小者

周大叔鼎 垂花鼎

周鑾鼎 唐三螭鼎

已上員而小者三足花紋特美可充上賞

古器式俗不堪入格者

瓜腹鼎 雞腿方耳鼎

環耳儆口鼎

已上式俗款低下品之器

已上員式三足鼎，口下微束，花紋甚雅，可充上賞。

子父鼎飛龍三足，有花紋，精甚，可入格

古鼎員而小者

周大叔鼎　　垂花鼎

周鑾鼎　　唐三螭鼎

已上員而小者，三足，花紋特美，可充上賞。

古器式俗不堪入格者

瓜腹鼎　　雞腿方耳鼎

環耳儆口鼎

已上式俗款低，下品之器。

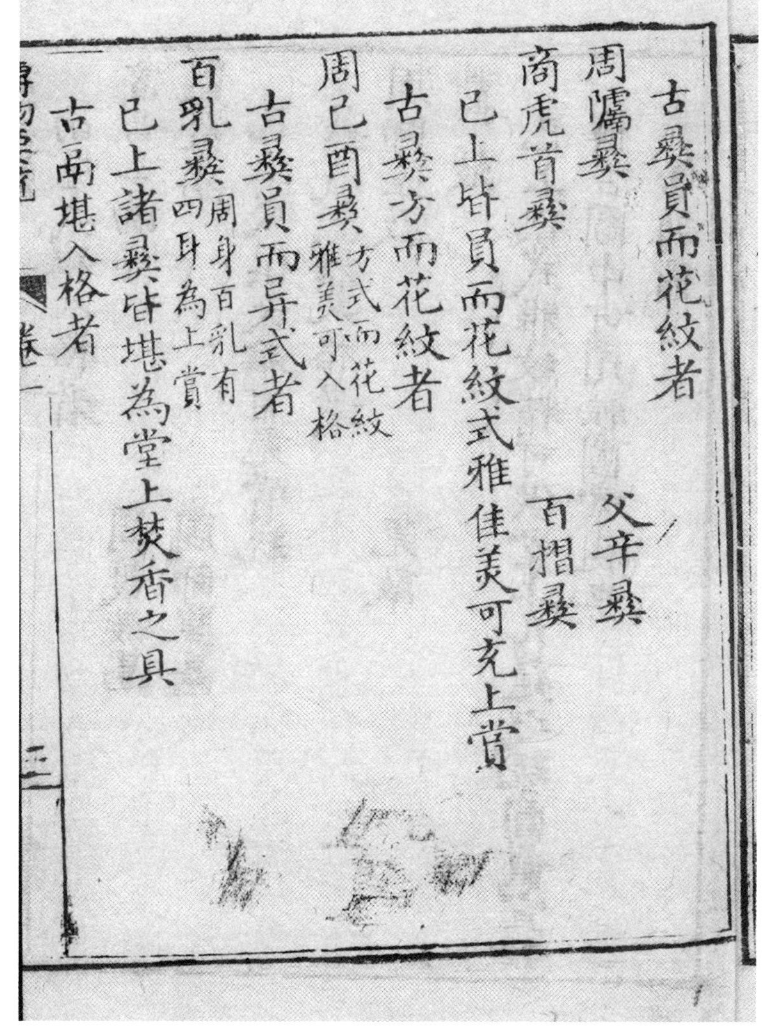

古彝員而花紋者

周隮彝　　　父辛彝

商虎首彝　　百摺彝

已上皆員而花紋式雅佳美，可充上賞。

古彝方而花紋者

周己酉彝方式而花紋雅美，可入格

古彝員而异式者

百乳彝周身百乳有四耳，為上賞

已上諸彝皆堪為堂上焚香之具。

古鬲堪入格者

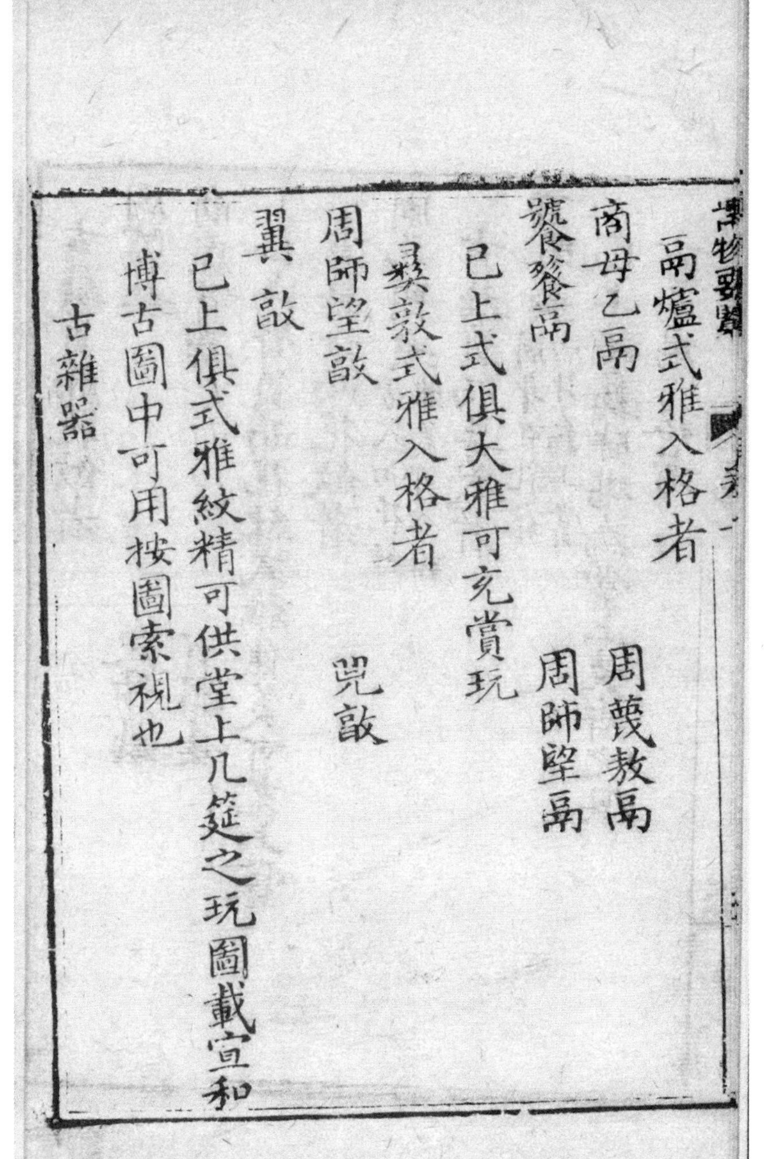

鬲爐式雅入格者

商母乙鬲　　周蔑敖鬲

饕餮鬲　　周師望鬲

已上式俱大雅，可充賞玩。

彝敦式雅入格者

周師望敦　　兕敦

翼敦

已上俱式雅紋精，可供堂上几筵之玩。圖載《宣和博古圖》中，可用按圖索視也。

古雜器

卮者酒器也義取上窮而危知節即無危矣寓戒之
之意其製如人雙耳外垂又如腰腹翼耳俗云人面
杯者是也
杯亦古酒器也以牛首為製加以籠絡亦戒貪逸之
意詩云酌彼兕觥是也
匜者矯口坦腹一靶捏手或三足或員足如鴨形者
是也古人以為置洗注水之具今俗以卮為匜以匜
為卮名金銀酒器者誤矣
盤洗二器盤深而洗淺盤用以承弃水内有銘篆者
有招耳上沖者有盤内種種海獸者或用三螭為足

卮者，酒器也。義取上窮而危，知節即無危矣，寓戒之之意。其製如人雙耳外垂，又如腰腹翼耳，俗云人面杯者是也。

杯亦古酒器也。以牛首為製，加以籠絡，亦戒貪逸之意。詩云：“酌彼兕觥”是也。

匜者，矯口坦腹，一靶捏手，或三足，或員足，如鴨形者是也。古人以為置洗注水之具，今俗以卮為匜，以匜為卮，名金銀酒器者，誤矣。

盤、洗二器，盤深而洗淺。盤用以承弃水，内有銘篆者，有招耳上沖者，有盤内種種海獸者，或用三螭為足，

博物要覽 卷一

或雷紋圓足又名彝盤俗指為歃血盤非也今可用
作香櫞盤其洗用盥手故紋用雙魚用菱花有乳三
足者有員足者有獸面翻環者今用以注水為几筵
主賓酬酢滌器似得古人遺意又有似洗而雙靶作
掇手者名杅亦可作洗用
尊觚觶皆酒器也三器俱可插花觚尊口徹插花散
漫不佳須打錫套管入內收口作一小孔以管束花
不令斜倒又可注滾水插牡丹芙蓉等花
古之壺及缾用以注酒詩曰清酒百壺又曰缾之罄
矣若古素温壺口如蒜蒲式者俗名蒜蒲缾乃古壺

或雷紋圓足，又名彝盤。俗指歃血盤，非也。今可用作香櫞盤。其洗用盥手，故紋用雙魚，用菱花，有（乳三）［三乳］[1]足者，有員足者，有獸面翻環者，今用以注水，為几筵主賓酬酢滌器，似得古人遺意。又有似洗而雙靶作掇手者，名杅，亦可作洗用。

尊、觚、觶皆洒器也，三器俱可插花。觚、尊口徹，插花散漫不佳。須打錫套管入內，收口作一小孔，以管束花，不令斜倒。又可注滚水，插牡丹、芙蓉等花。

古之壺及缾用以注酒。詩曰“清酒百壺”，又曰“缾之罄矣”，若古素温壺，口如蒜（蒲）［榔］[2]式者，俗名蒜蒲缾，乃古壺

1 三乳，原作“乳三”，據《遵生八箋》卷十四、抄本《博物要覽》卷四改。

2 榔，原作“蒲”，據《遵生八箋》卷十四、抄本《博物要覽》卷四改。

博物要覽

也極便注滚水插牡丹芍藥之類塞口甚緊惟質厚
者為佳也它如粟紋壺方壺匾耳壺弓耳壺俱宜書
室插花之用以花之多寡合宜此五器分置若周之
螭餅螭首餅俗云觀音餅者今之酒壺全用此式更
變漢之麐餅形如瓠子稍彎背有提梁此餅也俗例
為瓠子壺類誤矣另有瓠壺取詩云酌之以匏之義
今以此餅注水灌溉花草雅稱書室育蒲養蘭之具
周有蟠虬瓿魚瓿罍瓿與上蟠螭螭首二餅俱可為
插多花之具
又若今之杖頭用鳩者以老人多噎鳩能治咽之義

也，極便注滚水，插牡丹、芍藥之類。塞口甚緊，惟質厚者為佳也。它如粟紋壺、方壺、匾（耳）[1] 壺、弓耳壺，俱宜書室插花之用，以花之多寡合宜此五器分置。若周之［蟠］[2] 螭缾、螭首缾，俗云觀音缾者，今之酒壺，全用此式，更變漢之麐缾，形如瓠子稍彎，背有提梁。此缾也，俗例為瓠子壺類，誤矣。另有瓠壺，取詩云“酌之以匏”之義。今以此缾注水灌溉花草，雅稱書室育蒲養蘭之具。周有蟠虬瓿，魚瓿，罍瓿，與上蟠螭、螭首二缾，俱可為插多花之具。

又若今之杖頭用鳩者，以老人多噎，鳩能治咽之義。

1 耳，《遵生八箋》卷十四、抄本《博物要覽》卷四無此字，當刪。

2 蟠，原無此字，據《遵生八箋》卷十四、抄本《博物要覽》卷四補。

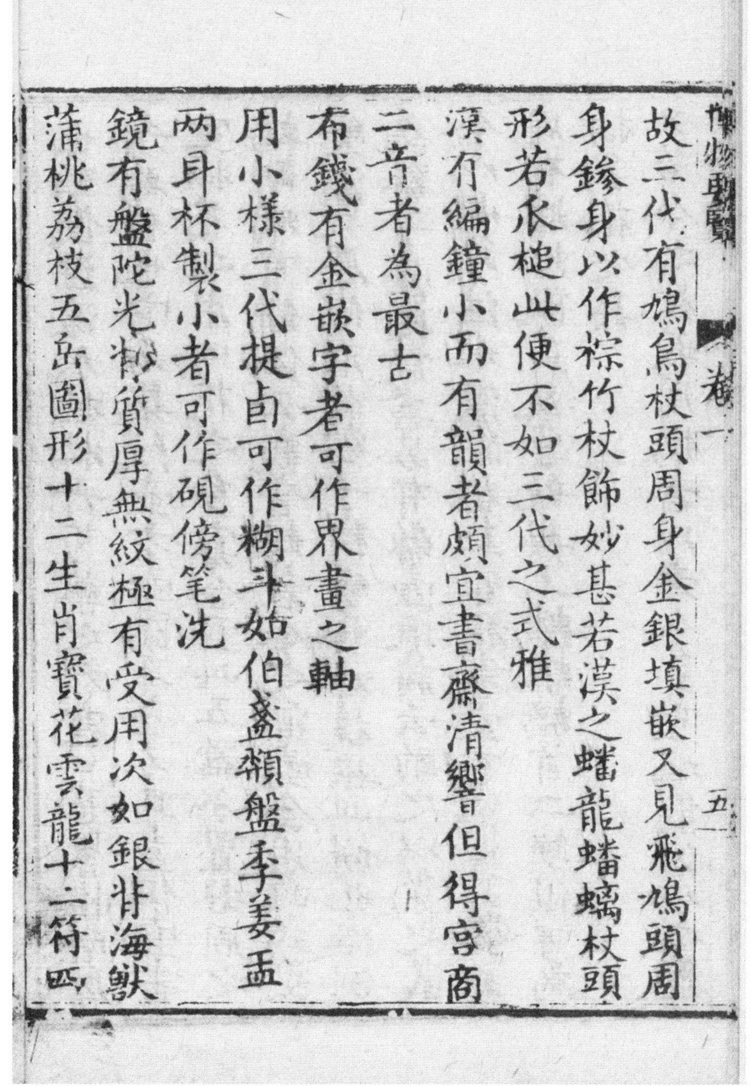
博物要覽　卷一　五

故三代有鳩烏杖頭周身金銀填嵌又見飛鳩頭周
身鏒身以作棕竹杖飾妙甚若漢之蟠龍蟠螭杖頭
形若瓜槌此便不如三代之式雅
漢有編鐘小而有韻者頗宜書齋清響但得宮商
二音者為最古
布錢有金嵌字者可作界畫之軸
用小樣三代提卣可作糊斗如伯盞頮盤季姜盂
兩耳杯製小者可作硯傍笔洗
鏡有盤陀光背質厚無紋極有受用次如銀背海獸
蒲桃荔枝五岳圖形十二生肖寶花雲龍十二符四

故三代有鳩鳥杖頭，周身金銀填嵌，又見飛鳩［杖］[1]頭，周身鏒（身）［金］[2]，以作棕竹杖飾，妙甚。若漢之蟠龍、蟠螭杖，頭形若瓜槌，此便不如三代之式雅。

漢有編鐘，小而有韻者，頗宜書齋清響，但得宮商二音者為最古。

布錢有金嵌字者，可作界畫之軸。

用小樣三代提卣，可作糊斗，如伯盞頮盤、季姜盂。

兩耳杯製小者，可作硯傍筆洗。

鏡有盤陀光背，質厚無紋，極有受用。次如銀背海獸、蒲桃荔枝、五岳圖形，十二生肖、寶花雲龍、十二符、四

1 杖，原無此字，據《遵生八箋》卷十四、抄本《博物要覽》卷四補。

2 金，原作“身”，據《遵生八箋》卷十四、抄本《博物要覽》卷四改。

靈三瑞三神八衛六花浮水七乳四乳十六花蟠螭
龍鳳雉馬等俱妙須要清瑩如水分毫無染俗謂面
無打攪輪轉周員形影不改為貴又有如錢大小鏡
光背花背面無瘢痕更有滿背嵌金嵌銀片子鐵花
小鏡極可人意價亦高貴似不易得評者以為徑尺
大鏡至三寸以上至如錢小鏡為上格其五六七寸
者次之菱花八角又其次之方鏡最下者也
古銅腰帶鈎甚有盈尺長者其製有金銀碧瑱嵌者
有片金商者有等用獸為肚者皆三代物它如羊頭
鈎螗螂捕蟬鈎有鎏金者皆秦漢物也今無所用書

靈三瑞、三神八衛、六花浮水、七乳四乳、十六花、蟠螭龍鳳雉馬等，俱妙，須要清瑩如水，分毫無染，俗謂面無打攪，輪轉周員，形影不改為貴。又有如錢大小，鏡光背花，背面無瘢痕。更有滿背嵌金嵌銀片子鐵花小鏡，極可人意，價亦高貴，似不易得。評者以為徑尺大鏡，至三寸以上，至如錢小鏡為上格，其五、六、七寸者次之，菱花八角又其次之，方鏡最下者也。

古銅腰帶鈎甚有盈尺長者，其製有金銀碧瑱嵌者，有片金商者，有等用獸為肚者，皆三代物。它如羊頭鈎、螗螂捕蟬鈎，有鎏金者，皆秦漢物也。今無所用，書

博物要覽　卷一

齋用以掛畫掛塵拂等用甚雅
漢有雁足燈鳳龜燈有柄行燈用以秉燭若駝燈羊
燈犀燈用以燃油此皆文具中要用一器似不可缺
有盈尺淺槃下有三足製極精雅乃古之承盞槃也
且紋色甚佳今用為香櫞槖具別無取用也
有古銅蝦蟆蹲螭其製甚精古人不知何用今以為
鎮紙又有大銅伏虎長可七八寸重有二三斤用為
壓書妙甚
古銅青綠及褐色
曹明仲格古要論云銅器入土千年者色純青如翠

齋用以掛畫、掛塵拂等用，甚雅。

漢有雁足燈、鳳龜燈，有柄行燈，用以秉燭。若駝燈、羊燈、犀燈，用以燃油，此皆文具中要用，一器似不可缺。有盈尺淺槃，下有三足，製極精雅，乃古之承盞槃也，且紋色甚佳，今用為香櫞槖具，别無取用。

有古銅蝦蟆蹲螭，其製甚精。古人不知何用，今以為鎮紙。又有大銅伏虎，長可七八寸，重有二三斤，用為壓書，甚妙。

古銅青緑及褐色

曹明仲《格古要論》云："銅器入土千年者，色純青，如翠

入水千年則色緑如瓜皆瑩潤如玉未及千年雖有
青緑而不瑩潤此語大概未盡然也若三代之物迄
今何止千年豈盡瑩潤而青緑各純色也若云入水
則緑入土則青其水銀色褐色并黑漆古者此又埋
於何地者也凡三代之器入土年遠近山岡者多青
山氣蒸濕鬱而成青近河源者水氣滷浸潤而成緑
余見一物乃三代款識半身水浸年遠水痕涸溢數
層此為入水無疑而色乃純青其着水潭底方寸則
黃緑色則水土之説豈盡然哉余思鑄銅之時銅質
清瑩不雜者多成青質之渾雜者多成緑譬之白金

入水千年，則色緑如瓜，皆瑩潤如玉。未及千年，雖有青緑而不瑩潤。”此語大概未盡然也。若三代之物，迄今何止千年，豈盡瑩潤而青緑，各純色也。若云入水則緑，入土則青，其水銀色、褐色、并黑漆古者，此又埋於何地者也。凡三代之器，入土年遠，近山岡者多青，山氣蒸濕，鬱而成青。近河源者，水氣滷浸，潤而成緑。余見一物，乃三代款識，半身水浸，年遠，水痕涸溢數層，此為入水無疑，而色乃純青。其着水潭底方寸，則黃緑色。則水土之説，豈盡然哉？余思鑄銅之時，銅質清瑩不雜者多成青，質之渾雜者多成緑。譬之白金，

博物要覽　卷一

成色足者作器純白久乃成黑色不足者久則成紅
成綠此論質不論製理可推矣它如古墓中近尸者
作水銀色然水銀色亦分二種有銀色有鉛色惟鏡
居多者尸以水銀為殮彼世死者以鏡相遺殮者以
鏡殉取照幽明之義故銅質清瑩者先得水銀沾染
年久入骨滿背皆成銀色千古亮白謂之銀背其有
先受血水穢污始得水銀浸入銅質原雜則色如鉛
年遠色滯則色如鉛者其半有水銀半青綠硃砂斑
堆者先因受血肉穢腐其半日久釀成青綠其淨者
仍染水鏡故一鏡之背二色兼雜也今之古鏡以水

成色足者，作器純白，久乃成黑色；不足者，久則成紅成綠。此論質不論製，理可推矣。它如古墓中近尸者，作水銀色。然水銀色亦分二種，有銀色，有鉛色，惟鏡居多者。尸以水銀為殮，彼世死者以鏡相遺，殮者以鏡殉，取照幽明之義。故銅質清瑩者，先得水銀沾染，年久入骨，滿背皆成銀色，千古亮白，謂之銀背。其有先受血水穢污，始得水銀浸入，銅質原雜，則色如鉛，年遠色滯，則色如鉛者。其半有水銀，半青綠、硃砂斑堆者，先因受血肉穢腐其半，日久釀成青綠，其净者仍染水鏡，故一鏡之背，二色兼雜也。今之古鏡，以水

銀為上鉛背次之青緑又次之又若鉛背埋土年遠
遂變純黑名為黑漆古此價又高而此色甚易為假
至有古銅鼎彝亦有水銀色何也此在墓中得水銀
散漫之氣沾染而成故惟一角一耳有之或地近生
水銀處亦成此色所以鼎彝無全水銀色而鐘磬則
萬無一二矣上古銅器以質厚為佳年既久遠土銹
侵骨質已鬆脆厚者尚有受用薄者若少擊搏不破
即裂又如無青緑而有純紫褐色者格古要論以為
人間流傳之色此說非是三代之物因入土沉埋後
人方得集以傳世若云三代流傳到今方有此色何

銀為上，鉛背次之，青緑又次之。又若鉛背埋土年遠，遂變純黑，名為黑漆古。此價又高，而此色甚易為假。至有古銅鼎彝亦有水銀色，何也？此在墓中得水銀散漫之氣，沾染而成，故惟一角一耳有之。或地近生水銀處，亦成此色。所以鼎彝無全水銀色，而鐘磬則萬無一二矣。上古銅器，以質厚為佳。年既久遠，土銹侵骨，質已鬆脆，厚者尚有受用，薄者若少擊搏，不破即裂。又如無青緑而有純紫褐色者，《格古要論》以為人間流傳之色，此說非是。三代之物，因入土沉埋，後人方得集以傳世，若云三代流傳到今，方有此色，何能在世數千年，不為兵燹銷爍、破損沉淪者耶？此等器皿，皆因出自高阜古塚、磚宮石室、燥地祕藏，又無水土浸潤，又無尸氣沾惹，列之石案間，惟地氣蒸潤，且原製精美光瑩，變為褐色，純一不雜。故鼎彝居多，而小物并秦漢物，褐色（純）［絕］[1]少。近見褐色上有青綠點子，乃出土之後，人以鹹酸之味點染而成，非透骨綠色。故褐色上有雲頭（斑）［片］[2]、芝麻點、硃砂（片）［斑］[3]并青綠雨雪點者，此為傳世物也。非傳世上三五千年，始成褐色。故古銅以褐色為上，水銀黑漆鼎彝為次，青綠者又次也。若得純青純綠，一色不雜，瑩若水磨，光彩射目

1 絕，原作“純”，據《遵生八箋》卷十四改。

2 片，原作“斑”，據《遵生八箋》卷十四改。

3 斑，原作“片”，據《遵生八箋》卷十四改。

者，又在褐色之上。故宣廟銅器喜倣褐色，凡宣銅褐色為多。凡銅器出自三代，不惟青緑瑩潤，其質、其製、其花紋款識，非後人可能彷彿，自不能偽。若《格古要論》所云“必三代之物，方有硃砂班”，此大謬矣。宋、元之物，亦有大片硃班，若魚子者更多，盖因受人血氣浸染，便成硃班，亦有（一二）［二三］[1] 層堆疊者，刀刮摩擦，不可泯也，豈盡三代物哉？不可不考。

新鑄偽古器顔色

明時山東、山西、河南、金陵等處偽造彝、鼎、壺、觚、尊、缾之類，式皆法古，分寸不遺，而花紋款識悉從古器上

1 二三，原作“一二”，據《遵生八箋》卷十四改。

翻砂，亦不甚差，但以古器相形，則迥然别矣。其上僞色之法，以井花水調泥礬，浸一伏時，取起烘乾，再浸再烘，三度為止，名作脚色。候乾，以磠砂、胆礬、寒水石、硼砂、金絲礬各為末，以青鹽水化净，筆醮刷三兩度，候一兩日洗去，乾又洗之，全在調停顔色水洗工夫，須三五度方定。次掘一地坑，以炭火燒紅令遍，將釅醋澆下坑中，放銅器入内，仍以醋糟罨之，加土覆實，窖藏三日後取看，即生各色班點。用蠟擦之，要色深者，用竹葉燒烟薰之。其點綴顔色，有寒熅二法，均用明乳香，令人口嚼，濇味去盡，方配（□）［白］[1]蠟鎔和，其色青

1 白，原無此字，據《遵生八箋》卷十四補。

以石青投入蠟内，緑用四支緑，紅用硃砂，煴用蠟多，寒則乳蠟相半，以此點成凸起顔色。其堆叠用滷銹針砂，其水銀色以水銀砂錫塗抹鼎彝邊角上，以法蠟顔色罩盖，隱露些少，以愚隸家，用手擦摩，則香腥觸鼻，洗不可去。或做成入鹽滷地内埋藏（二三）[一二][1]年者，似有古意。

宣銅爐鼎款式顔色

宣德之銅器，以爐鼎為首，爐之製有辨焉，色有辨焉，款有辨焉，取其製式之美者，宜書室、登案几、入賞鑒者，開列如左。

1 一二，原作“二三”，據《遵生八箋》卷十四改。

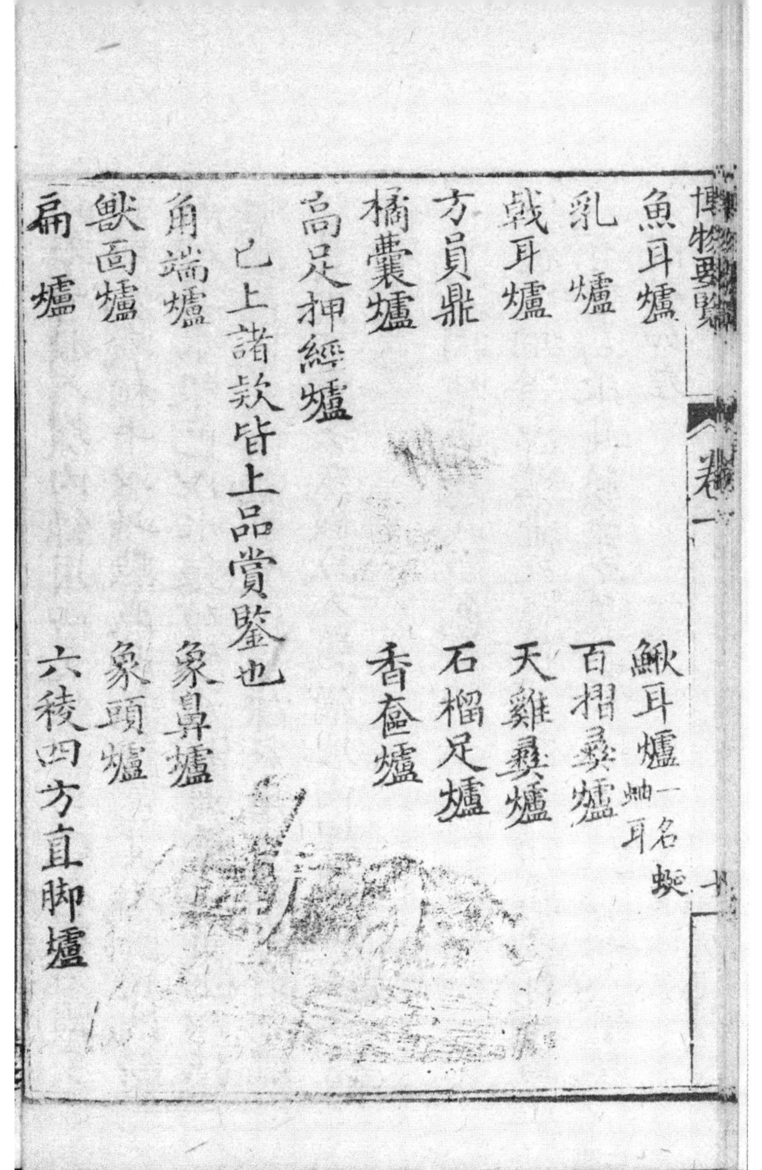
博物要覽　卷一

魚耳爐　鰍耳爐一名蜒蚰耳
乳爐　百摺彝爐
戟耳爐　天雞彝爐
方員鼎　石榴足爐
橘囊爐　香奩爐
高足押經爐
已上諸款皆上品賞鑒也
角端爐　象鼻爐
獸面爐　象頭爐
扁爐　六稜四方直脚爐

魚耳爐	鰍耳爐一名蜒蚰耳
乳　爐	百摺彝爐
戟耳爐	天雞彝爐
方員鼎	石榴足爐
橘囊爐	香奩爐
高足押經爐	

　已上諸款皆上品賞鑒也。

角端爐	象鼻爐
獸面爐	象頭爐
扁　爐	六稜四方直脚爐

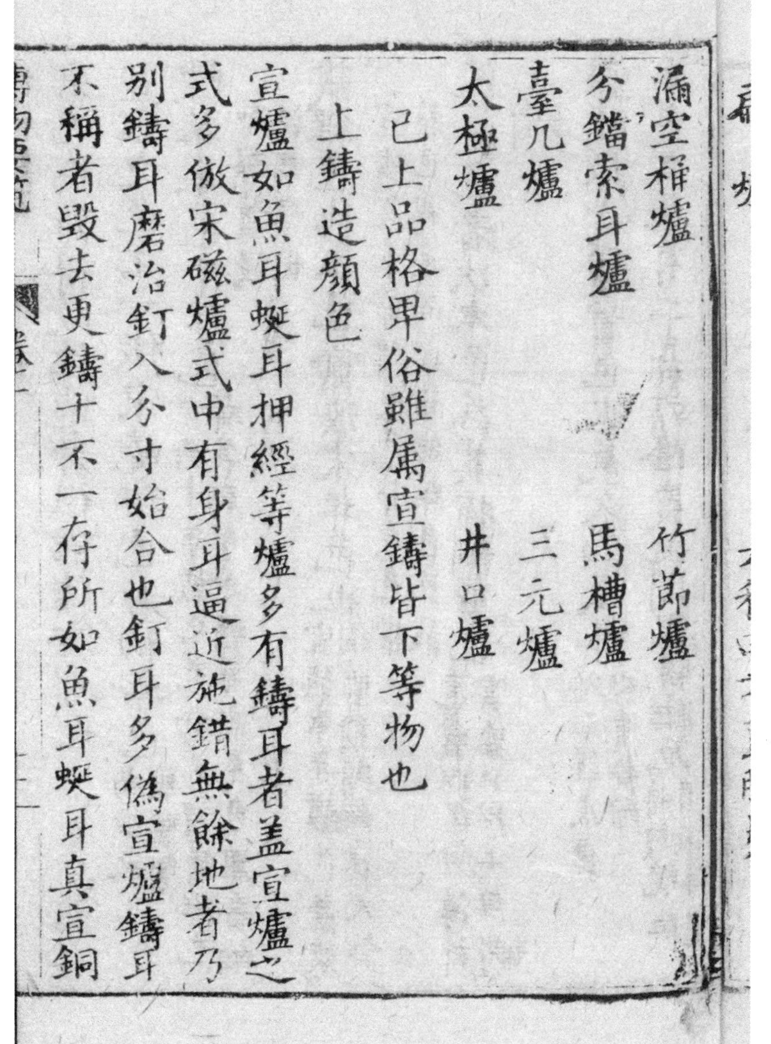

漏空桶爐　　　竹茆爐

分鐺索耳爐　　馬槽爐

臺几爐　　　　三元爐

太極爐　　　　井口爐

　已上品格卑俗，雖属宣鑄，皆下等物也。

　上鑄造顏色

宣爐如魚耳、蜒耳、押經等爐，多有鑄耳者。盖宣爐之式，多倣宋磁爐式，中有身耳逼近，施錯無餘地者，乃别鑄耳。磨治釘入，分寸始合也。釘耳多偽。宣爐鑄耳不稱者，毁去更鑄，十不一存，所如魚耳、蜒耳，真宣銅

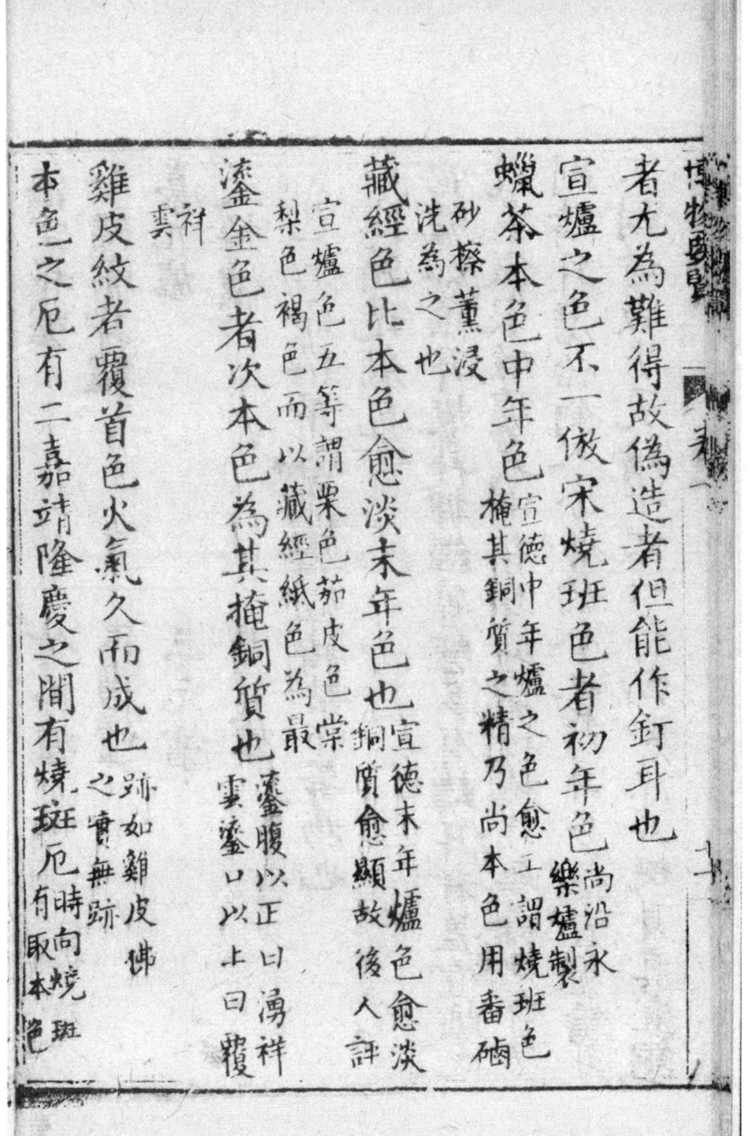

者，尤为难得，故偽造者但能作钉耳也。

宣爐之色不一，倣宋燒班色者，初年色。尚沿永樂爐製。

蠟茶本色，中年色。宣德中年爐之色愈工，謂燒班色掩其銅質之精，乃尚本色，用番硇砂擦薰浸洗為之也。

藏經色比本色愈淡，末年色也。宣德末年爐色愈淡，銅質愈顯，故後人評宣爐色五等，謂栗色、茄皮色、棠梨色、褐色，而以藏經紙色為最。

鎏金色者，次本色，為其掩銅質也。鎏腹以（正）[下][1]曰湧祥雲，鎏口（上）[下][2]曰覆祥雲。

雞皮（紋）[色][3]者，覆（首）[手][4]色，火氣久而成也。跡如雞皮，拂之實無跡。

本色之厄有二，嘉靖、隆慶之間有燒斑厄。時向燒斑，有取本色

1 下，原作“正”，據《帝京景物略》卷四改。

2 下，原作“上”，據《帝京景物略》卷四改。

3 色，原作“紋”，據《帝京景物略》卷四改。

4 手，原作“首”，據《帝京景物略》卷四改。

真爐，重加燒斑。

本色之厄，近有磨新厄。過求銅質之露，取本色爐磨治一新，至有（一歲）［歲一］[1]再磨者。

款亦辨製辨色。宣德爐款陰印陽（天）［文］[2]，真書“大明宣德製”，字完整，地（平）［明］[4]潤，與爐色（相等）［等舊］[3]，非經彫剥薰造者為佳。

宣銅蠟茶、鎏金二色最佳。蠟茶色以水銀浸擦入肉，薰洗為之。鎏金以金鑠為泥，數四塗抹，火炙成赤，所費不貲，豈民間可能彷彿？

宣爐惟色不可僞為，其真者色闇然，奇光在裏，望之如一柔物可接掐然。迫視如膚肉内色，［蘊］[5]火爇之，彩爛善變。僞者外光奪目，内質裏疏槁然矣。傳宣德時，内

1 歲一，原作“一歲”，據《帝京景物略》卷四改。

2 文，原作“天”，據《帝京景物略》卷四改。

3 明，原作“平”，據《帝京景物略》卷四改。

4 等舊，原作“相等”，據《帝京景物略》卷四改。

5 蘊，原無此字，據《帝京景物略》卷四補。

佛殿災，金銀銅像渾而液，因用鑄爐，非也。宣廟欲鑄爐，問鑄工："銅何法煉而佳。"工奏："煉至六，則現珠光寶色，異恒銅矣。"上曰："煉十二。"煉十二已，條之置鐵鋼篩格，赤炭鎔之。其銅之精萃者先滴，則以存格上者，乃銅之渣滓，即以作它器。

宣爐真而好者有無款識者，乃進呈樣爐也。宣德當年監造者，每種鑄成，不敢鑄款，呈上准用，方依樣鑄款，其製質特精。流傳至今，謂有款易售，取宣別器款色配者，鑿空嵌入，其縫合在款隅邊際，但從覆手審視，覺有微痕。

博物要覽卷一

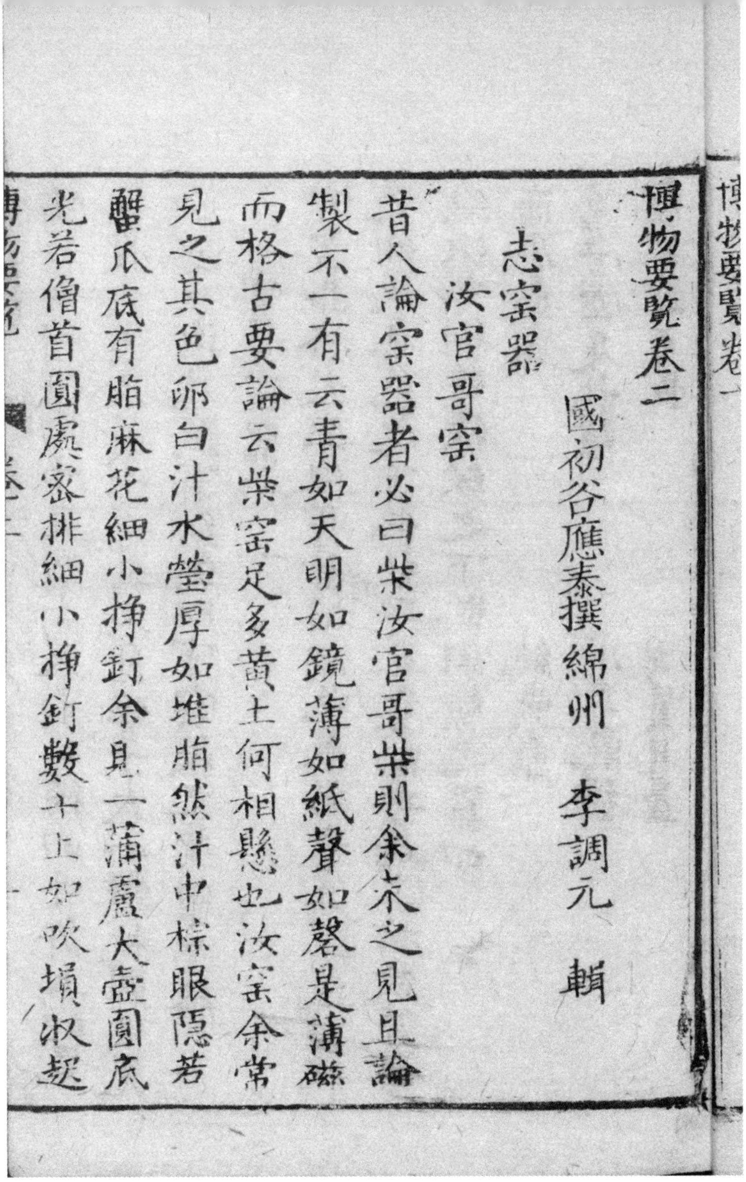

博物要覽卷二
國初谷應泰撰綿州　李調元　輯
志窑器
汝官哥窑
昔人論窑器者必曰柴汝官哥柴則余未之見且論
製不一有云青如天明如鏡薄如紙聲如磬是薄磁
而格古要論云柴窑足多黃土何相懸也汝窑余常
見之其色卵白汁水瑩厚如堆脂然汁中棕眼隱若
蟹爪底有脂麻花細小掙釘余見一蒲盧大壺圓底
光若僧首圓處密排細小掙釘數十上如吹塤收起

博物要覽卷二

國初谷應泰撰　綿州　李調元　輯

志窑器

汝官哥窑

昔人論窑器者，必曰柴、汝、官、哥。柴則余未之見，且論製不一，有云：“青如天，明如镜，薄如紙，聲如磬，是薄磁。”而《格古要論》云：“柴窑足多黃土。”何相懸也。汝窑余常見之，其色卵白，汁水瑩厚，如堆脂，然汁中棕眼隱若蟹爪，底有脂麻花細小掙釘。余見一蒲盧大壺，圓底光若僧首，圓處密排細小掙釘數十。上如吹塤收起，

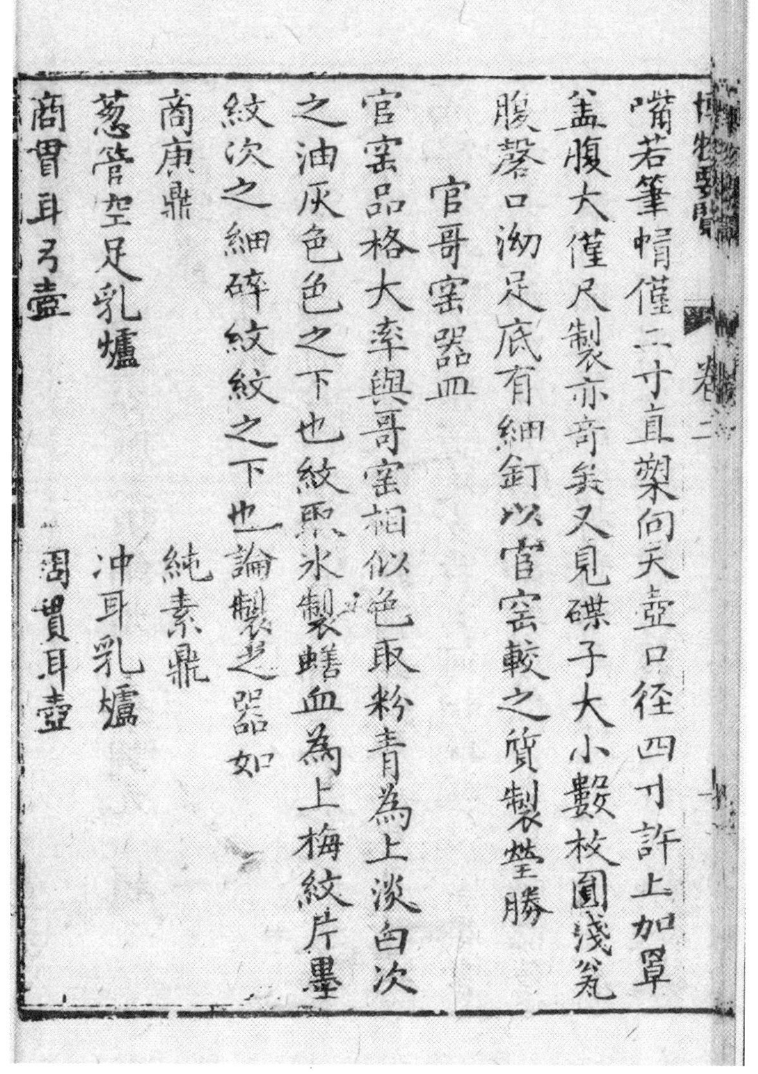
博物要覽　卷二

嘴若筆帽僅二寸直槊向天壺口徑四寸許上加罩
盖腹大僅尺製亦奇矣又見碟子大小數枚圓淺瓮
腹磬口泑足底有細釘以官窑較之質製瑩勝
官哥窑器皿
官窑品格大率與哥窑相似色取粉青為上淡白次
之油灰色色之下也紋取冰製蟮血為上梅紋片墨
紋次之細碎紋紋之下也論製之器如
商庚鼎　純素鼎
葱管空足乳爐　冲耳乳爐
商貫耳弓壺　周貫耳壺

嘴若筆帽，僅二寸，直槊向天，壺口徑四寸許，上加罩盖，腹大（僅）［徑］[1]尺，製亦奇矣。又見碟子大小數枚，圓淺瓮腹，磬口泑足，底有細釘。以官窑較之，質製瑩勝。

官哥窑器皿

官窑品格，大率與哥窑相似。色取粉青為上，淡白次之，油灰色，色之下也。紋取冰製、蟮血為上，梅紋片、墨紋次之，細碎紋，紋之下也。論製之器，如

商庚鼎　　純素鼎

葱管空足乳爐　　冲耳乳爐

商貫耳弓壺　　周貫耳壺

1 徑，原作“僅”，據《遵生八箋》卷四十改。

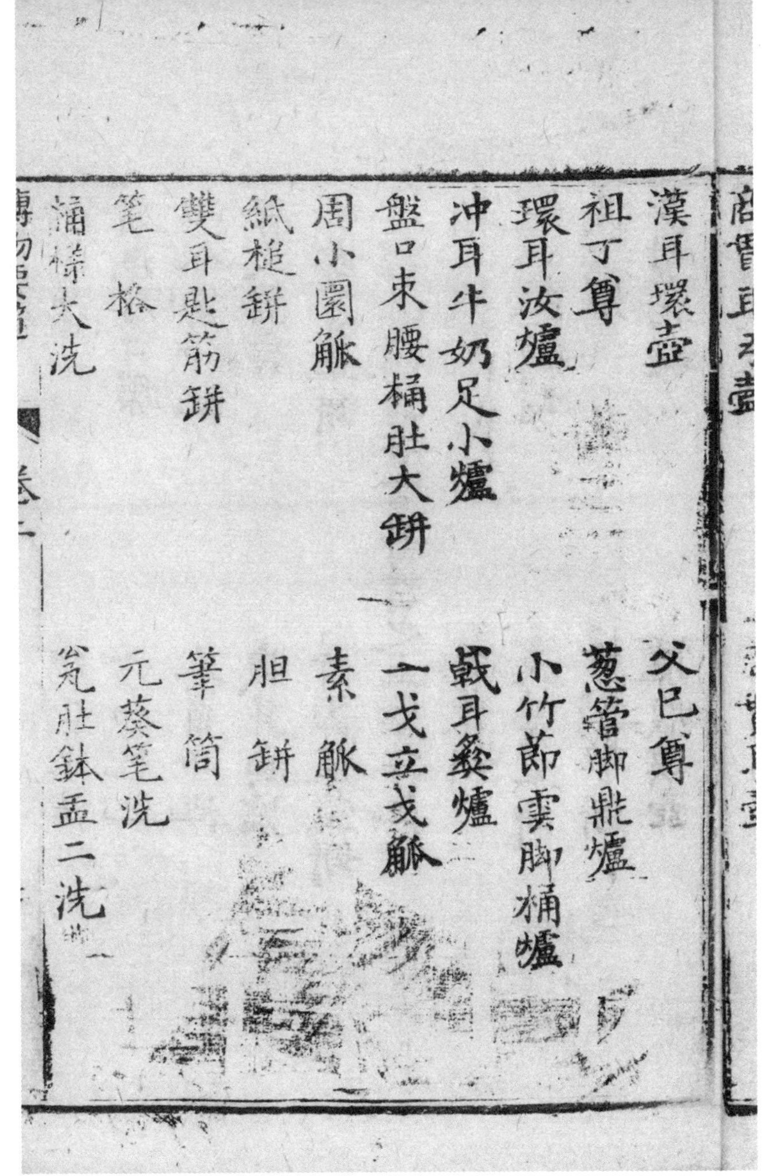

漢耳環壺

祖丁尊

環耳汝爐

冲耳牛奶足小爐

盤口束腰桶肚大鉼

周小圜觚

紙槌鉼

雙耳匙（筯）［筋］[1]鉼

筆　格

桶様大洗

父已尊

葱管脚鼎爐

小竹節雲脚桶爐

戟耳彝爐

一戈立戈觚

素　觚

胆　鉼

筆　筒

元葵筆洗

瓫肚鉢盂二洗

1 筋，原作“筯”，據《遵生八箋》卷四十改。

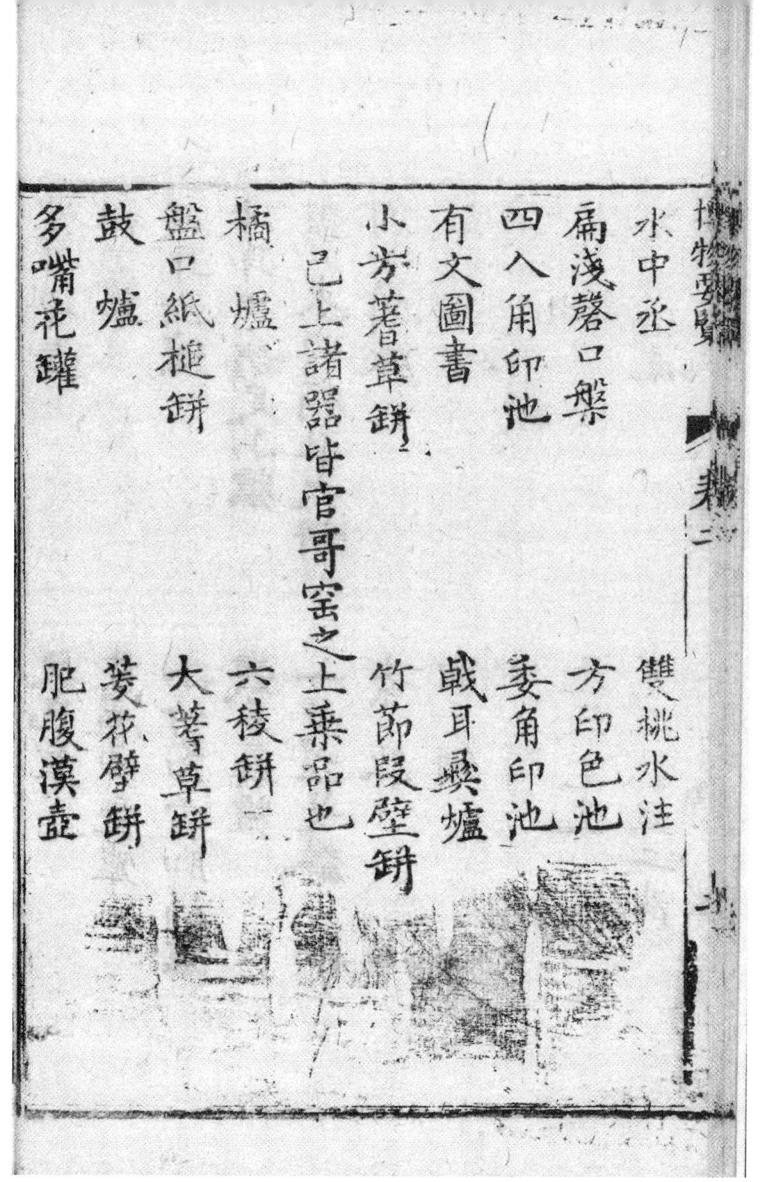

水中丞	雙桃水注
扁淺磬口槃	方印色池
四入角印池	委角印池
有文圖書	戟耳彝爐
小方蓍草缾	竹節段壁缾

已上諸器皆官哥窑之上乘品也。

橘　爐	六稜缾
盤口紙槌缾	大蓍草缾
鼓　爐	菱花壁缾
多嘴花罐	肥腹漢壺

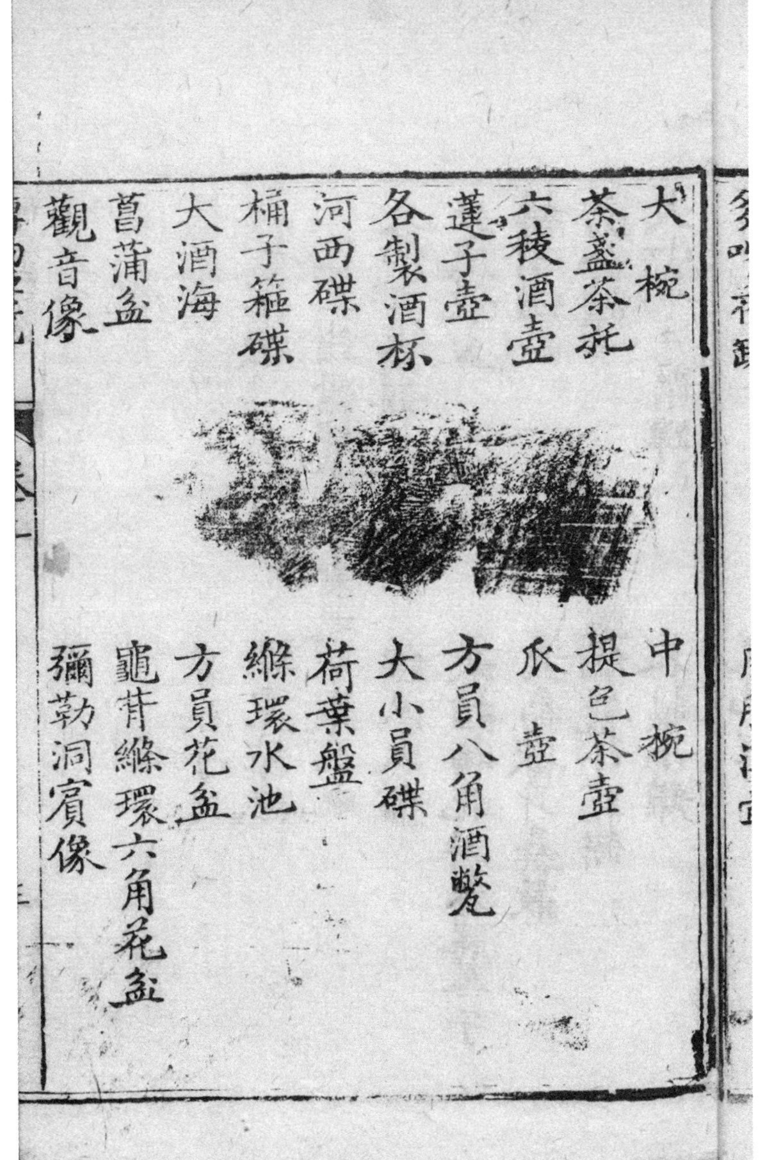

大　椀	中　椀
茶盞茶托	提包茶壺
六稜酒壺	瓜　壺
蓮子壺	方員八角酒甃
各製酒杯	大小員碟
河西碟	荷葉盤
桶子箍碟	絲環水池
大酒海	方員花盆
菖蒲盆	龜背絲環六角花盆
觀音像	彌勒洞賓像

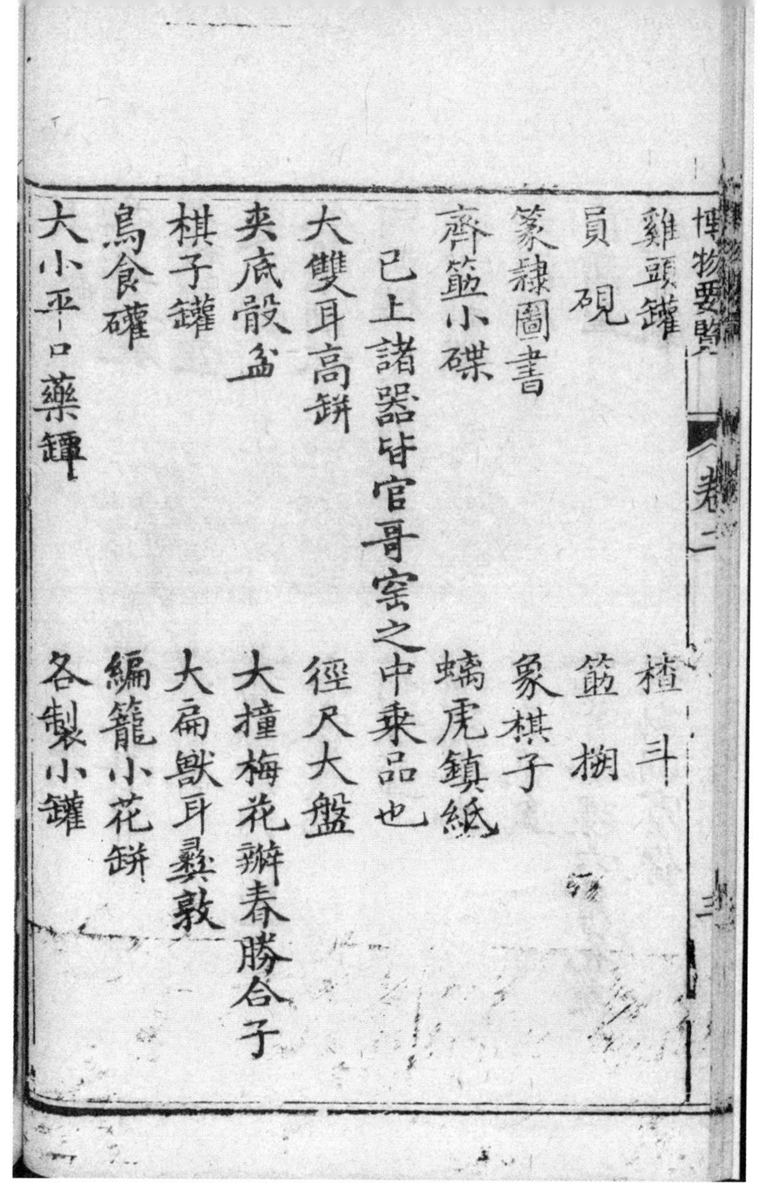
博物要覽　卷二

雞頭罐　楂斗
員硯　筯捌
篆隸圖書　象棋子
齊筯小碟　螭虎鎮紙
已上諸器皆官哥窰之中乘品也
大雙耳高餅　徑尺大盤
夾底骰盆　大撞梅花瓣春勝合子
棋子罐　大扁獸耳彝敦
鳥食罐　編籠小花餅
大小平口藥罈　各製小罐

雞頭罐　　　　楂　斗
員　硯　　　　筯　捌
篆隸圖書　　　象棋子
齊筯碟　　　　螭虎鎮紙

已上諸器皆官哥窰之中乘品也。

大雙耳高餅　　徑尺大盤
夾底骰盆　　　大撞梅花瓣春勝合子
棋子罐　　　　大扁獸耳彝敦
鳥食罐　　　　編籠小花餅
大小平口藥罈　各製小罐

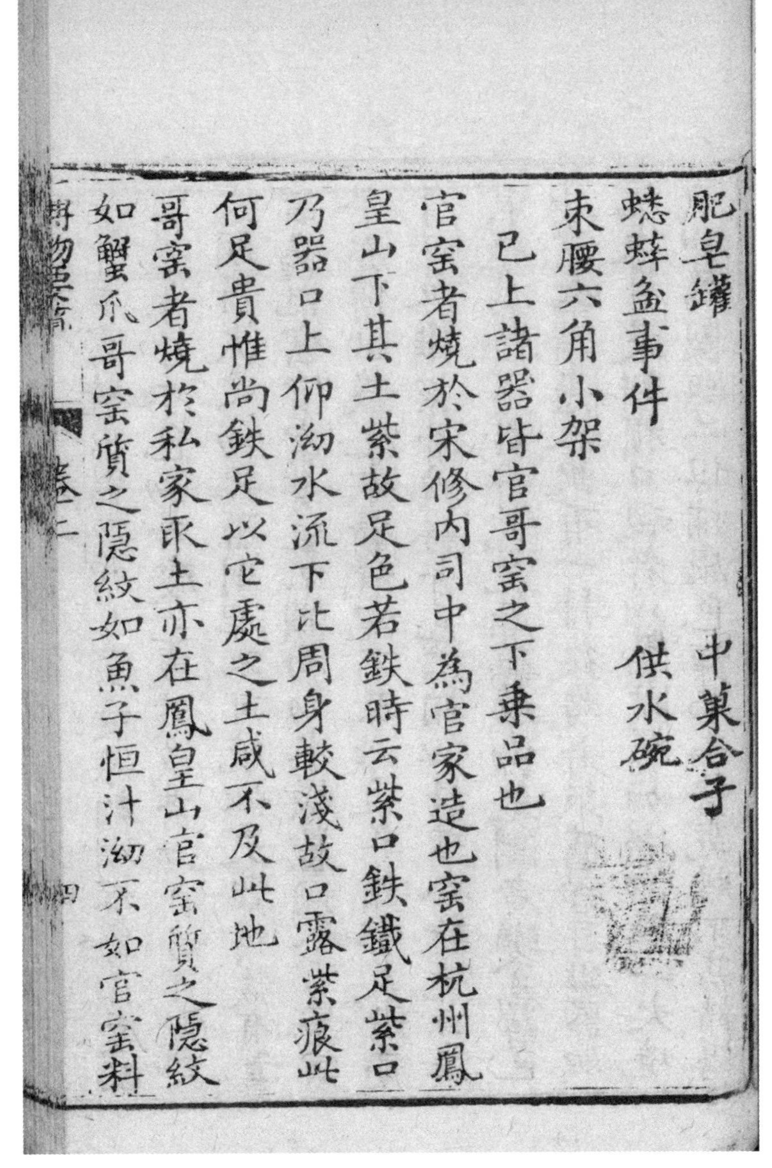

肥皂罐　中菓合子
蟋蟀盆事件　供水碗
束腰六角小架
已上諸器皆官哥窑之下乘品也
官窑者燒於宋修内司中為官家造也窑在杭州鳳
皇山下其土紫故足色若鉄時云紫口鉄足紫口
乃器口上仰泑水流下比周身較淺故口露紫痕此
何足貴惟尚鉄足以它處之土咸不及此地
哥窑者燒於私家取土亦在鳳皇山官窑質之隱紋
如蟹爪哥窑質之隱紋如魚子恒汁泑不如官窑料

博物要覽　卷二　四

肥皂罐　　中菓合子

蟋蟀盆事件　　供水碗

束腰六角小架

已上諸器皆官哥窑之下乘品也。

官窑者，燒於宋修内司中，為官家造也。窑在杭州鳳皇山下，其土紫，故足色若鉄。時云紫口鉄足。紫口，乃器口上仰，泑水流下，比周身較淺，故口露紫痕，此何足貴？惟尚鉄足，以它處之土咸不及此地。

哥窑者，燒於私家，取土亦在鳳皇山。官窑質之隱紋如蟹爪，哥窑質之隱紋如魚子，（恒）［但］[1] 汁泑不如官窑料

1 但，原作"恒"，據《遵生八箋》卷十四改。

佳乎。二窑燒出器皿，時有窑變，狀類蝴蝶、禽鳥、麐豹等像。（本）［布］[1]于本色泑外變色，或黄或紫紅，肖形可愛，皆文明，乃火之幻化，否則理不可曉，似更難得。後有（薫）［董］[2]窑、烏泥窑，［俱法］[3]官窑，質粗不潤，而泑水燥暴，溷入官哥窑，今亦傳世。後元末新燒，宛不及此。近年諸窑美者，亦有可取，惟紫骨與粉青色不相似耳。若今新燒，去諸官窑遠甚，亦有粉青色，乾燥無華，即光潤者，變為緑色，且索大價愚人。更有一種（後）［復］[4]燒者，取舊官哥磁器，如爐欠耳足，餅損口稜者，以舊補舊，加以泑藥，一火燒成，如舊製無二，但補處色渾，而本質乾燥不甚精，得

1 布，原作“本”，據《遵生八箋》卷十四改。

2 董，原作“薫”，據《遵生八箋》卷十四改。

3 俱法，原無此二字，據《遵生八箋》卷十四補。

4 復，原作“後”，據《遵生八箋》卷十四改。

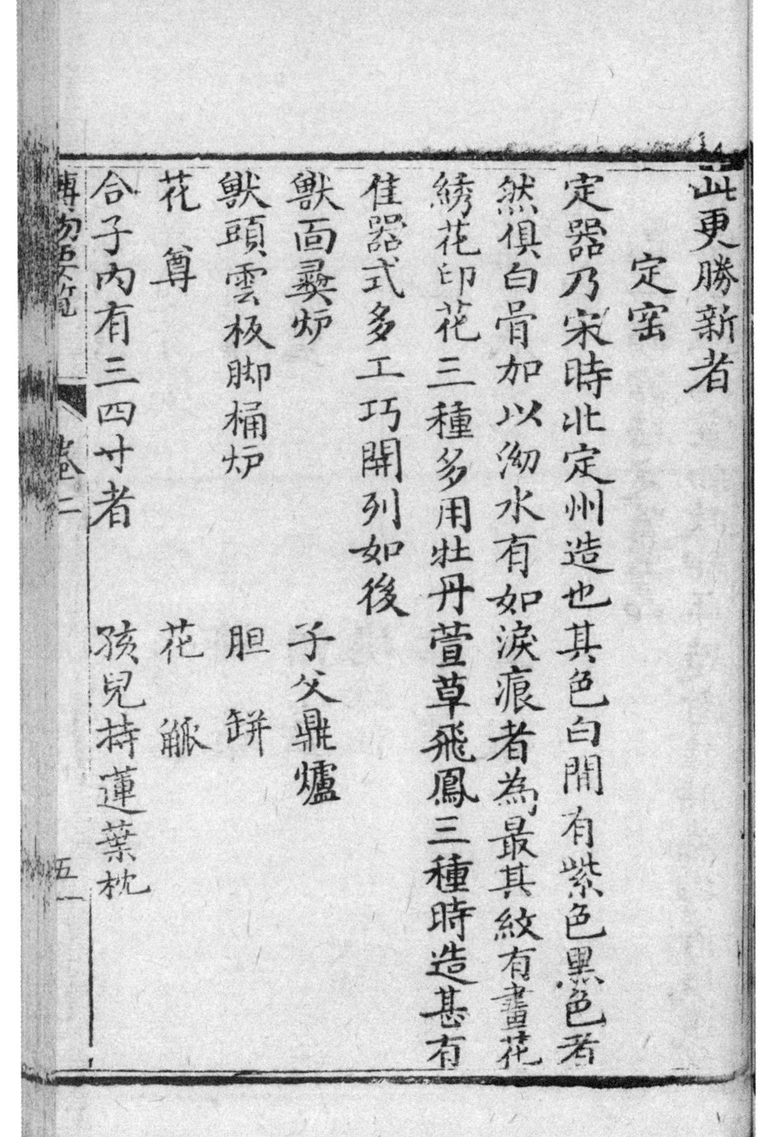

此更勝新者
定窑
定器乃宋時北定州造也其色白間有紫色黑色者
然俱白骨加以泑水有如淚痕者為最其紋有畫花
繡花印花三種多用牡丹萱草飛鳳三種時造甚有
佳器式多工巧開列如後
獸面彝炉　子父鼎爐
獸頭雲板脚桶炉　胆缾
花　尊　花　觚
合子内有三四寸者　孩兒持蓮葉枕
博物要覽　卷二　五一

此更勝新者。

定窑

定器乃宋時北定州造也。其色白，間有紫色、黑色者，然俱白骨，加以泑水，有如淚痕者為最。其紋有畫花、繡花、印花三種，多用牡丹、萱草、飛鳳三種，時造甚有佳器，式多工巧，開列如後。

獸面彝爐	子父鼎爐
獸頭雲板脚桶爐	胆　缾
花　尊	花　觚
合子内有三四寸者	孩兒持蓮葉枕

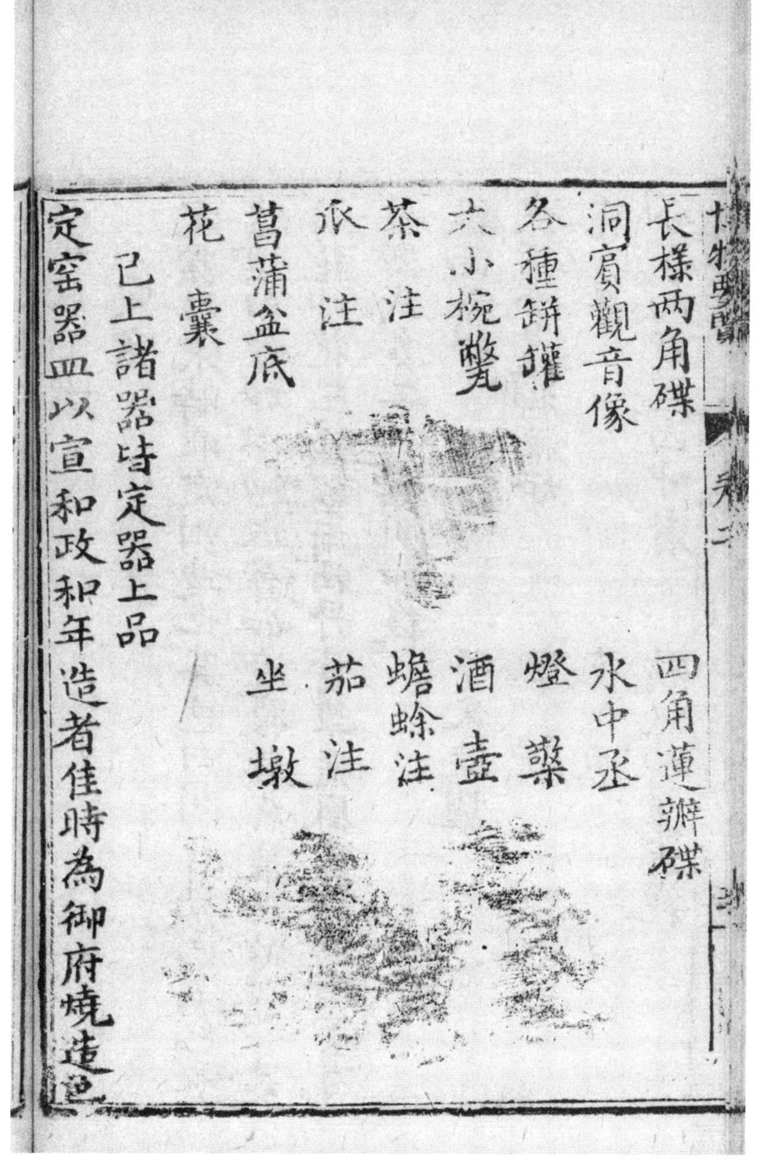

長様兩角碟	四角蓮瓣碟
洞賔觀音像	水中丞
各種鉼罐	燈　檠
大小椀甃	酒　壺
茶　注	蟾蜍注
瓜　注	茄　注
菖蒲盆底	坐　墩
花　囊	

已上諸器皆定器上品。

定窑器皿以宣和、政和年造者佳，時為御府燒造也。

白質薄，土色如玉，物價甚高。其紫黑者亦少有，余僅見一二種。其器色黄質厚者，下品也。又若骨色青溷如油灰者，彼地俗名後土窑，又其下也。近如新仿定器，如文王鼎爐、獸面戟耳彝炉，不减定人製法，可用亂真。若周丹泉初燒為佳，亦須磨去滿面火氣可玩。若玉蘭花杯，雖巧，似入惡道，且輪廻甚速。又若繼周而燒者，合爐、桶爐，以鎖子甲、毬門錦、龜紋穿挽為花地者，製作極工，不入清賞，且質較丹泉之造遠甚。元時彭君寶仿定窑燒于霍州者，名曰彭窑，又曰霍窑，效古定折腰，製者甚工，土骨細白，凡口皆滑，惟欠潤澤，且質極脆，不堪真賞。

古龍泉窑

定窑而下，古龍泉窑次之。古龍泉窑，土細質薄，色甚葱翠，妙者與官哥窑争艷，但少紋片紫骨耳。其製器款如：

花　鉼	花　觚
蓍草方鉼	鬲　炉
桶　炉	有耳束腰小爐
菖蒲盆底	酒　甃
冰　盤	深腹盥槃

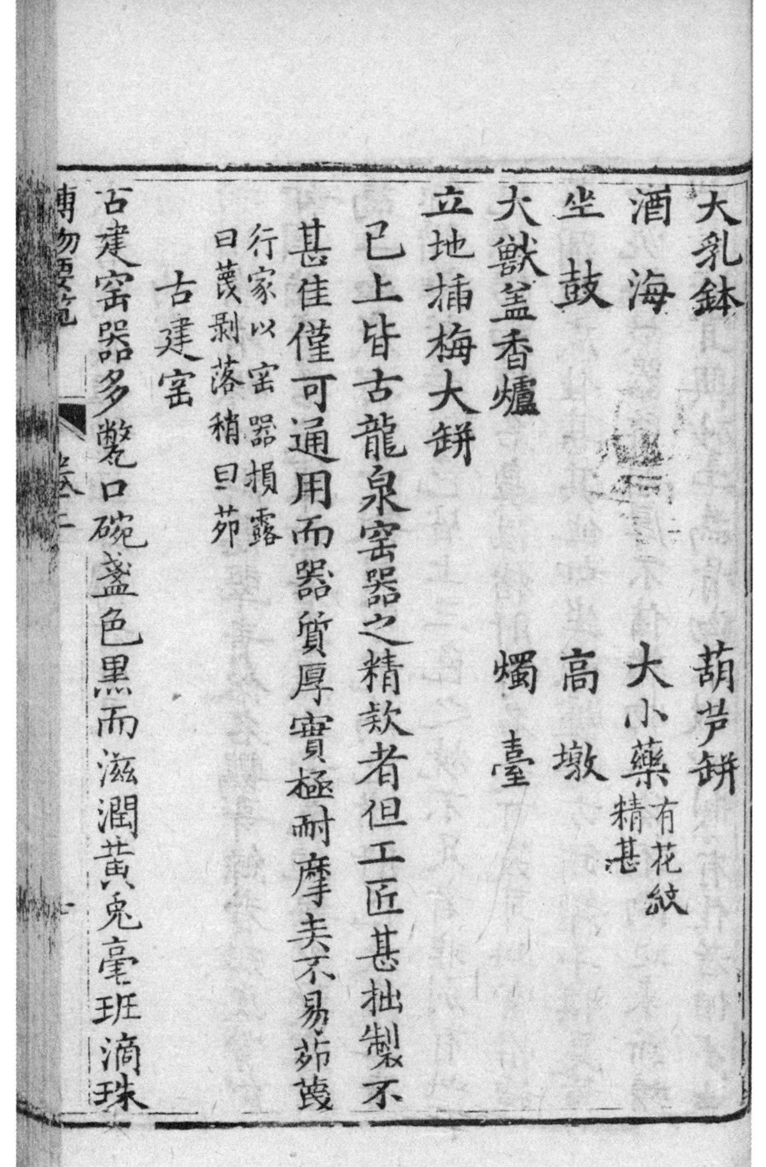

大乳鉢　　葫芦鉼

酒　海　　大小藥［瓶］[1]有花紋，精甚

坐　鼓　　高　墩

大獸盖香爐　　燭　臺

立地插梅大鉼

已上皆古龍泉窑器之精款者，但工匠甚拙，製不甚佳，僅可（通）［適］[2]用，而器質厚實，極耐摩矣，不易茆蔑。以窑器損露曰蔑，剥落稍曰茆[3]。

古建窑

古建窑器，多甃口碗盞，色黑而滋潤，黄兔毫班、滴珠

1 瓶，原無此字，據《遵生八箋》卷十四補。

2 適，原作“通”，據《遵生八箋》卷十四改。

3 以窑器損露曰蔑，剥落稍曰茆，《遵生八箋》卷十四作：“行語以開路曰蔑，損失些少曰茅。”

大者為真，但體極厚，薄者少見。

均窑

均州窑有硃砂紅、葱翠青，俗名鸚哥緑者，茄皮紫。紅如胭脂，青若葱翠，紫若墨黑。三者色純，無少變露者為上品，底有一二數目字號為記。豬肝色、火裏紅、青緑錯雜，若垂涎色，皆上三色之燒不足者，非别有此色樣。俗即取名鼻涕、猪肝等名，是可笑耳。此窑惟種菖蒲盆底佳甚。其他如坐墩、爐合、方餅、罐子，俱是黄沙泥坯，故器質粗厚不佳，雜物人多不尚。近來新燒此窑，皆宜興砂土為骨，泑水微似，製有佳者，但不耐

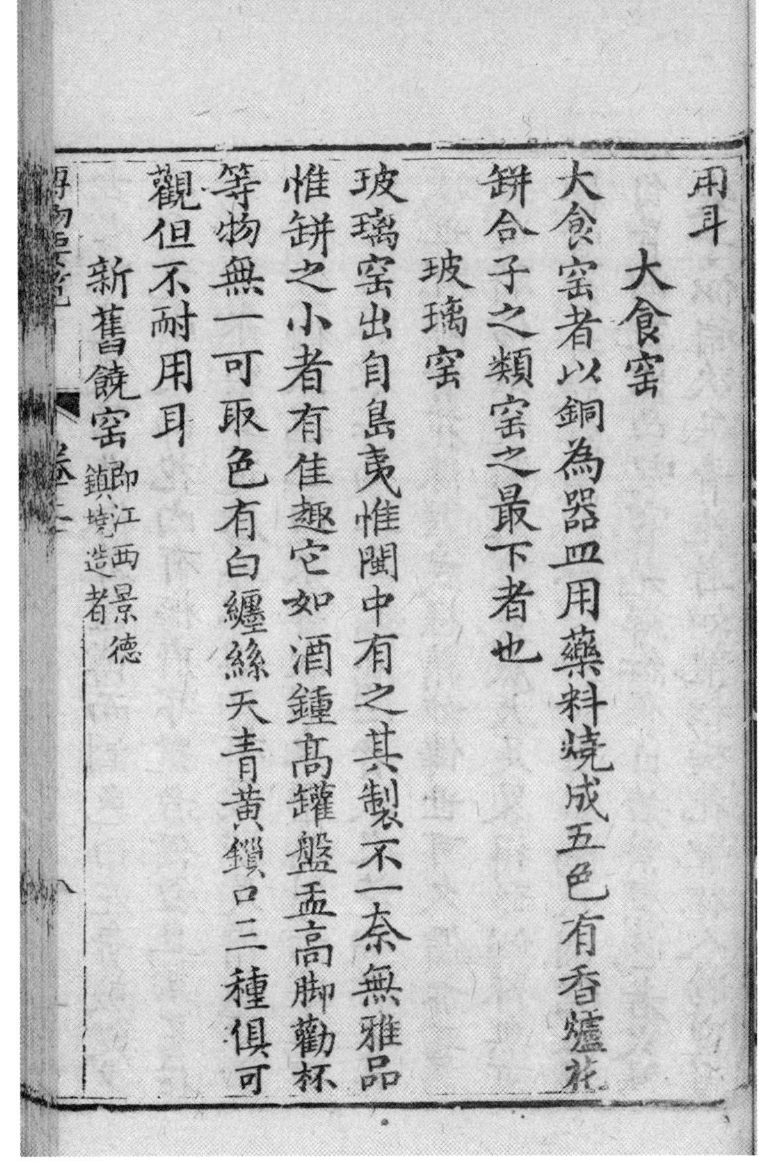
用耳

大食窑

大食窑者以銅為器皿用藥料燒成五色有香爐花餅合子之類窑之最下者也

玻璃窑

玻璃窑出自島夷惟閩中有之其製不一奈無雅品惟餅之小者有佳趣它如酒鍾高罐盤盂高脚勸杯等物無一可取色有白纏絲天青黃鎖口三種俱可觀但不耐用耳

新舊饒窑即江西景德鎮燒造者

用耳。

大食窑

大食窑者，以銅為器皿，用藥料燒成五色。有香爐、花餅、合子之類，窑之最下者也。

玻璃窑

玻璃窑出自島夷，惟（閩）［粵］[1]中有之，其製不一。奈無雅品，惟餅之小者有佳趣。它如酒鍾、高罐、盤盂、高脚勸杯等物，無一可取。色有白纏絲、天青、黃鎖口三種，俱可觀，但不耐用耳。

新舊饒窑即江西景德鎮燒造者

1 粵，原作“閩”，據《遵生八箋》卷十四改。

古之燒造饒器進御者，體薄而潤，色白花青，較定少次。元燒小足印花，内有樞府字號者，價重且不易得。若我明永樂年造壓手杯，坦口折腰，沙足滑底，中心畫有雙獅滚毬，毬内篆書“大明永樂年製”六字，或白字細若粒米，此為上品，鴛鴦心者次之，花心者又其次也。杯外青花深翠，式様精妙，傳世可久，價亦甚高。若近時仿効，規製蠢厚，火底火足，畧得形似，殊無可觀。宣德年造紅魚（靶）［鮀］[1]杯，以西紅寶石為末，圖畫魚形，自骨（内）［肉］[2]燒出凸起，寶光鮮紅奪目。若紫黑色者，火候失手，似稍次矣。青花者如龍松梅花杯，人物蓮子

1 鮀，原作“靶”，據《遵生八箋》卷十四改。
2 肉，原作“内”，據《遵生八箋》卷十四改。

酒靶杯硃砂小壺大椀色紅如日用白鎖口又如竹
節靶罩盖滷壺小壺此等物古未有它如妙用種種
惟小巧之物最佳描畫不苟而爐餅槃碟最多製如
常品若罩盖扁罐敞口花尊蜜食桶罐甚美多五彩
燒色它如盞心有壇字白甌所謂壇盞是也質細料
厚式美足用真文房佳器又有等白茶盞較壇盞少
低而瓮肚釜底線足光瑩如玉内有絶細龍鳳暗花
底有大明宣德年製暗款隱隱橘皮紋起雖定磁何
能比方真一代絶品惜乎外不多見又若坐墩之美
如漏空花紋填以五彩華若雲錦又以五彩實填花

酒靶杯，硃砂小壺、大椀，色紅如日，用白鎖口。又如竹莭靶罩盖滷壺、小壺，此等物古未有。它如妙用種種，惟小巧之物最佳，描畫不苟。而爐、餅、槃、碟最多，製如常品。若罩盖扁罐、敞口花尊、蜜食桶罐，甚美，多五彩燒色。它如盞心有壇字白甌，所謂壇盞是也。質細料厚，式美足用，真文房佳器。又有等［細］[1]白茶盞，較壇盞少低，而瓮肚釜底線足，光瑩如玉，内有絶細龍鳳暗花，底有“大明宣德年製”暗款，隱隱橘皮紋起，雖定磁何能比方，真一代絶品，惜乎外不多見。又若坐墩之美，如漏空花紋，填以五彩，華若雲錦。又以五彩實填花

1 細，原無此字，據《遵生八箋》卷十四補。

紋，絢艷恍目。二種皆深青地子。有藍地填畫五彩，如石青剔花，有青花白地，有冰（製）[裂][1]紋者，種種式樣，似非前代曾有。

成窖上品，無過五彩葡萄甃口扁肚靶杯，式較宣杯妙甚。次若草虫可口子母雞勸杯、人物蓮子酒盞、五供養淺盞、草虫小盞、青花紙薄酒盞、五彩齊筯小碟、香合、各製小罐，皆精妙可人。余評青花成窑不及宣窑，五彩宣廟不如憲廟。蓋宣窑之青，乃蘇（泥勃）[勃泥][2]青也，後俱用盡。至成化時，皆平等青矣。宣窑五彩，深厚堆垛，故不甚佳。而成窑五色，用色淺淡，頗有畫意。此余

1 裂，原作“製”，據《遵生八箋》卷十四改。

2 勃泥，原作“泥勃”，據《遵生八箋》卷十四改。

評似確然矣。

嘉窑青花、五彩二窑，製器悉備，奈何饒土入地漸惡，較之二窑往時，代不相侔。有小白甌内燒“茶”字、“酒”字、“棗湯”、“姜湯”字者，乃世宗經籙醮壇用器，亦曰壇琖。製度質料，迥不及宣德矣。嘉窑如磬口、饅心、員足，外燒三色魚扁琖、紅鉛小花合子，其大如錢，二品亦為世珍，小合子花青畫美。向後恐官窑不能有此物矣，得者珍之。

博物要覽卷二

博物要覽卷三

志金　國初谷應泰撰　綿州　李調元　輯

黃金所産地

黃金産益州四川。

或生水中沙際。

黃金産益州、梁州、寧州四川。

産水沙中作屑，謂之生金。

黃金産建平晋安俱福建。

出石中，乃金砂矣。燒煉鼓鑄為碣，雖被火，亦未熟，猶須更煉。

一産嶺南獠夷洞中。

出蠻獠洞中，如赤墨、碎石、金鐵、屎之類。南人云，此金乃毒蛇齒落石上而成。又云，毒蛇屎及鵁鳥屎著石上皆碎，即成此等生金。有大毒，殺人。

一産饒州，又産信州俱江南。

産饒州山谷砂中，顆如米粒。産信州石中，顆如荳顆而圓。

一産南劍州、澄州俱四川。

産劍州者乃砂金，顆如沙粒，淘漉鑄煉而成。産澄州者乃塊金，在山谷土中掘出，顆塊如石狀。

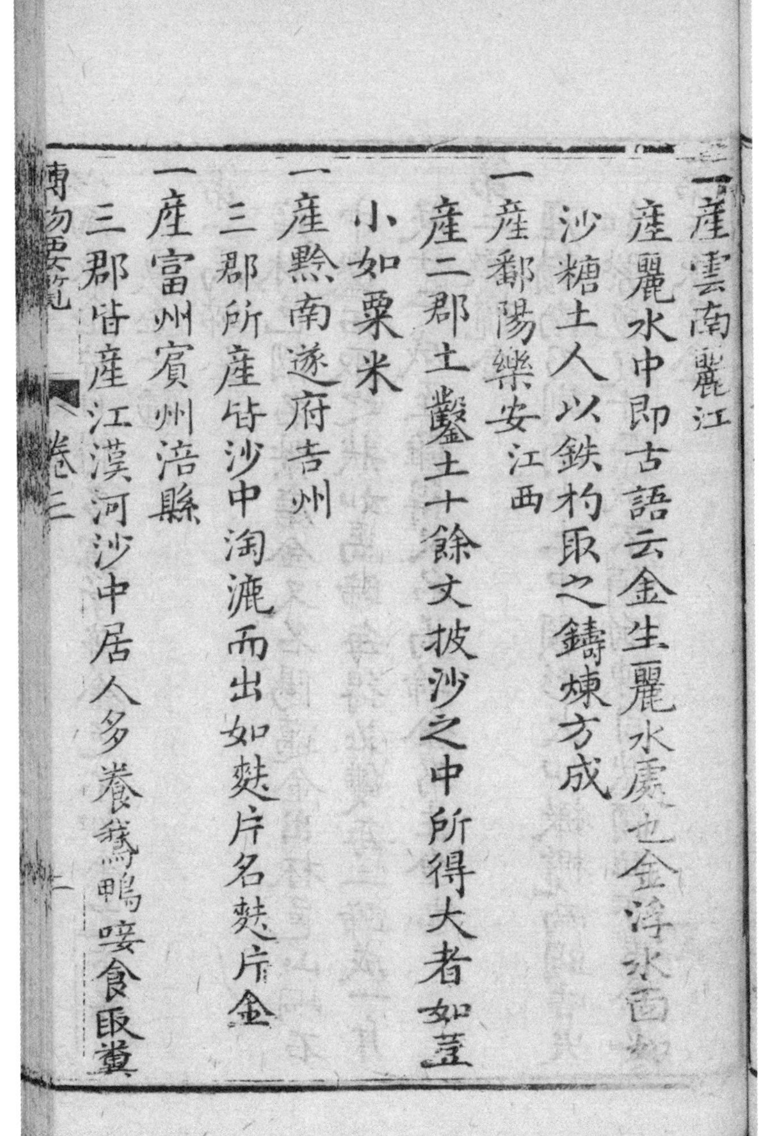

一産雲南麗江。

産麗水中，即古語云“金生麗水”處也。金浮水面，如沙糖。土人以鉄杓取之，鑄煉方成。

一産鄱陽樂安江西。

産二郡土，鑿土十餘丈，披沙之中，所得大者如荳，小如粟米。

一産黔南遂府吉州。

三郡所産皆沙中，淘漉而出，如麩片，名麩片金。

一産富州、賔州、涪縣。

三郡皆産江漢河沙中，居人多養鵞鴨，唼食取糞，以淘取金片，日得多寡不等，金色不如，金之下品。

　　良金十種

第一馬蹄金

　產林邑國，名紫磨金，又名陽邁金，出林邑山峒石中。鑿石取之，狀如馬蹄，每得必雙，每二蹄成一斤，足十二成，至難得，又名馬蹄金，乃生金也。

第二橄欖金

　產嶺南，乃荊南山土中，顆形大如橄欖，兩頭皆尖，紅紫色，足十二成，不煩淘煉，自然顆粒，亦生金也。

第三瓜子金

博物要覽　卷三

產漢江五溪江中大如瓜子足赤十一成不須淘
煉自然顆粒亦生金也
第四顆塊金
產雲南麗江諸處或土砂中及江砂中顆塊如山
石狀有大塊十餘斤或五六斤一斤八九兩及兩
許者不等足赤十一成不須淘煉自然顆塊亦生
金也
第五胯子金
產湖廣湖南北諸郡砂土中像臈茶腰帶胯子足
赤十一成不須淘煉自然顆塊亦生金也

產漢江、五溪江中。大如瓜子，足赤十一成，不須淘煉，自然顆粒，亦生金也。

第四顆塊金

產雲南麗江諸處，或土砂中及江砂中。顆塊如山石狀，有大塊十餘斤、或五六斤、一斤八九兩及兩許者不等，足赤十一成，不須淘煉，自然顆塊，亦生金也。

第五胯子金

產湖廣、湖南北諸郡砂土中。像臈茶腰帶胯子，足赤十一成，不須淘煉，自然顆塊，亦生金也。

第六麸片金

産高麗國砂土中，土人淘漉而出，如麥麸之片，足赤十成，土人鑄煉成小餅，每十七餅成一兩，乃熟金也。

第七豆瓣金

産梁州土中，掘土十餘丈方見，形員扁如豆瓣狀，足赤十成，土人鑄煉成鋌，每鋌重乙兩、六七錢不等，乃熟金也。

第八麥顆金

産梁州属縣山石砂土中，形尖如麥，足赤十成，

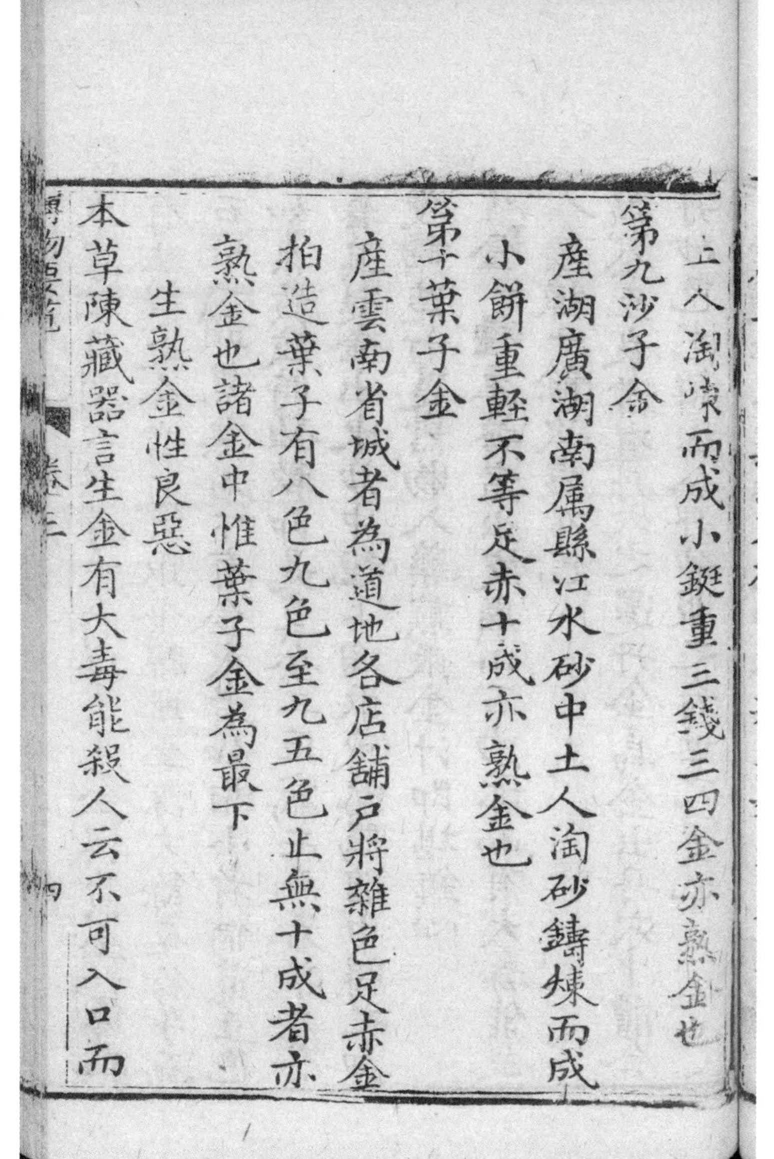

土人淘煉而成小鋌，重三錢、三四金，亦熟金也。

第九沙子金

產湖廣、湖南屬縣江水砂中，土人淘砂鑄煉而成，小餅重輕不等，足赤十成，亦熟金也。

第十葉子金

產雲南省城者為道地，各店鋪户將雜色足赤金拍造葉子，有八色、九色至九五色止，無十成者，亦熟金也。諸金中惟葉子金為最下。

生熟金性良惡

《本草》陳藏器言，生金有大毒，能殺人，云不可入口。而

本草綱目則云無毒李時珍云生金與黃金一倖而
有生熟之分嘗見人取金掘地至深丈餘至紛子石
石皆一頭黑焦石下有金大者如指小者猶蔴豆色
如桑黃咬時極軟即是真金工匠竊而吞者不見有
毒其麩金出水沙中氈上淘取或鵞鴨腹中得之即
便鑄造打造器物入藥煎取金汁即堪鎮心
生金一種至毒者出交廣山石内赤而有大毒能殺
人須煉十餘次毒乃已
熟金至良者有丹穴之還丹金焉金出丹穴中體含
丹砂色尤鮮赤合丹砂服之希世之寶也

《本草綱目》則云無毒。李時珍云：生金與黃金一倖而有生熟之分。嘗見人取金，掘地至深丈餘，至紛子石。石皆一頭黑焦，石下有金，大者如指，小者猶蔴豆，色如桑黃，咬時極軟，即是真金。工匠竊而吞者，不見有毒。其麩金出水沙中，氈上淘取，或鵞鴨腹中得之，即便鑄造，打造器物。入藥煎取金汁，即堪鎮心。

生金一種至毒者，出交、廣山石内，赤而有大毒，能殺人，須煉十餘次，毒乃已。

熟金至良者，有丹穴之還丹金焉，金出丹穴中，體含丹砂，色尤鮮赤，合丹砂服之，希世之寶也。

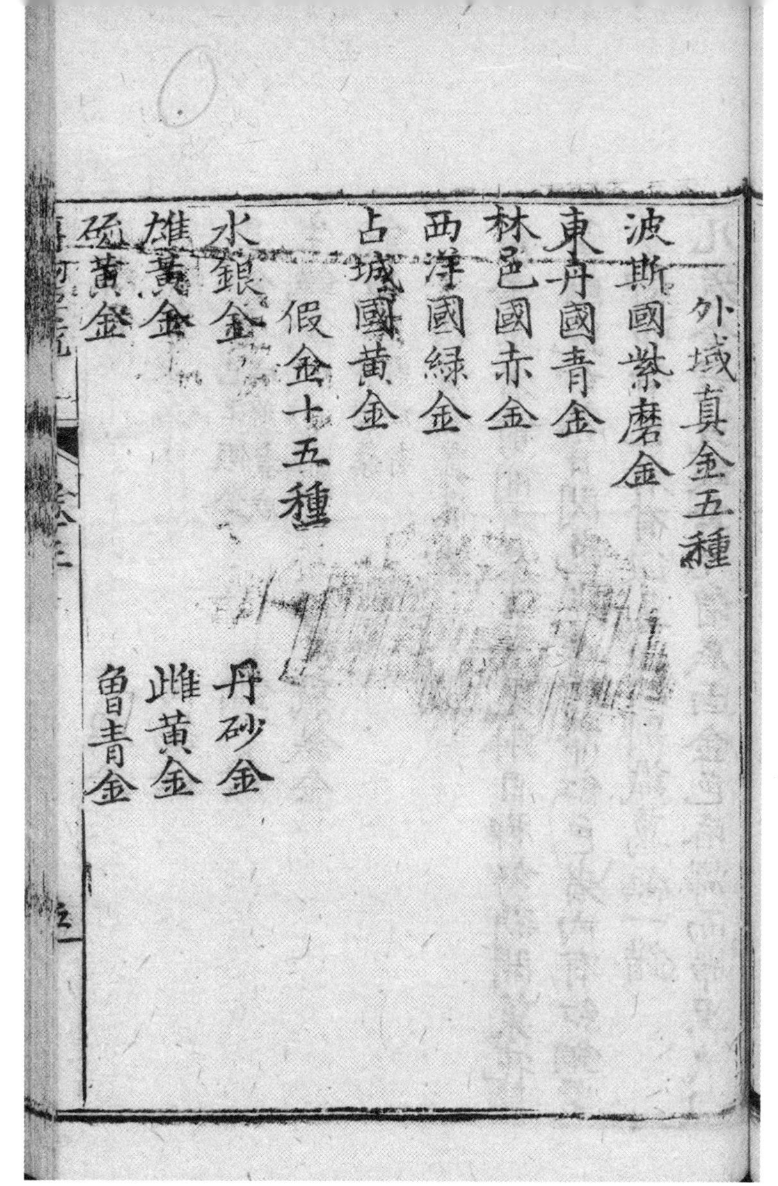

外域真金五種

波斯國紫磨金

東丹國青金

林邑國赤金

西洋國緑金

占城國黃金

假金十五種

水銀金	丹砂金
雄黃金	雌黃金
硫黃金	曾青金

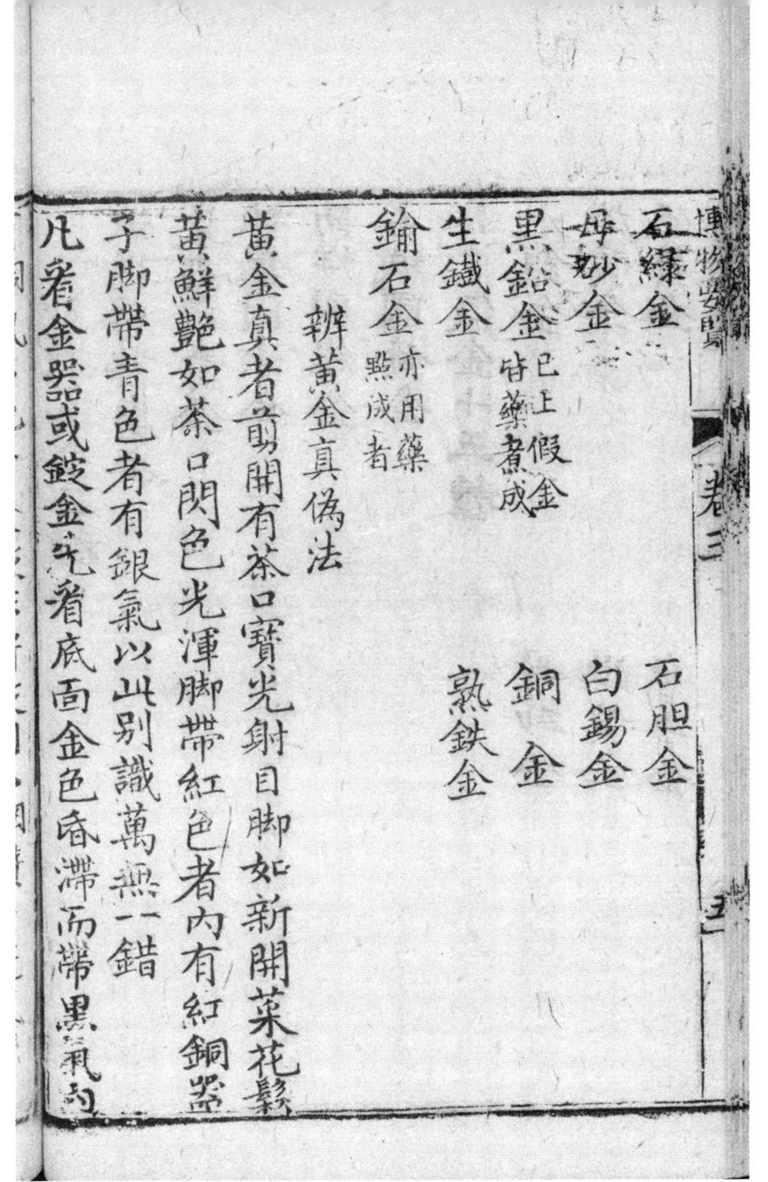

石緑金	石胆金
母砂金	白錫金
黑鉛金已上假金皆藥煮成	銅　金
生鐵金	熟鐵金

鍮石金亦用藥點成者

辨黄金真偽法

黄金真者，剪開有茶口，寶光射目，脚如新開菜花，鬆黄鮮艷。如茶口閃色光渾，脚帶紅色者，内有紅銅器子。脚帶青色者，有銀氣。以此别識，萬無一錯。

凡看金器或錠金，先看底面，金色昏滯而帶黑氣，内

有銅氣多也看金錠法將錠用小鋼鑽于兜底鑽一
孔用水銀傾入孔中
真金味甜而有香如松花凡欲試者將金物于掌心
摩熱嗅有香含之味甘者真金也若嗅之氣腥含之
味鹹而苦者内有銅氣或藥點者
凡看金物于杉木卓上金物於手中從高投下卓然
不動良久微顫者真金也投下直躍去者内有銅也
投下連顫者内有銀也投下卓然不動良久不微顫
而寂然者内有鉄也
凡看金物不可于日中及燈下看之日色及燈光最

博物要覽　卷三

有銅氣多也。看金錠法，將錠用小鋼鑽于兜底鑽一孔，用水銀傾入孔中，

真金味甜而有香如松花。凡欲試者，將金物于掌心摩熱，嗅有香，含之味甘者，真金也。若嗅之氣腥，含之味鹹而苦者，内有銅氣，或藥點者。

凡看金物，于杉木卓上，金物於手中，從高投下，卓然不動，良久微顫者，真金也；投下直躍去者，内有銅也；投下連顫者，内有銀也；投下卓然不動，良久不微顫而寂然者，内有鉄也。

凡看金物，不可于日中及燈下看之，日色及燈光最

能爍眼致令看金不准須于明朗背光處細細留心
觀看真偽自見也
凡疑金物非真要見原質者用食調山黄泥塗金器
入熾炭火中猛煆若有假偽其器即黑
又法以碧緑胆礬濃調水塗金器上入炭火中煆黄
者真黑者偽
又法看金鐲扁方内防包夾者將鐲舒開用竹筒一
枚將金鐲箍上若真金一圈即湊合柔軟若内中有
包夾者入手生硬上筒不圓凹凸歪斜也
辨金器真偽法

能爍眼，致令看金不准，須于明朗背光處細細留心觀看，真偽自見也。

凡疑金物非真，要見原質者，用食調山黄泥塗金器，入熾炭火中猛煆，若有假偽，其器即黑。

又法，以碧緑胆礬濃調水塗金器上，入炭火中煆，黄者真，黑者偽。

又法，看金鐲扁方内防包夾者，將鐲舒開，用竹筒一枚，將金鐲箍上。若真金，一圈即差湊合柔軟，若内中有包夾者，入手生硬，上筒不圓，凹凸歪斜也。

辨金器真偽法

凡辨夾金錠或夾金器皿用淡金或銀使赤金葉裹
就熱砑上錠子偽造者鎚痕器皿看底足有縫即是
如無縫看唇耳厚薄必有隙露入手硬夾器也
凡金器有偽造者多用石綠雌黃水銀辰砂縮錫及
倭硫黃等再用藥點而試之之法以好釅醋一大盞
調真胆礬青塩黃泥塗器上一伏時於猛炭火中煅
之若真者色黃如假者色黑而有小片如鐵屑葉葉
落器質成青黑色矣
金器着假多在爵杯酒壺八仙人物走獸空處甚易
如酒爵著假在三足中或用鉛條或用鐵屑和膠砂

凡辨夾金錠或夾金器皿，用淡金或銀使赤金葉裹就熱砑上，錠子偽造者，鎚痕器皿，看底足有縫即是，如無縫，看唇耳厚薄，必有隙露，入手硬，夾器也。

凡金器有偽造者，多用石綠、雌黃、水銀、辰砂、縮錫及倭硫黃等，再用藥點。而試之之法，以好釅醋一大盞，調真胆礬、青塩、黃泥塗器上，一伏時，於猛炭火中煅之，若真者色黃，如假者色黑，而有小片如鐵屑葉葉落，器質成青黑色矣。

金器着假多在爵杯、酒壺、八仙、人物、走獸空處甚易，如酒爵著假在三足中，或用鉛條，或用鐵屑和膠砂調稠填滿三足。看法將酒爵再四搖撼，中有聲淅淅而響者，內有鉄屑。因年久膠解，鉄屑落散，故搖而有聲也。

其酒壺著假，多在底内矣。用夾底中藏鉄片，或鎔鉛貯之，所著甚多而重。試之之法，將壺底用堅重石子或小鐵槌重重擊之一下。若真者，金性最柔，若遭擊後，即或坎陷。若有夾底，雖擊如故，壺裏之底光平不凸起者，内有夾假也。

八仙人物及走獸著假更多，乃在腹中多用鉄屑、膠砂，或填鉛、錫。辨之之法，用極細鋼錐，于背腹間及脚

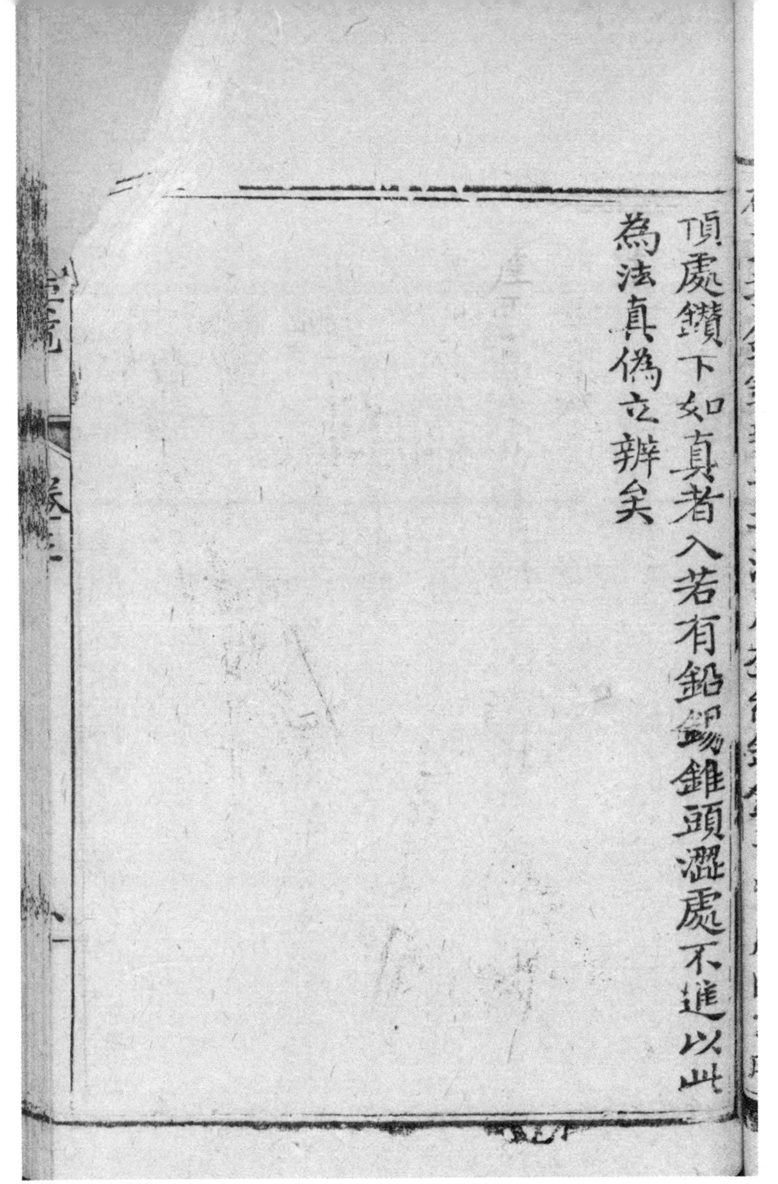
頂處鑽下如真者入若有鉛錫錐頭澀處不進以此
為法真偽立辨矣

頂處鑽下。如真者入，若有鉛、錫，錐頭澀處不進。以此為法，真偽立辨矣。

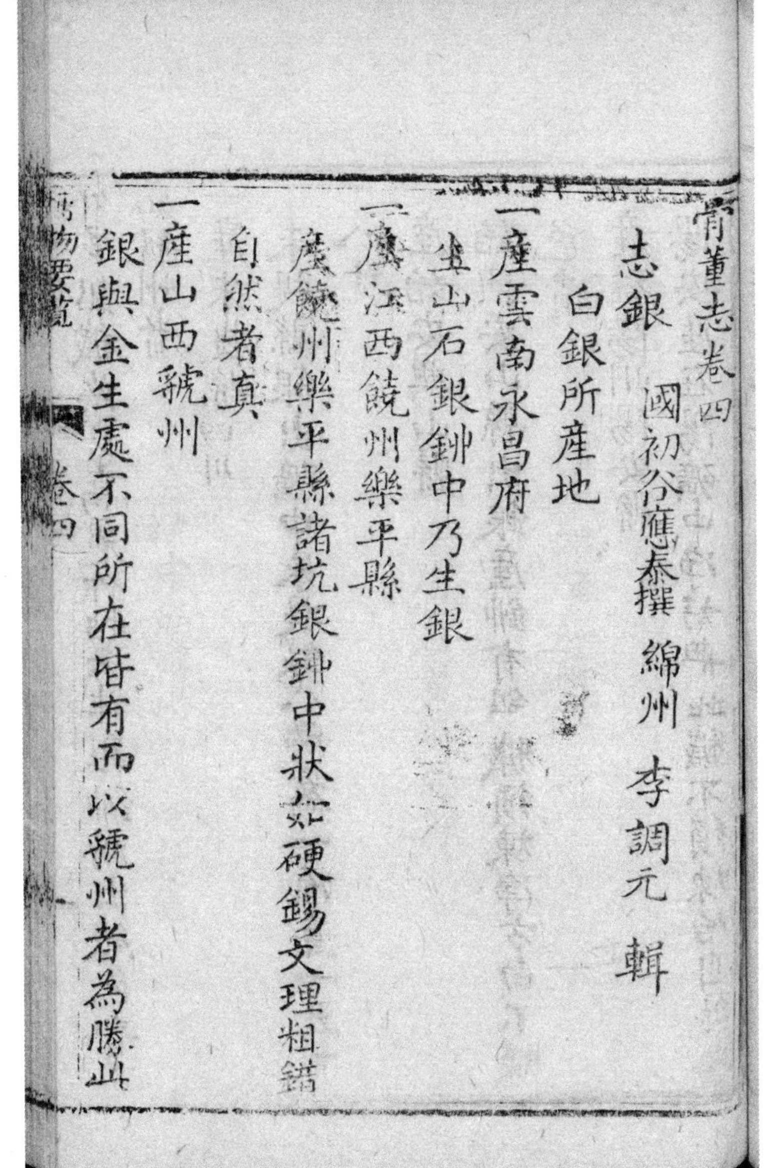

骨董志卷四

志銀　國初谷應泰撰　綿州　李調元　輯

白銀所産地

一産雲南永昌府。

生山石銀鉚中，乃生銀。

一産江西饒州樂平縣。

産饒州樂平縣諸坑銀鉚中，狀如硬錫，文理粗錯，自然者真。

一産山西虢州。

銀與金生處不同，所在皆有，而以虢州者為勝，此

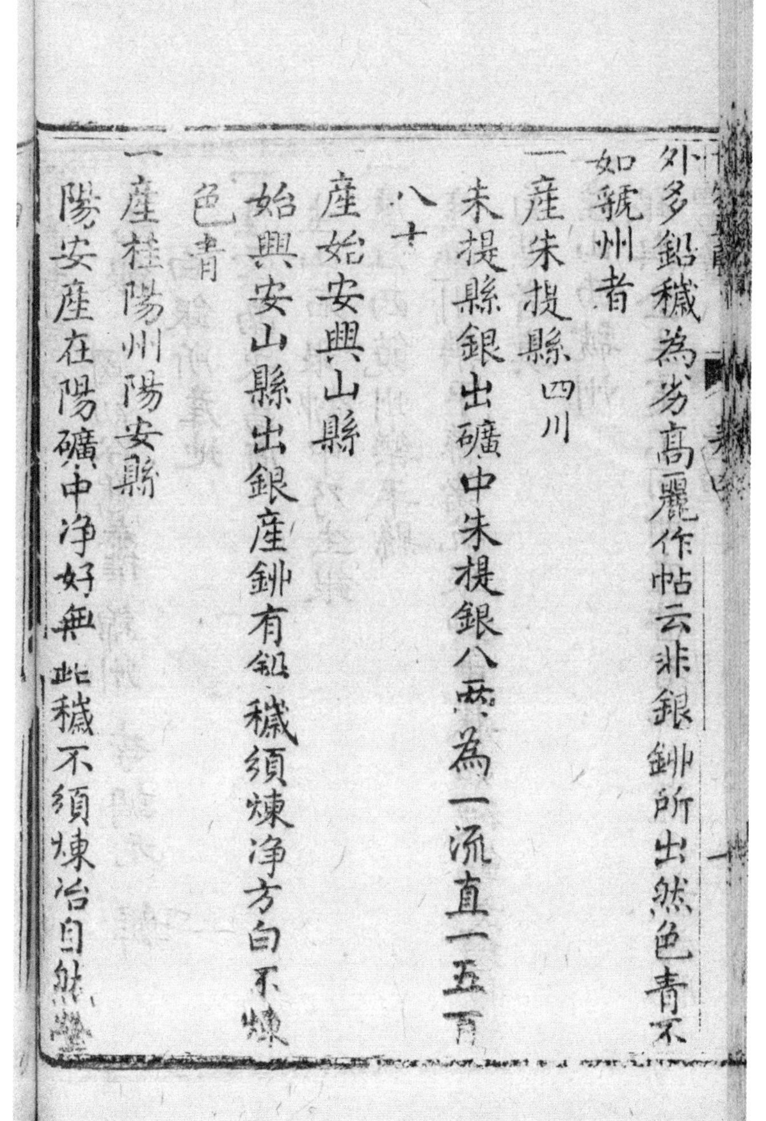

外多鉛穢為劣高麗作帖云非銀鉚所出然色青不如虢州者
一産朱提縣四川
朱提縣銀出礦中朱提銀八两為一流直一五百八十
一産始安興山縣
始興安山縣出銀産鉚有鉛穢須煉净方白不煉色青
一産桂陽州陽安縣
陽安産在陽礦中净好無此穢不須煉冶自然瑩

外多鉛穢為劣，高麗作帖，云非銀鉚所出，然色青不如虢州者。

一産朱提縣四川。

朱提縣銀出礦中，朱提銀八兩為一流，直一［千］[1]五百八十。

一産始安興山縣。

始興安山縣出銀産鉚，有鉛穢，須煉净方白，不煉色青。

一産桂陽州陽安縣。

陽安産在陽礦中，净好無鉛穢，不須煉冶，自然瑩

1千，原無此字，據《漢書·食貨志》補。

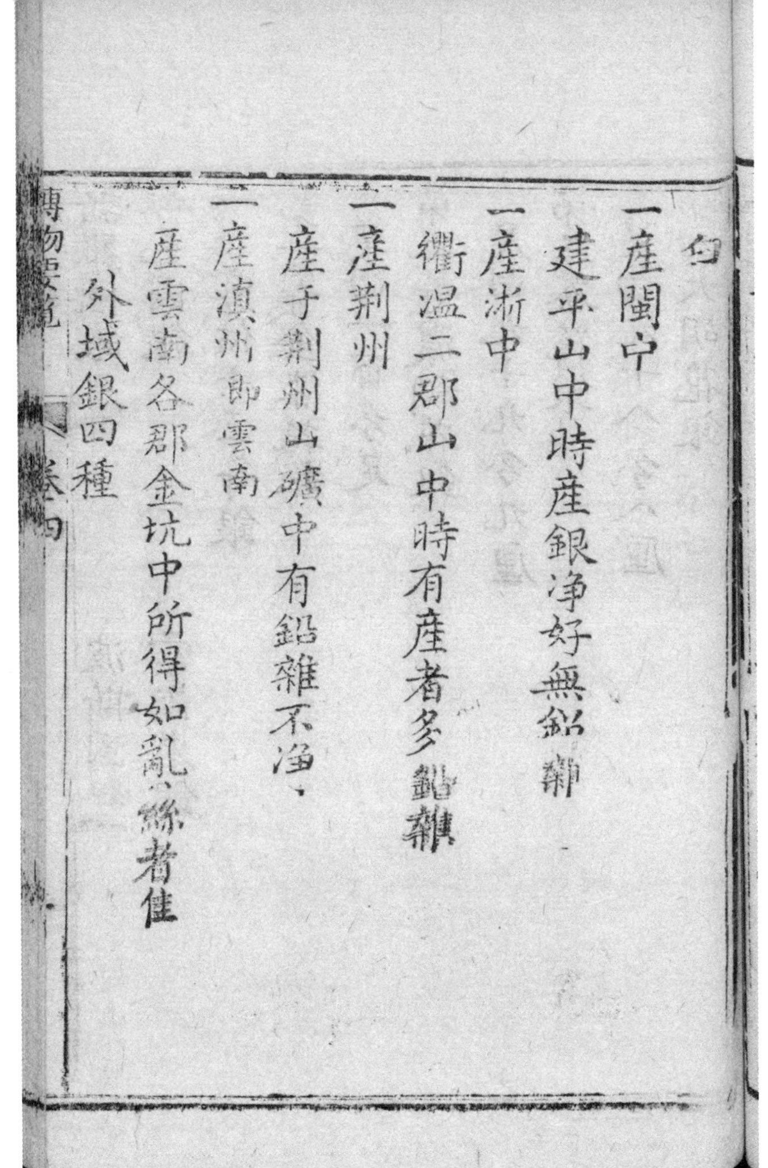

白。

一產閩中。

建平山中時產銀，净好無鉛雜。

一產浙中。

衢、温二郡山中時有產者，多鉛雜。

一產荊州。

產于荊州山礦中，有鉛雜不净。

一產滇州即雲南。

產雲南各郡金坑中，所得如亂絲者佳。

外域銀四種

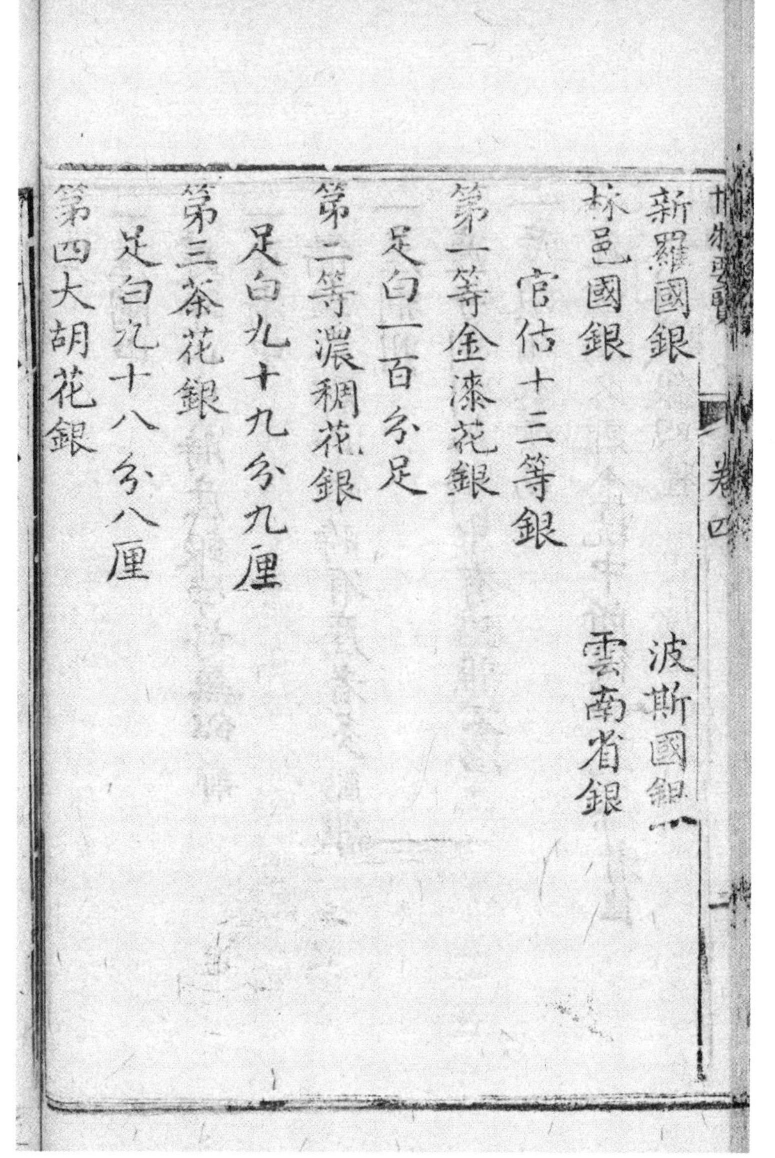

新羅國銀　　　　波斯國銀

林邑國銀　　　　雲南省銀

官估十三等銀

第一等金漆花銀。

足白，一百分足。

第二等濃稠花銀。

足白，九十九分九厘。

第三茶花銀。

足白，九十八分八厘。

第四大胡花銀。

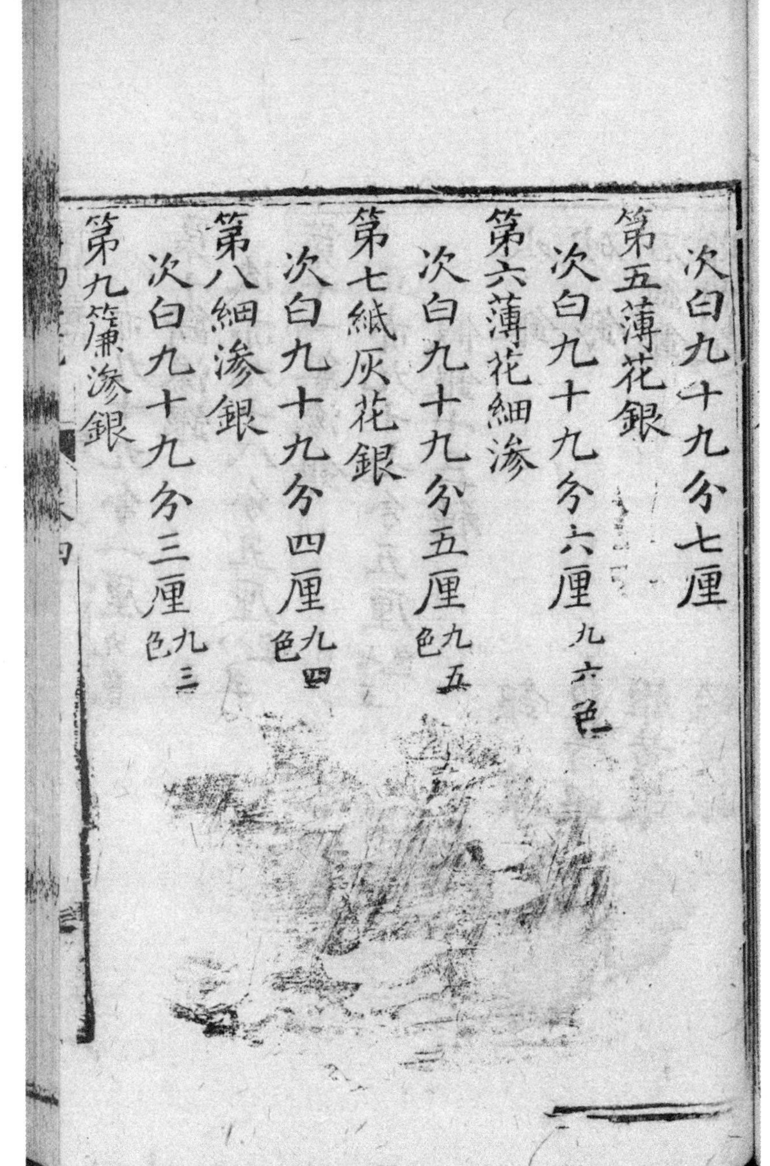

次白，九十九分七厘。

第五薄花銀。

次白，九十九分六厘九六色。

第六薄花細滲。

次白，九十九分五厘九五色。

第七紙灰花銀。

次白，九十九分四厘九四色。

第八細滲銀。

次白，九十九分三厘九三色。

第九簾滲銀。

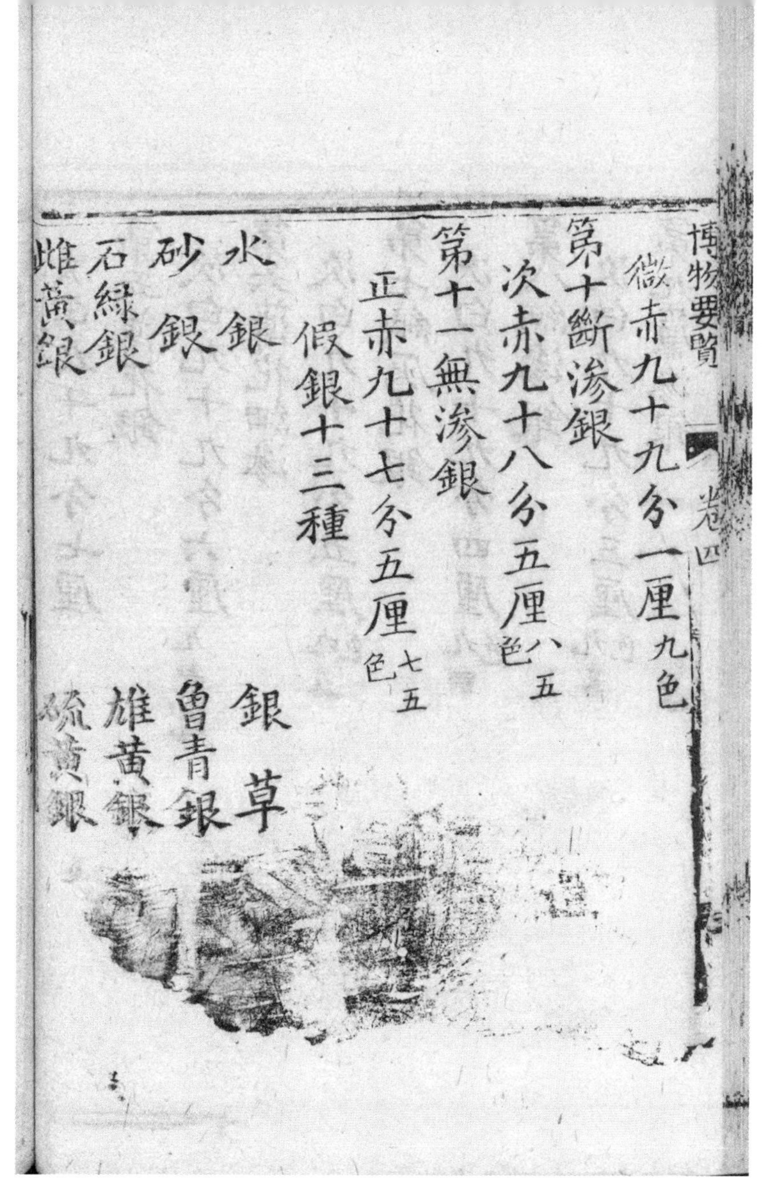

　微赤，九十九分一厘九色。
第十斷滲銀。
　次赤，九十八分五厘八五色。
第十一無滲銀。
　正赤，九十七分五厘七五色。
　　假銀十三種

水　銀	銀　草
砂　銀	曾青銀
石緑銀	雄黄銀
雌黄銀	硫黄銀

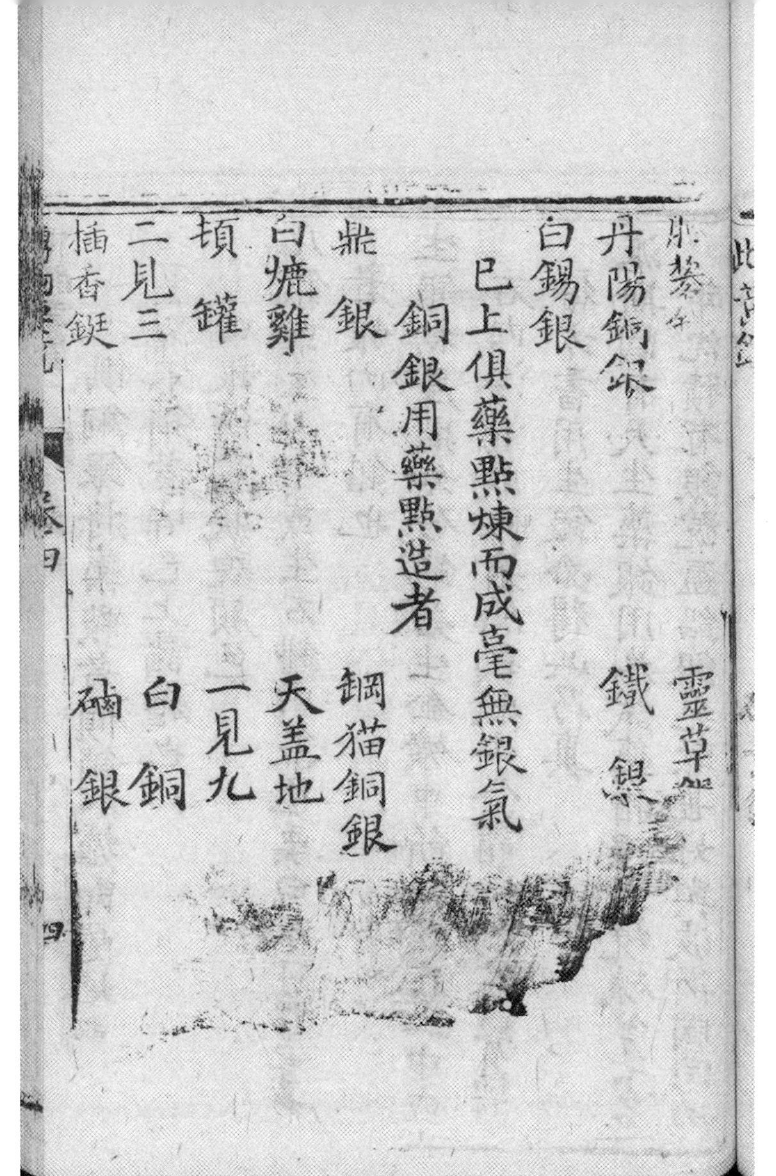

膽礬銀	靈草銀
丹陽銅銀	鐵　銀
白錫銀	

　已上俱藥點煉而成，毫無銀氣。

　　銅銀用藥點造者

鼎　銀	鋼猫銅銀
白熝雞	天盖地
頓　罐	一見九
二見三	白　銅
插香鋌	硇　銀

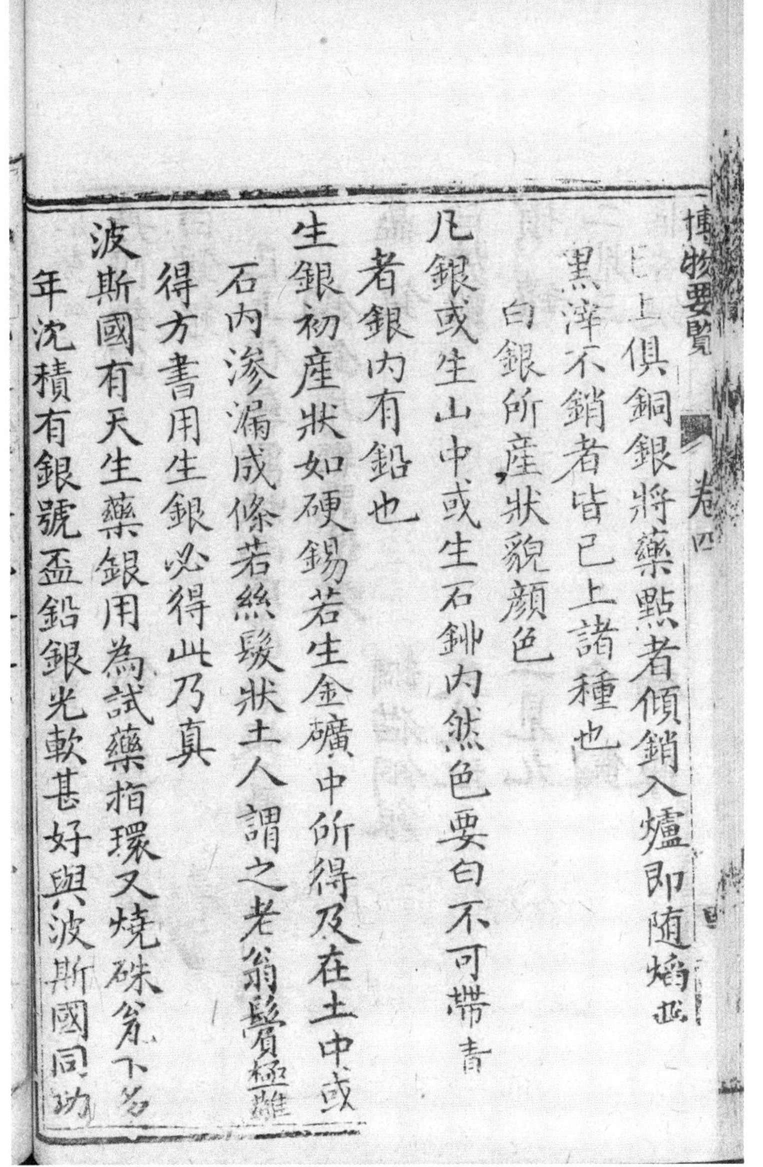

已上俱銅銀將藥點者，傾銷入爐，即隨焰飛，或成黑滓不銷者，皆已上諸種也。

白銀所産狀貌顔色

凡銀或生山中，或生石内，然色要白，不可帶青，青者銀内有鉛也。

生銀初産，狀如硬錫，若生金礦中所得。及在土中，或石内滲漏成條，若絲髮狀，土人謂之老翁鬚，極難得。方書用生銀，必得此乃真。

波斯國有天生藥銀，用為試藥指環，又燒硃瓮下多年沉積有銀，號盃鉛銀，光軟甚好，與波斯國同功

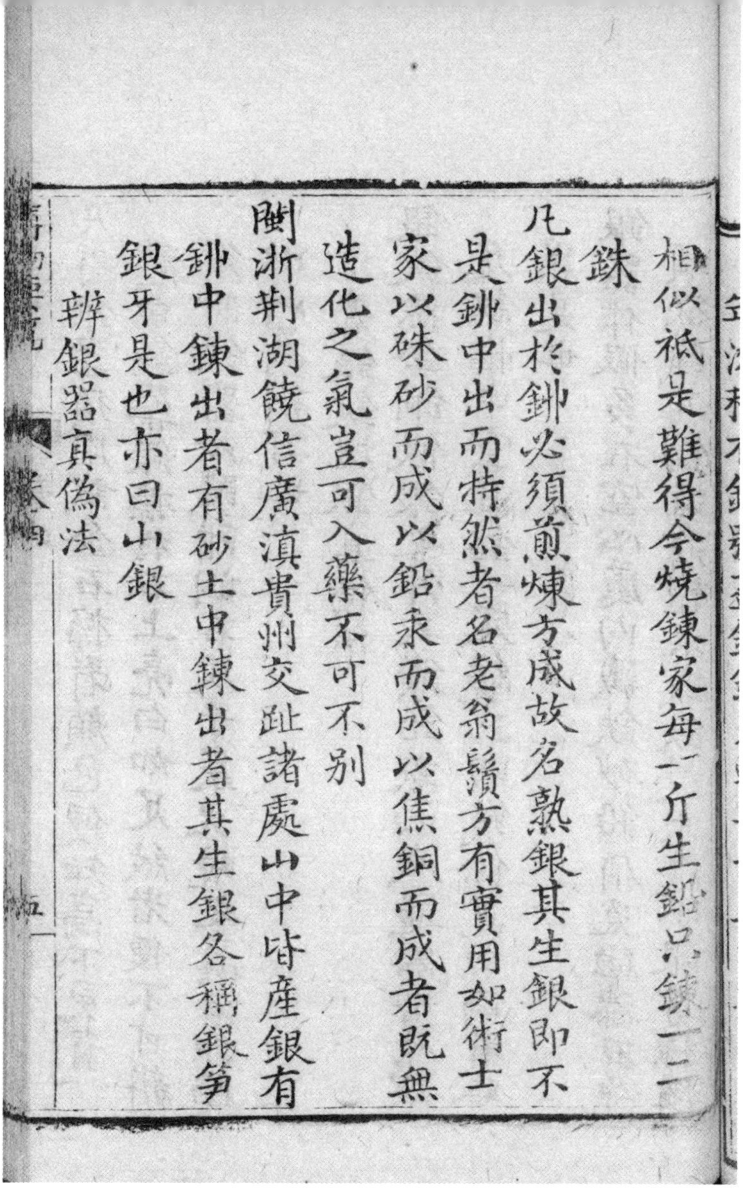

相似，衹是難得。今燒鍊家每一斤生鉛只鍊一二銖。

凡銀出於鉚，必須煎煉方成，故名熟銀。其生銀即不是鉚中出而特然者，名老翁鬚，方有實用。如術士家以硃砂而成、以鉛汞而成、以焦銅而成者，既無造化之氣，豈可入藥，不可不別。

閩、浙、荆、湖、饒、信、廣、滇、貴州、交趾諸處山中皆産銀，有鉚中鍊出者，有砂土中鍊出者，其生銀各稱銀笋、銀牙是也，亦曰山銀。

辨銀器真僞法

凡看銀器，須用試金擦看顔色，便知高下。更有一種白銅藥銀，擦於石上，亮白如足紋者，便不可辨。須將銀器以釅醋調石灰于炭火燒之，真者即陷，以此為辨可也。

看銀錠塊銀真偽法

銀錠除全銅假銀之外，又鑽鉛錠，而底邊際皆原錠足紋，惟中空灌鉛，一定纔三四錢餘晃白，偽者昏黑是也。

銀器作假多在空心處，内藏鉄砂、鉛屑、瓦磁、漆石等項，欲識其偽者，將檀木或鉄梨木造小銀剪様備

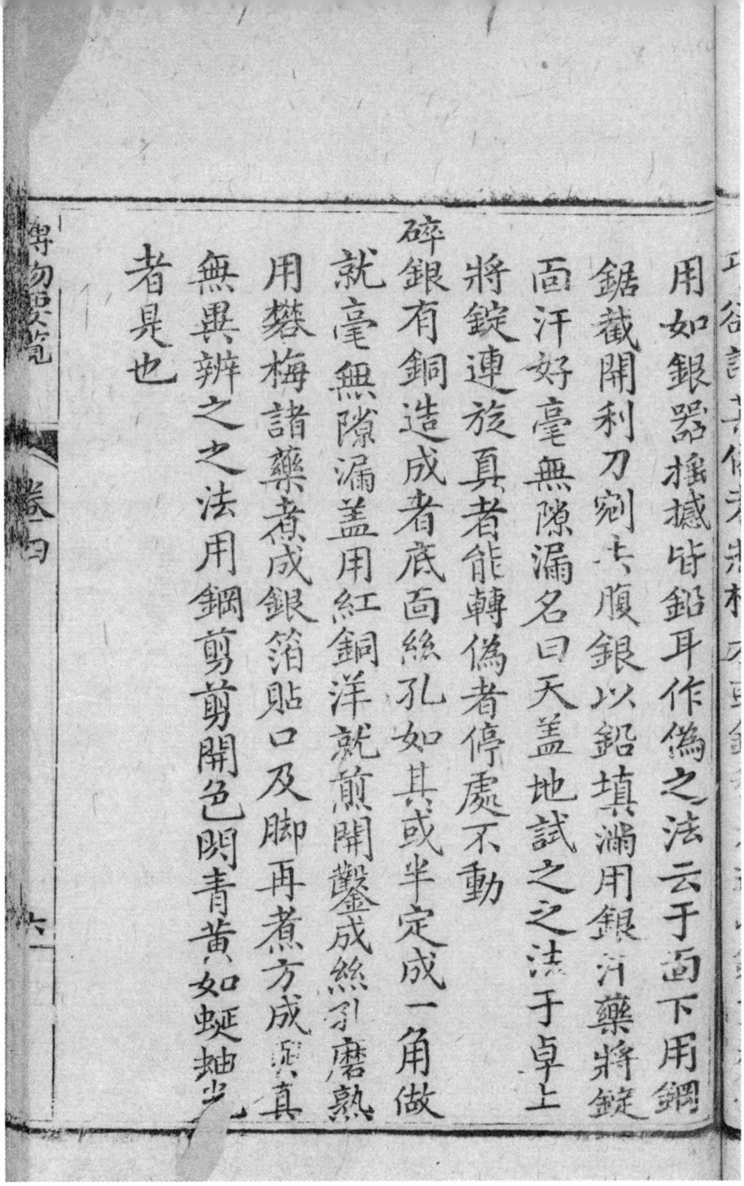
博物要覽　卷四　六

用如銀器搖撼皆鉛耳作偽之法云于面下用鋼鋸截開利刀剜去腹銀以鉛填滿用銀汗藥將錠面汗好毫無隙漏名曰天盖地試之之法于卓上將錠連旋真者能轉偽者停處不動

碎銀有銅造成者底面絲孔如其或半定成一角做就毫無隙漏盖用紅銅洋就煎開鑿成絲孔磨熟用礬梅諸藥煮成銀箔貼口及脚再煮方成與真無異辨之之法用鋼剪剪開色閃青黄如蜒蚰光者是也

用，如銀器搖撼皆鉛耳。作偽之法云：于面下用鋼鋸截開，利刀剜去腹銀，以鉛填滿，用銀（汗）[捍][1]藥將錠面（汗）[捍]好，毫無隙漏，名曰天盖地。試之之法，于卓上將錠連旋，真者能轉，偽者停處不動。

碎銀有銅造成者，底面絲孔如其或半定成一角做就，毫無隙漏。盖用紅銅洋就煎開，鑿成絲孔磨熟，用礬梅諸藥煮成銀箔，貼口及脚，再煮方成，與真無異。辨之之法，用鋼剪剪開，色閃青黄如蜒蚰光者是也。

1 捍，原作“汗”，據抄本《博物要覽》卷八改。

博物要覽卷五

志真珠　國初谷應泰撰　綿州　李調元　輯

真珠所産地

一産西洋

色白光耀明瑩有夜光者其價無等

一産廣東廉州

廉州邊海有洲島上有大池謂之珠池每歲刺史親監珠戶入池採老蚌剖取珠以充貢池雖在海上而人疑其底與海通池水乃淡此不可測其珠瑩白光鮮乃官珠中上等價有高下不等

博物要覽　卷五　一

博物要覽卷五

志真珠　國初谷應泰撰　綿州　李調元　輯

真珠所産地

一産西洋。

色白，光耀明瑩，有夜光者，其價無等。

一産廣東廉州。

廣州連海有洲島，上有大池，謂之珠池。每歲刺史親監珠戶，入池採老蚌，剖取珠以充貢。池雖在海上，而人疑其底與海通，池水乃淡，此不可測。其珠瑩白光鮮，乃官珠中上等，價有高下不等。

廉州合浦縣海中有梅、青、嬰三池，（蛋）［疍］[1]人每以長繩繫腰，携籃入水，拾蚌入籃，即振繩，令舟人急取之。若有一線血浮水面，則其人葬魚腹矣。

一産蜀中西路女瓜鄉。

女瓜地在蜀中，有溪産珠，光白鮮好，與洋珠仿彿，但不常有。

一産河北塘濼。

河北沿山塘濼有數處産珠，亦有圍及寸者，色多微紅，珠母與廉州者不相類，但清水急流處，其珠色光白，濁水及渟水不流處，其珠昏暗也。

1 疍，原作“蛋”。疍人，亦稱疍戶，是對中國沿海地區水上居民的一個統稱，主要分布於福建、廣東、廣西和海南等省份。

一産淮南高郵及沿江。

高郵甓社湖中昔産珠蚌，有極大蚌如門扉，中含寶珠如拳。每當望夕，其光與日争輝。昔常有人見者，百計取之不得，土拾小蚌佐餐，亦往往得細珠如米豆者。

一産安南國。

安南國海邊産明珠，亦出蚌中。國王禁民採取，每歲於八月中秋夕看月色晴朗，則其年多珠，或值陰晦，則此歲珠少。珠色瑩白微紅，亦海珠中上品。

一産廣西。

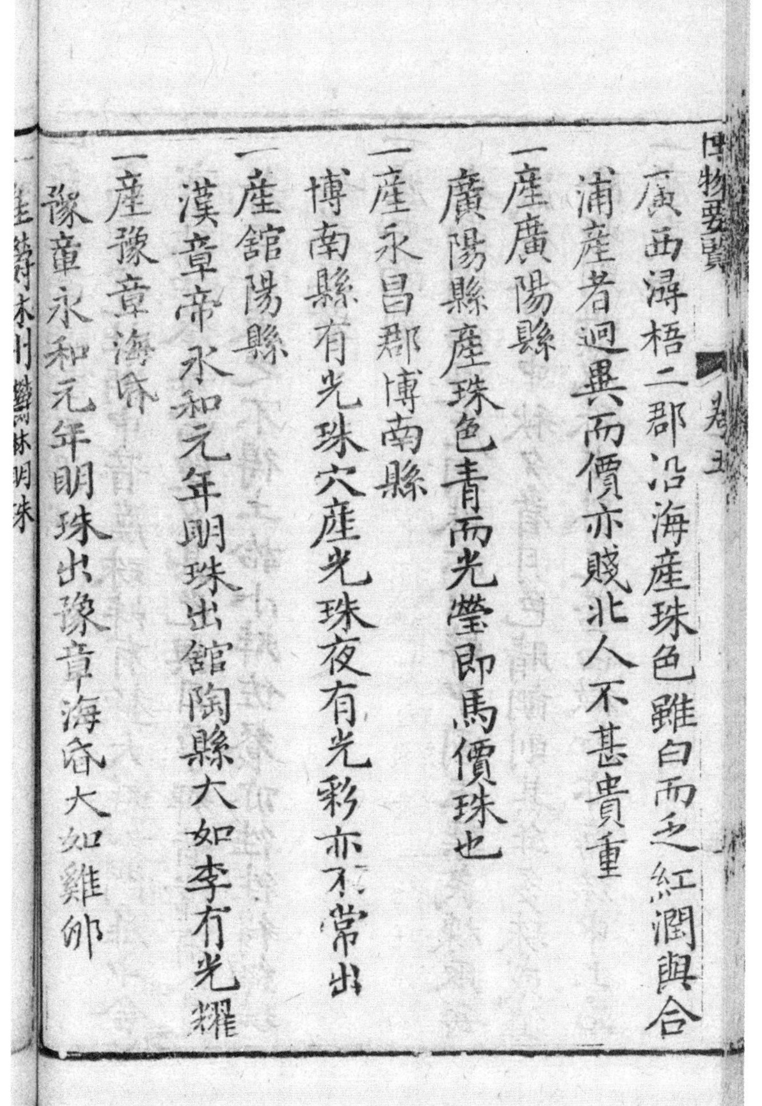
廣西潯梧二郡沿海產珠色雖白而乏紅潤與合
浦產者迥異而價亦賤北人不甚貴重
一產廣陽縣
廣陽縣產珠色青而光瑩即馬價珠也
一產永昌郡博南縣
博南縣有光珠穴產光珠夜有光彩亦不常出
一產舘陽縣
漢章帝永和元年明珠出舘陶縣大如李有光耀
一產豫章海昏
豫章永和元年明珠出豫章海昏大如雞卵

廣西潯、梧二郡沿海產珠，色雖白而乏紅潤，與合浦產者迥異，而價亦賤，北人不甚貴重。

一產廣陽縣。

廣陽縣產珠，色青而光瑩，即馬價珠也。

一產永昌郡博南縣。

博南縣有光珠穴產光珠，夜有光彩，亦不常出。

一產舘（陽）［陶］[1]縣。

漢章帝永和元年，明珠出舘陶縣，大如李，有光耀。

一產豫章海昏。

豫章，永和元年，明珠出豫章海昏，大如雞卵。

1 陶，原作“陽”，據《太平廣記》卷四百二改。

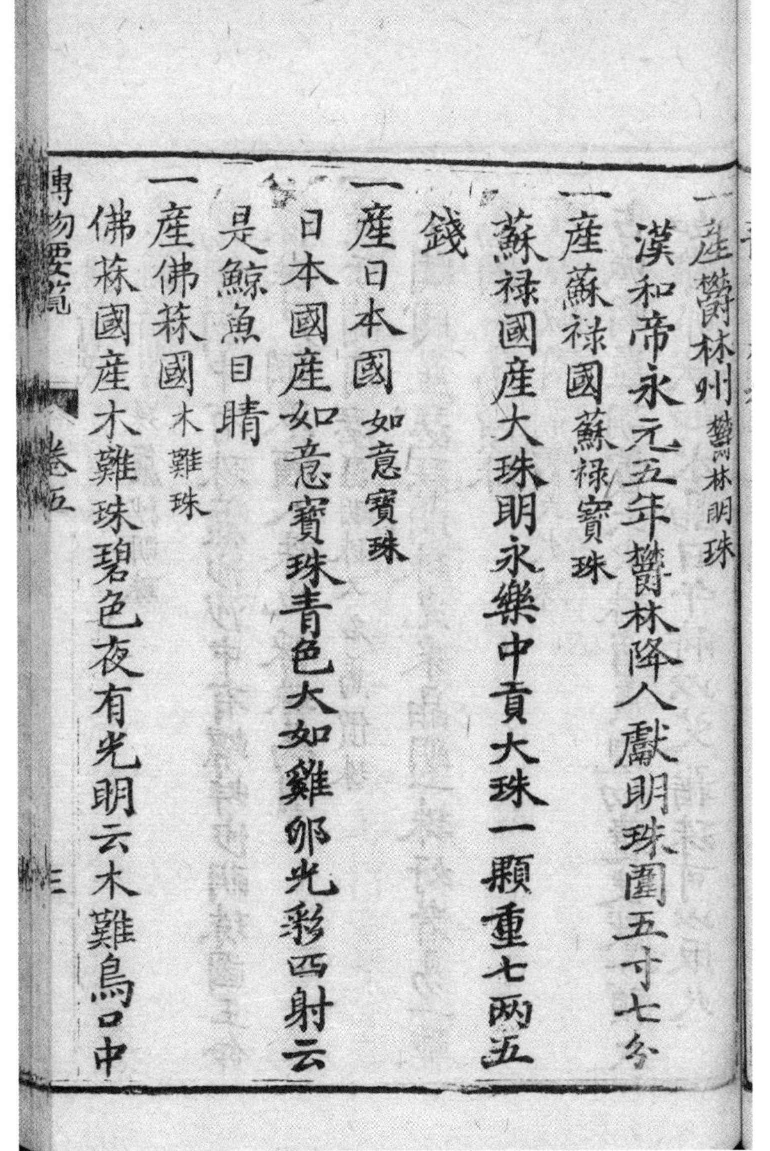

一產欝林州欝林明珠。

漢和帝永元五年，欝林降人獻明珠，圍五寸七分。

一產蘇祿國蘇祿寶珠。

蘇祿國產大珠。明永樂中，貢大珠一顆，重七兩五錢。

一產日本國如意寶珠。

日本國產如意寶珠，青色，大如雞卵，光彩四射，云是鯨魚目睛。

一產佛菻國[1]木難珠。

佛菻國產木難珠，碧色，夜有光明，云木難鳥口中

1 佛菻國，中國中古史籍中對東羅馬帝國的稱謂。帝國首都君士坦丁堡，古代亦稱大秦或海西國。

結沫所成。

一産錫蘭山珠簾沙明珠。

錫蘭國中有珠簾沙，沙中有螺蚌明珠，國王命採珠戶網取，傾入珠池，採珠為用。

一産于闐國瑟瑟明珠，又名馬價珠。

于闐國産瑟瑟明珠，光采晶明，一珠好者易一駿馬，因名馬價珠。

一産占城國朝霞大火珠。

占城國産朝霞大火珠。唐貞觀初，遣使獻一顆，大如雞卵，狀如水晶，日午時以艾藉珠，可以取火。

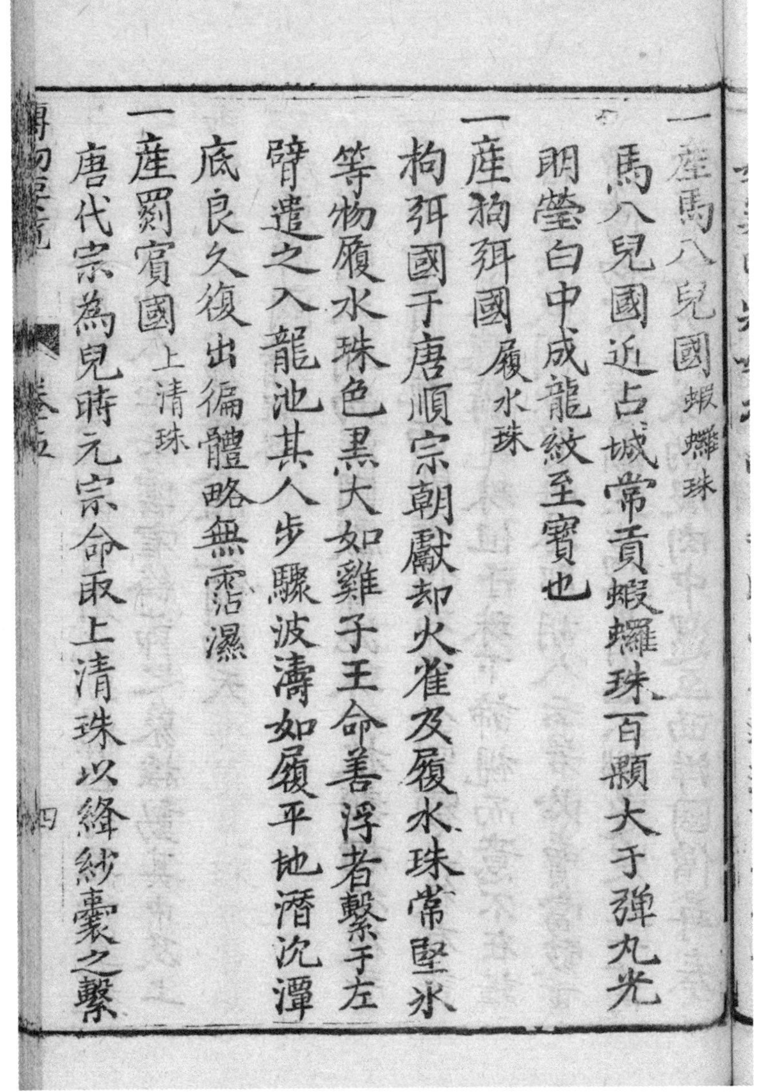
一產馬八兒國蝦蠗珠
馬八兒國近占城常貢蝦蠗珠百顆大于弹丸光
明瑩白中成龍紋至寶也
一産拘弭國履水珠
拘弭國于唐順宗朝獻却火雀及履水珠常堅冰
等物履水珠色黑大如雞子王命善浮者繫于左
臂遣之入龍池其人步驟波濤如履平地潛沉潭
底良久復出徧體略無霑濕
一産罽賓國上清珠
唐代宗為兒時元宗命取上清珠以絳紗囊之繫

一産馬八兒國[1]蝦蠗珠。

馬八兒國近占城，常貢蝦蠗珠百顆，大于彈丸，光明瑩白，中成龍紋，至寶也。

一産拘弭國履水珠。

拘弭國于唐順宗朝獻却火雀及履水珠、常堅冰等物。履水珠色黑，大如雞子。王命善浮者繫于左臂，遣之入龍池。其人步驟波濤，如履平地，潛沉潭底，良久復出，徧體略無霑濕。

一産罽賓國上清珠。

唐代宗為兒時，元宗命取上清珠，以絳紗囊之，繫

1 馬八兒國，古國名，即注輦國，位於今印度馬拉巴爾。

于頸上，珠即罽賓國所貢者。光明潔白，可照一室。視之，珠内有仙人玉女、雲雀絳節之象，摇動其中。及上即位，藏之寶庫，每夜恒光明燭天。

一産西洋國青泥珠。

唐武則天朝，西洋國獻青泥珠一枚，類拇指，微青。后不知貴，以施西明寺僧，布于金剛額上。後有講席，胡人來聽講，見珠，但于珠下諦視，而意不在講。僧知其故，問："欲買此珠耶？"胡人云："若必賣，當致重價。"僧初索千貫，漸至萬貫，胡悉不酬，遂定至十萬貫賣之。胡得珠，納腿肉中，還至西洋國。僧尋奏聞，奉則天赦求此胡人，數日得之。使者問珠所在，胡於腿中取出。則天召問：“貴賤得此何所用？”胡云：“西國有泥泊，泊中多珠，多苦深不可得，以此珠投泊中，泥悉成水，其珠可得矣。”

一產（渠泥）[拘弭][1]國水珠。

唐開元十年，大安國寺僧造功德，開櫃閱寶物。得一珠，狀如片石，赤色，夜有微光，高數寸，視其函封，曰值億萬。月餘，西域胡人閱寺求寶，見珠大喜，使譯珠價值幾何。僧曰：“一億萬。”胡人撫弄遲久而去。明日又至，謂僧曰：“還報價誠值億萬，今胡客久以四

1 拘弭，原作“渠泥”，據《杜陽雜編》改。

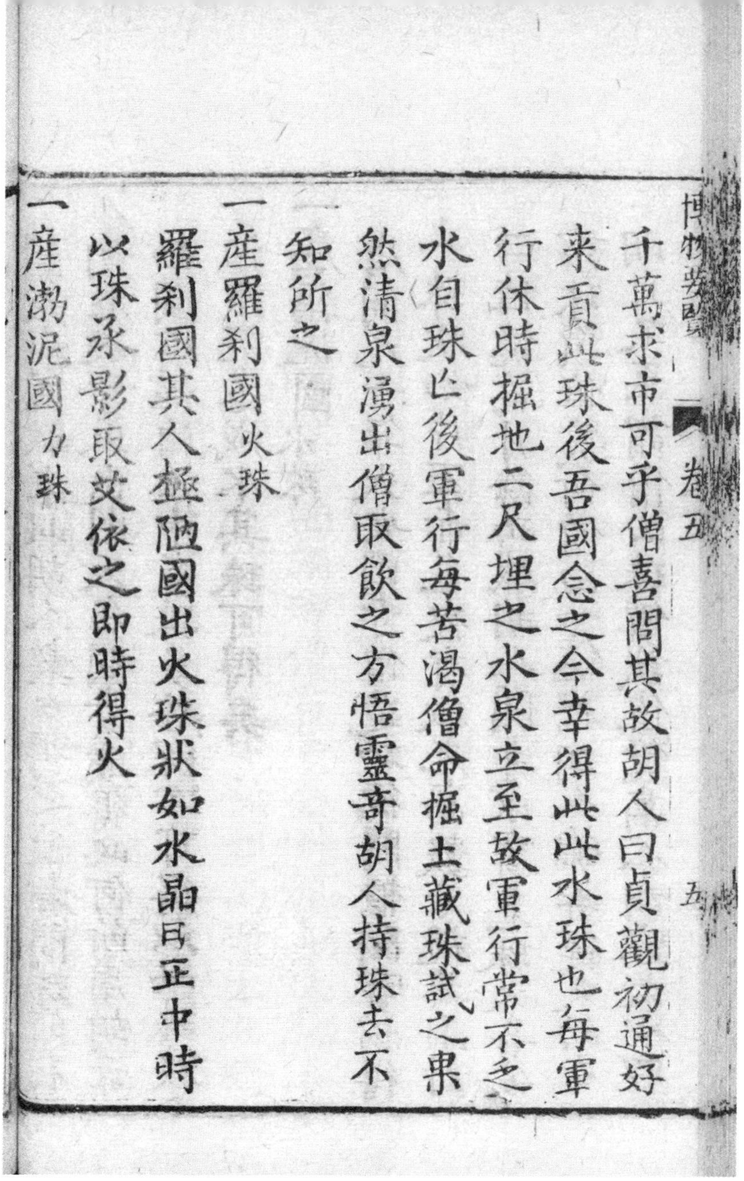

千萬求市可乎？”僧喜，問其故。胡人曰：“貞觀初通好，來貢此珠，後吾國念之，今幸得此。此水珠也，每軍行休時，掘地二尺埋之，水泉立至。故軍行常不乏水，自珠亾後，軍行每苦渴。”僧命掘土藏珠試之，果然清泉湧出。僧取飲之，方悟靈奇。胡人持珠去，不知所之。

一産羅刹國火珠。

羅刹國其人極陋，國出火珠，狀如水晶，日正中時，以珠承影，取艾依之，即時得火。

一産渤泥國力珠。

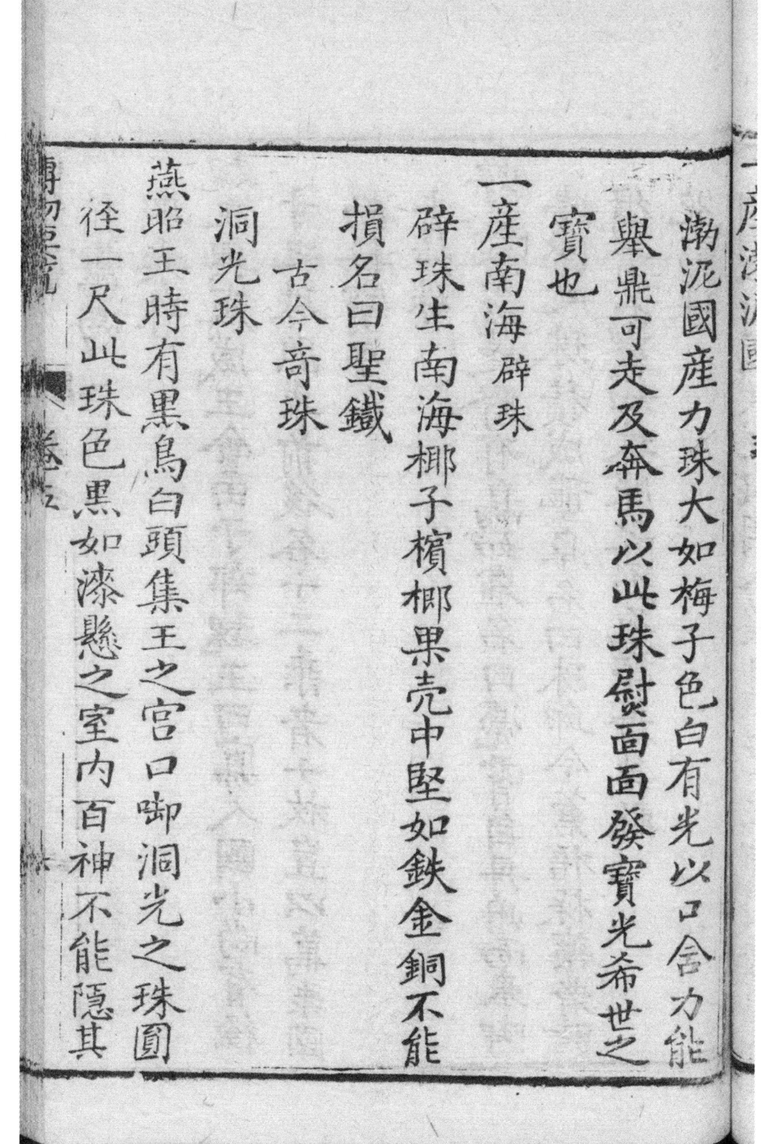

渤泥國産力珠，大如梅子，色白有光，以口含，力能舉鼎，可走及奔馬。以此珠熨面，面發寶光，希世之寶也。

一産南海辟珠。

辟珠生南海椰子、檳榔果壳中，堅如鉄，金銅不能損，名曰聖鐵。

古今奇珠

洞光珠

燕昭王時有黑鳥白頭集王之宫，口啣洞光之珠，圓徑一尺。此珠色黑如漆，懸之室内，百神不能隱其

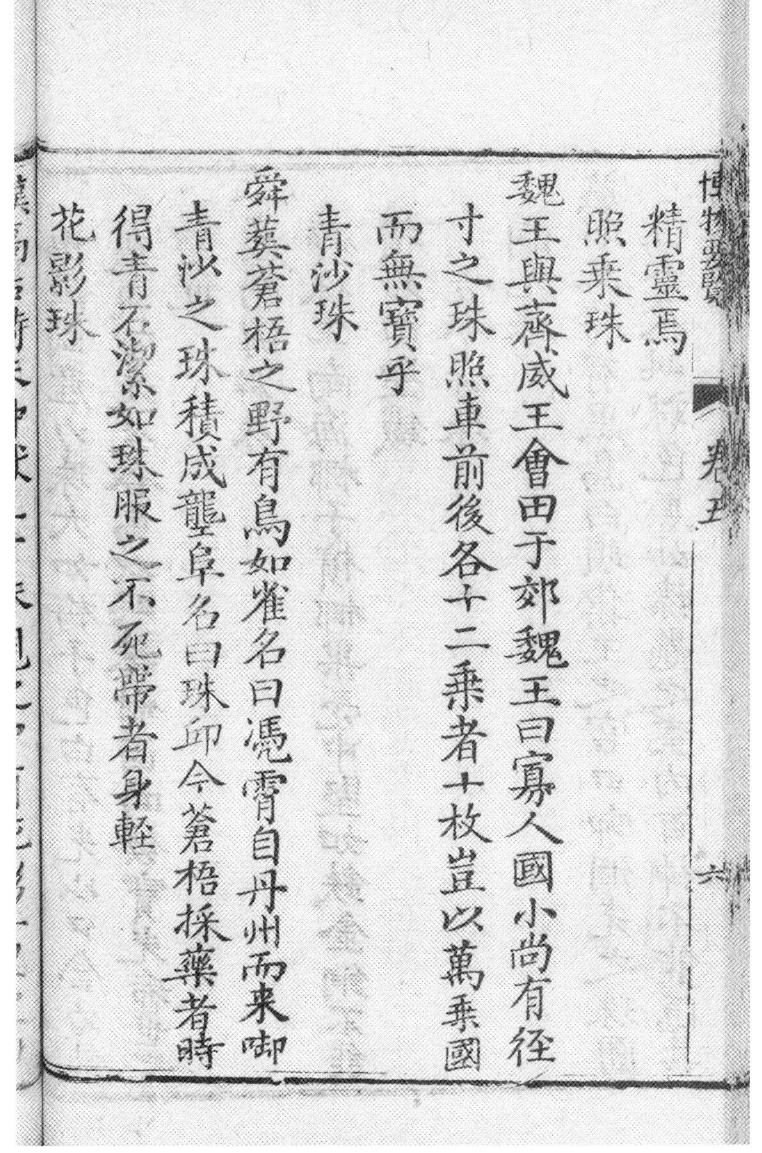

1 照，原作“昭”，據抄本《博物要覽》卷九改。

精靈焉。

（昭）［照］[1]乘珠

魏王與齋威王會田于郊，魏王曰：寡人國小，尚有徑寸之珠，照車前後各十二乘者十枚，豈以萬乘國而無寶乎？

青沙珠

舜葬梧之野，有鳥如雀，名曰淣霄，自丹州而來，啣青沙之珠，積成壟阜，名曰珠邱。今蒼梧採藥者，時得青石，潔如珠，服之不死，帶者身輕。

花影珠

漢高后時，朱仲獻三寸珠，視之，中有花影，一里之内，所種花木皆見。

照月珠

漢武帝太初（元）[三][1]年，起甘泉望風臺，臺上得白珠，如花一枝。帝以賜董偃，盛以琉璃之筐，覆以錦盖，光如照月矣。

昆明珠

漢武帝時，昆明池有人釣魚，綸絶而去。魚遂通夢於武帝，求去其鈎。帝明日戲于池上，見大魚啣索。帝曰：豈夢所見耶？取而放之。閲三日，池邊得明珠一

1 三，原作“元”，據抄本《博物要覽》卷九、《洞冥記》卷二改。

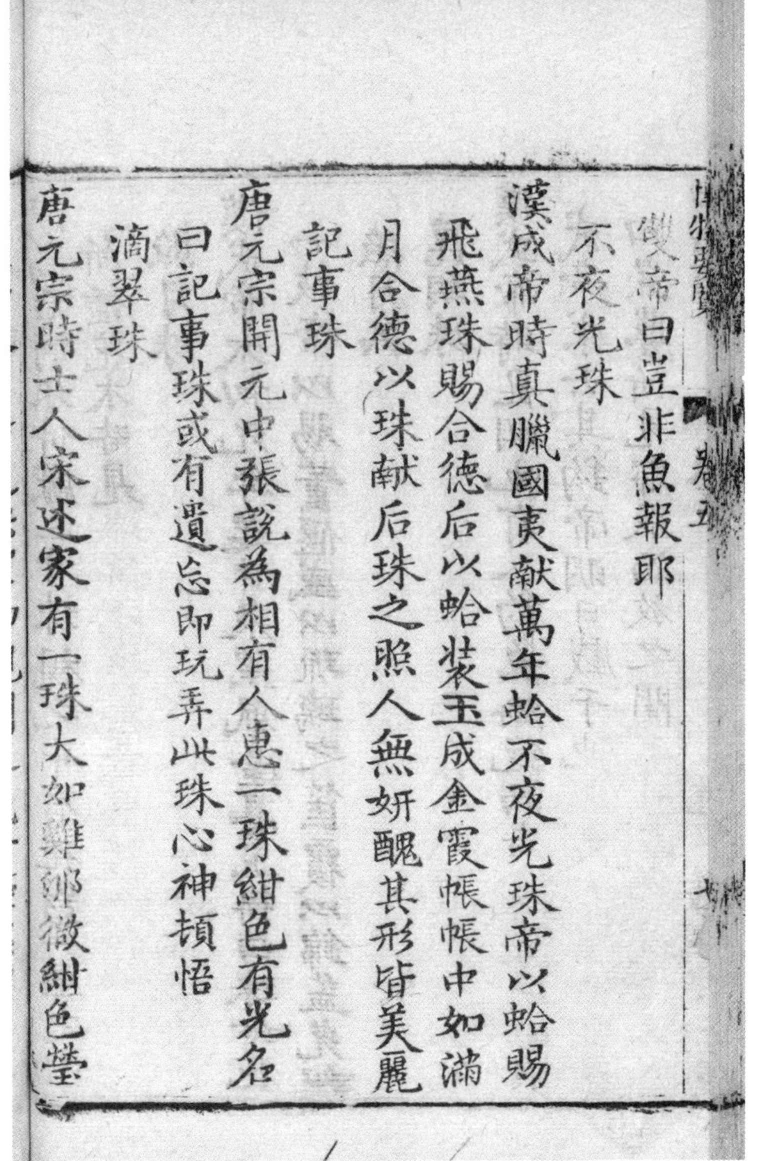

雙，帝曰：豈非魚報耶？

不夜光珠

漢成帝時，真臘國夷獻萬年蛤、不夜光珠。帝以蛤賜飛燕，珠賜合德。后以蛤裝玉成金霞帳，帳中如滿月。合德以珠獻后，珠之照人無妍醜，其形皆美麗。

記事珠

唐元宗開元中，張説為相，有人惠一珠，紺色有光，名曰記事珠。或有遺忘，即玩弄此珠，心神頓悟。

滴翠珠

唐元宗時，士人宋述家有一珠，大如雞卵，微紺色，瑩

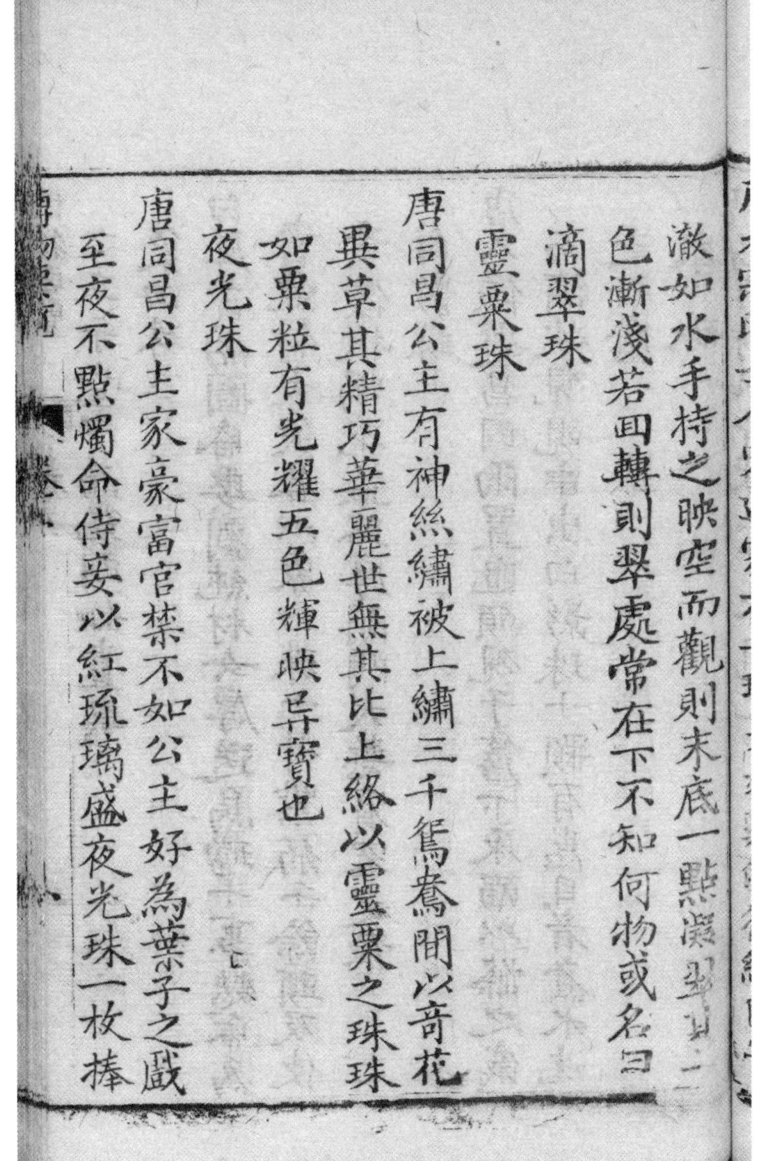

澈如水，手持之映空而觀，則末底一點凝翠，其上色漸淺，若回轉，則翠處常在下，不知何物，或名曰滴翠珠。

靈粟珠

唐同昌公主有神絲繡被，上繡三千鴛鴦，間以奇花異草。其精巧華麗，世無其比。上絡以靈粟之珠，珠如粟粒，有光耀，五色輝映，异寶也。

夜光珠

唐同昌公主家豪富，宮禁不如，公主好為葉子之戲，至夜不點燭，命侍妾以紅琉璃盛夜光珠一枚，捧

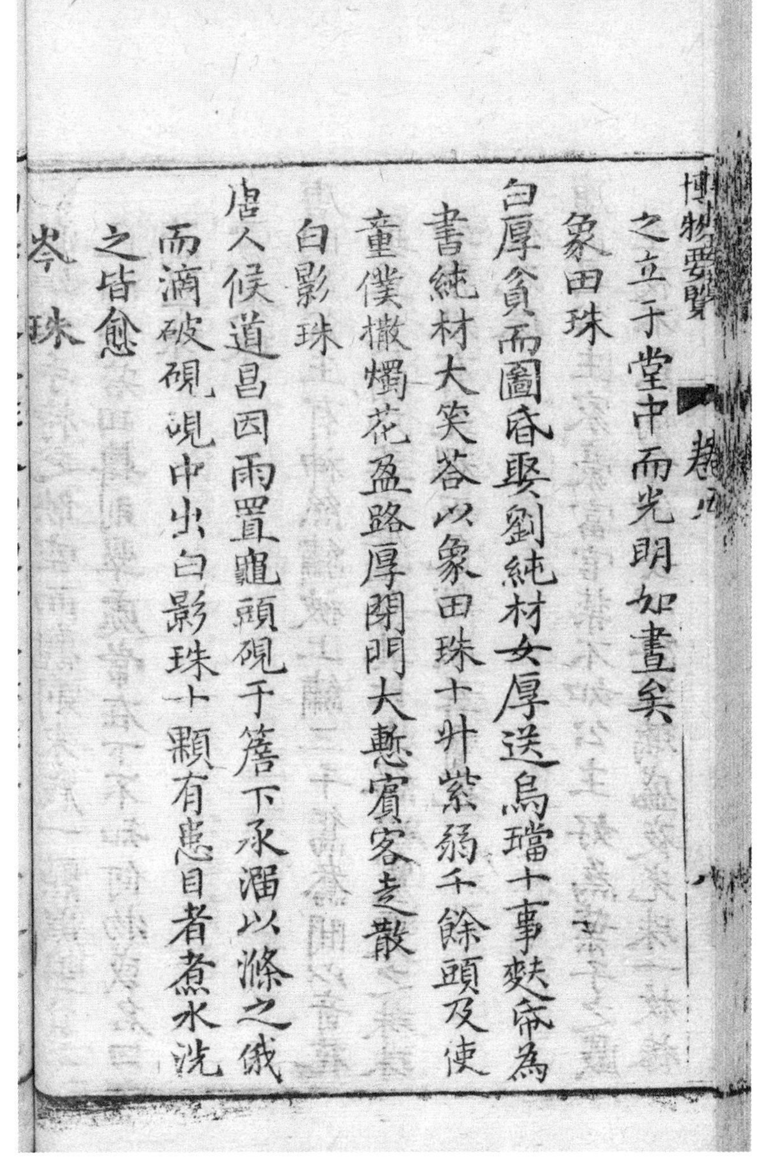

之立于堂中，而光明如晝矣。

象田珠

白厚貧而圖昏，娶劉純材女。厚送烏瑺十事，麩帋為書。純材大笑，荅以象田珠十升，紫弱千餘頭，及使童僕撒燭花盈路，厚閉門大慙，賔客走散。

白影珠

唐人候道昌因雨置龜頭硯于簷下承溜以滌之，俄而滴破硯，硯中出白影珠十顆，有患目者，煑水洗之，皆愈。

岺　珠

端溪俚人岑班入山，遇一大珠，徑五寸，取還，夜光明照燭。俚人甚懼，以火燒之，雖損猶照一室。

南北西珠身分

凡看北珠顏色，須是看訖閉目再閃看，顏色一同，方為驗也。其珠青色，如暑末秋初及晴，雲綻處閃出青天帶白雲，此青係是真色第一。其青不用真深青，只要白（色）［包］[1]青籠照，乃嫩青也。其珠青色，只在頂上蓋者，不披青至頂下，乃嫩青也，謂之摩孩羅兒頂青，上上者。其青若至腰下及竅眼，謂之轉身青，為第一。腰上青者，謂之披肩青，為第二。若珠頂上只

1 包，原作“色”，據《居家必用事類全集》戊集《寶貨辨疑》及抄本《博物要覽》卷九。

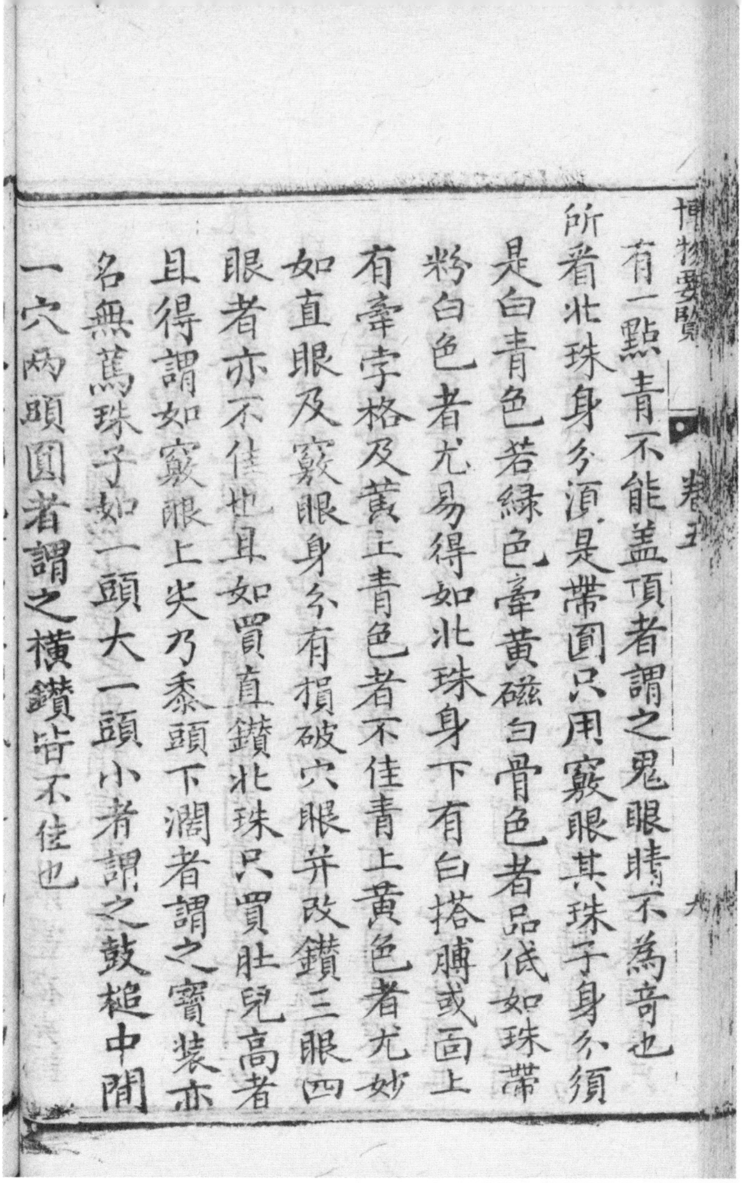

有一點青，不能盖頂者，謂之鬼眼睛，不為奇也。

所看北珠身分，須是帶圓，只用竅眼。其珠子身分須是白青色，若綠色、牽黃、磁白骨色者，品低。如珠帶粉白色者，尤易得。如北珠身下有白搭膊，或面上有牽孛（格）［落］[1]，及黄上青色者，不佳。青上黄色者，尤妙。如直眼及竅眼身分有損破，穴眼并改鑽三眼四眼者，亦不佳也。且如買直鑽北珠，只買肚兒高者，且得謂如竅眼上尖，乃黍頭，下闊者，謂之寶裝，亦名無蔫珠子。如一頭大一頭小者，謂之鼓槌；中間一穴兩頭圓者，謂之橫鑽，皆不佳也。

1 落，原作“格”，據《居家必用事類全集》戊集《寶貨辨疑》改。

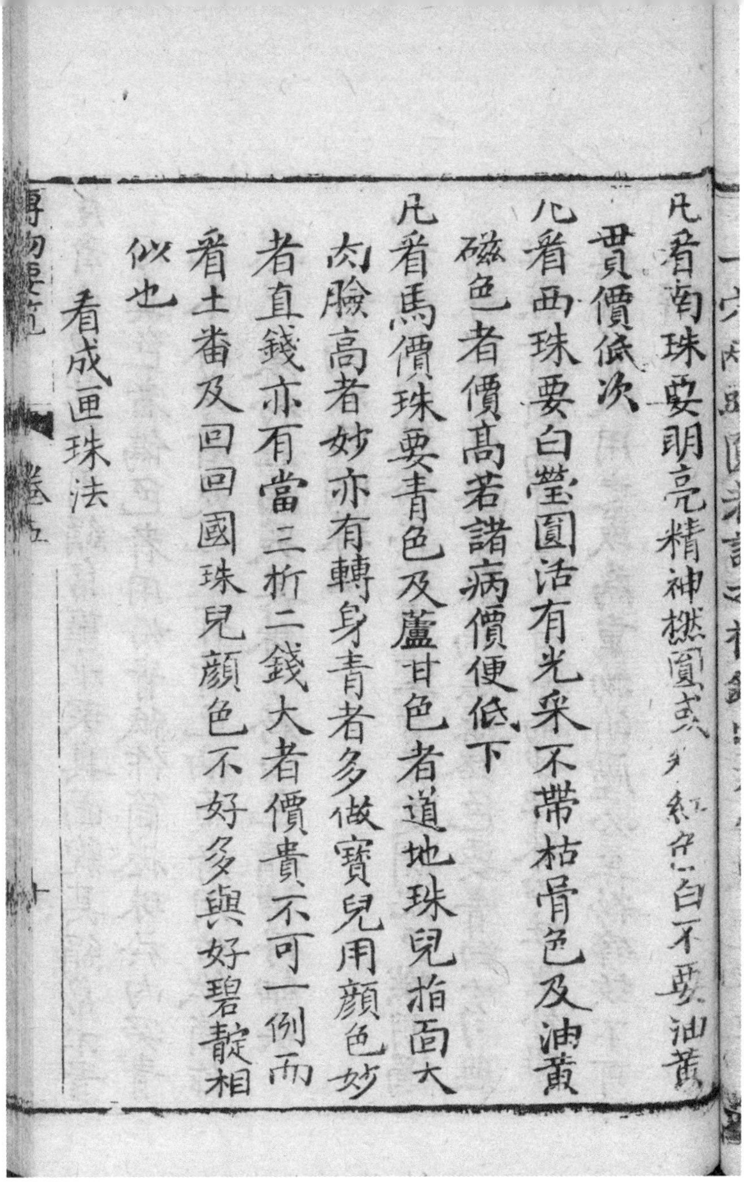
凡看南珠要明亮精神撚圓或粉紅色白不要油黃
貫價低次
凡看西珠要白瑩圓活有光采不帶枯骨色及油黃
磁色者價高若諸病價便低下
凡看馬價珠要青色及蘆甘色者道地珠兒指面大
肉臉高者妙亦有轉身青者多做寶兒用顏色妙
者直錢亦有當三折二錢大者價貴不可一例而
看土番及回回國珠兒顏色不好多與好碧靛相
似也
看成匣珠法

凡看南珠，要明亮精神撚圓，或粉紅色白，不要油黃，貫價低次。

凡看西珠，要白瑩圓活，有光采，不帶枯骨色及油黃磁色者，價高，若諸病，價便低下。

凡看馬價珠，要青色及蘆甘色者道地。珠兒指面大，肉臉高者妙。亦有轉身青者，多做寶［索］[1]兒（用）[2]顏色，妙者直錢。亦有當三折二錢大者，價貴，不可一例而看。土番及回回國珠兒顏色不好，多與好碧靛相似也。

看成匣珠法

1 索，原無此字，據《居家必用事類全集》戊集《寶貨辨疑》補。

2 用，據《居家必用事類全集》戊集《寶貨辨疑》，當刪。

博物要覽 卷五

凡看成匣北珠用絹帛蘸水突具面貌其絹帛不青
乃真色者偽色者用好青紙作筒捲珠於內突青
色未珠身者是也又有骨色油黃者用竹紙筒作
捲兒裝粉在内突其珠子粉白色精神仔細矣
看南北西湖珠法
凡看南北西珠務要於净室背亮處閉牕戶燃明燭
將珠照看須要中無烏黑絲路色要青白一勻無
斑點者價高有黑紋者名為砂炷珠心炷空外雖
無傷年久用之或為重物所壓必至粉碎故不可
不辨

凡看成匣北珠，用絹帛蘸水突具面貌，其絹不青，乃真色者。偽色者，用好青紙作筒捲於內，（突青色未珠身者是也）［突其珠兒，有青色］[1] 又有骨色油黃者，用竹紙筒作捲兒，裝粉在內，突其珠子，粉白色精神仔細矣。

看南北西湖珠法

凡看南北西珠，務要於净净室背亮處，閉牕戶，明燭，將珠照看。須要中無烏黑絲路，色要青白一勻，無斑點者，價高。有黑紋者，名為砂炷珠，心炷空，外雖無傷，年久用之，或為重物所壓，必至粉碎，故不可不辨。

1 突其珠兒，有青色，原作“突青色未珠身者是也”，據《居家必用事類全集》戊集《寶貨辨疑》改。

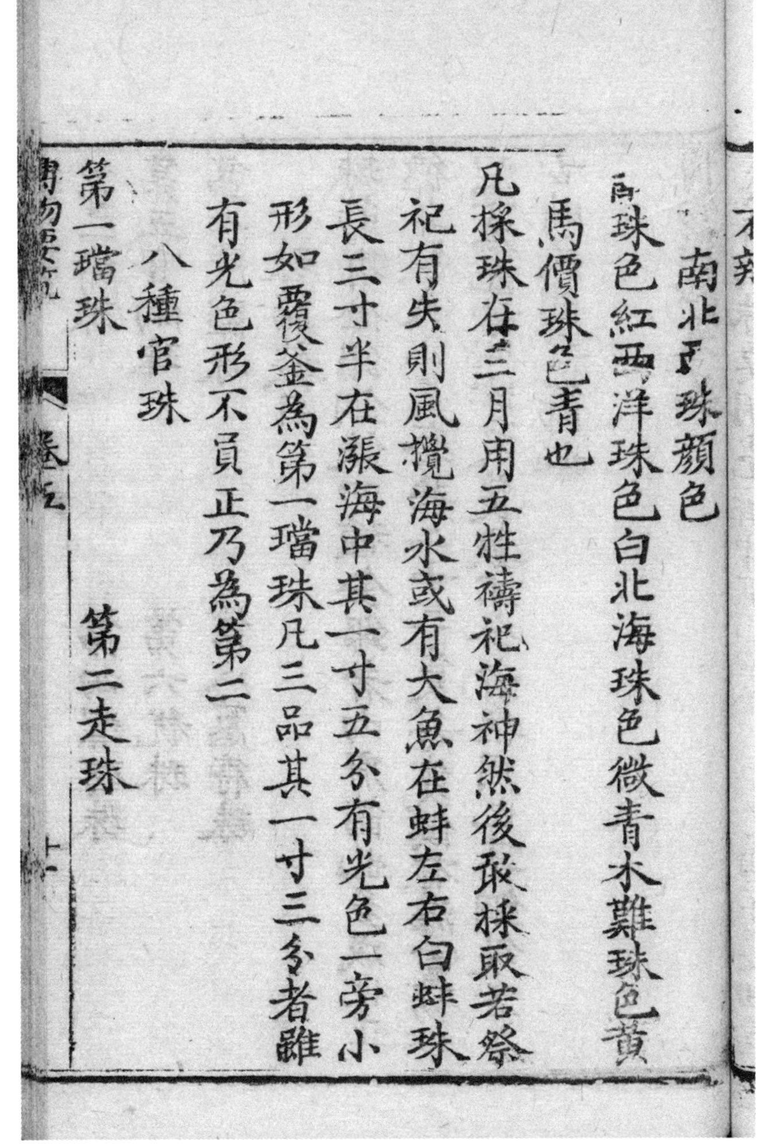

南北西珠顏色
南珠色紅西洋珠色白北海珠色微青木難珠色黃
馬價珠色青也
凡採珠在三月用五牲禱祀海神然後敢採取若祭
祀有失則風攪海水或有大魚在蚌左右白蚌珠
長三寸半在漲海中其一寸五分有光色一旁小
形如覆釜為第一瑠珠凡三品其一寸三分者雖
有光色形不員正乃為第二
八種官珠
第一瑠珠　第二走珠

南北西珠顏色

南珠色紅，西洋珠色白，北海珠色微青，木難珠色黃，馬價珠色青也。

凡採珠，在三月，用五牲禱祀海神，然後敢採取。若祭祀有失，則風攪海水，或有大魚在蚌左右。白蚌珠長三寸半，在漲海中，其一寸五分，有光色，一旁小形如覆釜，為第一。瑠珠凡三品，其一寸三分者，雖有光色，形不員正，乃為第二。

八種官珠

第一瑠珠　　第二走珠

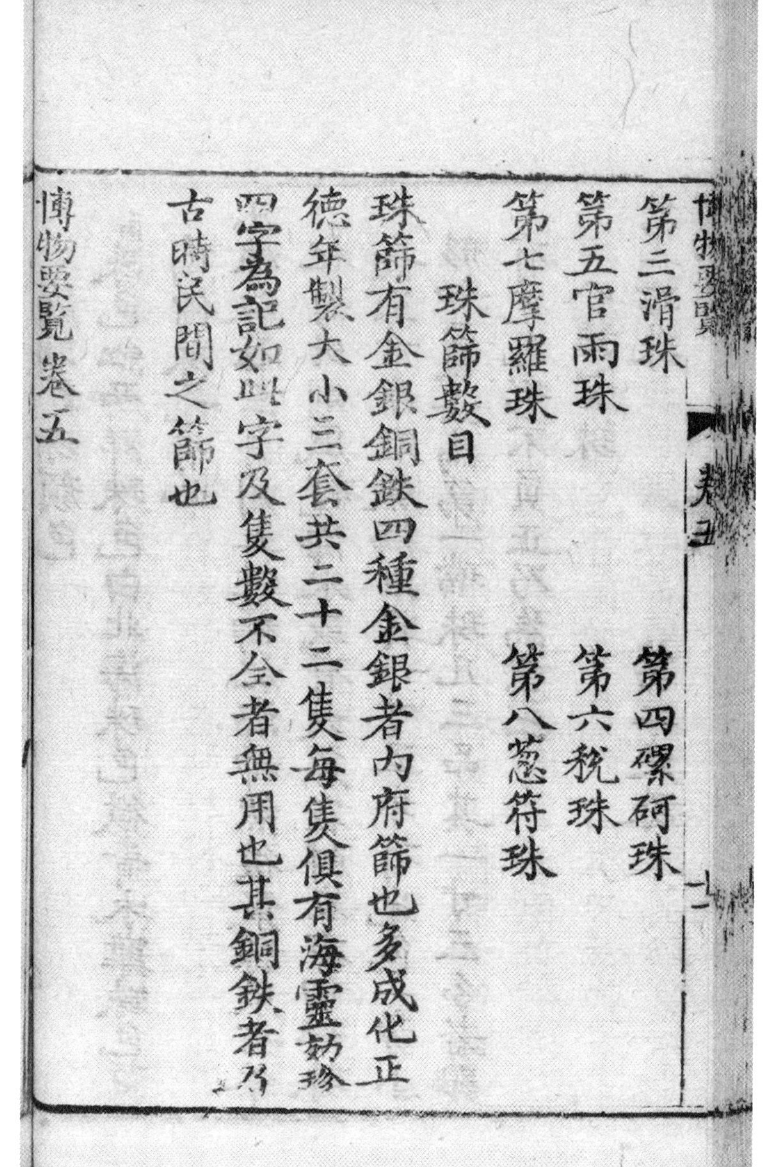

第三滑珠　　第四磲砢珠

第五官雨珠　　第六稅珠

第七摩羅珠　　第八葱符珠

珠篩數目

珠篩有金銀銅鉄四種。金銀者，内府篩也，多成化、正德年製。大小三套，共二十二隻，每隻俱有“海靈効珍”四字為記，如此字及隻數不全者，無用也。其銅鉄者，乃古時民間之篩也。

博物要覽卷五

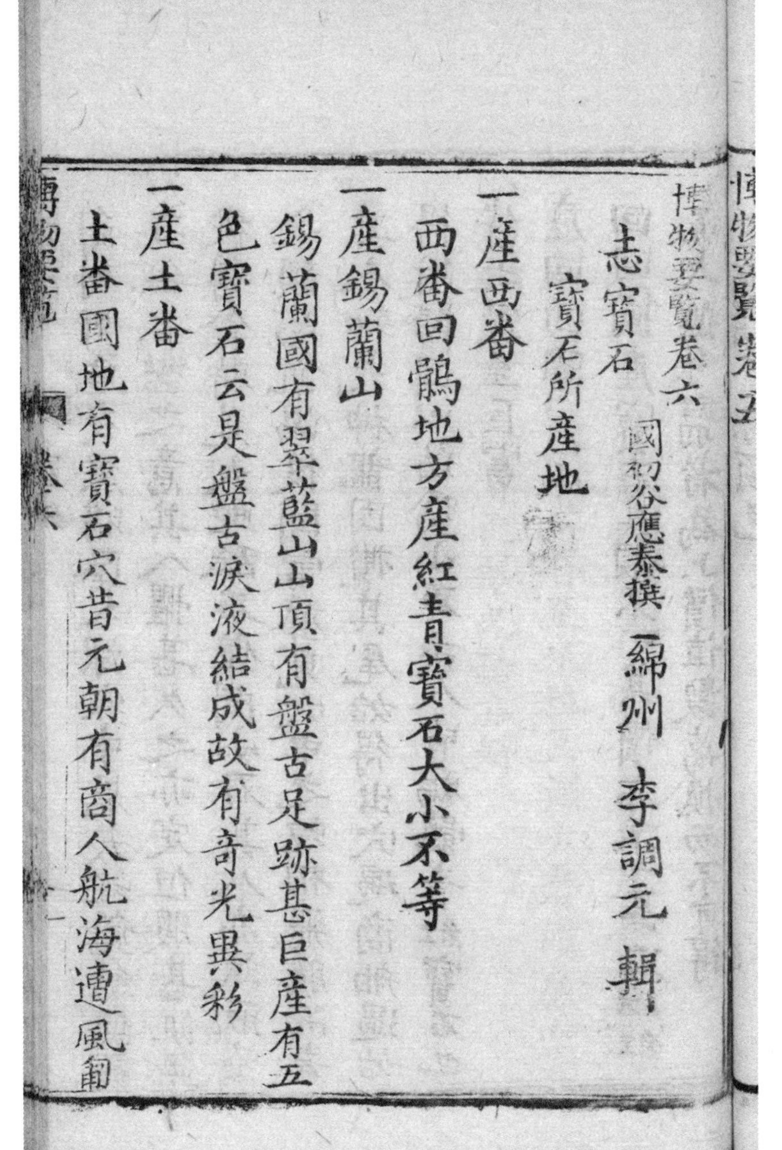

博物要覽卷六

國初谷應泰撰　綿州　李調元　輯

志寶石

寶石所産地

一産西番。

西番回鶻地方産紅青寶石，大小不等。

一産錫蘭山。

錫蘭國有翠藍山，山頂有盤古足跡甚巨，産有五色寶石，云是盤古淚液結成，故有奇光異彩。

一産土番。

土番國地有寶石穴，昔元朝有商人，航海遭風，甪

匐到岸昏夜黑暗墜入深穴中見大蛇盤結無數
亦無吞噬之意其人懼甚久之亦定但腹甚飢無
從得食時見大蛇舐石壁間小石其人亦試取噙
之頓忘飢渴後聞雷聲見穴中之蛇相飛騰而去
其人知是神龍因攬其尾始得出穴遇商舶過始
得附歸因以所噙小石示人皆鵶鶻青紅寶石也
貨之遂至巨富
產回回國
回回國產寶石其類不一其價亦不一其石以紅
而大無昏翳者為上價值數萬換而不可得

匐到岸，昏夜黑暗，墜入深穴中。見大蛇盤結無數，亦無吞噬之意。其人懼甚，久之亦定。但腹甚飢，無從得食。時見大蛇舐石壁間小石。其人亦試取噙之，頓忘飢渴。後聞雷聲，見穴中之蛇相飛騰而去。其人知是神龍，因攬其尾，始得出穴。遇商舶過，始得附歸。因所以噙小石示人，皆鵶鶻青紅寶石也。貨之，遂至巨富。

一產回回國。

回回國產寶石，其類不一，其價亦不一。其石以紅而大無昏翳者為上，價值數萬換而不可得。

一產雲南。

雲南寶井産青紅寶石，亦有高下大小。大者紅色多帶黄色，小者有米粒豆瓣大者價廉。而青寶石名鴉鶻青，色翠光瑩，亦好。

紅寶石十種

第一回回國靺鞨紅寶石。

回回國産大紅寶石，名靺鞨寶石，番名避者達石。深紅鮮明如猩血，光彩可以照夜。元朝大德間，本土巨商于彼買紅寶石一塊，重一兩三錢。官估值中統錢一十四萬錠，用嵌帽頂上。其後累朝皇帝相承寶重，凡正旦及天壽大節、大朝賀，則服用之。

第二回回國紅刺寶石。

回回國産紅刺寶石，石色深紅而嬌艷。大者有重兩許八九錢、六七錢者，可值二三萬换；其錢許者，可值萬换；其六七分者，可值五六千换；五分者可值千换，然無至小者。

第三錫蘭國紅寶石。

錫蘭國翠藍山産紅寶石，石色大紅明瑩，夜有寶光，可以代燈燭。元時曾差官到彼採買，得大者，一塊重一兩零七錢。官估值錢十萬，頂嵌于冠上。每

大朝會黑夜滿殿紅光如曙名照殿紅又有中者
重至七八錢一塊者亦值二三萬換五六錢者七
八千換三四錢五六千換色滯有翳水者價低小
至錢許或數分者不過值至數百換
第四錫蘭國紅寶石
錫蘭國産紅寶石石色深紅而有白水嬌艷光明
瑩異常可愛出平遥坑者中有兔毫紋者最為上
等大者至五錢止可直萬換中者二三錢止可直
五六千換小者至三四分止無極小者止直千換
第五錫蘭國紅寶石

大朝會，黑夜滿殿紅光如曙，名照殿紅。又有中者，重至七八錢一塊者，亦值二三萬換；五六錢者，七八千換；三四錢，五六千換；色滯有翳水者，價低；小至錢許或數分者，不過值至數百換。

第四錫蘭國紅寶石。

錫蘭國産紅寶石，石色深紅而有白水，嬌艷光明瑩，異常可愛。出平遥坑者，中有兔毫紋者，最為上等。大者至五錢止，可直萬換；中者二三錢止，可直五六千換；小者至三四分止，無極小者，止直千換。

第五錫蘭國紅寶石。

錫蘭國産紅寶石，石色深紅而帶嬌黄，最明瑩。有極大者重至二兩已外，可直三萬换；中者兩許，可直萬换；其重六七錢、五六錢至錢許者止，無細小者。

第六土番國紅寶石。

土番國寶石穴産紅寶石，石色大紅而明瑩，中有蟹爪小紋。大者重七八錢至錢許，無細小者。好而大者，直五千换，中小者直數百换，色渾水翳者價低。

第七土番國紅寶石。

土番國産紅寶石，石色次黄而嬌嫩，如櫻桃色，石中無紋翳。無大者，至大者不過重一二錢，小者至三五分止。價頗重，可直五六千换，至小者可直數百换。

第八雲南寶井紅寶石。

雲南寶井産紅寶石，有大者，明永樂中，曾得一顆，重三兩一錢，深紅色，明瑩嬌艷非常，當時估值銀三千兩，已後從無此大者。至大者不過兩許及五六錢、錢許至分許者。價有高低，須看顔色，其至小者價甚廉，不過一二十换。

第九雲南寶井紅寶石。

雲南寶井所産紅寶石，石色嫩紅嬌俏，如新開海梅花，光采奪目，但無大者，至重不過十二錢一顆，小者分許。其價可直二百餘換，小者一二十換。又有一種淡紅明瑩者，名童子色，價最高。無大顆，可值三百餘換。

第十雲南寶井紅寶石。

雲南寶井中産紅寶石，石色大紅而帶黄黑色，名為油煙紅，紅石中之至下者。有大者重至二三兩者，不足為奇，中多蟹爪碎紋。其中小者，可直一二

十換

綠寶石三種

第一西洋默德那國祖母綠

默德那國產祖母綠寶石石色深綠如鸚䳇羽每
顆重兩許者價至十餘萬換無小者傳云此石能
助催生產母吞之男左女右自手中擒出

又云祖母綠寶石能滅火試之之法煽熾炭一爐
投寶石於其中炭火即滅者真物也

又云祖母綠寶石夜有光明如燭明時內帑曾有
數塊每朝會之時黎明將啟殿廷尚暗中使盛以

十换。

緑寶石三種

第一西洋默德那國祖母緑。

默德那國産祖母緑寶石，石色深緑如鸚䳇羽，每顆重兩許者，價至十餘萬换，無小者。傳云此石能助催生，産母吞之，男左女右，自手中擒出。

又云祖母緑寶石能滅火。試之之法：煽熾炭一爐，投寶石於其中，炭火即滅者，真物也。

又云祖母緑寶石夜有光明如燭。明時内帑曾有數塊，每朝會之時，黎明將啟，殿廷尚暗，中使盛以

金盤捧而導駕則所至如曙矣故為至寶其價無
等
第二默德那國祖母緑寶石
默德那國祖母緑寶石石色嫩緑如新草葱菁可
愛無大者至大顆不過一二錢許者可值萬餘换
第三回回國祖母緑寶石
回回國所産祖母緑寶石石淺緑微黄如新柳中
有兔毫紋大者重二三錢可直六七千换小者至
錢許止
酒黄寶石六種

金盤，捧而導駕，則所至如曙矣。故為至寶，其價無等。

第二默德那國祖母緑寶石。

默德那國祖母緑寶石，石色嫩緑如新草，葱菁可愛。無大者，至大顆不過一二錢許者，可值萬餘换。

第三回回國祖母緑寶石。

回回國所産祖母緑寶石，石淺緑微黄如新柳，中有兔毫紋。大者重二三錢，可直六七千换，小者至錢許止。

酒黄寶石六種

第一錫蘭國酒黃寶石。

錫蘭國産酒黃寶石，石色嬌黃如鵞鴿色為上。有大者，可重兩許，直五千餘換，中小者千餘換。

第二錫蘭國酒黃寶石。

錫蘭國酒黃寶石，石色深黃蠟色，明瑩光潔可愛。無大者，至重不過一二錢，至五六分止，可直五六千換。

第三錫蘭國酒黃寶石。

錫蘭國産酒黃寶石，石色淡黃如松花而明瑩，有如黃水狀。有大者，重至兩許，七八錢不等，可直三千餘换，無細小者。

第四默德那國酒黄寶石。

默德那國産酒黄寶石，石色深黄如赭，麗潤光瑩。無大者，至重不過四五錢，無細小者，可直價三千换。

第五土番國酒黄寶石。

土番國産酒黄寶石，石色嫩黄如秋葵色，嬌倩明瑩可愛。有大者，重至兩許、八九錢，無細小者，可直三四千换。

第六雲南寶井酒黄寶石。

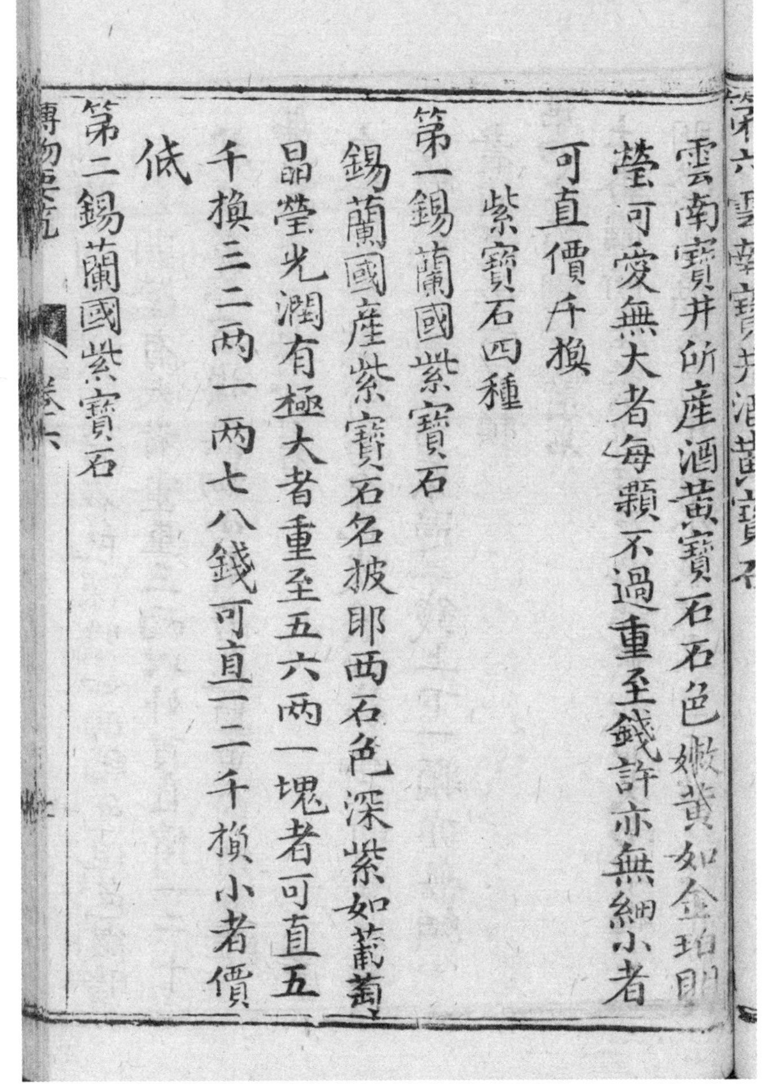

雲南寶井所産酒黄寶石，石色嫩黄如金珀，明瑩可愛。無大者，每顆不過重至錢許，亦無細小者，可直價千换。

紫寶石四種

第一錫蘭國紫寶石

錫蘭國産紫寶石，名披耶西石，色深紫如葡萄，晶瑩光潤。有極大者，重至五六兩一塊者，可直五千换，三二兩、一兩七八錢，可直一二千换，小者價低。

第二錫蘭國紫寶石。

錫蘭國産紫寶石石色深紫如西毯色但色微暗
而欠明瑩有大者重至三兩以外可直價一二十
换及五六百换無細小者若色帶黑則價更賤
第三土番國紫寶石
土番國産紫寶石石色淡紫如茄花而明瑩光潔
可愛無大者至重不過二錢上下一顆亦無細小
者可直五六百换
第四土番國紫寶石
土番國所産紫寶石石色深紫如茄皮而暗晦不
明瑩亦無大者中有水裂紋至重不過五錢亦無

錫蘭國産紫寶石，石色深紫如西毯色，但色微暗而欠明瑩。有大者，重至三兩以外，可直價一二十换及五六百换，無細小者，若色帶黑則價更賤。

第三土番國紫寶石。

土番國産紫寶石，石色淡紫如茄花，而明瑩光潔可愛。無大者，至重不過二錢上下一顆，亦無細小者，可直五六百换。

第四土番國紫寶石。

土番國所産紫寶石，石色深紫如茄皮，而暗晦不明瑩。亦無大者，中有水裂紋，至重不過五錢，亦無小者，可直價三百换。

白寶石二種

第一真臘國白寶石。

真臘國白刺寶石，石色纖白明瑩如水晶，光潤可寶。有大者，重至四五兩一顆，至小者五六錢止，價可直千餘换。

第二天方國白寶石。

天方國産白刺寶石，石色白而淡紅如粉肉色，明瑩光艷。無大顆，至重者不過五錢，亦無小者，可直五六百换。

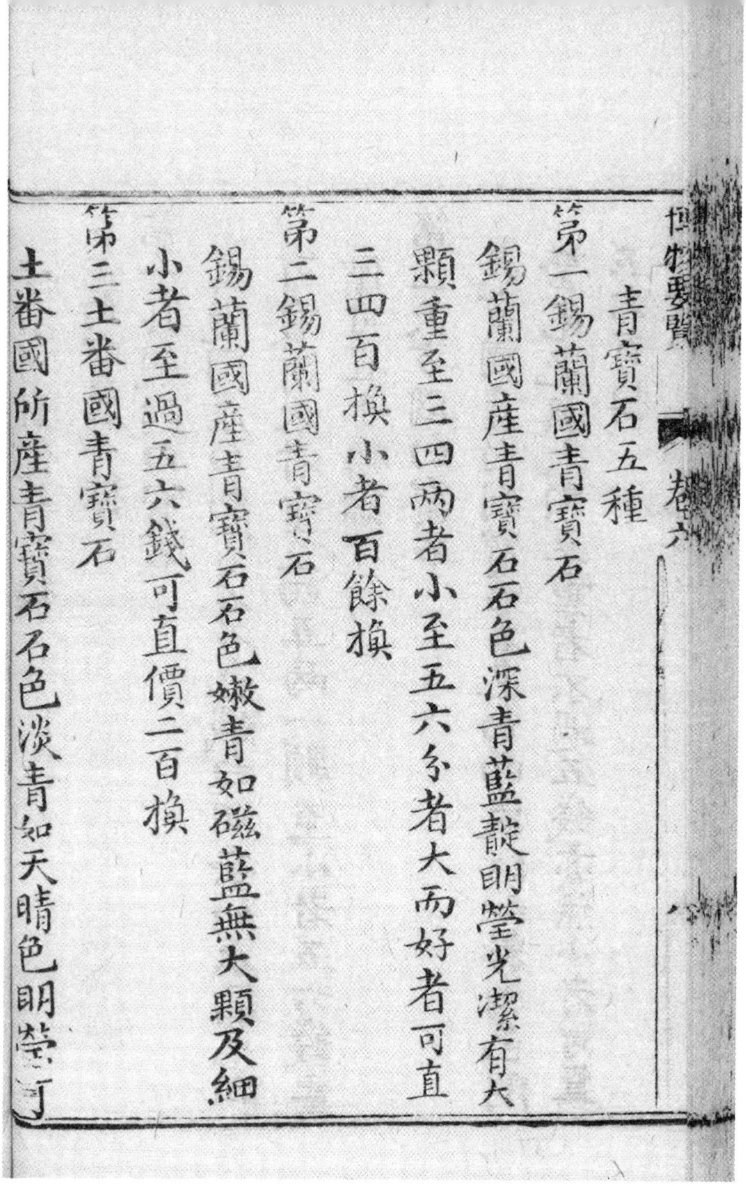

青寶石五種
第一錫蘭國青寶石
錫蘭國産青寶石石色深青藍靛明瑩光潔有大
顆重至三四兩者小至五六分者大而好者可直
三四百换小者百餘换
第二錫蘭國青寶石
錫蘭國産青寶石石色嫩青如磁藍無大顆及細
小者至過五六錢可直價二百换
第三土番國青寶石
土番國所産青寶石石色淡青如天晴色明瑩可

青寶石五種

第一錫蘭國青寶石。

錫蘭國産青寶石，石色深青藍靛，明瑩光潔，有大顆重至三四兩者，小至五六分者，大而好者，可直三四百换，小者百餘换。

第二錫蘭國青寶石。

錫蘭國産青寶石，石色嫩青如磁藍。無大顆，及細小者，至過五六錢，可直價二百换。

第三土番國青寶石。

土番國所産青寶石，石色淡青，如天晴色，明瑩可愛者。有大顆重至兩許者，及五六分止。大者可直二三百換，小者價低。

第四雲南寶井青寶石。

雲南寶井産青寶石，石色嫩青如翠藍者，大顆重至兩許七八錢者，無小顆，其價可直二百餘換。

第五雲南寶井青寶石。

雲南寶井所産青寶石，石色淡青如月下白，明瑩光潔可愛。無大顆，至重者三四錢至數分止，價可直百換。

猫兒眼寶石二種

第一默德那國猫兒眼寶石。

默德那國産猫兒眼寶石，石色淡黄，中含青紋一縷，隨時轉動。大者如指頂，可直一二百金一顆。

又云：猫兒眼真好者，其中心活縷，與真猫睛至午時及子卯酉四正時則居正中一線為异。

第二雲南寶井猫兒眼寶石。

雲南寶井所産猫兒眼寶石，有種者不過重至錢外，中雖有紋而散不能居中，每顆不過直三四换。

看各種寶石要法

凡寶石西石，須于日色下，以銀淺小盤，或白綾方袱籍

之將寶石離去銀盤約五寸許承日影照看其光
下射盤如金星銀翅者真而上等物也若偽者則
光結黑影不散是也
凡欲辨寶石之看真偽者以寶石噙於口片時久而
滿口生津不竭而返生涼石不熱者真物也
海外有留韁寶石一種其價最貴試之之法以此寶
石置于空野草中命善馳騎者躍馬向前馬至此
則不能超越不知何故故為總戎者購以嵌盔盖
于陣上彼騎見我寶石不能至前故能却敵所以
為寶也

之，將寶石離去銀盤約五寸許，承日影看，其光下射盤如金星銀翅者，真而上等物也。若偽者，則光結黑影不散是也。

凡欲辨寶石之看真偽者，以寶石噙於口片時，久而滿口生津不竭，而返生涼，石不熱者，真物也。

海外有留韁寶石一種，其價最貴。試之之法：以此寶石置于空野草中，命善馳騎者躍馬向前，馬至此則不能超越，不知何故。故為總戎者，購以嵌盔盖于陣上。彼騎見我寶石，不能至前，故能却敵，所以為寶也。

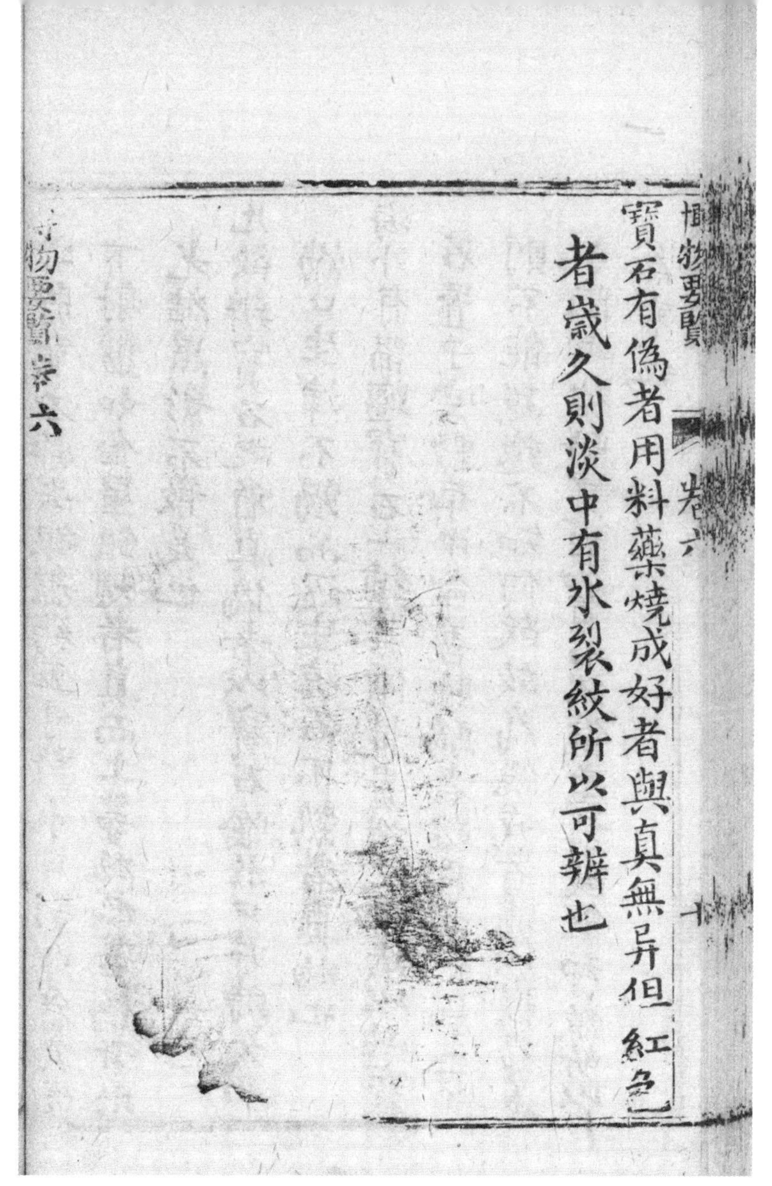
博物要覽　卷六

寳石有偽者用料藥燒成好者與真無异但紅色
者歲久則淡中有水裂紋所以可辨也

博物要覽卷六

寶石有偽者，用料藥燒成，好者與真無异，但紅色者歲久則淡，中有水裂紋，所以可辨也。

博物要覽卷六

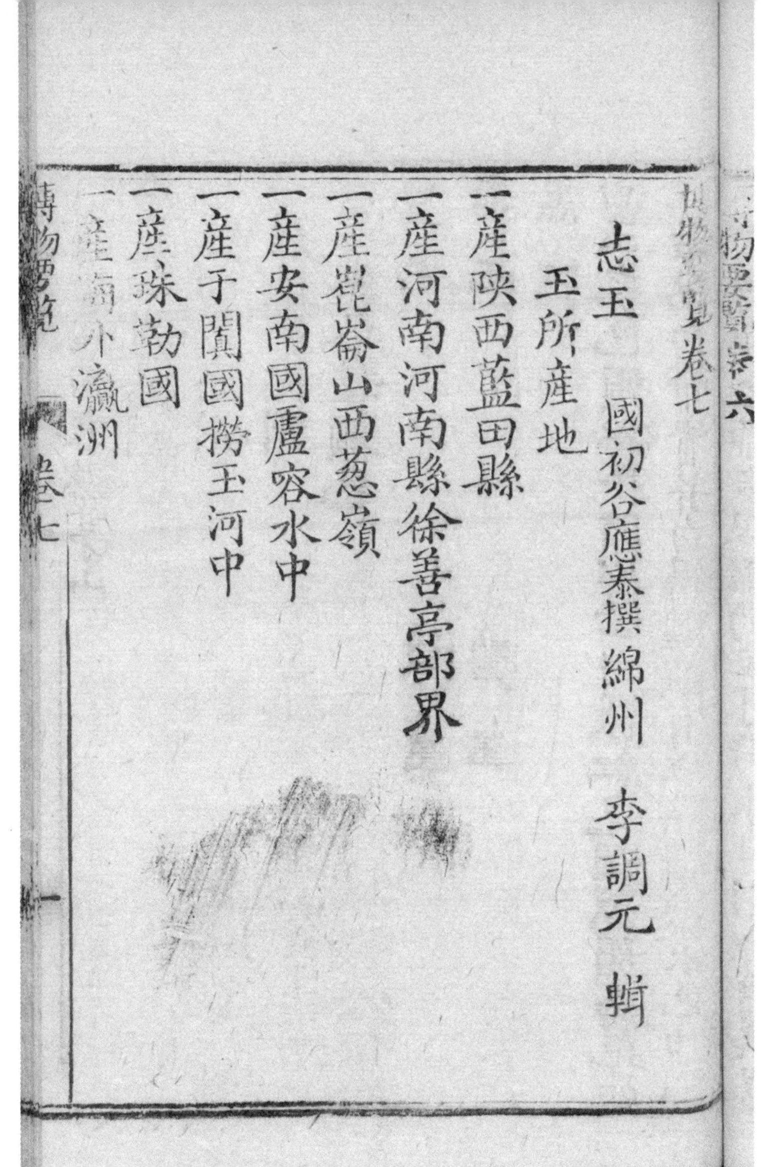

博物要覽卷七

國初谷應泰撰　綿州　李調元　輯

志玉

玉所産地

一産陜西藍田縣

一産河南河南縣徐善亭部界

一産崑崙山西葱嶺

一産安南國盧容水中

一産于闐國撈玉河中

一産珠勒國

一産海外瀛洲

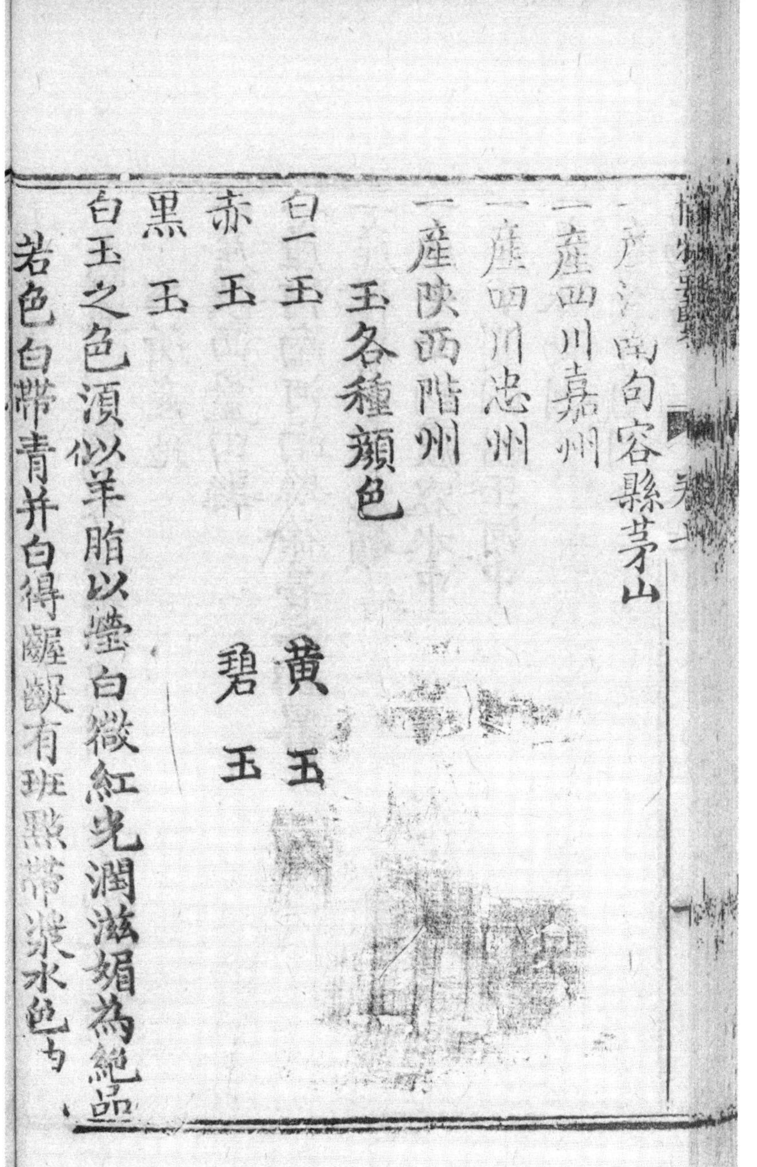

一產江南句容縣茅山

一產四川嘉州

一產四川忠州

一產陝西階州

玉各種顏色

白　玉　　　黄　玉

赤　玉　　　碧　玉

黑　玉

白玉之色，須似羊脂，以瑩白微紅、光潤滋媚為絶品。若色白帶青，并白得齷齪有斑點，帶漿，水色油色者，皆價低。

黄玉之色如蒸栗，以光瑩明潤為絶品，若色澤焦黄而枯槁者，價低。

赤玉古所謂璊玉也，色鮮紅明瑩如雞冠者為上，若胭脂色紅者次之。

碧玉要色如新草，青翠明瑩者為上，若色帶菠菜葉色，及色如凍柳者，乃下品，須有蛇蠑斑在上者為妙。

黑玉色如漆，淳黑無斑點為上，要不帶青灰色為上，須要塊頭大，作得玉磬為佳。古者皇帝居喪，腰帶

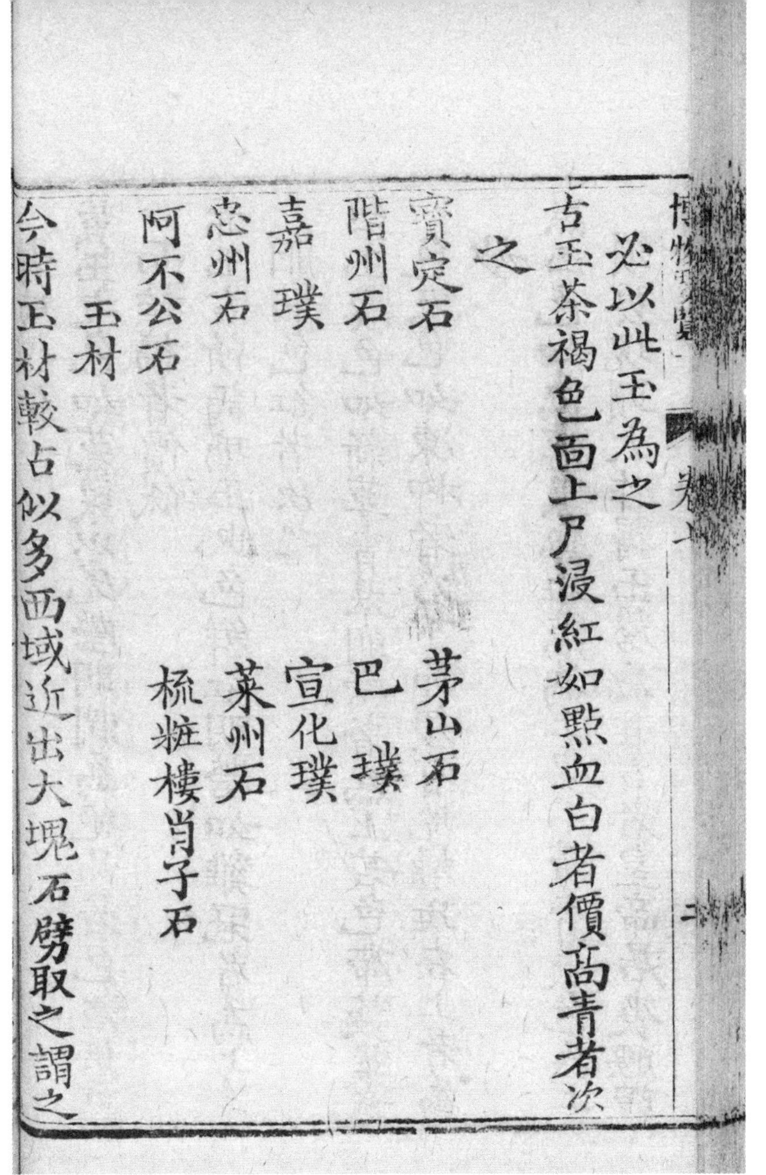
必以此玉爲之
古玉茶褐色面上尸浸紅如點血白者價高青者次之
寶定石　茅山石
階州石　巴　璞
嘉　璞　宣化璞
忠州石　萊州石
阿不公石　梳粧樓肖子石
玉材
今時玉材較古似多西域近出大塊石劈取之謂之

必以此玉为之。

古玉茶褐色，面上尸浸紅如點血，白者價高，青者次之。

寶定石　　　　茅山石

階州石　　　　巴　璞

嘉　璞　　　　宣化璞

忠州石　　　　萊州石

阿不公石　　　梳粧樓肖子石

玉材

今時玉材較古似多，西域近出大塊石，劈取之，謂之山材。從山石中槌擊取用，原非于闐、崑岡。西流砂水中天生玉子，色白質乾，内多綹裂，俗名江魚綹也。恐此類不若水材為寶。有種水石，美者白勝玉，内有飯滲點子，可以亂真。

于闐國採玉之地名玉河，在于闐國城外，其淙出崑山，西流一千三百里至于闐界牛頭山，乃疏為三河：一曰白玉河，在城東三十里；二曰綠玉河，在城西二十里；三曰烏玉河，在綠玉河西七里。其源雖一，而其玉隨地而變，故其色不同。每歲五六月大水暴漲，則玉隨流而至。玉之多寡，由水之大小。七八月水退乃可取，彼人謂之撈玉。其國中有禁，服用飲食，往往用玉，中國所有，亦自彼來。

古人論玉，謂白者如截（昉）[肪][1]，赤者如雞冠，黃者如蒸栗，黑者如淳漆，謂之玉符，而青玉獨無説焉。今青白者常有，黑者時有，黃赤者絶無，雖《禮記》之六器，亦不能得其真者。今儀州出一種石，如蒸栗色，彼人謂之栗玉，或云亦黃玉之類，且無潤澤，聲不清越，為不及也。然服食器用者，惟貴純白，它色亦不取焉。

又云：儀州栗玉，乃黃石之有光瑩者，非玉也。玉堅而

1 肪，原作“昉”，據抄本《博物要覽》卷十一改。

有理，火刃不可傷，此石小刀便可雕刻，與階州白石同體而异色耳。

《太平御覽》云：交州出白玉，夫餘出赤玉，（把）［挹］[1]婁出青玉，大秦出菜玉，西蜀出黑玉，藍田出美玉，色如藍，故云藍田。

《淮南子》云：鍾山之玉，炊以炉炭，三日三夜而色不變，得天地之精也。

《玉書》云：玉有山元水蒼之文，山產玉而木潤，水產玉而流芳，藏於璞而文采露于外。觀此諸説，則玉有山產、水產二種。中國之玉，多在於山；于闐之玉，多

1 挹，原作“把”，據《太平御覽》卷七百八十四改。

在于水也。

石之似玉者，有珷、玞、珉、琨、瑰、瓔。

北方有罐子玉，雪白而有氣眼，乃藥燒成者，不可不辨，然皆無温潤之色。

看石中玉法

凡石韞玉，但將石映燈看之，内有紅光，明如初出之日，便知内有玉也。若無玉者，則黑暗無光。

玉色高下

玉以甘黄為上，羊脂次之，以黄為中色，且不易得，以白為偏色，時有得者故耳。今人賤黄而貴白，以見少也。然甘黄如蒸栗者佳，焦黄為下，甘青色如新柳，近亦無之。余見甘黄玉馬，長四寸，神氣如生，甘青羊頭鉤螭玦等件，皆色嬌可愛。碧玉色如菠菜深緑為佳，有細墨洒點淡白，間有雜者次之。黑玉如漆者佳，西蜀有石似之。紅玉色如雞冠者佳。三玉世多不有，都中亦寶重之。緑玉類碧玉，少深翠者，中有飯糝點子者佳。外此七種，皆不足取矣。

玉器名目

上古用玉珍重，似不敢褻，故製玉以封諸侯。

璧以祀天帝。璧用蒼玉。

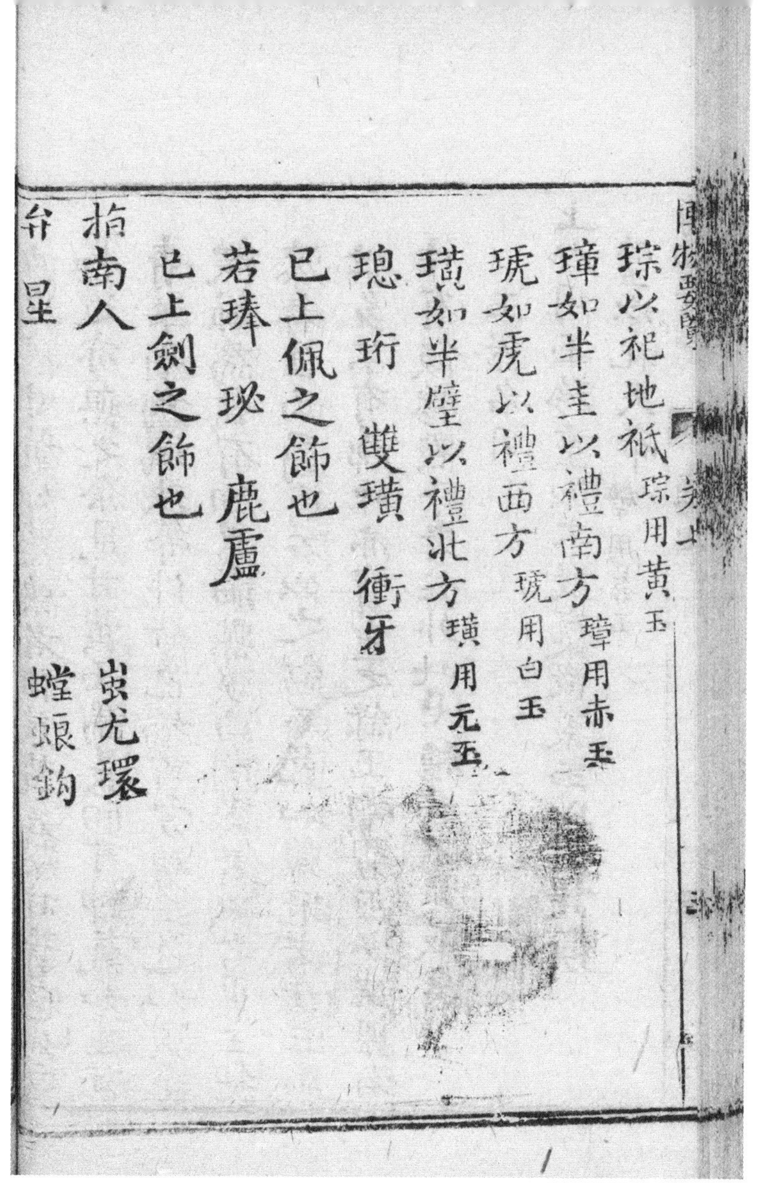

琮以祀地祇。琮用黄玉。

璋如半圭，以禮南方。璋用赤玉。

琥如虎，以禮西方。琥用白玉。

璜如半璧，以禮北方。璜用元玉。

瑝　珩　雙璜　衝牙

已上佩之飾也。

若琫　珌　鹿盧

已上劍之飾也。

指南人　　　　蚩（尤）[牛][1]環

弁　星　　　　螳螂鈎

1 牛，原作“尤”，據《遵生八箋》卷十四改。

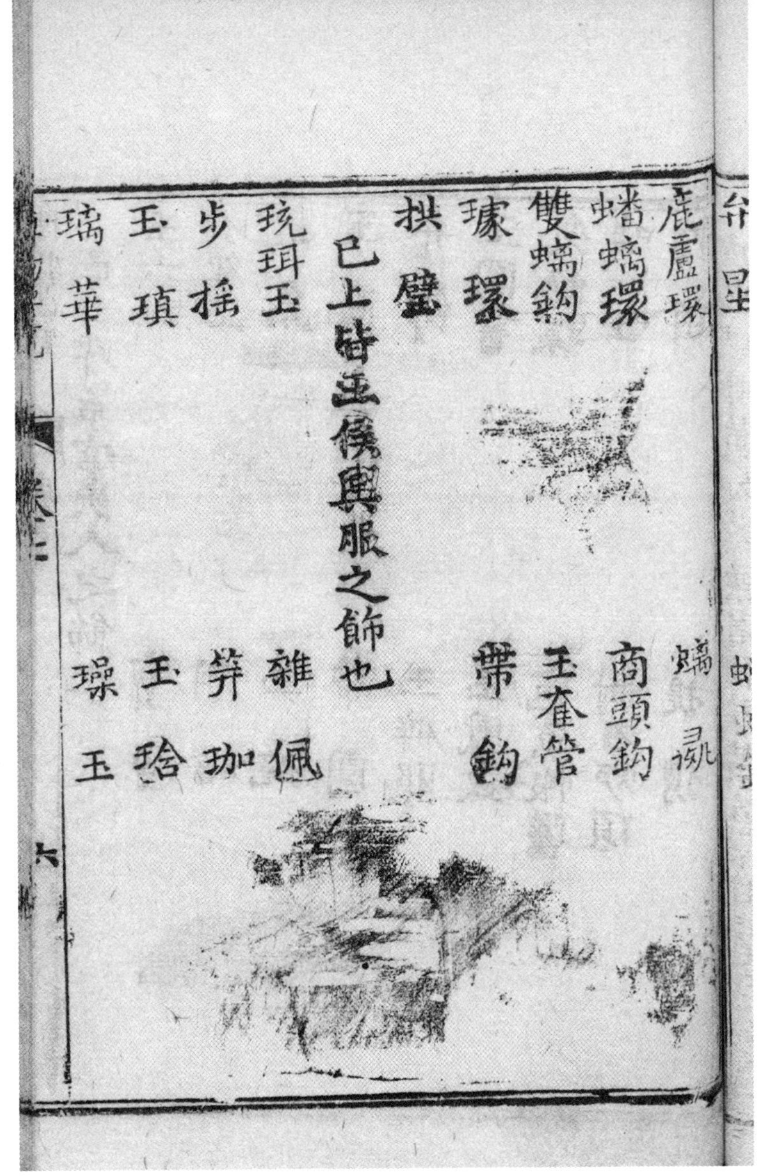

（鹿盧）［轆轤］[1]環　　　螭　彘

蟠螭環　　　　　　　　　商頭鈎

雙螭鈎　　　　　　　　　玉奞管

璩　環　　　　　　　　　帶　鈎

拱　璧

已上皆王侯輿服之飾也。

琉珥玉　　　　　　　　　雜　佩

步　搖　　　　　　　　　笄　珈

玉　瑱　　　　　　　　　玉　琀

（璃）［瓊］[2]華　　　　璪　玉

1 轆轤，原作“鹿盧”，據《遵生八箋》卷十四改。

2 瓊，原作“璃”，據《遵生八箋》卷十四改。

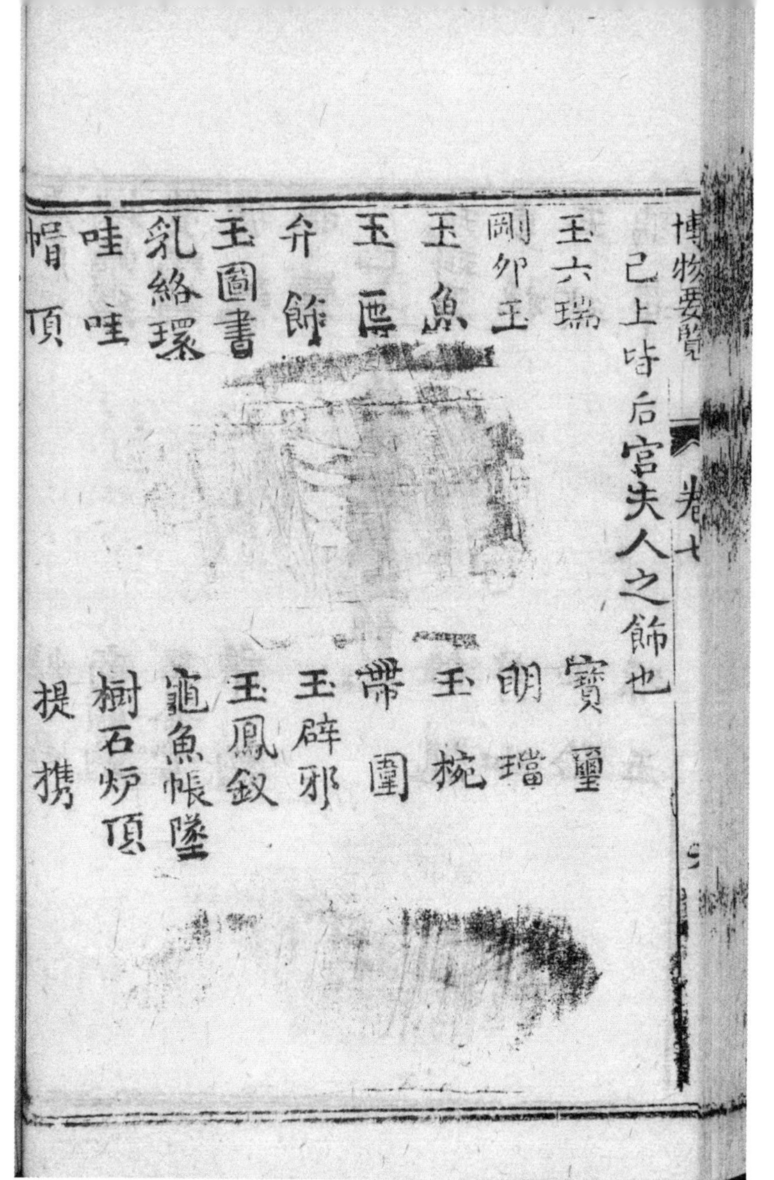

已上皆后宫夫人之飾也。

玉六瑞

剛卯玉

玉　魚

玉　匜

弁　飾

玉圖書

乳絡環

哇　哇

帽　頂

寶　璽

明　璫

玉　椀

帶　圍

玉辟邪

玉鳳釵

龜魚帳墜

樹石炉頂

提　携

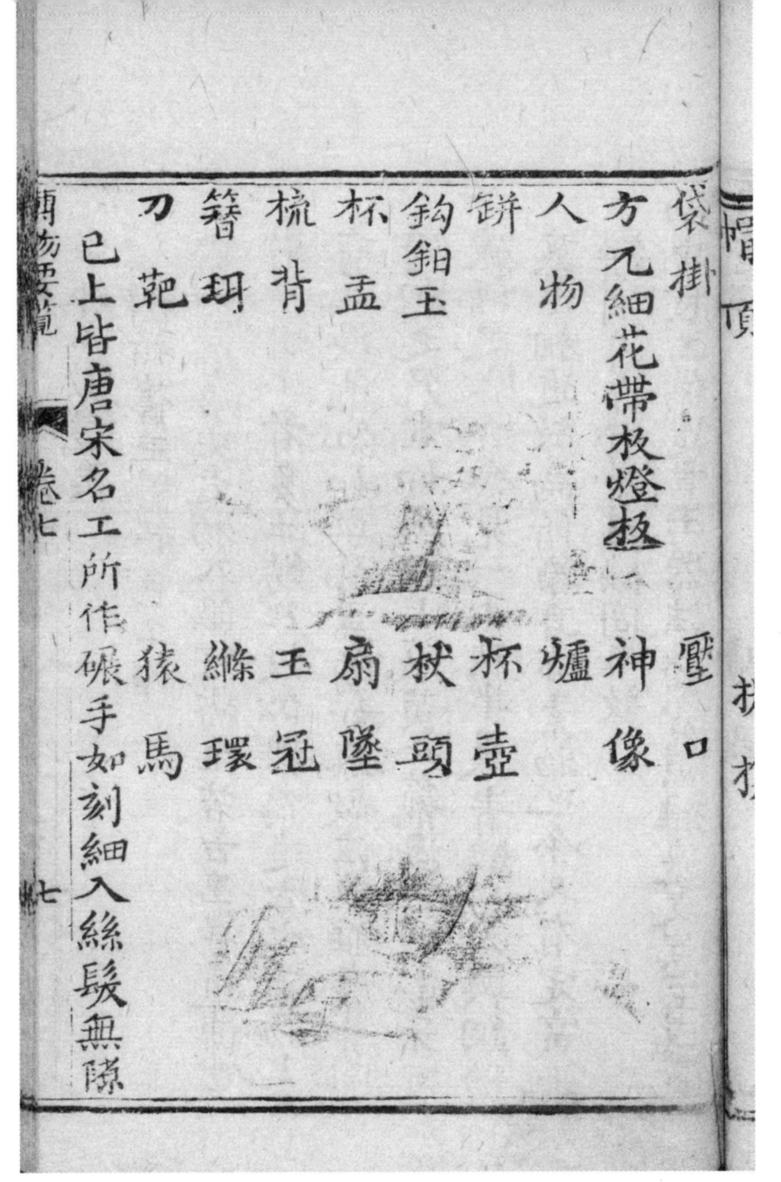

袋掛 方元細花帶板燈板 人物 餅 鈎鈕玉 杯盂 梳背 簪珥 刀鈀

壓口 神像 爐 杯壺 杖頭 扇墜 玉冠 絛環 猿馬

已上皆唐宋名工所作碾手如刻細入絲髮無隙

博物要覽 卷七 七

袋 掛	厭 口
方元細花帶板燈板	神 像
人 物	爐
餅	杯 壺
鈎鈕玉	杖 頭
梳 背	玉 冠
簪 珥	絛 環
刀（鞭）[鈀][1]	猿 馬

已上皆唐宋名工所作，碾（手）[法][2]如刻，細入絲髮，無隙

1 鈀，原作“鞭”，據《遵生八箋》卷十四改。

2 法，原作“手”，據《遵生八箋》卷十四改。

敗矩，工緻極矣。

辨新舊玉器顏色工作

玉器如漢唐宋之物，入眼可辨。至若古玉，存遺傳世者少，出土者多土銹尸浸，似難偽造。古之玉物，上有血浸，色紅如血，有黑（綉）［銹］[1]如漆，做法典雅，摩弄圓滑，謂之尸古。如玉物上蔽黄土，籠罩浮翳，（時）［堅］[2]不可破，謂之土古。余見一玉玦，半裹青緑，此必與銅器墓中相近，故為所染耳，亦素物也。余又有定窑二缾，周身亦有青緑，似同此故。

南中良工偽造古玉器法：以蒼黄雜邊皮葱玉或帶

1 銹，原作“綉”，據《遵生八箋》卷十四改。

2 堅，原作“時”，據《遵生八箋》卷十四改。

淡墨色玉，如式琢器物，以藥薰燒斑點，作血浸尸古之狀，每用亂真，以得高價。

看玉器法

凡看玉器，或骰、盞、碗、壺有把手者，孔竅要容大指，成器或腰帶環、笠帽頂、頭巾環、劍珊納子、琴樣納子、玉肥長者，成器或首飾額花、玉釵牌、玉梳、玉鳳、玉杯、玉合、玉花朵、玉項牌、玉帶繫、五事件等，皆時樣好者為最舊。入碾造生活合格者值錢，不堪改造勿用。須要得顏色樣範好妙，碾法玲瓏敦厚，如實碾粟米、臥蠶、螭虎等地，或玲瓏生活細巧工者，

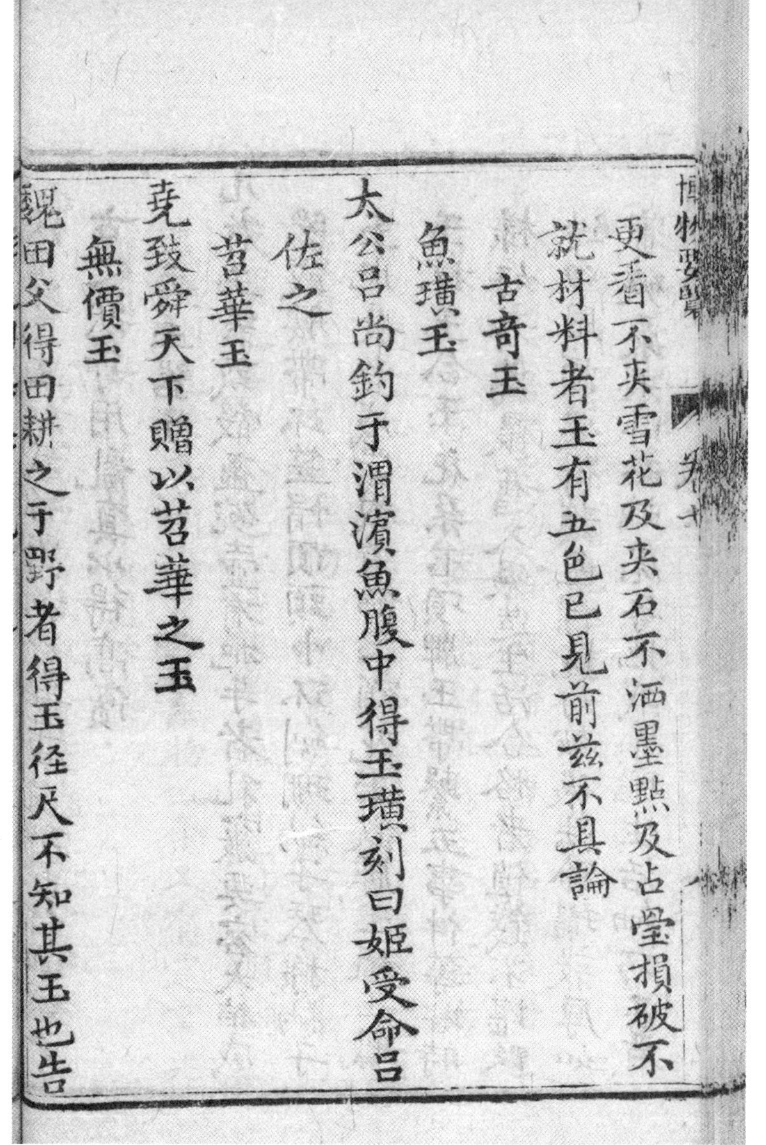

更看不夹雪花，及夹石不洒墨點，及占璺損破不就材料者。玉有五色，已見前，兹不具論。

古奇玉

魚璜玉

太公吕尚鈞于渭濵，魚腹中得玉璜，刻曰：“姬受命，吕佐之”。

苕華玉

堯致舜天下，贈以苕華之玉。

無價玉

魏田父得田耕之于野者，得玉徑尺，不知其玉也。告

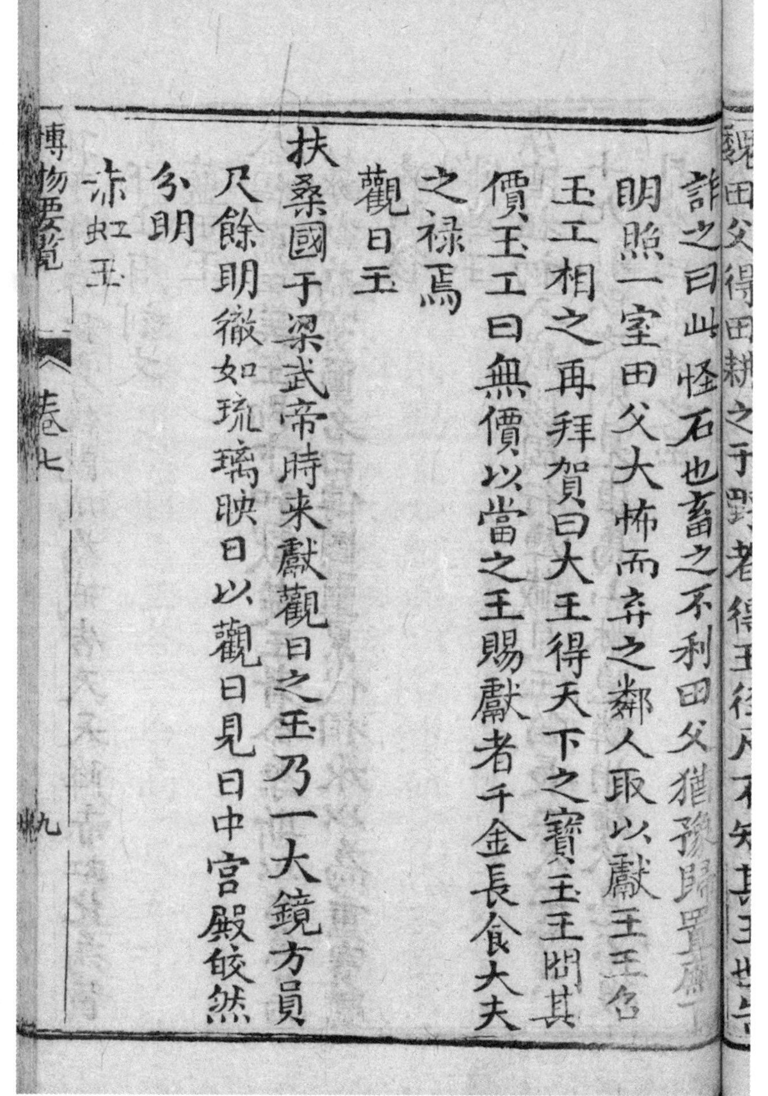

詐之曰："此怪石也，畜之不利。"田父猶豫，歸置廡下，明照一室。田父大怖而弃之。鄰人取以獻王。王召玉工相之，再拜賀曰："大王得天下之寶玉。"王問其價。玉工曰："無價以當之。"王賜獻者千金，長食大夫之祿焉。

觀日玉

扶桑國于梁武帝時來獻觀日之玉，乃一大鏡，方員尺餘，明徹如琉璃，映日以觀日，見日中宮殿皎然分明。

赤虹玉

孔子作《春秋》《孝經》既成，為戒告天，天降赤虹，化為黃玉，上有刻文。

藍田玉

秦得藍田美玉，即卞和獻楚王者。命李斯以虫魚鳥篆刻為寶璽，名曰傳國璽，累代相承，以為重寶。璽文附後。

昭華玉

漢高祖初入咸陽，周行庫藏，見玉笛長二尺二寸，二十九孔，吹之則見車馬山林，隐璘相藉，吹息不復見，名曰昭華之玉。

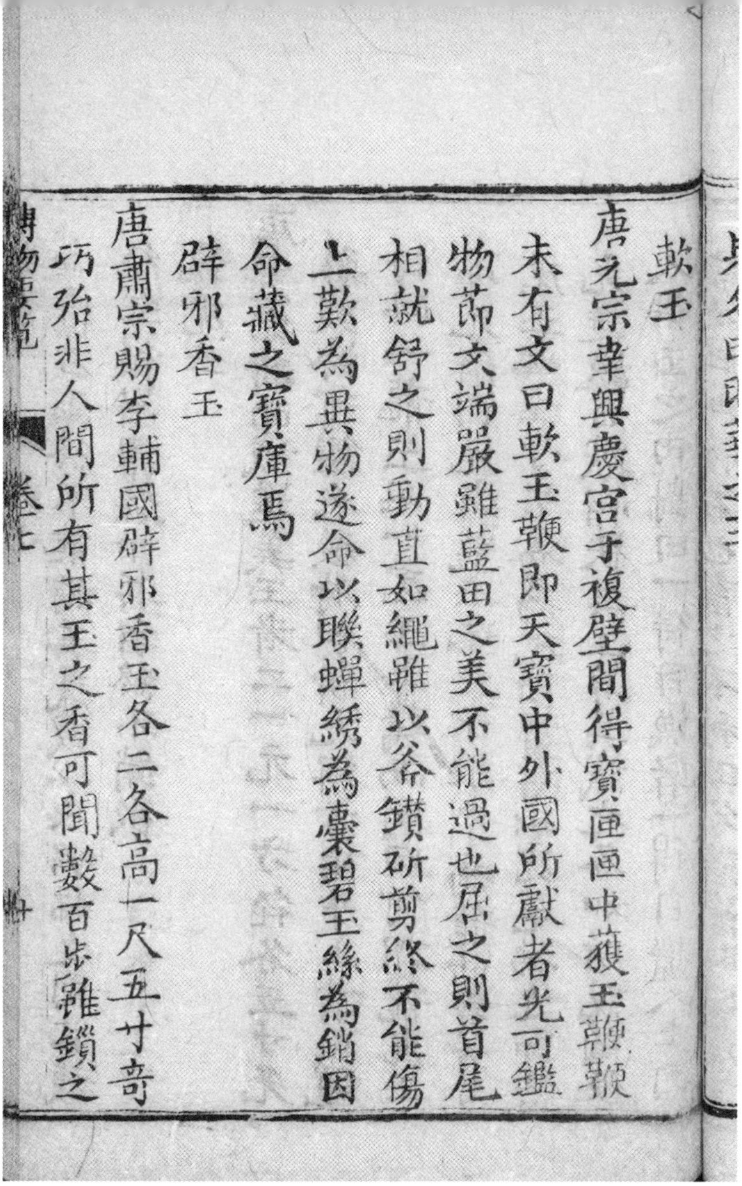
軟玉
唐元宗幸興慶宮于複壁間得寶匣匣中獲玉鞭鞭
末有文曰軟玉鞭即天寶中外國所獻者光可鑑
物節文端嚴雖藍田之美不能過也屈之則首尾
相就舒之則動直如繩雖以斧鑽斫剪終不能傷
上歎為異物遂命以聯蟬綉為囊碧玉絲為銷因
命藏之寶庫焉
辟邪香玉
唐肅宗賜李輔國辟邪香玉各二各高一尺五寸奇
巧殆非人間所有其玉之香可聞數百步雖鎖之

軟玉

唐(元)[玄]宗幸興慶宮，于複壁間得寶匣，匣中獲玉鞭，鞭末有文曰軟玉鞭，即天寶中外國所獻者。光可鑑物，莭文端嚴，雖藍田之美，不能過也。屈之則首尾相就，舒之則動直如繩，雖以斧鑽斫剪，終不能傷。上歎為異物，遂命以聯蟬綉為囊，碧玉絲為銷，因命藏之寶庫焉。

辟邪香玉

唐肅宗賜李輔國辟邪香玉各二，各高一尺五寸，奇巧殆非人間所有。其玉之香可聞數百步，雖鎖之金匱石函，終不能掩其氣。或以衣裾拂之，則芬馥經年，繼澣濯數四，其香終不銷歇。

龍虎玉

唐憲宗時，西域進美玉者二，一元一方，徑各五寸，光彩凝冷，可鑑毛髮。時伊祈（元）[玄]解方坐于上前，熟視曰：“此一龍玉，此一虎玉。”上驚而問曰：“何謂龍虎玉耶？”（元）[玄]解曰：“元者龍玉也，生于水中，為龍所寶。方者虎玉也，生于岩谷，為虎所寶。若以虎毛拂之，即紫光迸逸，百獸慴伏矣。”上异其試之，各如所說。詢使人得玉之由。對曰：“一得自漁者，一得自獵人。”上因

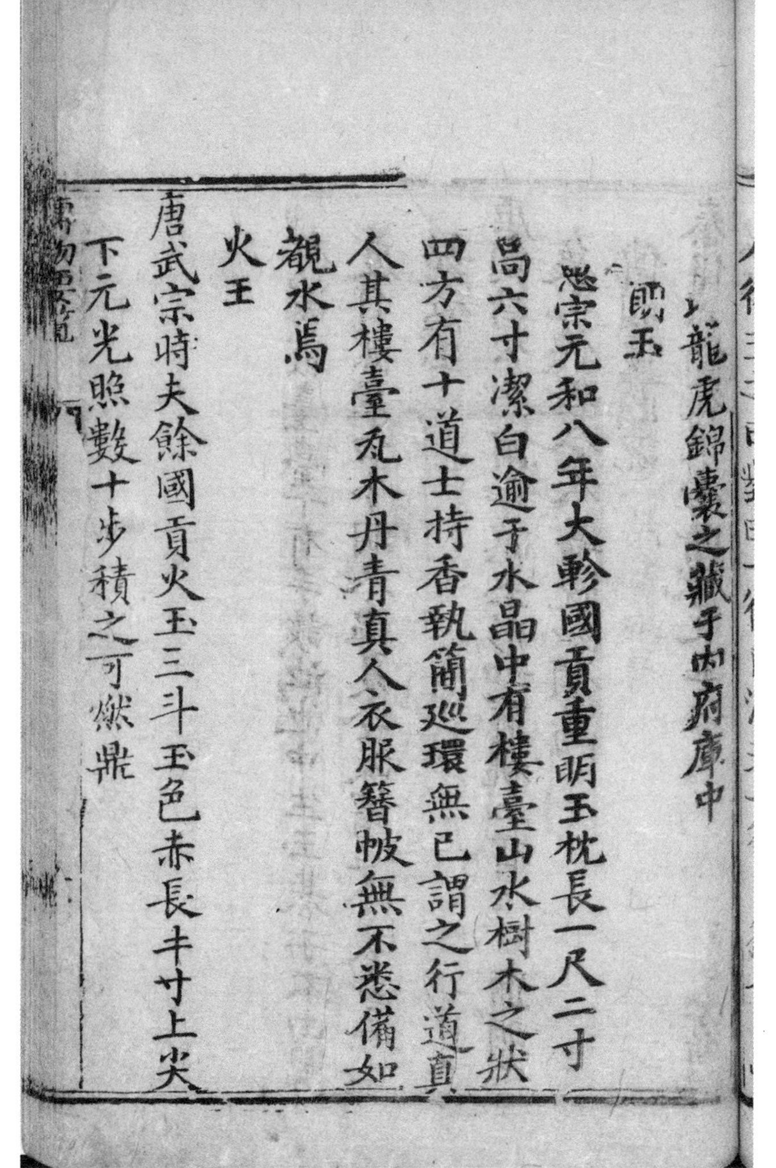
龍虎錦囊之藏于内府庫中
明玉
憲宗元和八年大軫國貢重明玉枕長一尺二寸
高六寸潔白逾于水晶中有樓臺山水樹木之狀
四方有十道士持香執簡巡環無已謂之行道真
人其樓臺瓦木丹青真人衣服簪帔無不悉備如
靚水焉
火玉
唐武宗時夫餘國貢火玉三斗玉色赤長半寸上尖
下元光照數十步積之可燃鼎

命取龍虎錦囊之，藏于内府庫中。

重明玉

唐憲宗元和八年，大軫國貢重明玉枕，長一尺二寸，高六寸，潔白逾于水晶。中有樓臺、山水、樹木之狀，四方有十道士，持香執簡，巡環無已，謂之行道真人。其樓臺、瓦木、丹青、真人、衣服、簪帔，無不悉備，如靚水焉。

火玉

唐武宗時，夫餘國貢火玉三斗，玉色赤，長半寸，上尖下元，光照數十步，積之可燃鼎。

冷暖玉

唐宣宗大中二年，日本國王子來朝，獻冷暖玉棋子及楸玉局。王子云：“本國之東三萬里，有積真島。島有凝霞臺，臺下有手談池，池中生玉碁子，不由製度，自然黑白分明，冬温夏冷，故謂之冷暖玉云。”

如意玉

唐同昌公主有如意玉，形如實桃，上有七孔，通明之象也，佩之令人喜悦如願焉。

傳國璽圖説

秦併六國，得卞和所獻之玉，命工琢為玉璽，李斯以

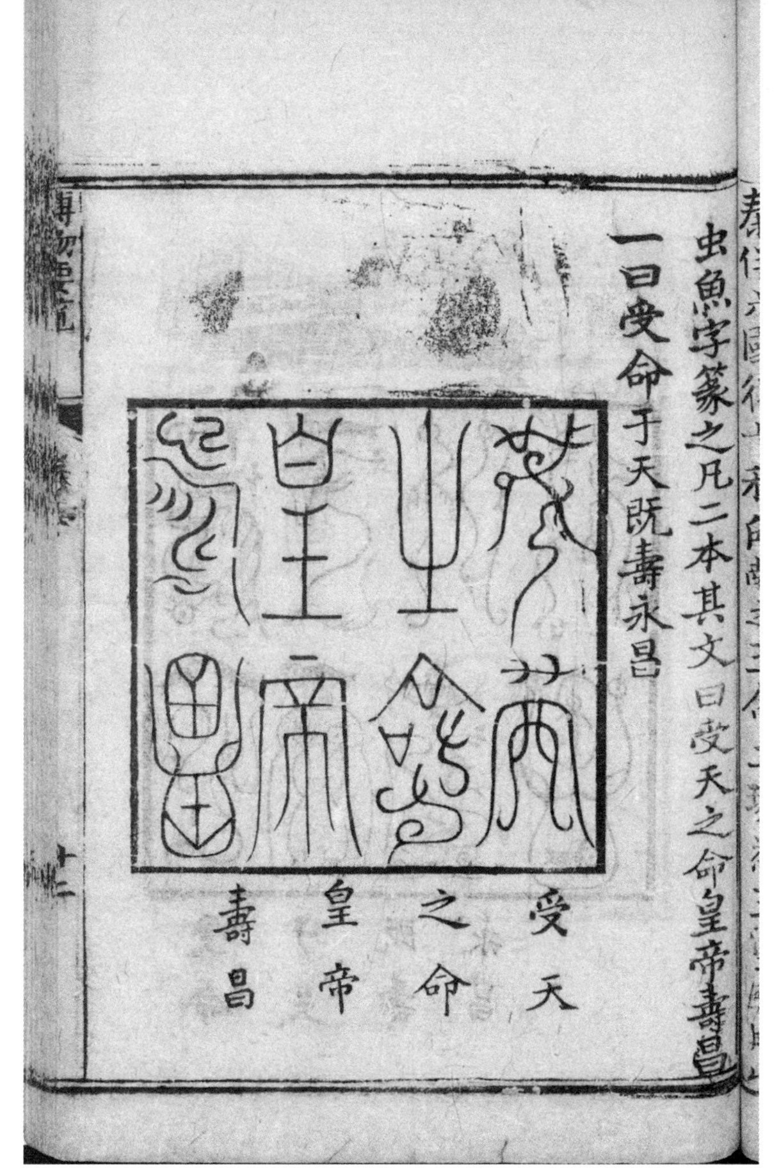
虫魚字篆之凡二本其文曰受天之命皇帝壽昌
一曰受命于天既壽永昌
受天之命
皇帝壽昌

虫魚字篆之，凡二本，其文曰：“受天之命，皇帝壽昌。”一曰：“受命于天，既壽永昌。”

受天之命　皇帝壽昌

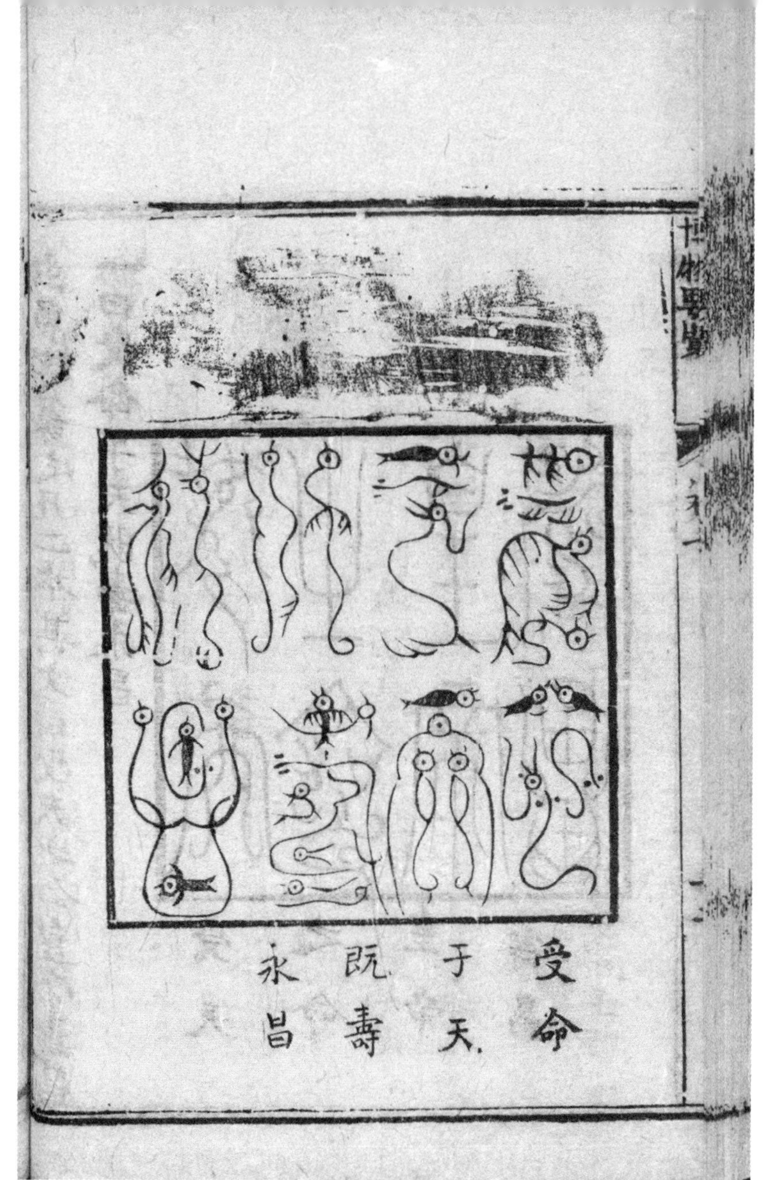

受命于天　既壽永昌

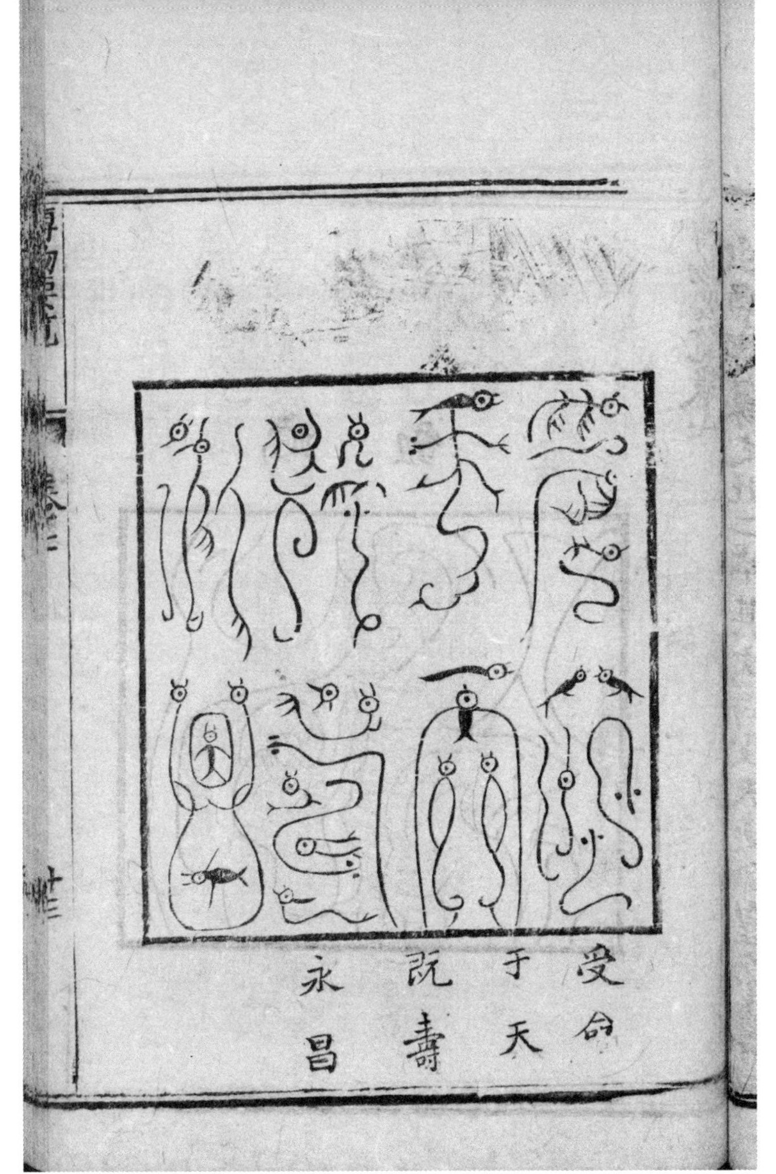

受命于天　既壽永昌

螭　鈕

博物要覽卷七

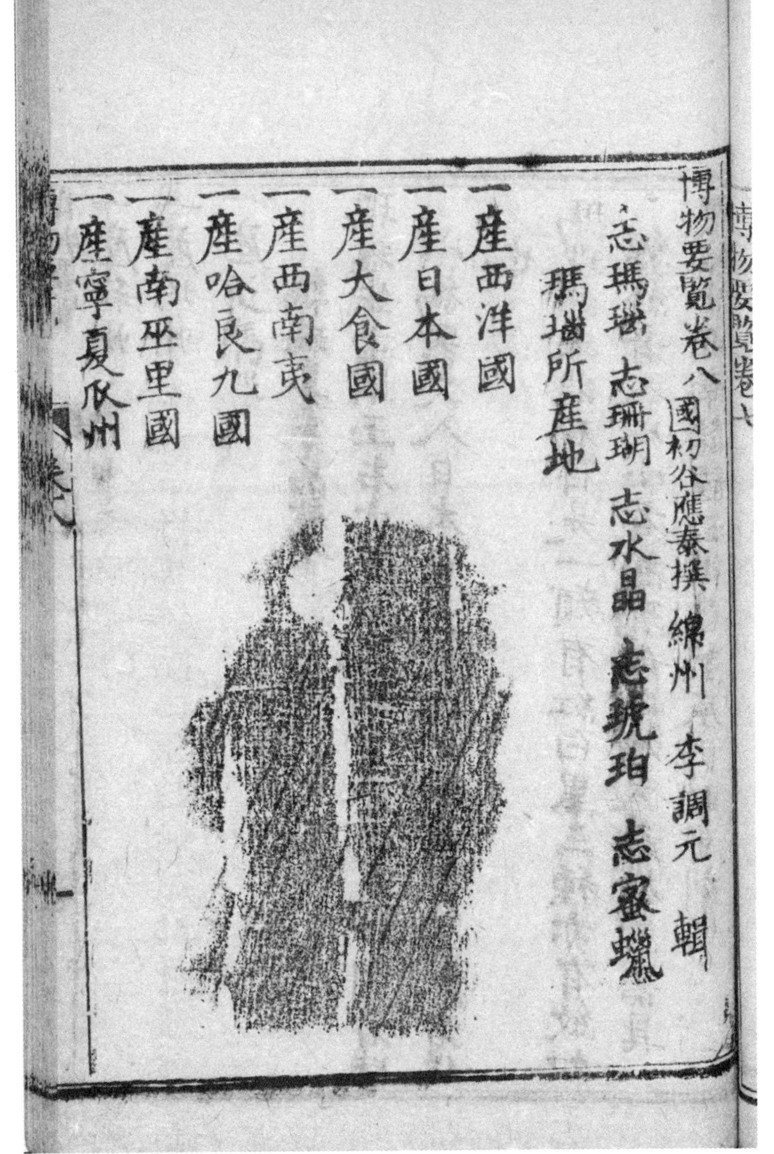

博物要覽卷八

國初谷應泰撰　綿州　李調元　輯

志瑪瑙　志珊瑚　志水晶　志琥珀　志蜜蠟

瑪瑙所産地

一産西洋國

一産日本國

一産大食國

一産西南夷

一産哈良九國

一産南巫里國

一産寧夏瓜州

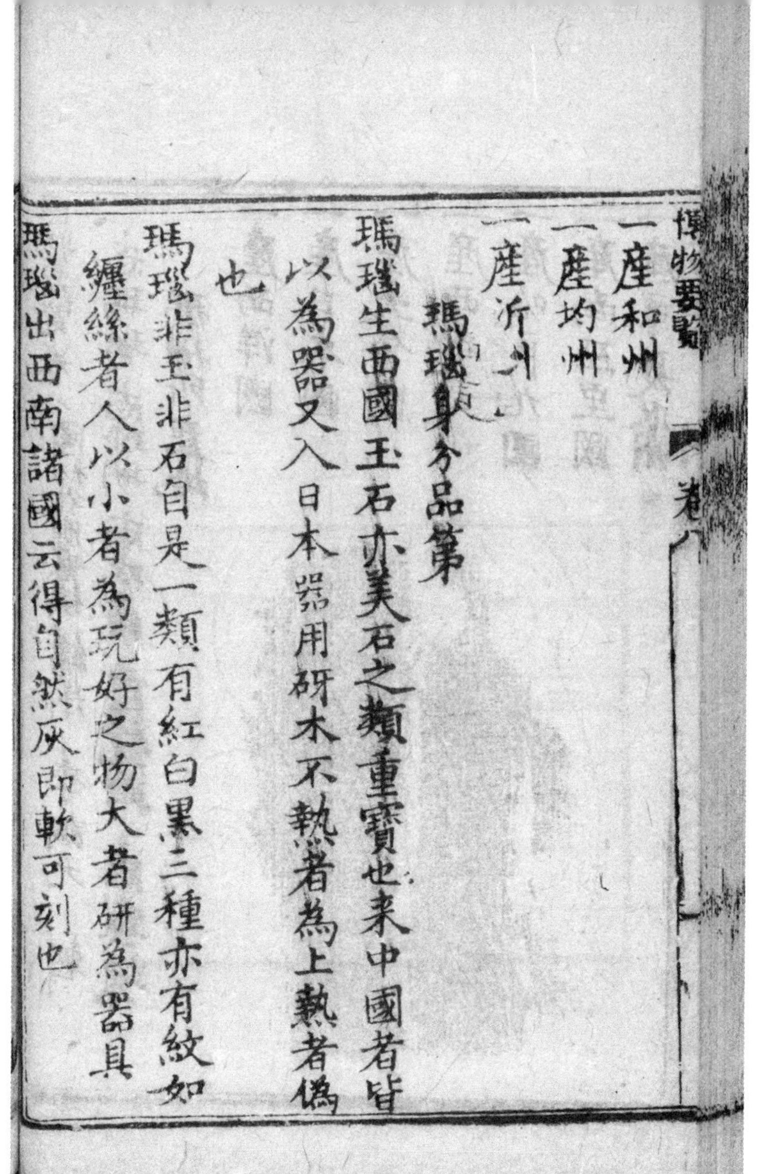
博物要覽 卷八
一産和州
一産均州
一産沂州
瑪瑙身分品第
瑪瑙生西國玉石亦美石之類重寶也来中國者皆
以為器又入日本器用研木不熱者為上熱者偽
也
瑪瑙非玉非石自是一類有紅白黑三種亦有紋如
纏絲者人以小者為玩好之物大者研為器具
瑪瑙出西南諸國云得自然灰即軟可刻也

一產和州

一產均州

一產沂州

瑪瑙身分品第

瑪瑙生西國，玉石亦美石之類，重寶也。來中國者，皆以為器，又（入）[出][1]日本（器）[國][2]。用研木不熱者為上，熱者偽也。

瑪瑙非玉非石，自是一類。有紅、白、黑三種，亦有紋如纏絲者。[西][3]人以小者為玩好之物，大者研為器具。

瑪瑙出西南諸國，云得自然灰即軟，可刻也。

1 出，原作“入”，據《本草綱目》卷八改。
2 國，原作“器”，據《本草綱目》卷八改。
3 西，原無此字，據《本草綱目》卷八補。

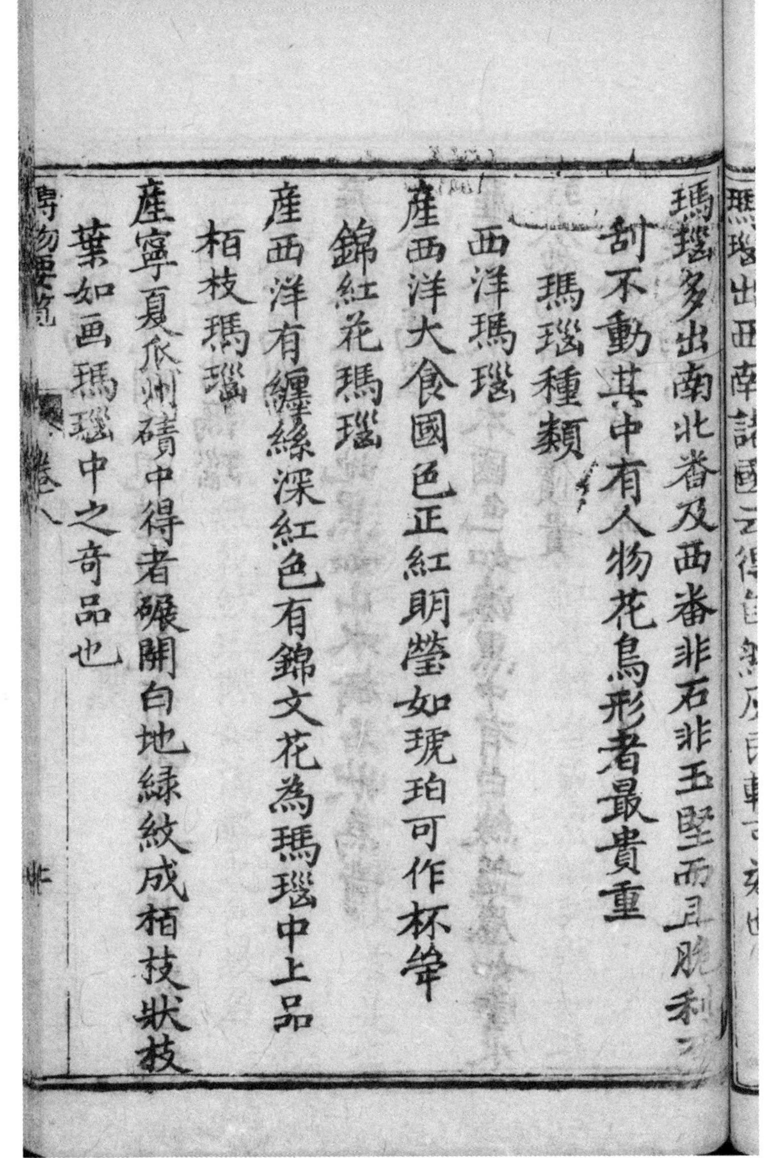

瑪瑙多出南北番及西番，非石非玉，堅而且脆，利刃刮不動，其中有人物花鳥形者最貴重。

瑪瑙種類

西洋瑪瑙

産西洋大食國。色正紅，明瑩如琥珀，可作杯斝。

錦紅花瑪瑙

産西洋。有纏絲，深紅色，有錦文，為瑪瑙中上品。

柏枝瑪瑙

産寧夏瓜州磧中。得者碾開，白地緑紋，成柏枝狀，枝葉如畫，瑪瑙中之竒品也。

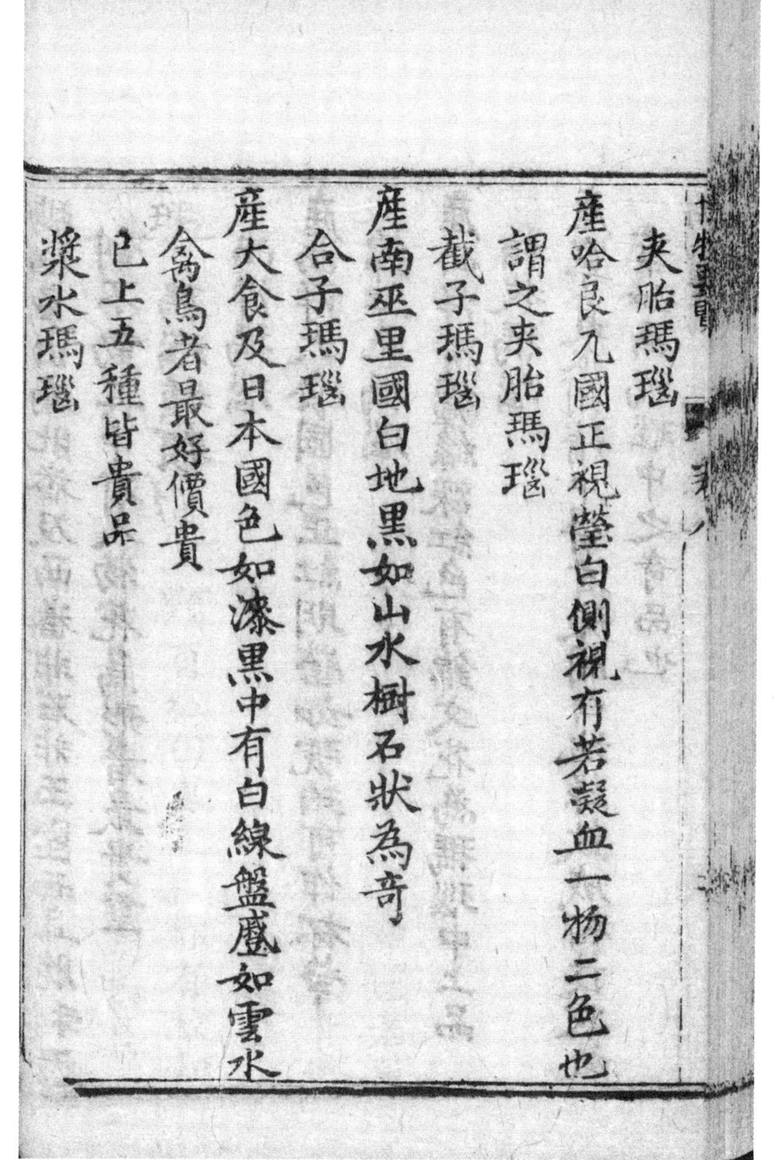

夹胎瑪瑙

產哈良兀國。正視瑩白，側視有若凝血，一物二色也，謂之夹胎瑪瑙。

截子瑪瑙

產南巫國。白地，黑如山水樹石狀為奇。

合子瑪瑙

產大食及日本國。色如漆黑，中有白線，盤蹙如雲水禽鳥者最好，價貴。

已上五種皆貴品。

漿水瑪瑙

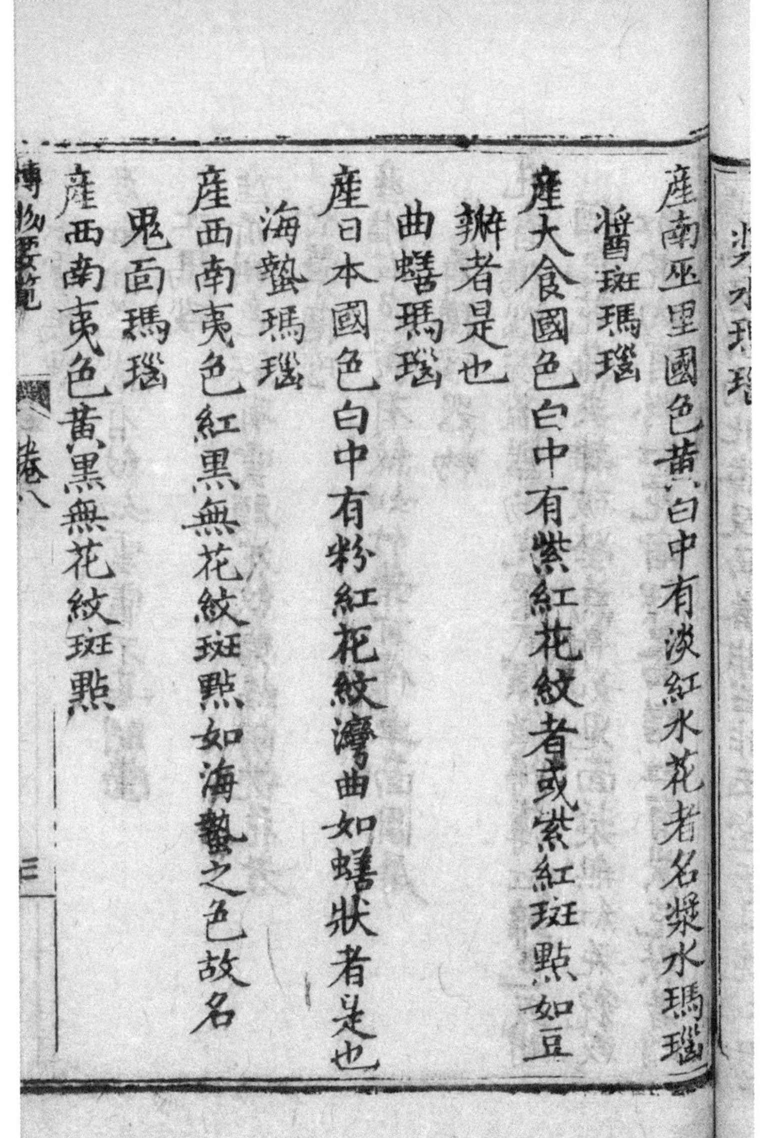

產南巫里國。色黄白，中有淡紅水花者，名漿水瑪瑙。

醬斑瑪瑙

產大食國。色白，中有紫紅花紋者，或紫紅斑點如豆瓣者是也。

曲蟮瑪瑙

產日本國。色白，中有粉紅花紋灣曲如蟮狀者是也。

海蜇瑪瑙

產西南夷。色紅黑，無花紋斑點，如海蜇之色，故名。

鬼面瑪瑙

產西南夷。色黄黑，無花紋斑點。

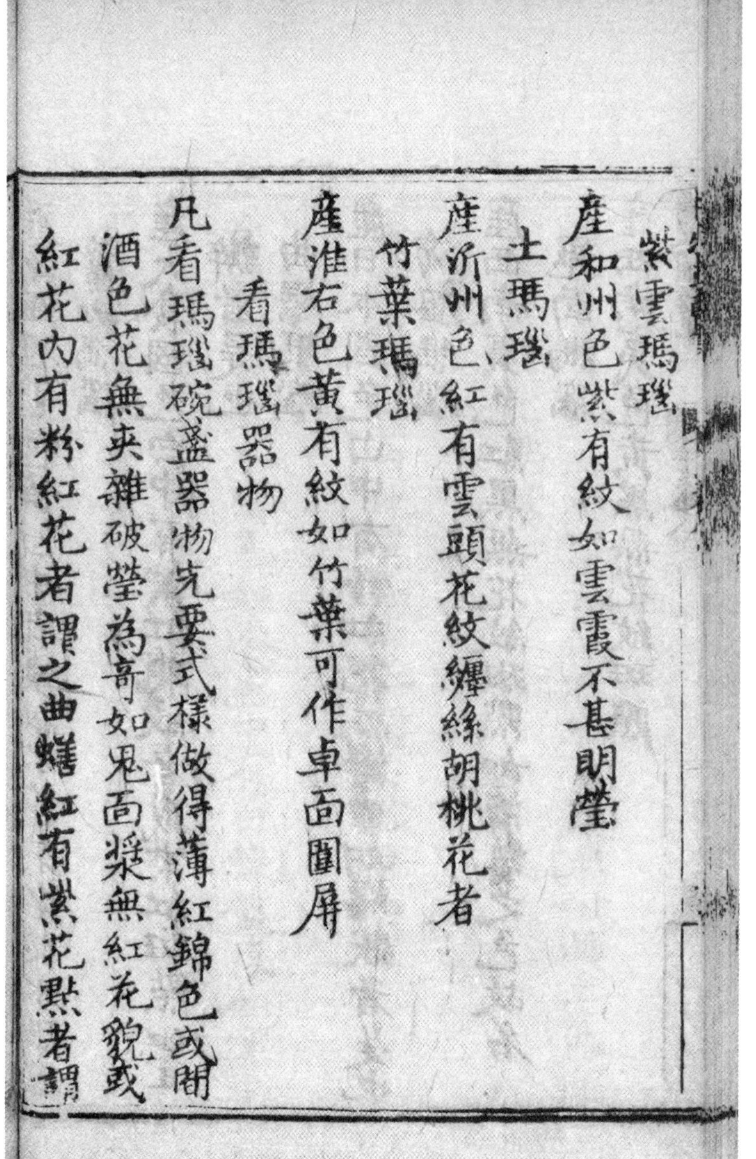

紫雲瑪瑙

產和州。色紫，有紋如雲霞，不甚明瑩。

土瑪瑙

產沂州。色紅，有雲頭花紋纏絲胡桃花者。

竹葉瑪瑙

產淮右。色黄，有紋如竹葉，可作卓面圍屏。

看瑪瑙器物

凡看瑪瑙碗盞器物，先要式樣做得薄。紅錦色或間酒色花，無夾雜破瑩為竒。如鬼面漿無紅花貌，或紅花内有粉紅花者，謂之典蟮紅，有紫花點者，謂

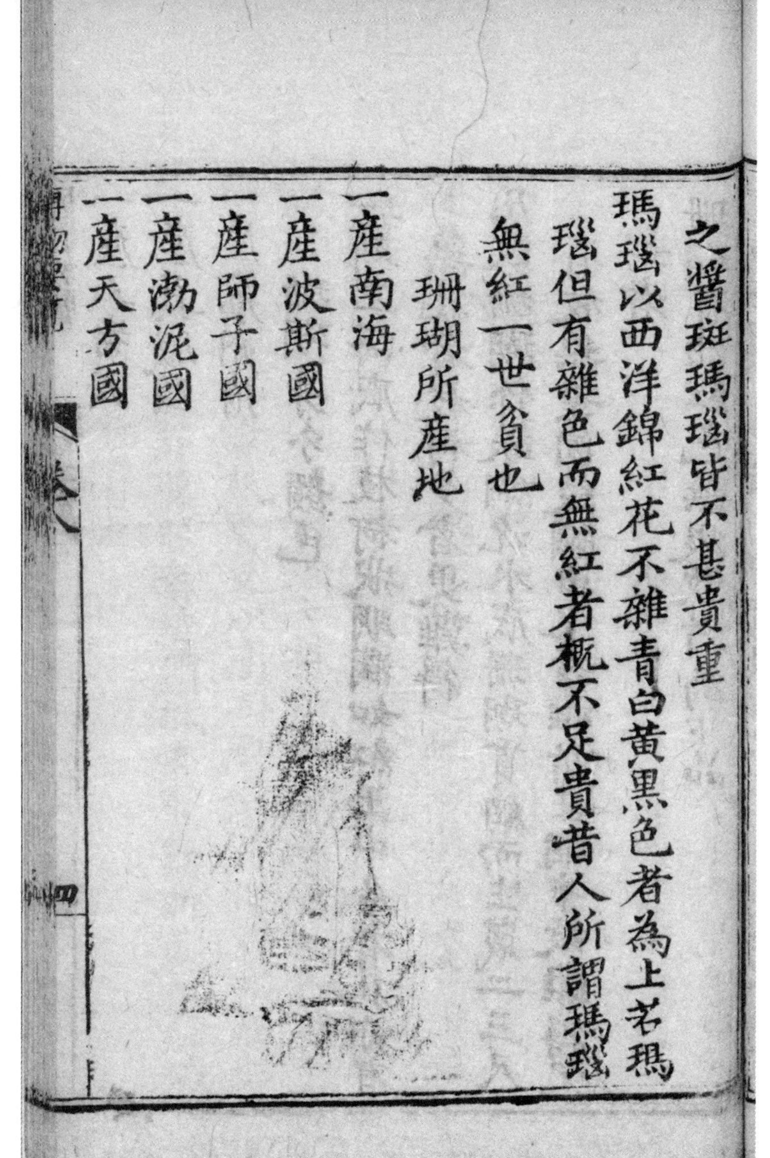

之醬斑瑪瑙，皆不甚貴重。

瑪瑙以西洋錦紅花不雜青、白、黄、黑色者為上。若瑪瑙但有雜色而無紅者，概不足貴。昔人所謂，瑪瑙無紅一世貧也。

　　珊瑚所產地

一產南海。

一產波斯國。

一產師子國。

一產渤泥國。

一產天方國。

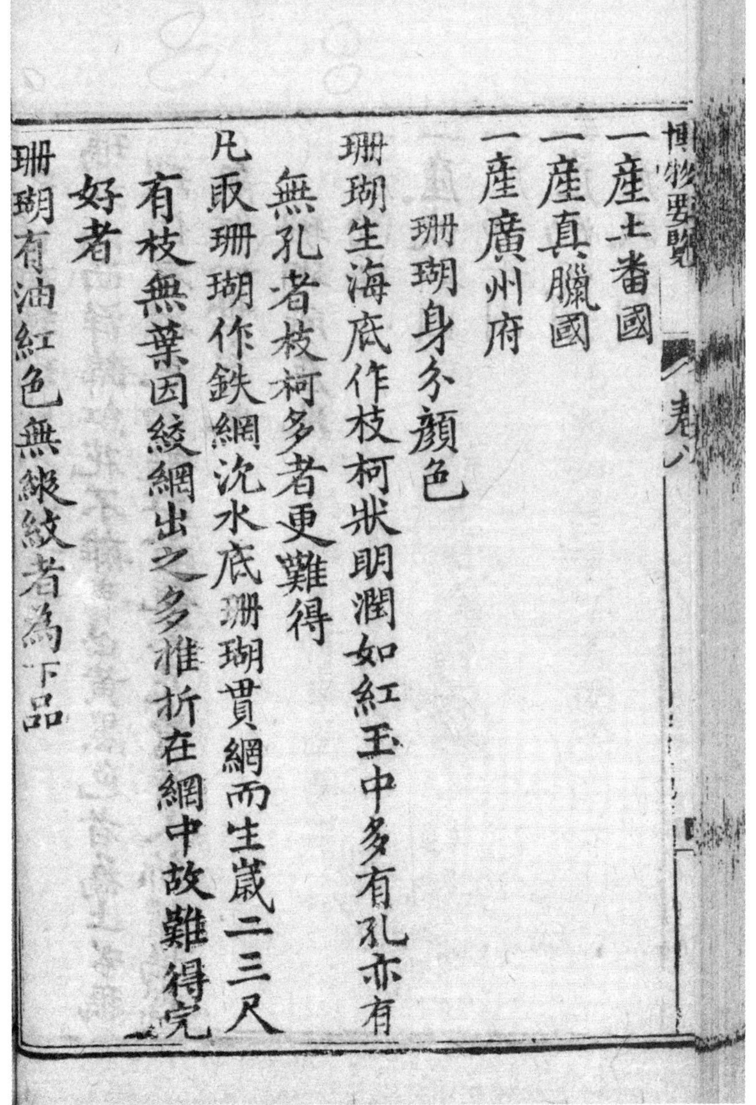

一產土番國。

一產真臘國。

一產廣州府。

珊瑚身分顏色

珊瑚生海底，作枝柯狀，明潤如紅玉，中有多孔，亦有無孔者，枝柯多者更難得。

凡取珊瑚，作鉄網沉水底。珊瑚貫網而生，歲二三尺，有枝無葉，因絞網出之。多推折在網中，故難得完好者。

珊瑚有油紅色無縱紋者為下品。

珊瑚産波斯國海中有珊瑚洲海人乘大舶墮鉄綱
水底取之珊瑚所生槃石上白如菌一歲而黃二
歲變赤枝幹交錯高三四尺人没水以鏈聚其根
繫綱舶上絞而出之失時不採則成腐槖
珊瑚生海底五七株成林謂之珊瑚林居水中其枝
柯一見風日則曲而硬變成赤色
珊瑚出大海中水底五七株成林橫枝色鮮紅者謂
之珊瑚林設放看玩以高而鮮紅者值錢其油紅
及丹色并有髓眼者皆價低亦有斷折處用紅蠟
粘接宜仔細看之

博物要覽 卷八 五

珊瑚産波斯國海中，有珊瑚洲。海人乘大舶墮鉄綱水底取之。珊瑚所生磐石上，白如菌，一歲而黃，二歲變赤，枝幹交錯，高三四尺。人没水以鏈聚其根，繫綱舶上，絞而出之，失時不採，則成腐槖。

珊瑚生海底五七株成林，謂之珊瑚林。居水中，其枝柯一見風日，則曲而硬，變成赤色。

珊瑚出大海中，水底五七枝成林，橫枝色鮮紅者，謂之珊瑚林。設放看玩，以高而鮮紅者值錢。其油紅及丹色并有髓眼者，皆價低。亦有斷折處，用紅蠟粘接，宜仔細看之。

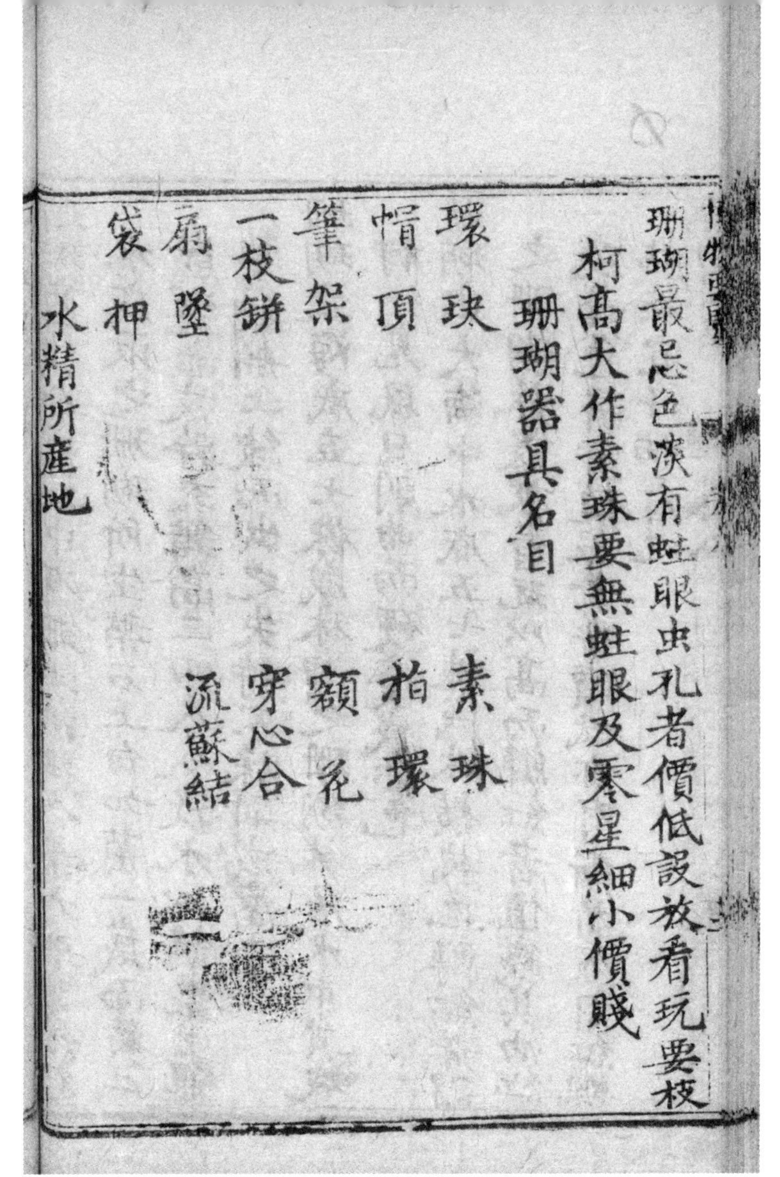

珊瑚最忌色淡，有蛀眼虫孔者價低。設放看玩，要枝柯高大，作素珠要無蛀眼，及零星細小價賤。

珊瑚器具名目

環　玦	素　珠
帽　頂	指　環
筆　架	額　花
一枝鉼	穿心合
扇　墜	流蘇結
袋　押	

水精所産地

一産西洋國。

一産日本國。

一産渤泥國。

一産高昌國。

一産天方國。

一産兜渠國。

一産大秦國。

一産南巫里國。

一産蘇門苔剌國。

一産土番國。

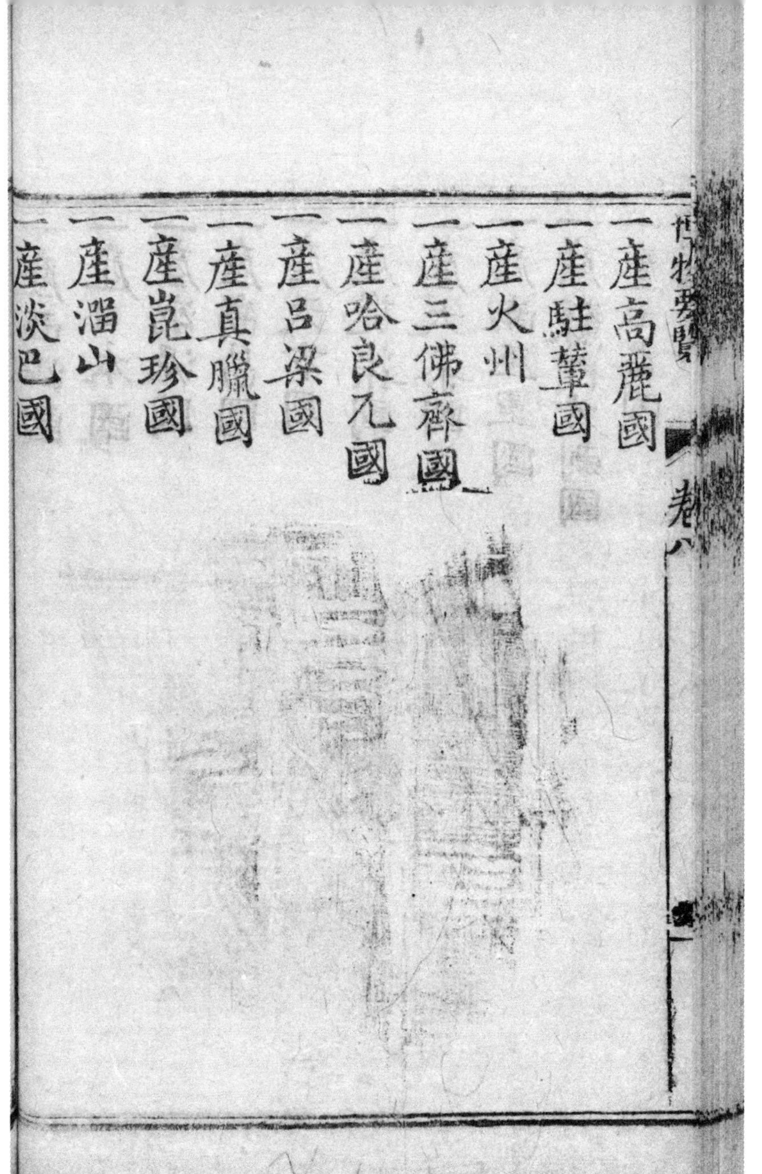

一産高麗國。

一産駐輦國。

一産火州。

一産三佛齊國。

一産哈良兀國。

一産吕梁國。

一産真臘國。

一産崑珍國。

一産溜山。

一産淡巴國。

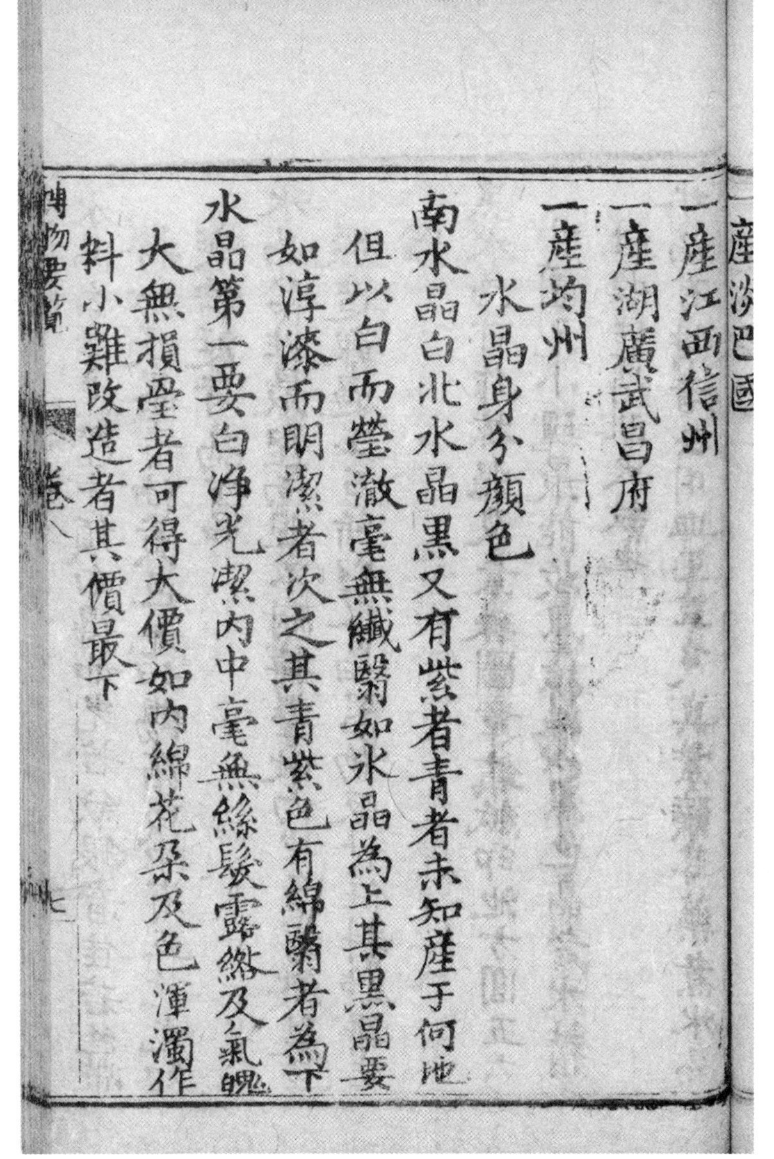
一產江西信州
一產湖廣武昌府
一產均州
水晶身分顏色
南水晶白北水晶黑又有紫者青者未知產于何地
但以白而瑩澈毫無纖翳如氷晶為上其黑晶要
如淳漆而明潔者次之其青紫色有綿翳者為下
水晶第一要白淨光潔內中毫無絲髮露綹及氣魄
大無損壘者可得大價如內綿花朵及色渾濁作
料小難改造者其價最下
博物要覽 卷八 七

一産江西信州。

一産湖廣武昌府。

一産均州。

水晶身分顔色

南水晶白，北水晶黑。又有紫者、青者，未知産于何地，但以白而瑩澈，毫無纖翳，如冰晶為上。其黑晶要如淳漆而明潔者次之，其青紫色有綿翳者為下。

水晶第一要白净光潔，内中毫無絲髮露綹，及氣魄大無損壘者，可得大價。如内綿花朵及色渾濁，作料小難改造者，其價最下。

水晶白净光瑩中，須白得如光若紋銀者佳。若色帶粉紅及蛋青油黄色，光如錫箔，或中有五色，光如蜒蚰涎者，為下品。

水晶其性最堅而脆，不耐搏擊，故内中多有綹裂，且碾造艱過玉石，所以水晶器物，取材任料，難得佳器。

黑水晶可作掠眼及素珠、圖章、鎮紙、印池。方圓五六寸圜元小硯，最能收墨。掠眼以黑色晶者，水精性凉，能消眦火故也。

水晶有紫者，云用血玉草及真紫礦等藥煮。水晶

中有花色者可以藏拙色如葡萄光瑩可愛歲久
紫色漸退花紋斑爛甚為可厭其青者色如月下
白光俏可愛但未見有大作料不過筆架圖書之
類若有大者其價甚高
水晶亦有偽者如白色黃紫青者皆有假造乃以藥
料燒成内中有氣焰脆甚不堪
余見水晶有深黃如金珀者光瑩奪目識者以為酒
黃石類也余目見黃晶為書鎮長七寸高三寸餘
光透閃爍儼同金鑄且琢手甚工宋人所琢也惜
不可復見

中有花色者，可以藏拙，色如葡萄，光瑩可愛，歲久紫色漸退，花紋斑爛，甚為可厭。其青者色如月下白，光俏可愛，但未見有大作料，不過筆架、圓書之類。若有大者，其價甚高。

水晶亦有偽者，如白色、黃、紫、青者，皆有假造。乃以藥料燒成，内中有氣焰，脆甚不堪。

余見水晶有深黃如金珀者，光瑩奪目，識者以為酒黃石類也。余目見黃晶為書鎮，長七寸，高三寸餘，光透閃爍，儼同金鑄，且琢手甚工，宋人所琢也，惜不可復見。

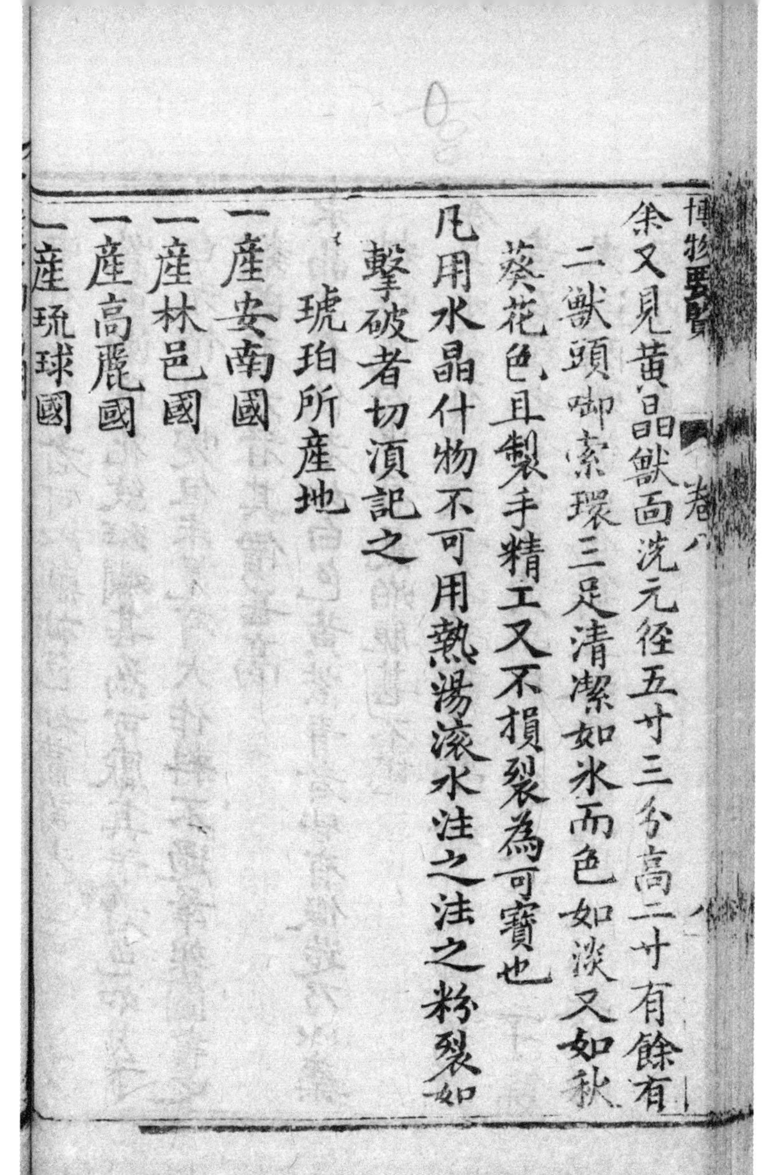

余又見黃晶獸面洗，元徑五寸三分，高二寸有餘，有二獸頭啣索環，三足。清潔如冰，而色如淡，又如秋葵花色，且製手精工，又不損裂，為可寶也。

凡用水晶什物，不可用熱湯滾水注之。注之粉裂如擊破，切須記之。

琥珀所産地

一産安南國。

一産林邑國。

一産高麗國。

一産琉球國。

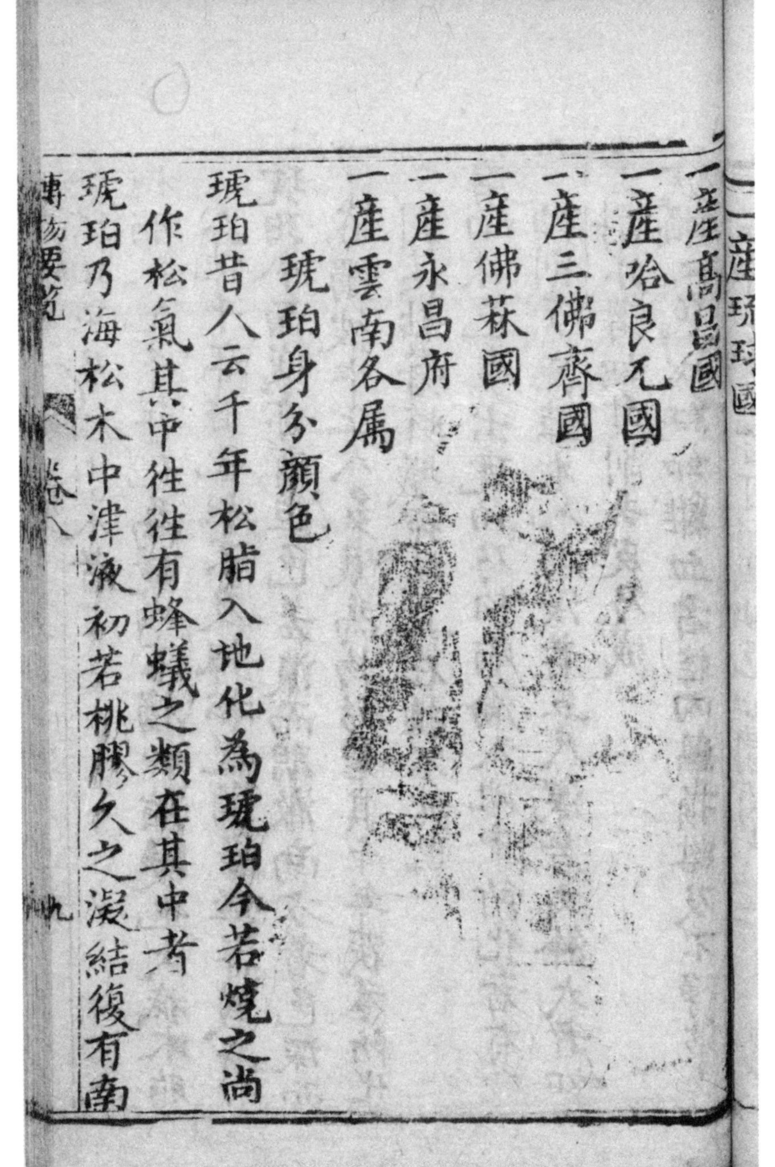

一産高昌國。

一産哈良兀國。

一産三佛齊國。

一産佛菻國。

一産永昌府。

一産雲南各屬。

　　琥珀身分顔色

琥珀，昔人云，千年松脂入地化為琥珀。今若燒之，尚作松氣，其中往往有蜂蟻之類在其中者。

琥珀乃海松木中津液，初若桃膠，久之凝結，復有南

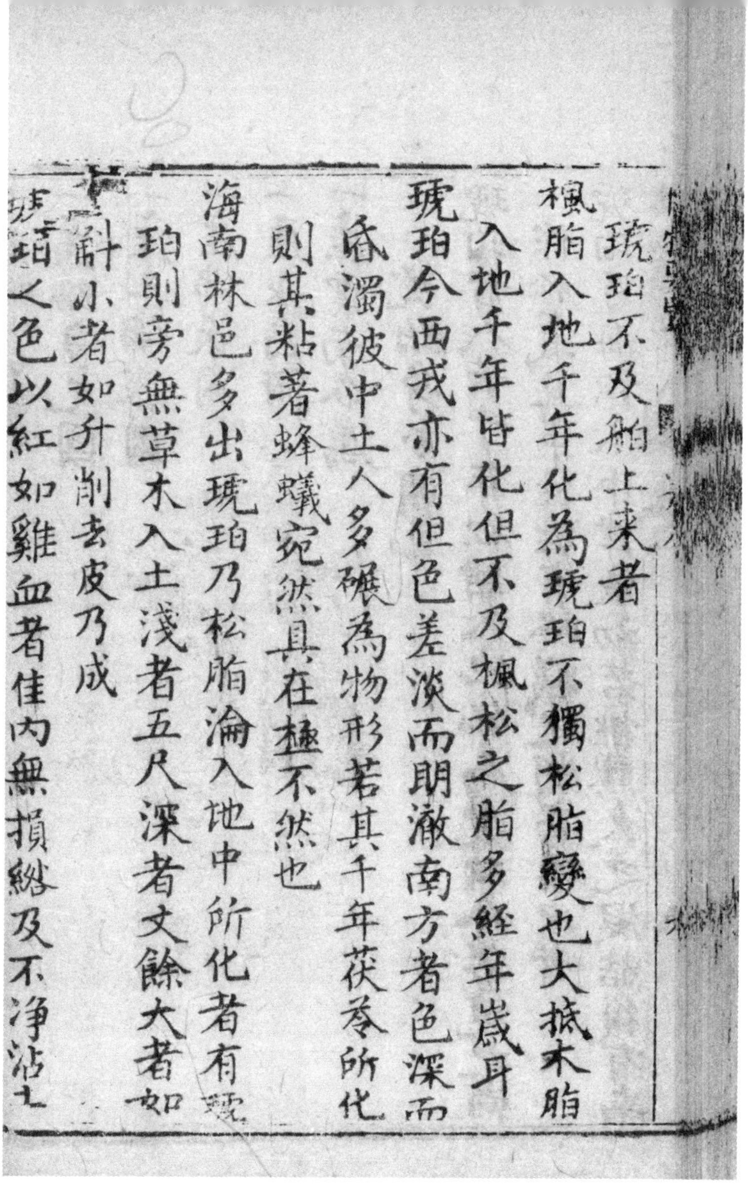
琥珀不及舶上来者
楓脂入地千年化為琥珀不獨松脂變也大抵木脂
入地千年皆化但不及楓松之脂多經年歲耳
琥珀今西戎亦有但色差淡而明澈南方者色深而
昏濁彼中土人多碾為物形若其千年茯苓所化
則其粘著蜂蟻宛然具在極不然也
海南林邑多出琥珀乃松脂淪入地中所化者有琥
珀則旁無草木入土淺者五尺深者丈餘大者如
斛小者如升削去皮乃成
琥珀之色以紅如雞血者佳内無損綹及不淨沾土

琥珀，不及舶上來者。

楓脂入地千年，化為琥珀，不獨松脂變也。大抵木脂入地千年皆化，但不及楓松之脂，多經年歲耳。

琥珀今西戎亦有，但色并淡而明澈。南方者色深而昏濁，彼中土人多碾為物形。若其千年茯苓所化，則其粘著蜂蟻，宛然具在，極不然也。

海南、林邑多出琥珀，乃松脂淪入地中所化者。有琥珀則旁無草木，入土淺者五尺，深者丈餘。大者如斛，小者如升，削去皮乃成。

琥珀之色，以紅如雞血者佳，内無損綹及不净沾土者為勝。如紅黑海蜇色，及有泥土木屑粘結，并有璺綹者為劣。

試琥珀真假法

琥珀亦有假造者，或燒蜂窠，及煮卵叚雞子及青魚魷者，與真無异。欲辨真僞，惟琥珀于掌心摩熱，能拾芥子、吸草莖者為真，僞者則否。真者摩熱重香，僞者則無香。

琥珀真者能吸片帛，不特芥子、草莖也。

蜜蠟所産地

一産高麗國。

博物要覽 卷八

一產日本國
一產呂宋國
一產琉球國
一產高昌國
一產紅毛國
一產三佛齊國
一產火州
一產永昌
一產廣州
蜜蠟身分顏色

一產日本國。

一產呂宋國。

一產琉球國。

一產紅毛國。

一產三佛齊國。

一產火州。

一產永昌。

一產廣州。

蜜蠟身分顏色

蜜珀要色蜂蜜明净光瑩者為妙氣魄要大内無土
塊砂脚及擊損皮糙者方可作器用什物
蜜珀有紅如琥珀而晶瑩者名曰血珀彼土人充作
琥珀貨之多作素珠酒杯及簪釵手鐲諸物
蜜珀又有一種淡黃而明瑩者如黃水晶狀名曰金
珀頗有雅致可琢圖書酒杯及書鎮素珠等物

蜜珀要色蜂蜜明净光瑩者為妙，氣魄要大，内無土塊砂脚及擊損皮糙者，方可作器用什物。

蜜珀有紅如琥珀而晶瑩者，名曰血珀。彼土人充作琥珀貨之，多作素珠、酒杯及簪、釵、手鐲諸物。

蜜珀又有一種淡黃而明瑩者，如黃水晶狀，名曰金珀，頗有雅致，可琢圖書、酒杯及書鎮、素珠等物。

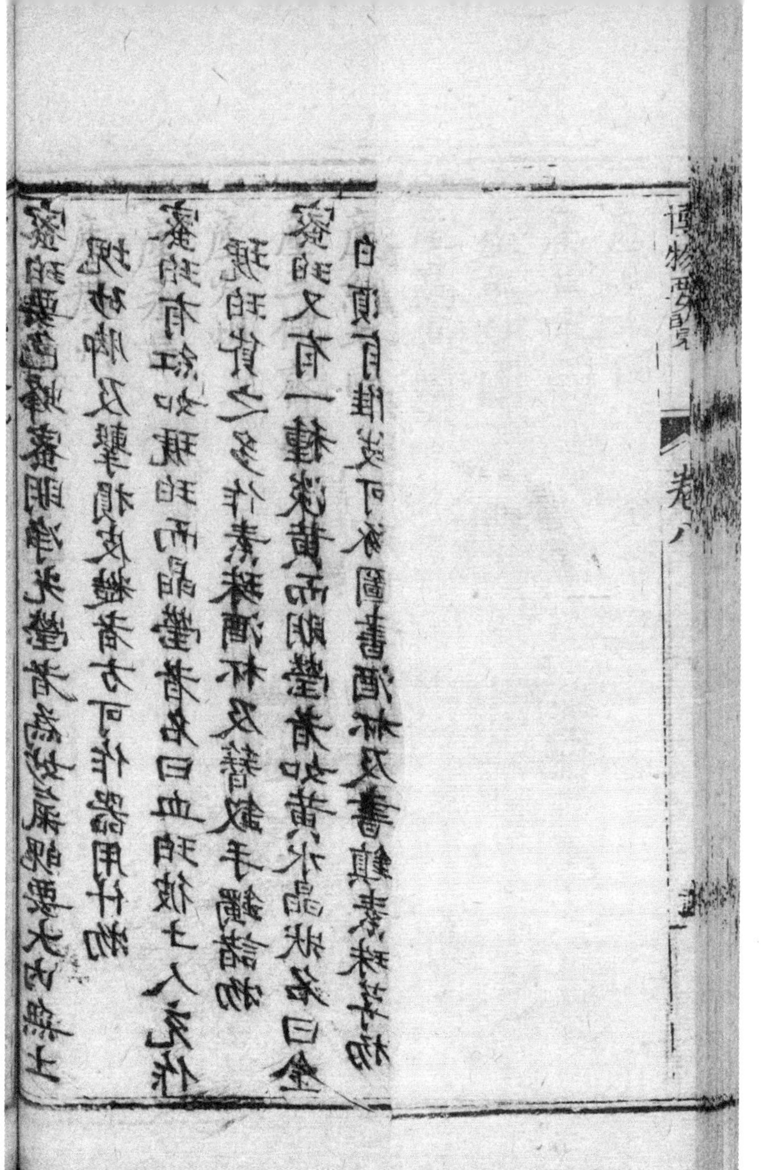

博物要覽卷八

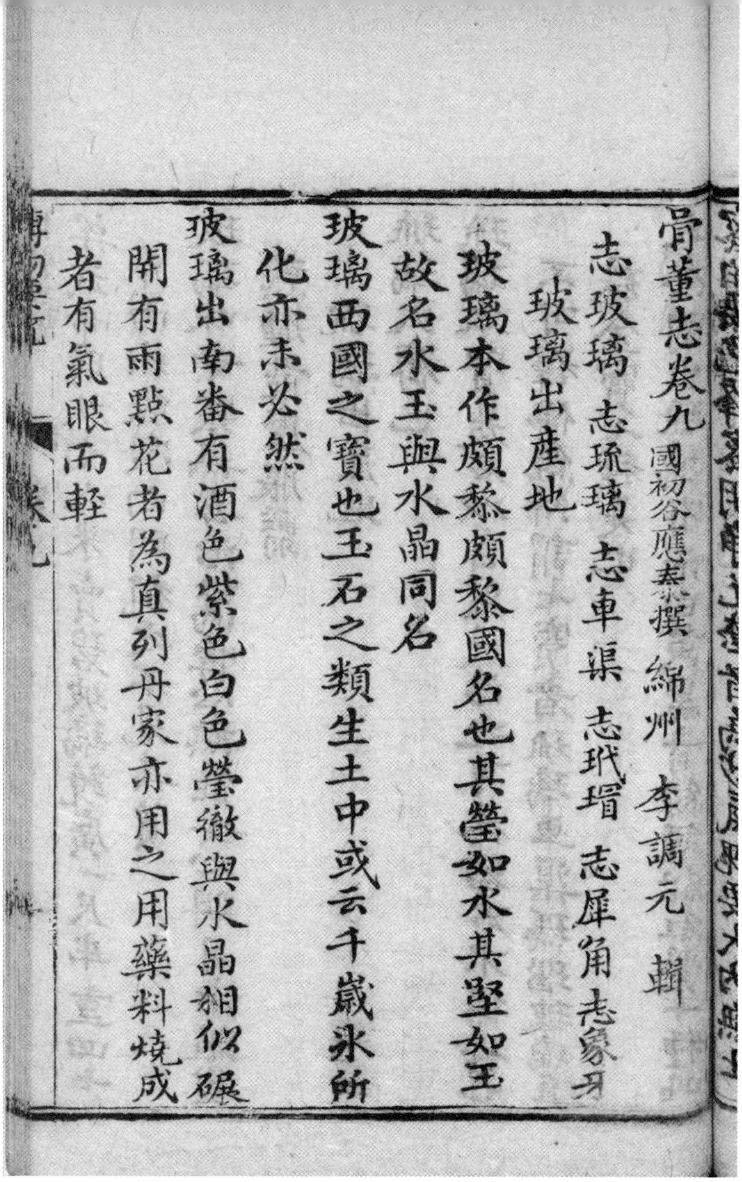
骨董志卷九　國初谷應泰撰　綿州　李調元　輯
志玻璃　志琉璃　志車渠　志玳瑁　志犀角　志象牙
玻璃出產地
玻璃本作頗黎頗黎國名也其瑩如水其堅如玉
故名水玉與水晶同名
玻璃西國之寶也玉石之類生土中或云千歲冰所
化亦未必然
玻璃出南番有酒色紫色白色瑩徹與水晶相似碾
開有雨點花者為真列丹家亦用之用藥料燒成
者有氣眼而輕

骨董志卷九

國初谷應泰撰　綿州　李調元　輯

志玻璃　志琉璃　志车渠　志玳瑁　志犀角　志象牙

玻璃出産地

玻璃本作頗黎。頗黎，國名也。其瑩如水，其堅如玉，故名水玉，與水晶同名。

玻璃，西國之寶也，玉石之類，生于土中，或云千歲冰所化，亦未必然。

玻璃出南番，有酒色、紫色、白色，瑩徹與水晶相似，碾開有雨點花者為真。列丹家亦用之，用藥料燒成者，有氣眼而輕。

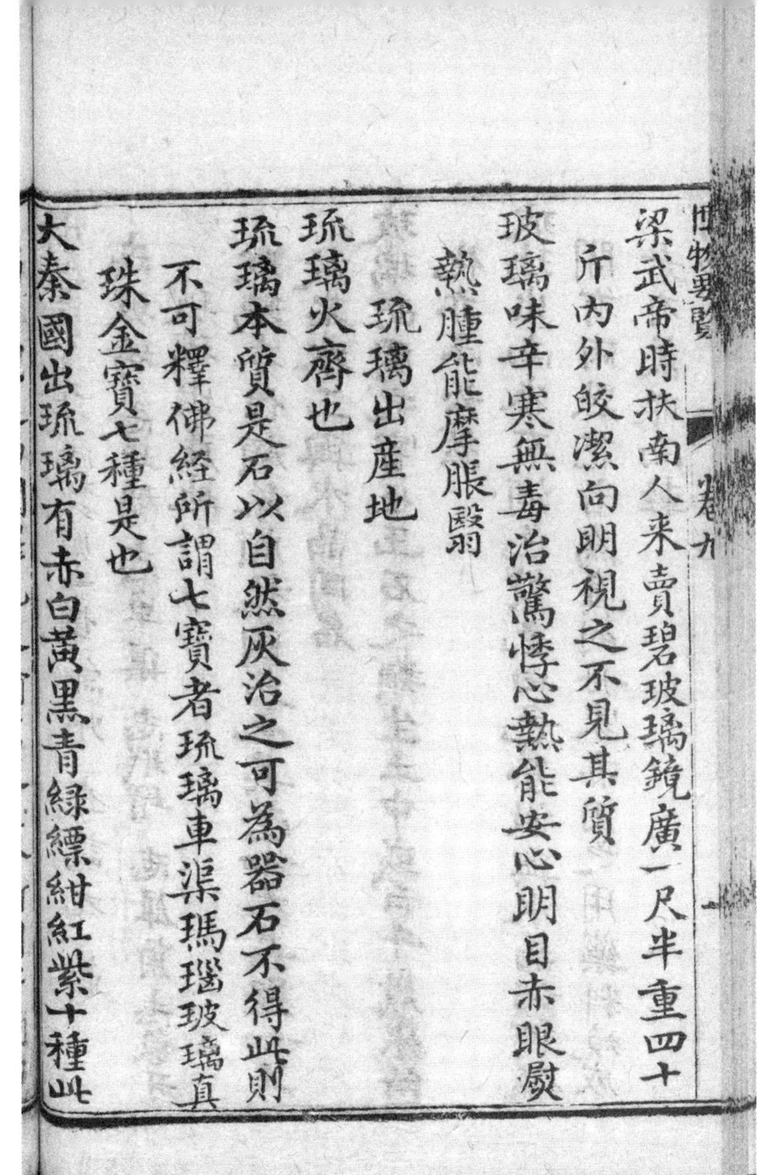

梁武帝時，扶南人來賣碧玻璃鏡。廣一尺半，重四十斤，内外皎潔，向明視之，不見其質。

玻璃味辛寒，無毒，治驚悸心熱，能安心明目，［去］[1] 赤眼熨熱腫，能摩脹翳。

琉璃出産地

琉璃，火齊[2] 也。

琉璃本質是石，以自然灰治之，可為器，石不得此則不可釋。

佛經所謂七寶者，琉璃、車渠、瑪瑙、玻璃、真珠、金，寶七種是也。

大秦國出琉璃，有赤、白、黄、黑、青、绿、縹、紺、紅、紫十種。此

1 去，原無此字，據《本草綱目》卷八補。

2 火齊，玻璃的别名。《太平御覽》卷八〇八引晋吕静《韻集》："琉璃，火齊珠也。"

乃自然之物潤澤光采踰於衆玉今所用皆銷冶
石汁以衆藥灌而爲之虛脆不真
琉璃石質真者出高麗國刀刮不動色白厚半寸許
點燈明于牛角者
琉璃亦名火齊出南天竺國狀如雲母色如紫金重
沓可開拆之則薄如蟬翼積之則如紗縠即玻璃
之類也
車渠出產身分
車渠海中大貝也背上壟文如車輪之渠故名車
渠

乃自然之物，潤澤光采，踰於衆玉。今所用皆銷冶石汁，以衆藥灌而為之，虛脆不真。

琉璃石質真者出高麗國，刀刮不動，色白，厚半寸許，點燈明于牛角者。

琉璃亦名火齊，出南天竺國，狀如雲母，色如紫金，重沓可開，拆之則薄如蟬翼，積之則如紗縠，即玻璃之類也。

車渠出產身分

車渠，海中大貝也。背上壟文如車輪之渠，故名車渠。

車渠是玉石之類生西國形如蚌蛤有文理西域七
寶此其一也
車渠大蛤也大者長二三尺濶尺許厚二三寸壳外
溝壟如蚶壳而深大皆縱文如瓦溝無横紋也壳
内白皙如玉亦不甚貴番人以飾器物謬言為玉
石之類或云玉中亦有車渠而此蛤似之故也
車渠大者如箕背有渠壟如蚶壳以作器緻如白玉
車渠作杯注酒滿過一分不溢試之果然
車渠色如白雪纖浄無黄暈及油骨者為上可作酒
杯碗醆素杯扇墜等物雅素可愛又且堅緻不易

車渠是玉石之類，生西國，形如蚌蛤，有文理。西域七寶，此其一也。

車渠，大蛤也。大者長二三尺，闊尺許，厚二三寸，壳外溝壟如蚶壳而深大，皆縱文如瓦溝，無横紋也。壳内白皙如玉，亦不甚貴。番人以飾器物，謬言為玉石之類。或云，玉中亦有車渠，而此蛤似之故也。

車渠大者如箕，背有渠壟如蚶壳，以作器，緻如白玉。

車渠作杯，注酒，滿過一分不溢，試之果然。

車渠作色如白雪，纖净無黄暈及油骨者為上，可作酒杯、碗、醆、素杯、扇墜等物，雅素可愛，又且堅緻不易

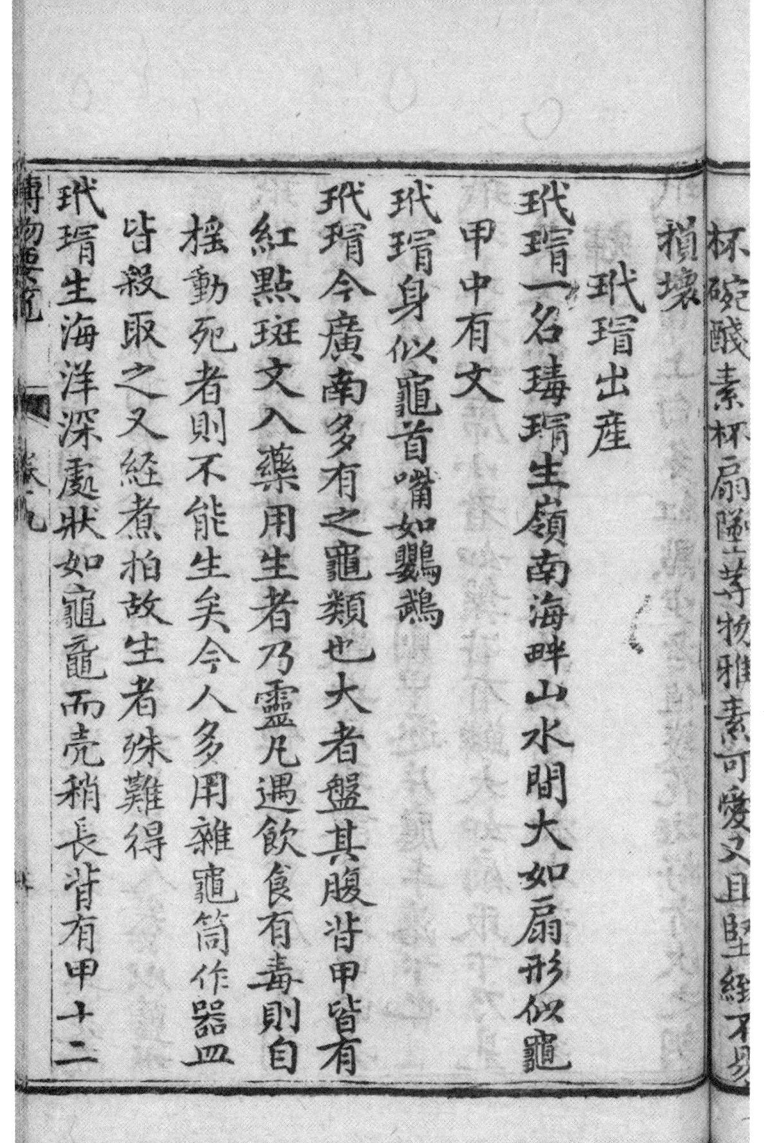
杯碗醆素杯扇墜等物雅素可愛文且堅緻不易
損壞
玳瑁出産
玳瑁一名瑇瑁生嶺南海畔山水間大如扇形似龜
甲中有文
玳瑁身似龜首嘴如鸚鵡
玳瑁今廣南多有之龜類也大者盤其腹背甲皆有
紅點斑文入藥用生者乃靈凡遇飲食有毒則自
搖動死者則不能生矣今人多用雜龜筒作器皿
皆殺取之又經煮柏故生者殊難得
玳瑁生海洋深處狀如龜黿而殼稍長背有甲十二
博物要覧 卷九

損壞。

玳瑁出産

玳瑁一名瑇瑁，生嶺南海畔山水間，大如扇，形似龜，甲中有文。

玳瑁身似龜首，嘴如鸚鵡。

玳瑁今廣南多有之，龜類也。大者［如］[1]盤，其腹背甲皆有紅點斑文，入藥用生者乃靈。凡遇飲食有毒則自搖動，死者則不能，（生）［神］[2]矣。今人多用雜龜筒作器皿，皆殺取之，又經煮拍，故生者殊難得。

玳瑁生海洋深處，狀如龜黿，而殼稍長，背有甲十二

1 如，原無此字，據《本草綱目》卷四十五補。

2 神，原作“生”，據《本草綱目》卷四十五改。

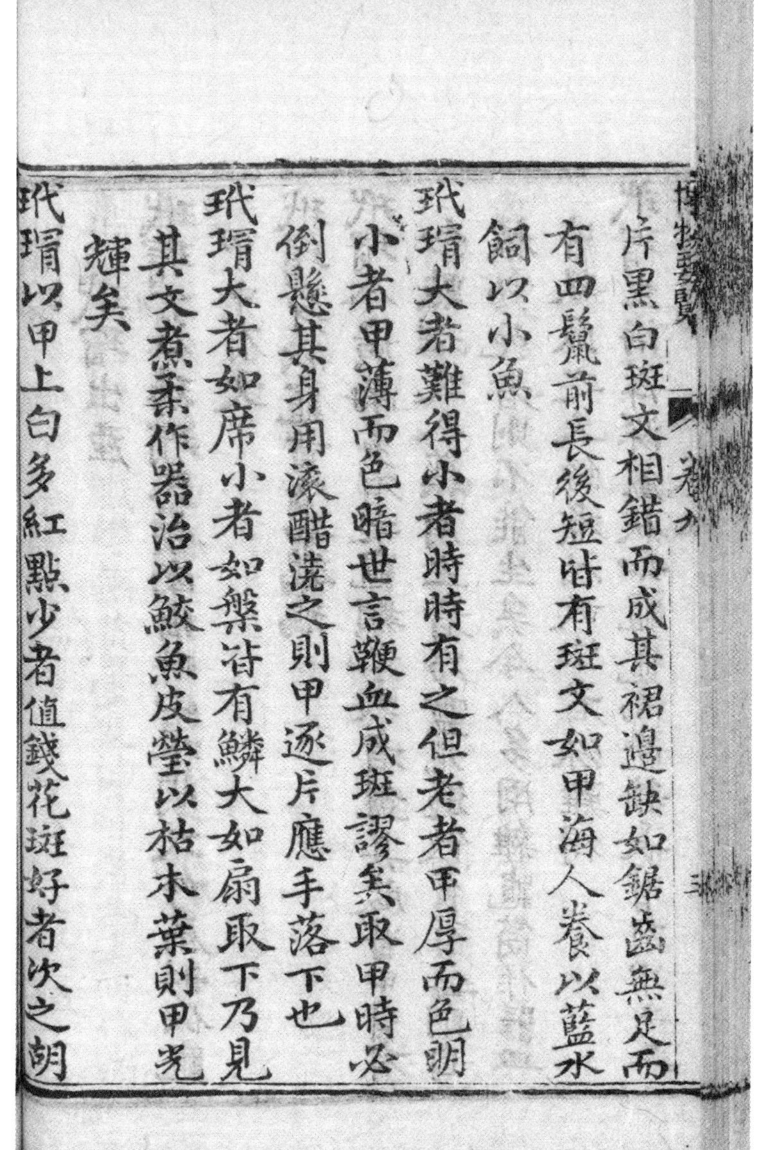

片，黑白斑文相錯而成。其裙邊缺如鋸齒，無足而有四鬣。前長後短，皆有斑文如甲。海人養以（藍）[鹽][1]水，飼以小魚。

玳瑁大者難得，小者時時有之。但老者甲厚而色明，小者甲薄而色暗。世言鞭血成斑，謬矣。取甲時必倒懸其身，用滚醋澆之，則甲逐片應手而落下也。

玳瑁大者如席，小者如槃，皆有鱗大如扇，取下乃見其文。煮柔作器，治以鮫魚皮，瑩以枯木葉，則甲光輝矣。

玳瑁以甲上白多紅點少者值錢，花斑好者次之，胡

1 鹽，原作“藍”，據《本草綱目》卷四十五改。

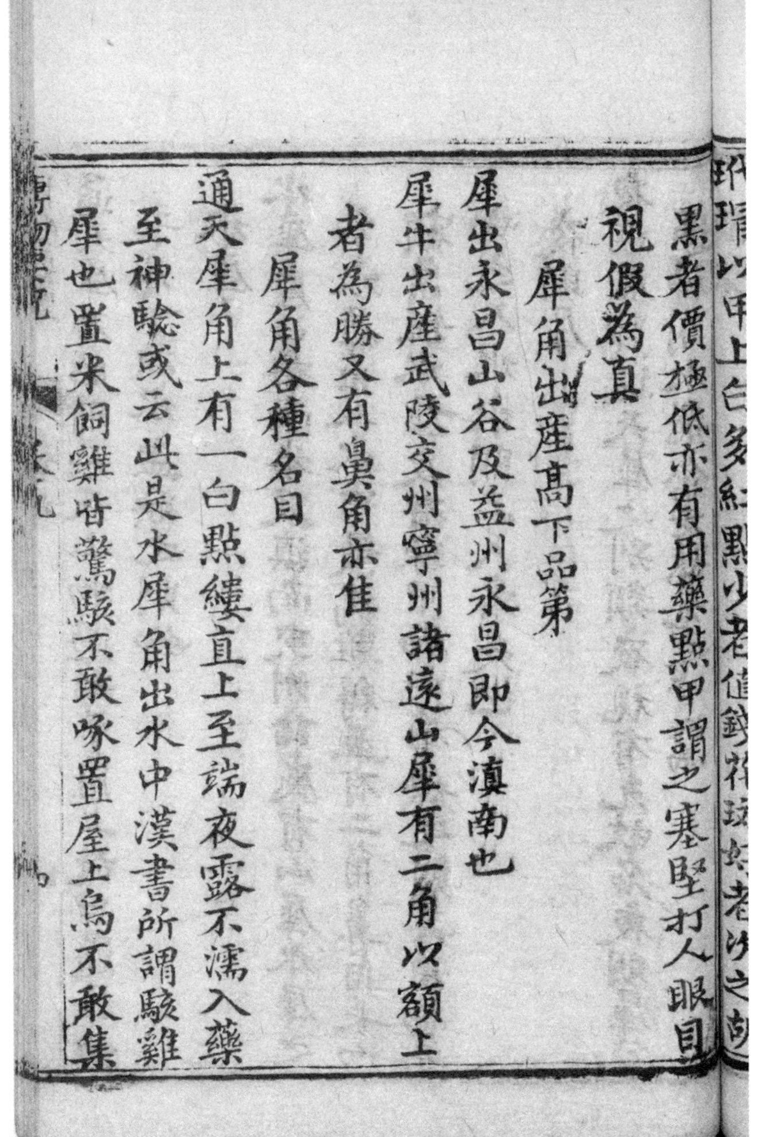

黑者價極低，亦有用藥點甲，謂之塞堅，打人眼目，視假為真。

犀角出産高下品第

犀出永昌山谷及益州。永昌即今滇南也。

犀牛出産武陵、交州、寧州諸遠山。犀有二角，以額上者為勝。又有鼻角，亦佳。

犀角各種名目

通天犀角上有一白點縷，直上至端，夜露不濡，入藥至神驗。或云，此是水犀角，出水中，《漢書》所謂駭雞犀也。置米飼雞，皆驚駭不取啄，置屋上，鳥不敢集。

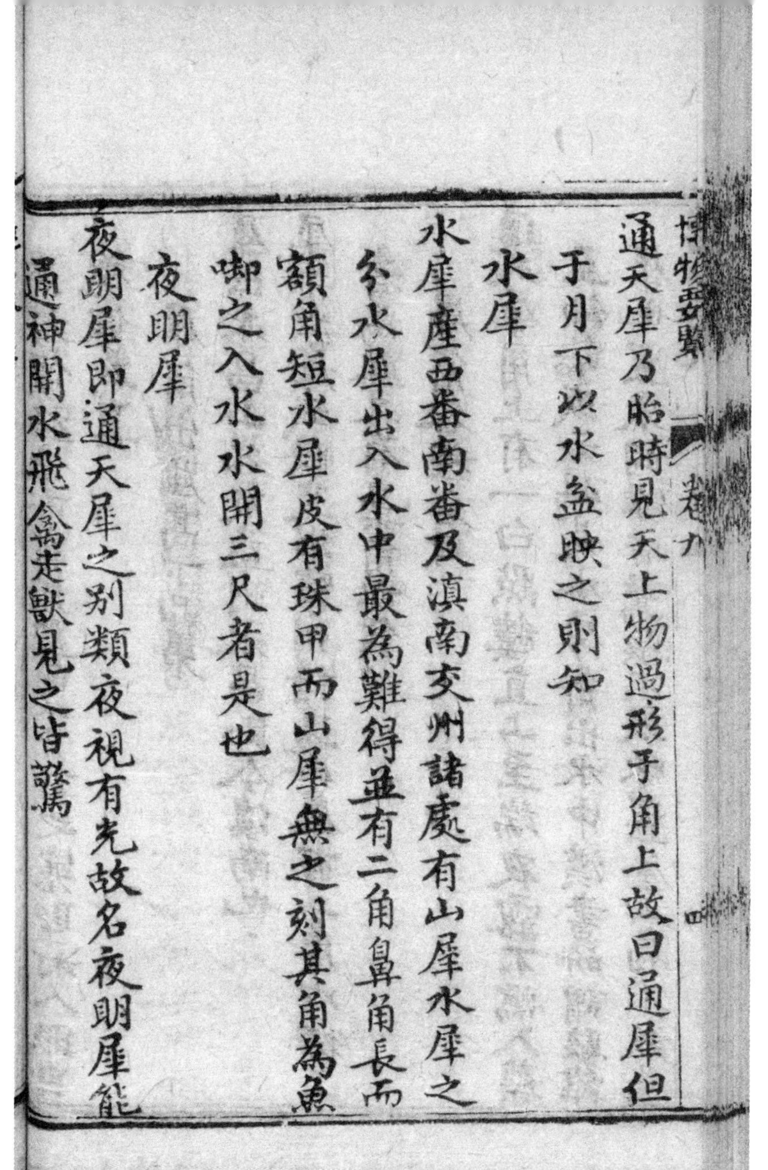

通天犀乃胎時見天上物過，形于角上，故曰通犀，但于月下以水盆映之則知。

水犀

水犀産西番、南番及滇南、交州諸處，有山犀、水犀之分。水犀出入水中，最為難得，並有二角，鼻角長而額角短。水犀皮有珠甲，而山犀無之。刻其角為魚，啣之入水，水開三尺者是也。

夜明犀

夜明犀亦通天犀之別類，夜視有光，故名夜明犀。能通神開水，飛禽走獸，見之皆驚。

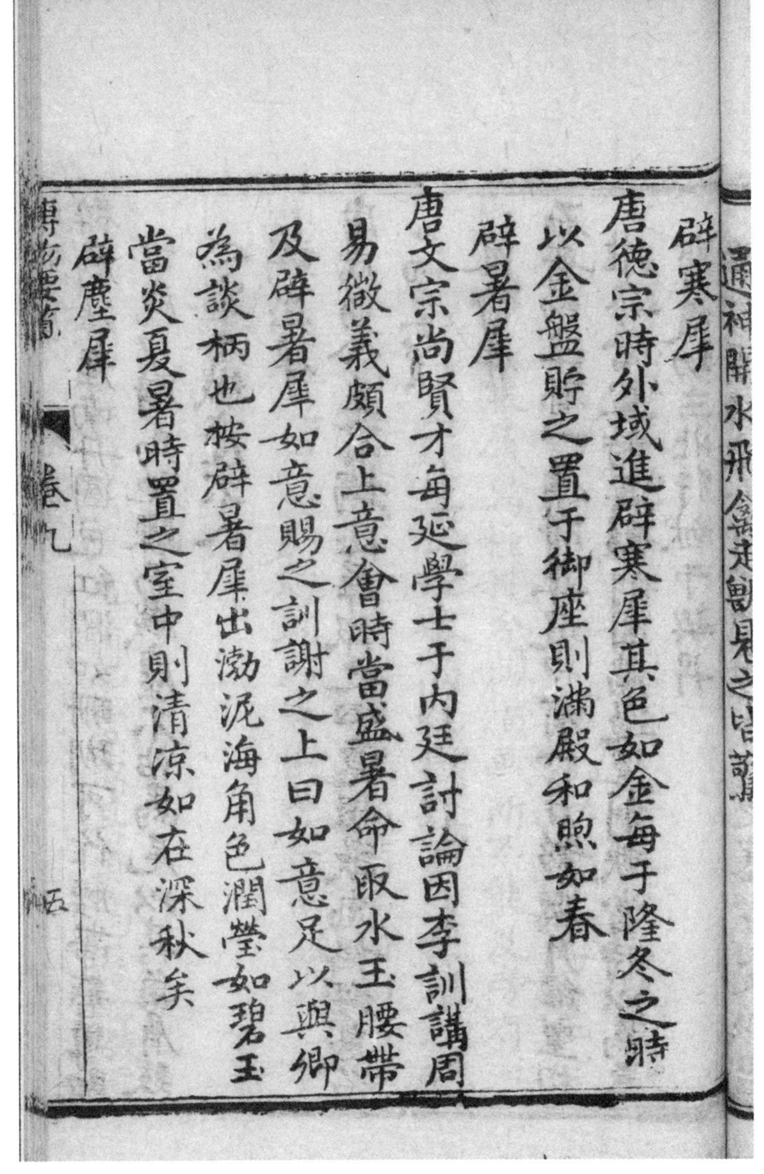
辟寒犀
唐德宗時外域進辟寒犀其色如金每于隆冬之時
以金盤貯之置于御座則滿殿和煦如春
辟暑犀
唐文宗尚賢才每延學士于内廷討論因李訓講周
易微義頗合上意會時當盛暑命取水玉腰帶
及辟暑犀如意賜之訓謝之上曰如意足以與卿
為談柄也按辟暑犀出渤泥海角色潤瑩如碧玉
當炎夏暑時置之室中則清涼如在深秋矣
辟塵犀
博物要覽　卷九　五

辟寒犀

唐（德）[玄][1]宗時，外域進辟寒犀。其色如金，每于隆冬之時，以金盤貯之，置于御座，則滿殿和煦如春。

辟暑犀

唐文宗尚賢才，每延學士于内廷討論。因李訓講《周易》微義，頗合上意，會時當盛暑，命取水玉腰帶及辟暑犀如意賜之。訓謝之。上曰：如意足以與卿為談柄也。按，辟暑犀出渤泥海，角色潤瑩如碧玉。當炎夏暑時，置之室中，則清涼如在深秋矣。

辟塵犀

1 玄，原作“德”，據王仁裕《開元天寶遺事》改。

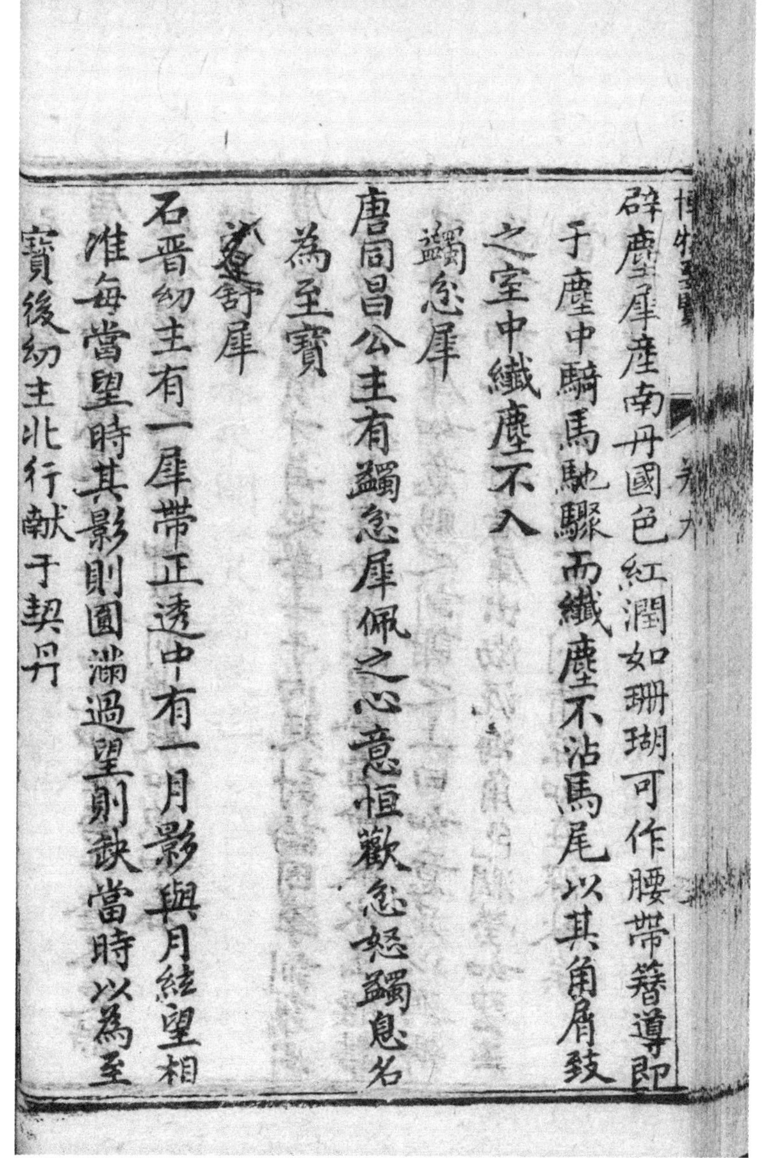

辟塵犀産南丹國，色紅潤如珊瑚，可作腰帶簪導，即于塵中騎馬馳驟，而纖塵不沾馬尾。以其角屑致之室中，纖塵不入。

蠲忿犀

唐同昌公主有蠲忿犀，佩之心意恒歡，忿怒蠲息，名為至寶。

望舒犀

石晋幼主有一犀帶，正透中有一月影，與月弦望相准。每當望時，其影則圓滿，過望則缺，當時以為至寶。後幼主北行，獻于契丹。

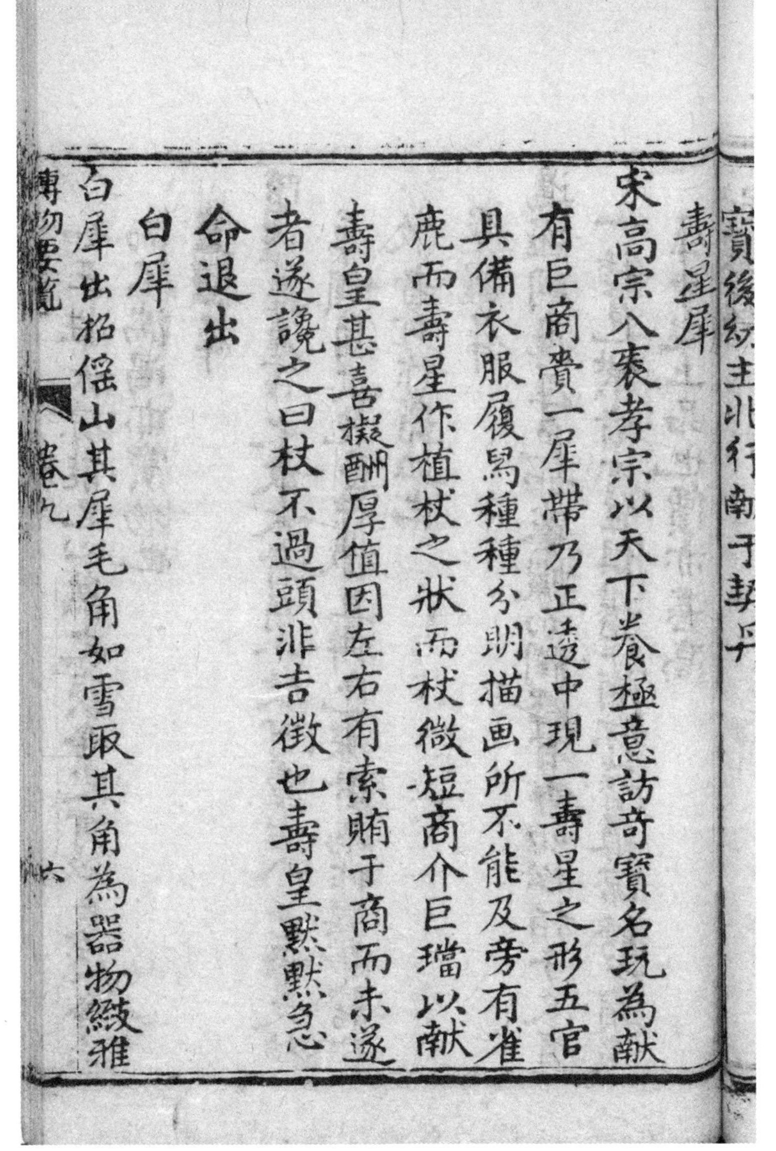

壽星犀

宋高宗八袠，孝宗以天下養，極意訪奇寶名玩為獻。有巨商賷一犀帶，乃正透中現一壽星之形，五官具備，衣服履舄，種種分明，描畫所不能及。旁有雀鹿，而壽星作植杖之狀，而杖微短。商介巨璫以獻，壽皇甚喜，擬酬厚值。因左右有索賄于商而未遂者，遂讒之曰，杖不過頭，非吉徵也。壽皇默默，急命退出。

白犀

白犀出招（傜）[搖][1]山，其犀毛角如雪，取其角為器物，緻雅

1 搖，原作"傜"，據《山海經》卷一改。《山海經》卷一："南山經之首曰䧿山，其首曰招搖之山，臨于西海之上，多桂，多金玉。"

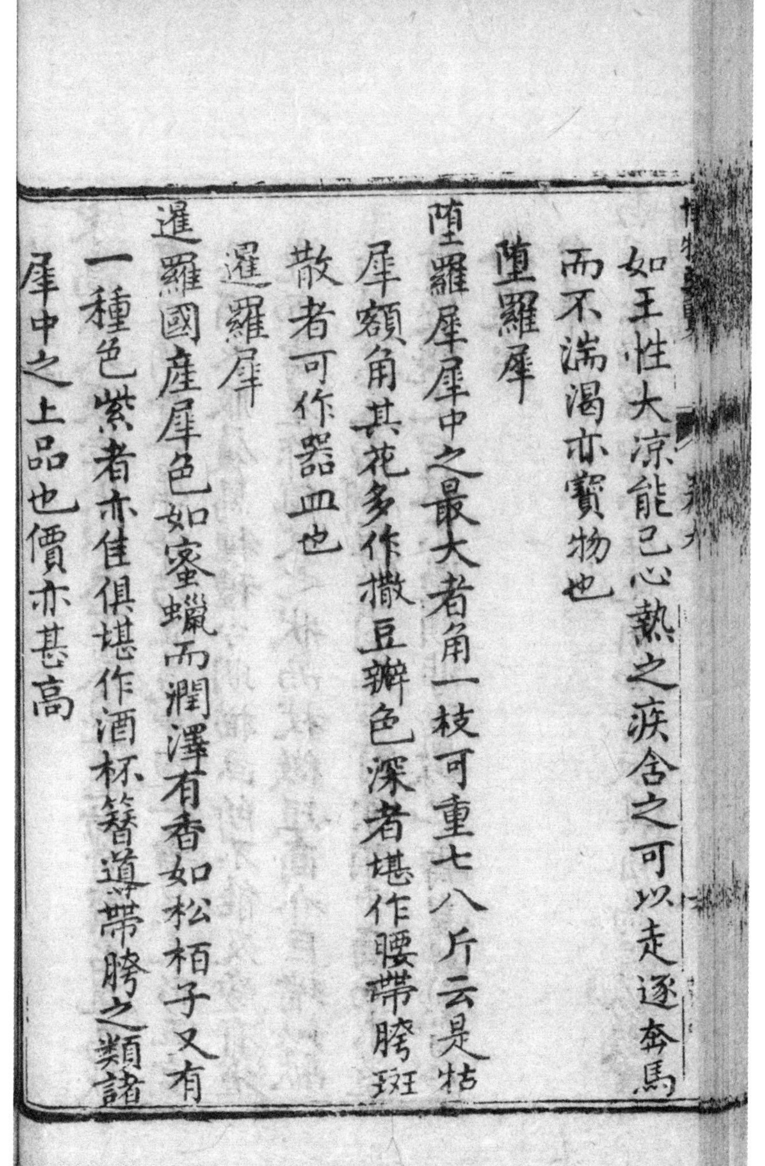
如王性大凉能已心熱之疾含之可以走逐奔馬
而不喘渴亦寶物也
墮羅犀
墮羅犀犀中之最大者角一枝可重七八斤云是牯
犀額角其花多作撒豆瓣色深者堪作腰帶胯斑
散者可作器皿也
暹羅犀
暹羅國産犀色如蜜蠟而潤澤有香如松栢子又有
一種色紫者亦佳俱堪作酒杯簪導帶胯之類諸
犀中之上品也價亦甚高

如王，性大凉，能已心熱之疾。含之可以走逐奔馬而不喘渴，亦寶物也。

墮羅犀

墮羅犀，犀中之最大者，角一枝可重七八斤，云是牯犀額角。其花多作撒豆（瓣）[斑][1]，色深者堪作腰帶胯，斑散者可作器皿。

暹羅犀

暹羅國産犀，色如蜜蠟而潤澤，有香如松柏子。又有一種色紫者亦佳，俱堪作酒杯、簪導、帶胯之類，諸犀中之上品也，價亦甚高。

1 斑，原作“瓣”，據《本草綱目》卷五十一改。

犀中之上品也價亦甚高

胡帽犀

胡帽犀生嶺表有二角一在額上一在鼻上其角能

改毒藥以其角置飲食中若有毒者即生白沫

牯犀

牯犀一名毫犀即山犀也亦有二角但其角縱文粗

而欠細青黑色大者每角一枝可重五六斤小者

三四斤可用作器用彫刻費工摩治因角紋粗故

也

看犀角高下法

犀牛出南海者上黔蜀者次之形如豬首大腹卑脚

博物要覽 卷九

胡帽犀

胡帽犀生嶺表，有二角，一在額上，一在鼻上。其角能改毒藥，以其角置飲食中，若有毒者，即生白沫。

牯犀

牯犀一名毫犀，即山犀也。亦有二角，但其角縱文而欠細，青黑色。大者每角一枝可重五六斤，小者三四斤。可用作器用，彫刻費工摩治，因角紋粗故也。

看犀角高下法

犀角出南海者上，黔、蜀者次之。形如［水牛］[1]，豬首、大腹、卑脚，

1 水牛，原無此二字，據《本草綱目》卷五十一補。

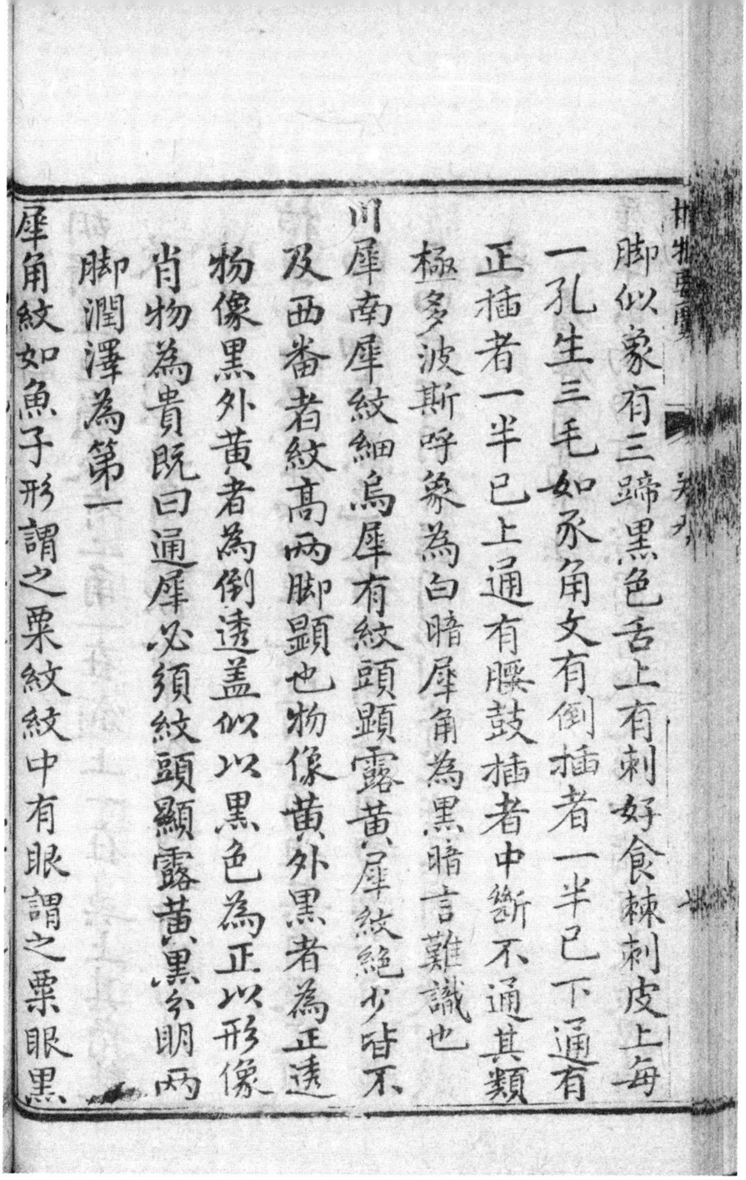
脚似象有三蹄黑色舌上有刺好食棘刺皮上每
一孔生三毛如豕角文有倒插者一半已下通有
正插者一半已上通有腰鼓插者中斷不通其類
極多波斯呼象為白暗犀角為黑暗言難識也
川犀南犀紋細烏犀有紋頭顯露黄犀紋絶少皆不
及西番者紋高兩脚顯也物像黄外黑者為正透
物像黑外黄者為倒透盖似以黑色為正以形像
肖物為貴既曰通犀必須紋頭顯露黄黑分明兩
脚潤澤為第一
犀角紋如魚子形謂之粟紋紋中有眼謂之粟眼黑

脚似象，有三蹄，黑色。舌上有刺，好食棘刺。皮上每一孔生三毛，如豕。角文有倒插者，一半已下通，有正插者，一半已上通，有腰鼓插者，中斷不通。其類極多，波斯呼象為白暗，犀角為黑暗，言難識也。

川犀、南犀紋細，烏犀有紋頭顯露，黄犀紋絶少，皆不及西番者，紋高兩脚顯也。物像黄外黑者為正透，物像黑外黄者為倒透。蓋似以黑色為正，以形像肖物為貴。既曰通犀，必須紋頭顯露，黄黑分明，兩脚潤澤為第一。

犀角紋如魚子形，謂之粟紋，紋中有眼，謂之粟眼。黑

中有黄花者謂之正透黄中有黑者謂之倒透黄
花中復有花者謂之重透並名通犀乃上品也花
如椒豆斑者次之黑犀純黑無花者為下品
象牙出産
象出交趾國及潮循諸州具十二肖物各有分段惟
鼻是其本肉炙食糟食甚美又膽不附肝隨月在
諸肉間如正月即在虎肉也
象出交廣雲南及西域諸國野象多至成羣番人皆
出畜之以服重酋長則飾而乘之有灰白二色形
體擁腫面目醜大者身長丈餘高稱之大六尺餘

中有黄花者，謂之正透，黄中有黑者，謂之倒透，黄花中復有花者，謂之重透，并名通犀，乃上品也。花如椒豆斑者次之，黑犀純黑無花者為下品。

象牙出産

象牙出交趾國及潮、循諸州，具十二肖物，各有分段，惟鼻是其本肉。炙食、糟食甚美。又膽不附肝，隨月在諸肉間，如正月即在虎肉也。

象出交、廣、雲南及西域諸國。野象多至成羣，番人皆出畜之以服重，酋長則飾而乘之。有灰、白二色，形體臃腫，面目醜。大者身長丈餘，高稱之，大六尺餘。

卷八　　八

肉倍數牛目纔如豕四足如柱無指而有爪甲行
則先移左足卧則以臂著地頭不能俯頸不能回
其耳下軃其鼻大如臂下垂至地鼻端甚深可以
開合中有小肉爪能拾芥針食物飲水皆以物卷
入鼻中方至口一身之力皆在於鼻故傷之即死
耳後有穴薄如鼓皮刺之則死口內有食齒兩吻
出兩牙夾鼻雄者長六七尺雌者長纔尺餘耳交
牝在水中以胸相貼與諸獸不同
象五歲始產六十年骨方足其性能久識嗜芻豆及
甘蔗酒而畏烟火獅子巴蛇南人常殺野象以

肉倍數牛，目纔如豕，四足如柱，無指而有爪甲。行則先移左足，卧則以臂著地。頭不能俯，頸不能回，其耳下軃。其鼻大如臂，下垂至地。鼻端甚深，可以開合，中有小肉爪，能拾芥針。食物飲水皆以物卷入鼻中，方至口。一身之力皆在於鼻，故傷之即死。耳後有穴，薄如鼓皮，刺之則死。口內有食齒，兩吻出兩牙夾鼻。雄者長六七尺，雌者長纔尺餘耳。交牝在水中，以胸相貼，與諸獸不同。

象五歲始產，六十年骨方足，其性能久識，嗜芻、豆及甘蔗、酒，而畏烟火、獅子、巴蛇。南人常殺野象以

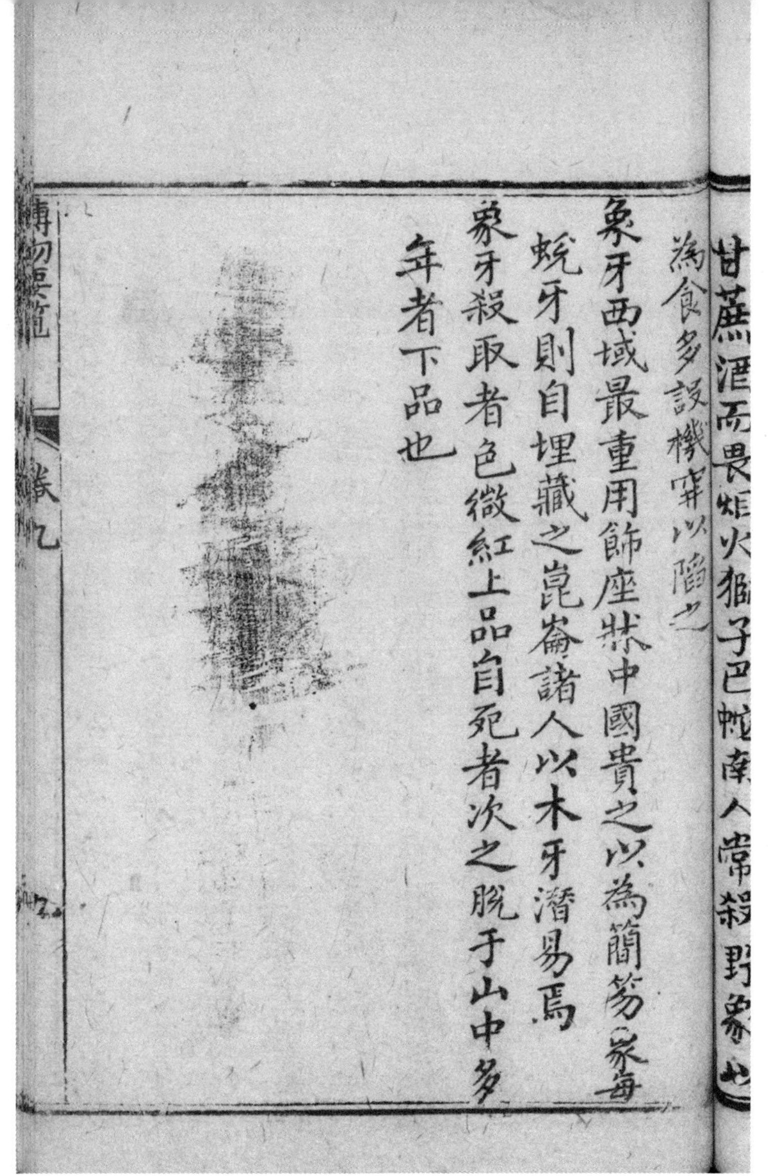

為食。多設機穽以陷之。

象牙西域最重，用飾座牀中。中國貴之，以為簡笏。象每蜕牙，則自埋藏之，崑崙諸人以木牙潛易焉。

象牙殺取者色微紅，上品。自死者次之。脱于山中多年者，下品也。

博物要覽卷九

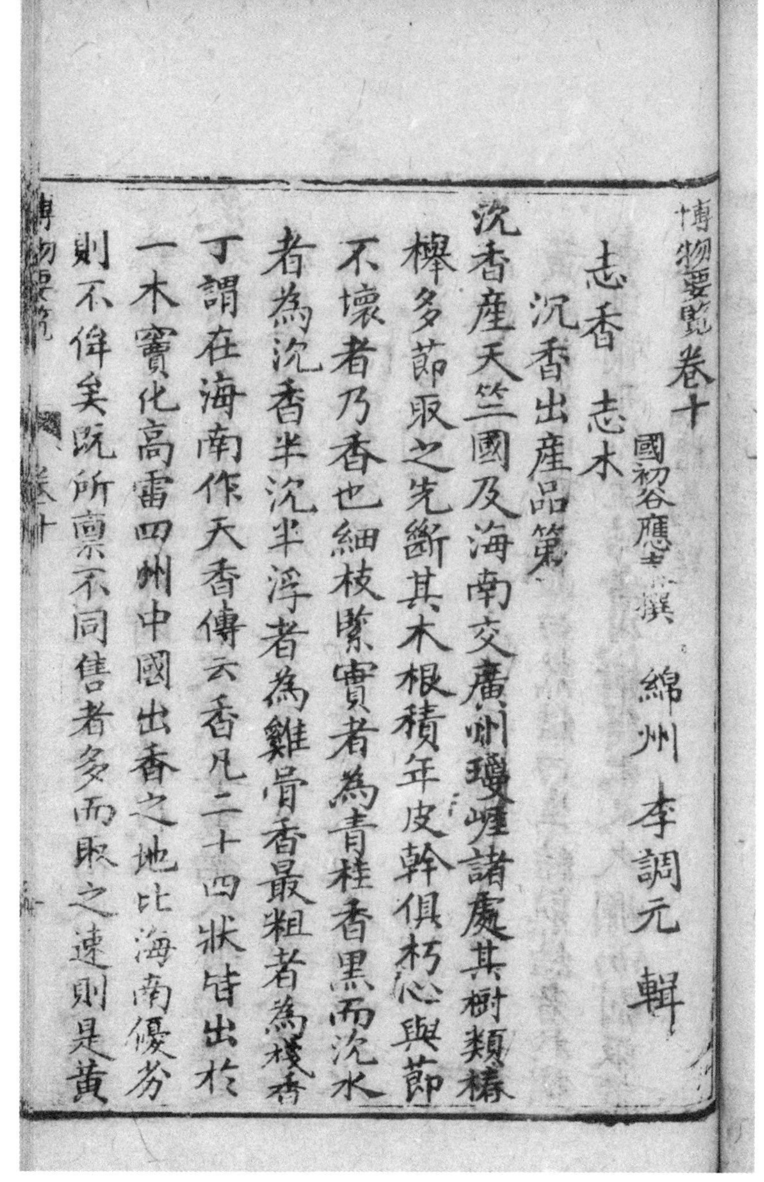

博物要覽卷十

國初谷應泰撰　綿州　李調元　輯

志香　志木

沉香出産品第

沉香産天竺國及海南交、廣州、瓊崕諸處。其樹類椿、欅，多莭。取之先斷其木根，積年皮幹俱朽。心與莭不壞者，乃香也。細枝緊實者為青桂香，黑而沉水者為沉香，半沉半浮者為雞骨香，最粗者為棧香。丁謂在海南作《天香傳》云："香凡（二十四）[四十二][1]狀，皆出於一（木）[本][2]。"竇、化、高、雷四州，中國出香之地，比海南優劣則不侔矣。既所禀不同，售者多而取之速，則是黃

1 四十二，原作"二十四"，據《本草綱目》卷三十四改。
2 本，原作"木"，據《本草綱目》卷三十四改。

熟不待其稍成棧香沉香不待其香足蓋趨於戕
賊之地非同璚崖非時不加剪伐云
沉香樹如冬青其成香也枝葉萎黃猶人有癰疽之
疾内方蘊結有歷年至千百者色黑味辛入水即
沉者謂之生結又有死結者黎人遇香樹伐入水
亦沉但不潤澤耳
嶺南繳海諸州及璚崖山多香有三等曰沉曰棧曰
黃熟沉棧皆有二品曰熟結曰生結熟結者於樹
中自爛而得生結者伐樹得之又久爛而剔取者
故不及熟結為佳

熟不待其稍成，棧香、沉香不待其香足，盖趍於戕賊之地，非同璚崖非時不加剪伐云。

沉香樹如冬青，其成香也，枝葉萎黄，猶人有癰疽之疾，内方藴結。有歷年至千百者，色黑味辛，入水即沉者，謂之生結。又有死結者，黎人遇香樹伐，入水亦沉，但不潤澤耳。

嶺南繳海諸州及璚崖山多香，有三等：曰沉、曰棧、曰黄熟。沉、棧皆有二品，曰熟結、曰生結。熟結者，於樹中自爛而得；生結者，伐樹得之，又久爛而剔取者，故不及熟結為佳。

沉香以堅實為最，以利刀削之，香片即卷。入口中咀之，初苦辛而後回香甘最勝。

沉香以堅黑緊實不枯，如嘴角硬重，沉於水下者為上。凡入藥，須用黃葉而佳為上。

奇南香出産口第

奇南，香名，出占城國及渤泥、三佛齊、真臘等國，或云寄生樹。其香蟠結，根節堅實，生油，滋潤柔輭為上，有黑花者為上。有緑結、有糖結、金絲結等號。用錫匣盛蜜藏之，則香潤不枯。佩之能斂人氣，暑月少汗不解洩氣，故近侍官珍之，其價甚高。稍枯燥

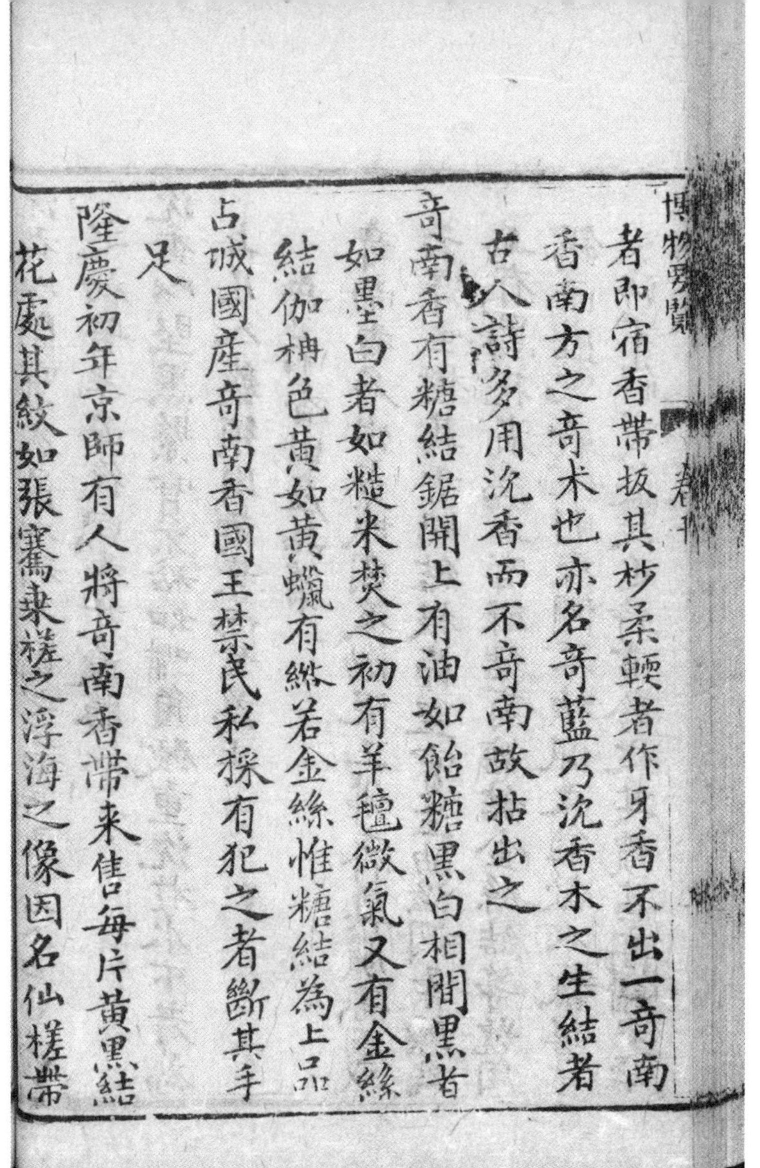
博物要覽 卷十
者即宿香帶板其杪柔輭者作牙香不出一奇南
香南方之奇木也亦名奇藍乃沉香木之生結者
古人詩多用沉香而不奇南故拈出之
奇南香有糖結鋸開上有油如飴糖黑白相間黑者
如墨白者如糙米焚之初有羊氈微氣又有金絲
結伽楠色黄如黄蠟有綹若金絲惟糖結為上品
占城國産奇南香國王禁民私採有犯之者斷其手
足
隆慶初年京師有人將奇南香帶來售每片黄黑結
花處其紋如張騫乘槎之浮海之像因名仙槎帶

者即宿香帶板，其杪柔輭者作牙香，［百］[1]不出一。奇南香，南方之奇木也，亦名奇藍，乃沉香木之生結者。古人詩多用沉香而不奇南，故拈出之。

奇南香有糖結，鋸開，上有油如飴糖，黑白相間，黑者如墨，白者如糙米，焚之初有羊氈微氣。又有金絲結伽楠，色黄如黄蠟，有綹若金絲，惟糖結為上品。

占城國産奇南香，國王禁民私採，有犯之者，斷其手足。

隆慶初年，京師有人將奇南香帶來售，每片黄黑，結花處其紋如張騫乘槎之浮海之像，因名仙槎帶，

1 百，原無此字，據文義補。

竟得重價售去。

香中竒南，惟緑結、糖結為最重。以質軟，指刻之如錐畫沙，味辣有脂，嚼之粘牙為上。上者曰鶯哥緑，次者曰蘭花結，又次曰金結，下者曰鉄結，色黑而堅。黎人以雞刺木及雞骨木作素珠充竒南，恒得善價。

竒南香亦生於千年榕樹之上，故名寄生香。

　　速香出産品第

速香産交趾、瓊崖、交、廣諸處，一名蜜香樹。枝柯如柜柳，花白而繁，其葉如橘木，心與莭堅黑。沉水者為沉香，木水平者為雞骨香，根為黄熟香，幹為棧香，細枝緊實者為青桂香，根莭輕而大者為馬蹄香，花不香成實乃香為雞舌香。

肇慶新興縣出香木，俗謂之蜜木香，能辟惡氣，殺鬼精。

速香一名蜜香，産安南國千畝林。國人有香不欲取，先砍待終年皮爛，取木心及莭堅黑。沉水者為沉香，浮者為雞骨，半沉半浮而粗者為棧香。

蜜香中之粗者為棧香。棧香中之尤好者名油速香。香凝結不過數十年名曰速飛香。樹已結香，為風吹折，飛於它處，質枯而輕，味極悠遠。鉄皮香烙白為黑，真虫口粉肚者，蠹蛀結成。鉄皮差勝，餘香莫如。肚花剗色黑者佳，色黄者嫩。雲頭者結香一線，錯綜如雲。黄（束）［速］[1]、馬牙者為下。

黄熟有二品，一曰夾棧，即棧香也。其破者為散沉，香之良者。（璚）［瓊］[2] 崕生取者為夾沉，宜薰衣。木枯朽得之者為黄沉，入藥用。近根最鬆者為黄熟。

片速香俗名鯽魚片，鷓鴣斑者佳。有偽者，亦以重實為美。更有鉄面生香，俗名牙香，以面有黑爛色為鉄面，纯白不烘焙者为生香。其生香之味妙甚，在

1 速，原作“束”，據屈大均《廣東新語》卷二十六改。

2 瓊，原作“璚”，據陳敬《香譜》卷一改。

廣中價亦不廉

黃白紫檀香出產品第

檀香有數種有黃白紫色之奇今人盛用之江淮河
朔所生檀木即其類但不香耳

檀香出廣東雲南及占城真臘爪哇渤泥暹羅三佛
齊回回諸國今嶺南等處亦皆有之樹葉皆似荔
支皮青色而滑澤

檀香皮質而色黃者為黃檀皮潔而色白者為白檀
皮腐而紫者為紫檀木並堅重清香而白檀尤良
宜以紙收則不洩氣

廣中價亦不廉。

黃白紫檀香出產品第

檀香有數種，有黃、白、紫色之奇，今人盛用之，江淮、河朔所生檀木，即其類，但不香耳。

檀香出廣東、雲南及占城、真臘、爪哇、渤泥、暹羅、三佛齊、回回諸國。今嶺南等處亦皆有之。樹葉皆似荔支，皮青色而滑澤。

檀香皮質而色黃者為黃檀，皮潔而色白者為白檀，皮腐而紫者為紫檀。木並堅重清香，而白檀尤良，宜以紙收，則不洩氣。

按，紫檀乃諸谿峒所出，性堅。新者色紅，舊者色紫，有蟹爪文。新者以水浸之，可染物，真者（楷）［揩］[1]壁上色即紫，故有紫檀色。黃檀最香，可作帶胯、扇骨等物。

降香出産品第

降香一名紫藤香，長莖細葉，根極堅實，重重有皮，花白子黑，其莖截置烟焰中，經久成紫，香可降神。

降香生南海山中及大秦國，其香似蘇方木，燒之初不甚香，得諸香和之，則特美。入藥以番紫色而堅實潤澤者佳。

降香，今廣東、廣西、雲南、安南、漢中、施州、永順、保靖及

1 揩，原作“楷”，據《本草綱目》卷三十四改。

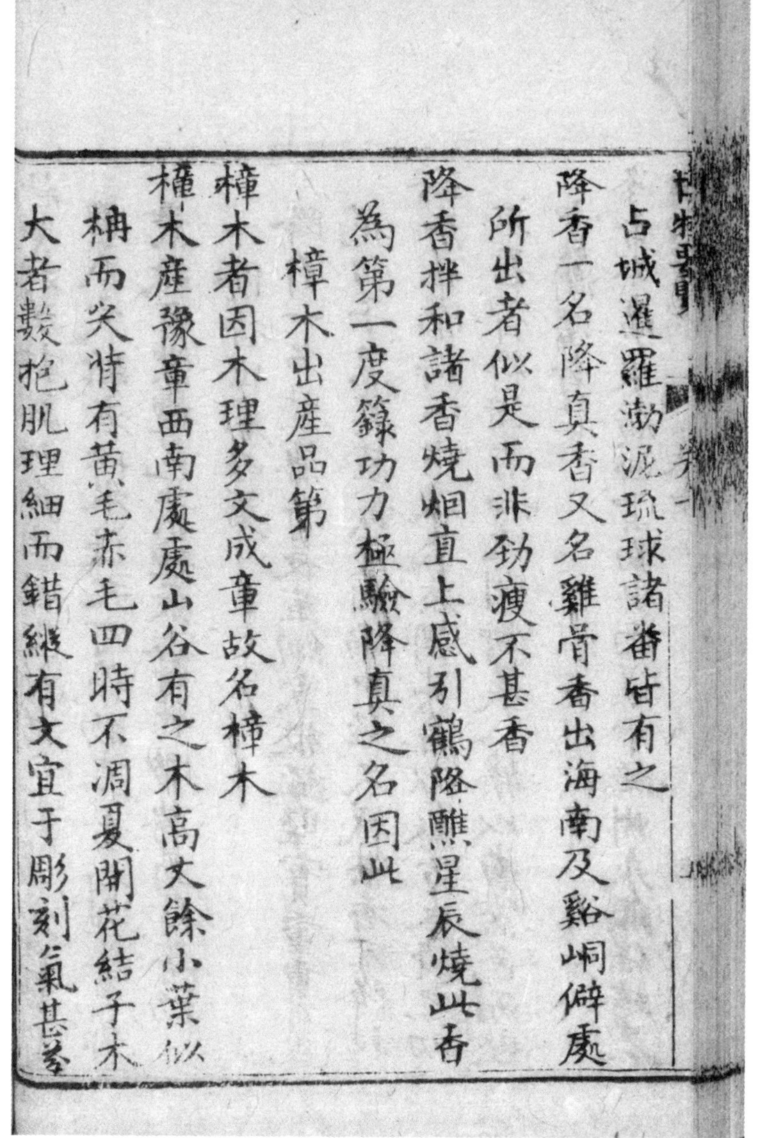

占城、暹羅、渤泥、琉球諸番皆有之。

降香一名降真香，又名雞骨香，出海南。（及）［今］[1]谿峒僻處所出者，似是而非，勁瘦不甚香。

降香拌和諸香，燒烟直上，感引鶴降。醮星辰，燒此香為第一，度籙功力極驗，降真之名因此。

樟木出產品第

樟木者，因木理多文成章，故名樟木。

樟木產豫章，西南處處山谷有之。木高丈餘，小葉似柟而尖，背有黃毛赤毛，四時不凋，夏開花結子。木大者數抱，肌理細而錯縱有文，宜于彫刻，氣甚芬

1 今，原作“及”，據《本草綱目》卷三十四改。

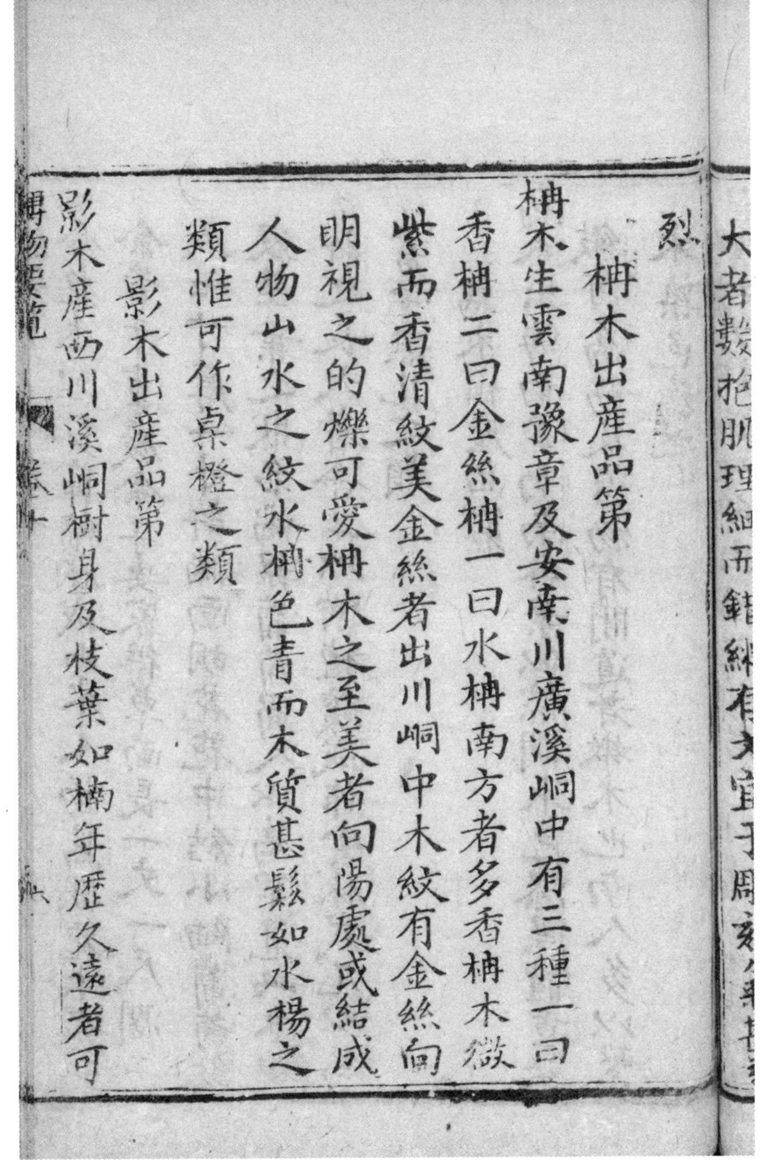

烈。

楠木出产品第

楠木生雲南、豫章及安南、川、廣溪峒中，有三種：一曰香楠，一曰金絲楠，一曰水楠。南方者多香楠，木微紫而香清紋美，金絲者出川峒中，木紋有金絲，向明視之，的爍可爱。楠木之至美者，向陽處或結成人物山水之紋。水楠色青而木質甚鬆，如水楊之類，惟可作桌凳之類。

影木出産品第

影木産西川溪峒，樹身及枝葉如楠，年歷久遠者，可

合抱木理多節縮蹙成山水人物鳥獸花木之紋
余昔于重慶余子安家得卓面長一丈一尺濶二
尺七寸厚一寸許滿面胡花花中結小細葡萄紋
及莖葉之狀名滿架葡萄蜀人以為罕見此木如
許之長大者命工以紫檀鑲成作雲林式几以為
書室燕几之類

烏木出產品第

烏木出海南雲南南番葉似棕櫚木色漆黑體重堅
緻可為筯及器物有間道者嫩木也南人多以繫
木染色為之

合抱，木理多莭，縮蹙成山水、人物、鳥獸、花木之紋。余昔于重慶余子安家得卓面，長一丈一尺，闊二尺七寸，厚一寸許，滿面胡花，花中結小細葡萄紋及莖葉之狀，名滿架葡萄。蜀人以為罕見此木如許之長大者，命工以紫檀鑲成，作雲林式几，以為書室燕几之類。

烏木出產品第

烏木出海南、雲南、南番，葉似棕櫚，木色漆黑，體重，堅緻，可為筯及器物。有間道者，嫩木也。南人多以繫木染色為之。

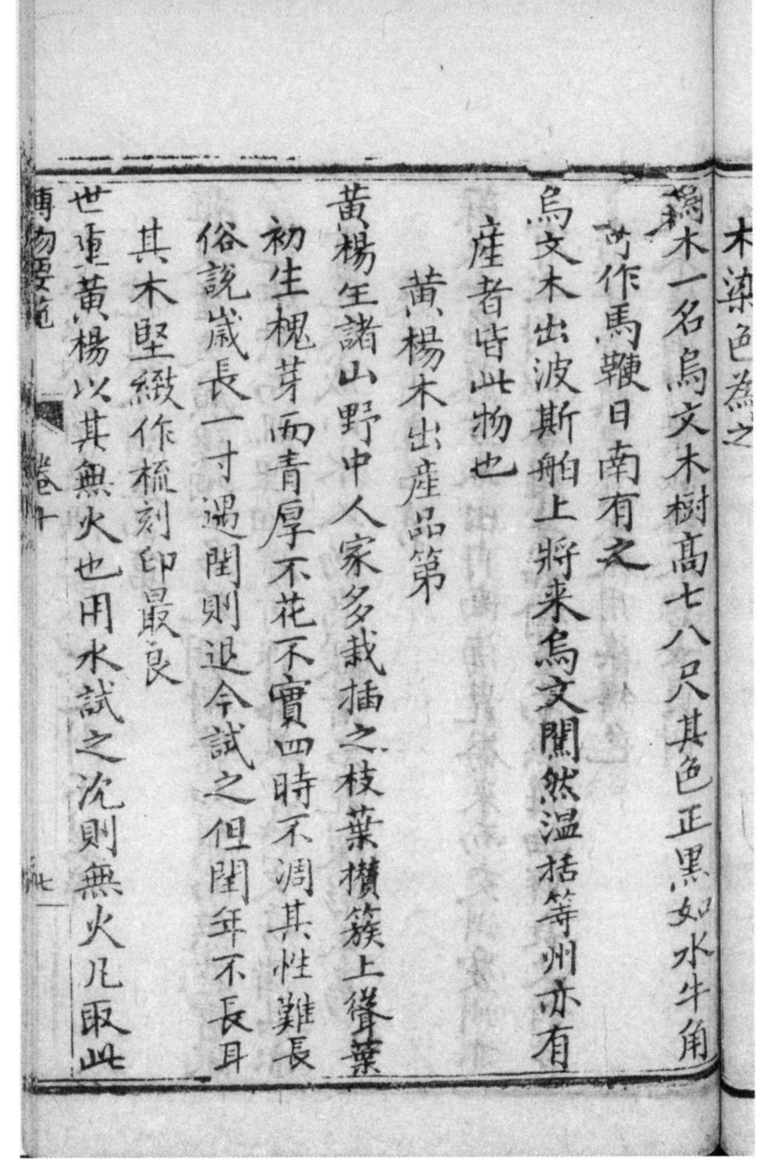

烏木一名烏文木，樹高七八尺，其色正黑，如水牛角，可作馬鞭，日南有之。

烏木出波斯，舶上將來，烏文闠然，温、括等州亦有産者，皆此物也。

　　黄楊木出産品第

黄楊生諸山野中，人家多栽插之。枝葉攢簇上聳，葉［似］[1]初生槐芽而青厚，不花不實，四時不凋。其性難長，俗説歲長一寸，遇閏則退。今試之，但閏年不長耳。其木堅緻，作梳、刻印最良。

世重黄楊，以其無火也。用水試之，沉則無火。凡取此

1 似，原無此字，據《本草綱目》卷三十六補。

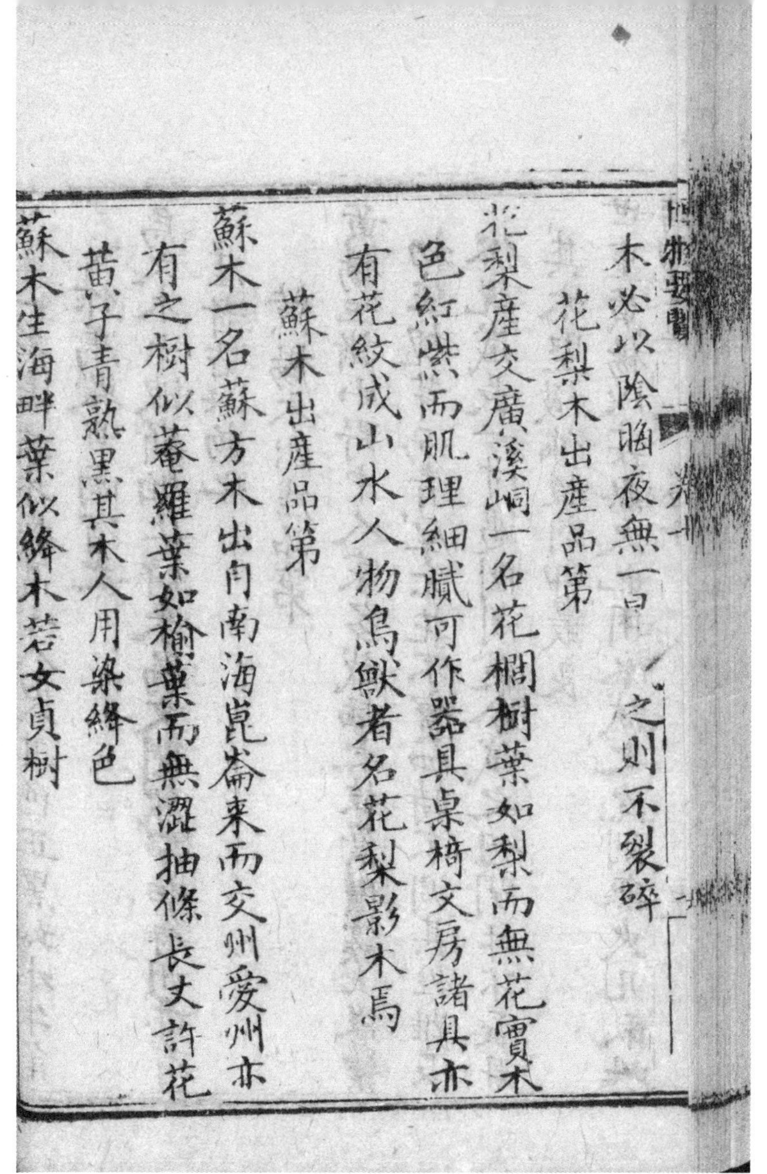

1 生，原無此字，據《本草綱目》卷三十五補。

木，必以陰晦夜無一星伐之，則不裂碎。

花梨木出産品第

花梨産交、廣溪峒，一名花櫚樹。葉如梨而無花實，木色紅紫而肌理細膩，可作器具、桌椅、文房諸具。亦有花紋成山水、人物、鳥獸者，名花梨影木焉。

蘇木出産品第

蘇木一名蘇方木，出自南海、崑崙來，而交州、愛州亦有之。樹似菴羅，葉如榆葉而無澀，抽條長丈許。花黄，子［生］[1]青熟黑。其木人用染絳色。

蘇木生海畔，葉似絳木，若女貞樹。

蘇木生海畔葉似絳木若女貞樹

蘇木樹類槐黃花黑子出九真煎汁忌鐵器則色黯

其木蠹之糞名曰紫納亦可染絳

樺木出產品第

樺木生遼東及臨洮河州西北諸地木色黃有小斑

點紅色能收肥膩其皮厚而輕虛柔軟皮匠家用

以襯靴裏及為刀鞘之類謂之暖皮胡人尤重之

以皮卷蠟可作燭點

樺皮畫家以其皮燒烟薰紙作偽古畫字故名檴俗

省作樺字也

樺木以山桃皮堪為燭

蘇木樹類槐，黃花黑子，出九真，煎汁忌鐵器，則色黯。其木蠹之糞，名曰紫納，亦可染絳。

樺木出產品第

樺木生遼東及臨洮、河州西北諸地。木色黃，有小斑點紅色，能收肥膩。其皮厚而輕虛柔軟，皮匠家用以襯靴裏及為刀鞘之類，謂之暖皮。胡人尤重之，以皮卷蠟，可作燭點。

樺皮，畫家以其皮燒烟薰紙，作偽古畫字，故名檴，俗省作樺字也。

樺木以山桃皮堪為燭。

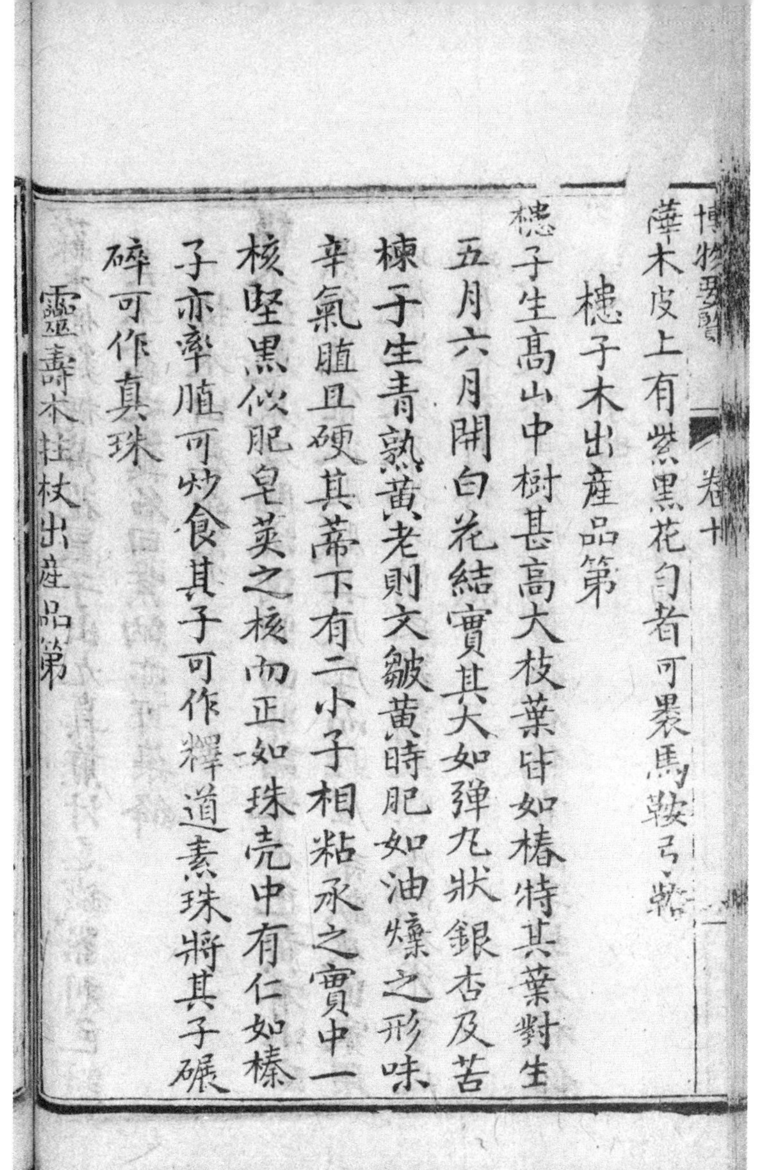
博物要覽　卷十

樺木皮上有紫黑花匀者可裹馬鞍弓韂

槵子木出產品第

槵子生高山中樹甚高大枝葉皆如椿特其葉對生五月六月開白花結實其大如彈丸狀銀杏及苦楝子生青熟黃老則文皺黃時肥如油𤌖之形味辛氣膻且硬其蒂下有二小子相粘承之實中一核堅黑似肥皂莢之核而正如珠殼中有仁如榛子亦率膻可炒食其子可作釋道素珠將其子碾碎可作真珠

靈壽木拄杖出產品第

樺木皮上有紫黑花，匀者可裹馬鞍弓韂。

槵子木出產品第

槵子生高山中，樹甚高大，枝葉皆如椿，特其葉對生。五月、六月開白花，結實其大如彈丸，狀［如］[1]銀杏及苦楝，子生青熟黃，老則文皺。黃時肥如油𤌖之形，味辛氣膻且硬。其蒂下有二小子，相粘承之，實中一核，堅黑似肥皂莢之核，而正如珠，殼中有仁如榛子，亦（率）［辛］[2]膻，可炒食。其子可作釋道素珠，將其子碾碎，可作真珠。

靈壽木拄杖出產品第

1 如，原無此字，據《本草綱目》卷三十五補。

2 辛，原作“率”，據《本草綱目》卷三十五改。

靈壽木生劍南山谷圓長皮紫漢書孔光年老賜靈
壽木杖
靈壽木形似竹有節長不過八九尺圍及寸或三四
寸自然有合杖製不須削理作杖令人延年益壽
相思紅豆木出産品第
相思子生嶺南樹高丈餘白色其葉似槐花如皂莢
其莢似扁豆其子大如小豆半截紅色半截黑色
彼人以嵌首飾段公路北戶錄言有蔓生用子收
龍腦香相宜令香不耗也

靈壽木生劍南山谷，圓長，皮紫，《漢書》：“孔光年老，賜靈壽木杖。”

靈壽木形似竹，有莭，長不過八九尺，圍及寸或三四寸。自然有合杖製，不須削理，作杖令人延年益壽。

相思紅豆木出産品第

相思子生嶺南，樹高丈餘，白色，其葉似槐，花如皂莢，其莢似扁豆，其子大如小豆，半截紅色，半截黑色。彼人以嵌首飾，段公路《北户録》言，有蔓生，用子收龍腦香相宜，令香不耗也。

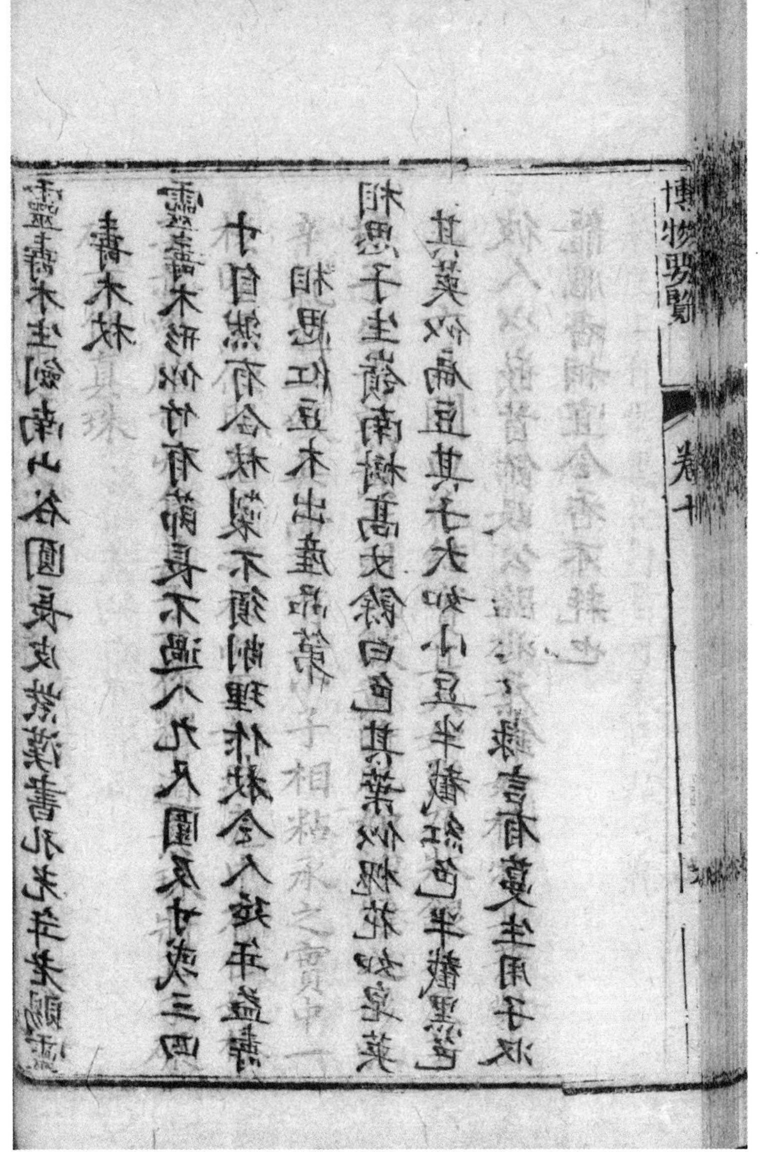

博物要覽　卷十

錄言有蔓生用手汲
其葉似扁豆其子大如小豆半截紅色半截黑色
相思子生嶺南樹高丈餘白色其葉似槐花如皂莢
相思江左豆木出產嶺南
十自然有合枝纔不須削理作杖令人延年益壽
靈壽木形似竹有節長不過八九尺圍及寸或三四
壽木杖
靈壽木生劍南山谷圓長皮紫漢書孔光年老賜靈

博物要覽卷十

骨董志卷十一

國初谷應泰撰　綿州　李調元　輯

志石

各種奇石出産

靈（皇）[璧][1]石

宿州靈（壁）[璧][2]縣地名磬山，石産（□□）[土中][3]，歲久，穴深數丈，其質為赤泥所漬滿。土人多以鉄刃遍刷，凡三兩次，既露石色，即以黄蓓篛及竹篛兼磁末刷治清潤，扣之鏗然有聲。石底多漬土，不能盡去者，度其頓放，即為向背。石在土中，隨其大小，具體而生，或成物像、峰巒，巉岩透空，最為諸石之長。有極大者，可飾

1 璧，原作“皇”，據《雲林石譜》卷上改。

2 璧，原作“壁”，據《雲林石譜》卷上改。

3 土中，原無此字，據《雲林石譜》卷上補。

園林有極小者可為文房硯山及供玩者

太湖石

太湖石產蘇州府洞庭湖石性堅而潤而嵌空穿眼宛轉險怪有三種一種色白一種色青黑一種微黑黃其質文理縱橫連聯起隱于石面遍多坎坳蓋因風浪衝擊而成謂之彈子窩叩之有聲多峰巒岩壑之致大者高數丈至丈餘止可以裝飾假山為園林之玩又少有小巧可入文房登書案者

崑山石

崑山石產蘇州府崑山縣產土中為赤泥漬滿倍費

園林，有極小者，可為文房硯山及供玩者。

太湖石

太湖石產蘇州府洞庭湖。石性堅而潤，而嵌空穿眼，宛轉險怪。有三種：一種白，一種色青黑，一種微黑黃。其質文理縱橫，連聯起隱，于石面遍多坎坳，蓋因風浪衝擊而成，謂之彈子窩。叩之有聲，多峰巒岩壑之致。大者高數丈至丈餘止，可以裝飾假山，為園林之玩。又少有小巧，可入文房登書案者。

崑山石

崑山石產蘇州府崑山縣。產土中，為赤泥漬滿，倍費洗滌。其石質色瑩白，磊塊巉岩，透空宛轉，無大塊峰巒者。土人或愛其石色潔白，或種植小木，或種溪蓀于奇巧處，或置之器中，互相貴重以求售。

英石

英州含光縣、真陽縣之間，石産溪水中。有數種：一種微青，白通脈籠絡；一微灰黑色；一淺緑。各有峰巒，嵌空穿眼，宛轉相通。其質稍潤，扣之微有聲。又有一種色白，四面峰巒聳拔，多稜角，稍瑩澈，而面面有光，可照物，扣之無聲。採之人就水中巧處取之。

湖口石

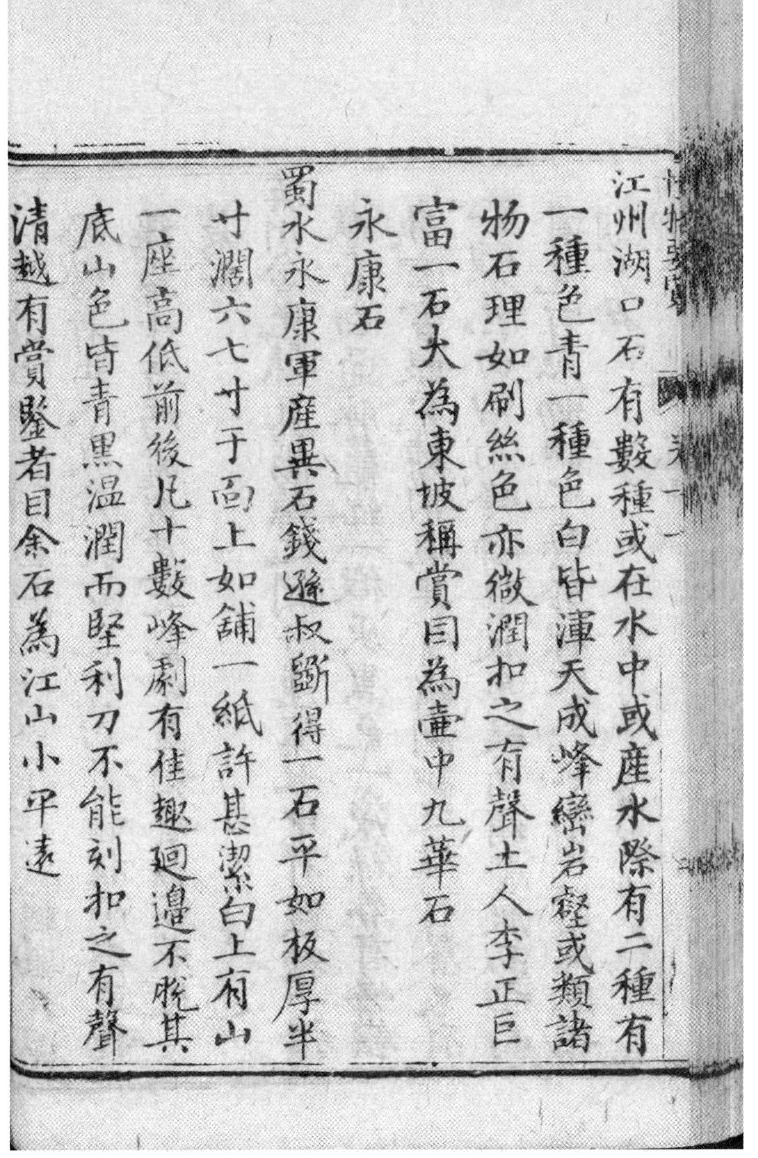

江州湖口石有數種或在水中或産水際有二種有
一種色青一種色白皆渾天成峰巒岩壑或類諸
物石理如刷絲色亦微潤扣之有聲土人李正臣
富一石大為東坡稱賞目為壺中九華石
永康石
蜀水永康軍産異石錢遜叔斲得一石平如板厚半
寸濶六七寸于面上如鋪一紙許甚潔白上有山
一座高低前後凡十數峰劇有佳趣廻邊不脱其
底山色皆青黑温潤而堅利刀不能刻扣之有聲
清越有賞鑒者目余石為江山小平遠

江州湖口石有數種，或在水中，或産水際。有二種：有一種色青，一種色白，皆渾（天）［然］[1]成峰巒岩壑，或類諸物。石理如刷絲，色亦微潤，扣之有聲。大為東坡稱賞，目為壺中九華石。

永康石

蜀（水）［中］[2]永康軍産異石。錢遜叔斲得一石，平如板，厚半寸，闊六七寸，于面上如鋪一紙許，甚潔白。上有山一座，高低前後，凡十數峰，劇有佳趣，（廻）［四］[3]邊不脱其底，山色皆青黑。温潤而堅，利刀不能刻，扣之有聲清越。有賞鑒者目余石為江山小平遠。

1 然，原作“天”，據《雲林石譜》卷上改。
2 中，原作“水”，據《雲林石譜》卷上改。
3 四，原作“廻”，據《雲林石譜》卷上改。

永州石

永州州署依山廳事之東隅，前太守黄叔（度）［豹］[1]因其地稍露山骨，除治積壤十餘尺，得真山一座，凡八九峰，岩洞相通，翠潤可嘉。遍有唐人刻字于諸峰之側，甚奇。右映一石，横尺許，映絡石上，全若水禽，因泉出水，潴滿岩竇。其石正浮水面，亦有唐人刻字，目之為鸂鶒石。

卞（州）［山］[2]石

湖州西門外十五里有卞山，在郡西山最為崷崒，為朱先生所居。産石奇巧，羅［布］[3]山間，（嵌）［巉］[4]石磊（塊）［磈］[5]，色類靈

1 豹，原作“度”，據《雲林石譜》卷上改。

2 山，原作“州”，據《雲林石譜》卷上改。

3 布，原無此字，據《雲林石譜》卷上補。

4 巉，原作“嵌”，據《雲林石譜》卷上改。

5 磈，原作“塊”，據《雲林石譜》卷上改。

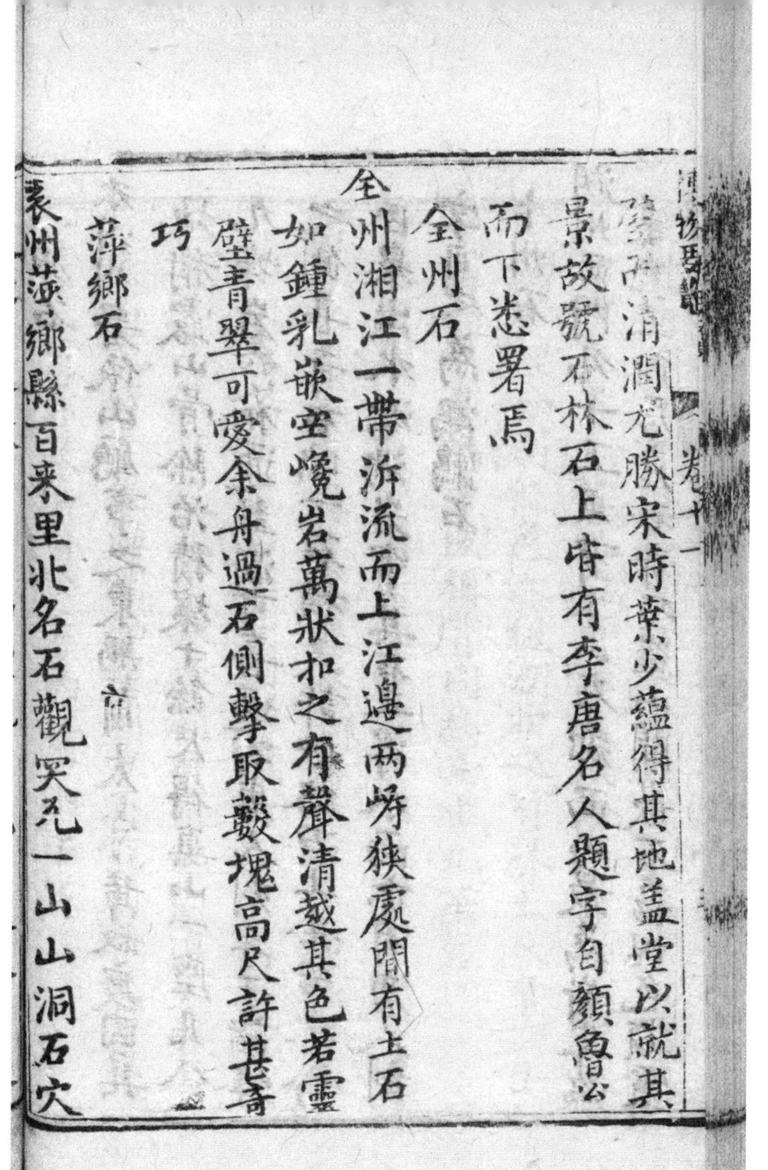

1 壁，原作“壁”，據《雲林石譜》卷上改。
2 地，原作“北”，據《雲林石譜》卷上改。

（壁）[璧][1]，而清潤尤勝。宋時葉少蘊得其地，盖堂以就其景，故號石林。石上皆有李唐名人題字，自顏魯公而下悉署焉。

全州石

全州湘江一帶，泝流而上，江邊兩岸狹處，間有土石，如鍾乳嵌空，巉岩萬狀，扣之有聲清越，其色若靈璧，青翠可愛。余舟過石側，擊取數塊，高尺許，甚奇巧。

萍鄉石

袁州萍鄉縣百來里（北）[地][2] 名石觀，突兀一山。山洞石穴

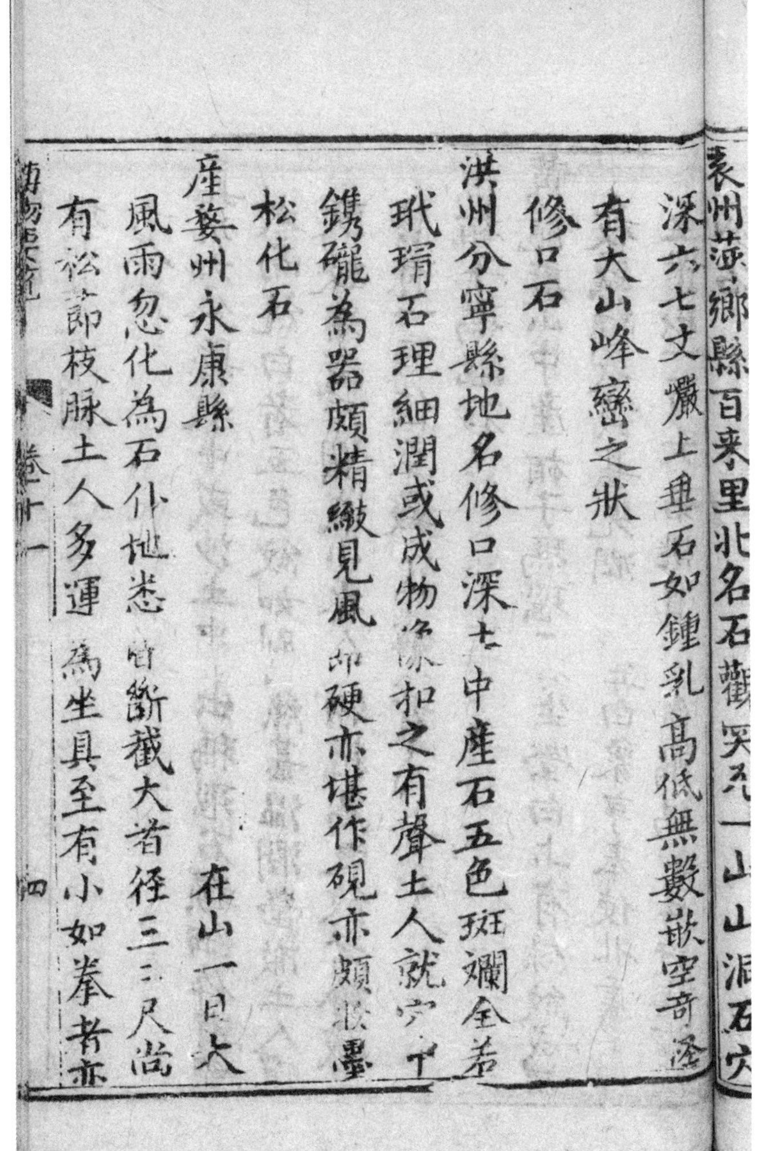
袁州萍鄉縣百卷里北名石巖穴□一山山洞石穴
深六七丈巖上垂石如鍾乳高低無數嵌空奇怪
有大山峰巒之狀
修口石
洪州分寧縣地名修口深土中産石五色斑斕全若
玳瑁石理細潤或成物象像扣之有聲土人就穴中
鐫礲為器頗精緻見風即硬亦堪作硯亦頗收藏
松化石
産婺州永康縣 在山一日大
風雨忽化為石仆地悉皆斷截大者徑三二尺尚
有松節枝脉土人多運為坐具至有小如拳者亦
博物要覽 卷十一 四

深六七丈，岩上垂石如鍾乳，高低無數，嵌空奇怪，有大山峰巒之狀。

修口石

洪州分寧縣地名修口，深土中産石，五色斑斕，全若玳瑁，石理細潤，或成物象像，扣之有聲。土人就穴中鐫礲為器，頗精緻，見風即硬，亦堪作硯，亦頗收藏。

松化石

産婺州永康縣（□□□□□□□□□□）[松林，頃因馬自然先生][1]在山，一日大風雨，忽化為石仆地，悉皆斷截。大者徑二三尺，尚有莭枝脈 [紋][2]。土人多運為坐具。至有小如拳者，亦

1 松林句，原無此數字，據抄本《博物要覽》卷十六、《雲林石譜》卷中補。

2 紋，原無此字，據抄本《博物要覽》卷十六、《雲林石譜》卷中補。

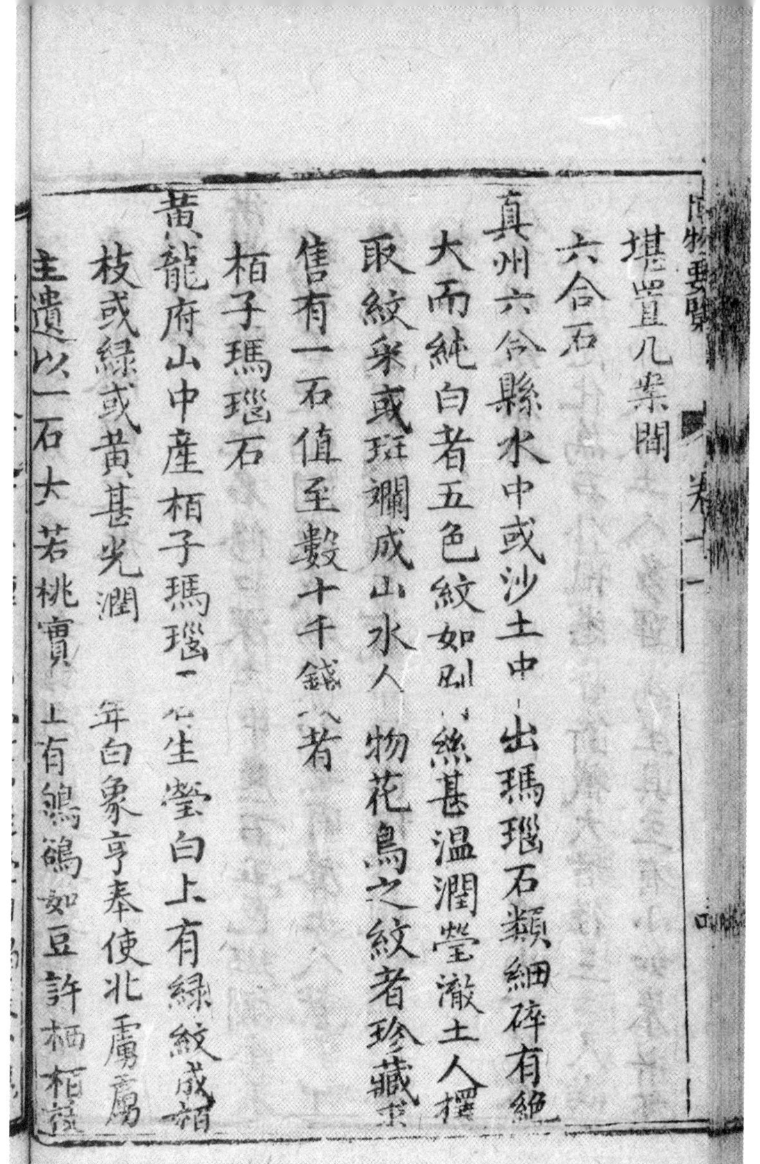

堪置几案間
六合石
真州六合縣水中或沙土中出瑪瑙石類細碎有絶
大而純白者五色紋如刷絲甚温潤瑩澈土人擇
取紋采或斑斕成山水人物花鳥之紋者珍藏求
售有一石值至數十千錢者
栢子瑪瑙石
黄龍府山中產栢子瑪瑙一生瑩白上有緑紋成栢
枝或緑或黄甚光潤　年白象亨奉使北虜虜
主遺以一石大若桃實上有鵓鴿如豆許栖栢枝

堪置几案間。

六合石

真州六合縣水中或沙土中出瑪瑙石，（類）［頗］[1]細碎，有絶而純白者，五色紋如刷絲，甚温潤瑩澈。土人擇取紋采或斑斕或成山水、人物、花鳥之紋者，珍藏求售，有一石值至數十千錢者。

栢子瑪瑙石

黄龍府山中産栢子瑪瑙石，（生）［色］[2]瑩白，上有緑紋，成栢枝，或緑或黄，甚光潤。（□）［昔］[3]年白（象）［蒙］[4]亨奉使北虜，虜主遺以一石，大若桃實，上有鵓鴿，如豆許，栖柏枝

1 頗，原作“類”，據《雲林石譜》卷下改。

2 色，原作“生”，據《雲林石譜》卷下改。

3 昔，原無此字，據《雲林石譜》卷下補。

4 蒙，原作“象”，據《雲林石譜》卷下改。

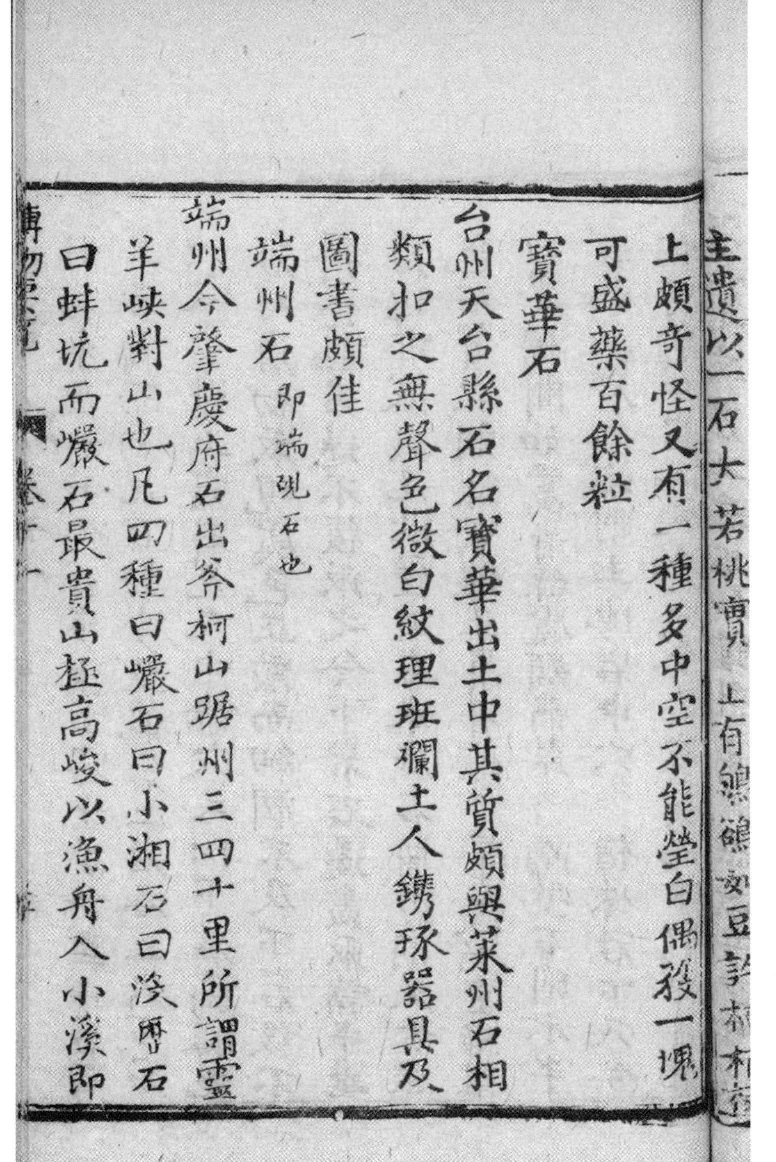

上，頗奇怪。又有一種多中空，不（能）[1] 瑩白。偶獲一塊，可盛藥百餘粒。

寶華石

台州天台縣石名寶華，出土中，其質頗與萊州石相類。扣之無聲，色微白，紋理班斕。土人鎸琢器具及圖書頗佳。

端州石即端硯石也

端州今肇慶府，石出斧柯山，距州三四十里，所謂（靈）[羚][2] 羊峽對山也。凡四種：曰巗石，曰小湘石，曰（没）[後][3] 歷石，曰蚌坑。而巗石最貴，山極高峻，以漁舟入小溪即

1 能，據《雲林石譜》卷下無此字，當刪。

2 羚，原作"靈"，據《雲林石譜》卷下改。

3 後，原作"没"，據《雲林石譜》卷下改。

蚌坑水陡行七八百步至下容十步許至上岩自
上岩轉而南凡百許步至龍岩上岩各三穴下岩
一穴半邊上宕石凡九十餘穴又以下岩為勝龍
岩乃唐初取硯處色正紫而細潤不及下岩後不
得入龍岩遂不復取之令下岩石遂盡取諸半邊
岩近亦塞矣凡北壁石在水底石質乾則灰青紫
色石質温則深紫眼正員有瞳子暈數十重緑碧
白黑相間如畫青緑處類翡翠色南壁石則水半
石也上岩三穴則土地岩中穴即梅株岩下穴今
俗呼為中岩上穴中穴今已塞矣而下穴中亦能

蚌坑，水（陡）[陸][1]行七八百步至下（容）[岩][2]，十步許至上岩，自上岩轉而南，凡百許步至龍岩。上岩各三穴，下岩一穴，半邊上（宕）[岩][3]石凡九十餘穴，又以下岩為勝。龍岩乃唐初取硯處，色正紫，而細潤不及下岩，後（不得入）[得下岩][4]，龍岩遂不復取之。（令）[今][5]下岩石（遂盡）[盡，遂][6]取諸半邊岩，近亦塞矣。凡北壁，石在水底，石質乾則灰青紫色，石質（温）[濕][7]則深紫。眼正員，有瞳子暈數十重，緑碧白黑相間如畫，青緑處類翡翠色。南壁石則水半石也。上岩三穴則土地岩，中穴即梅（株）[珠][8]岩，下穴今俗呼為中岩。上穴中穴今已塞矣，而下穴中亦能

1 陸，原作“陡”，據《雲林石譜》卷下改。

2 岩，原作“容”，據《雲林石譜》卷下改。

3 岩，原作“宕”，據《雲林石譜》卷下改。

4 得下岩，原作“不得入”，據《雲林石譜》卷下改。

5 今，原作“令”，據《雲林石譜》卷下改。

6 盡遂，原作“遂盡”，據《雲林石譜》卷下改。

7 濕，原作“温”，據《雲林石譜》卷下改。

8 珠，原作“株”，據《雲林石譜》卷下改。

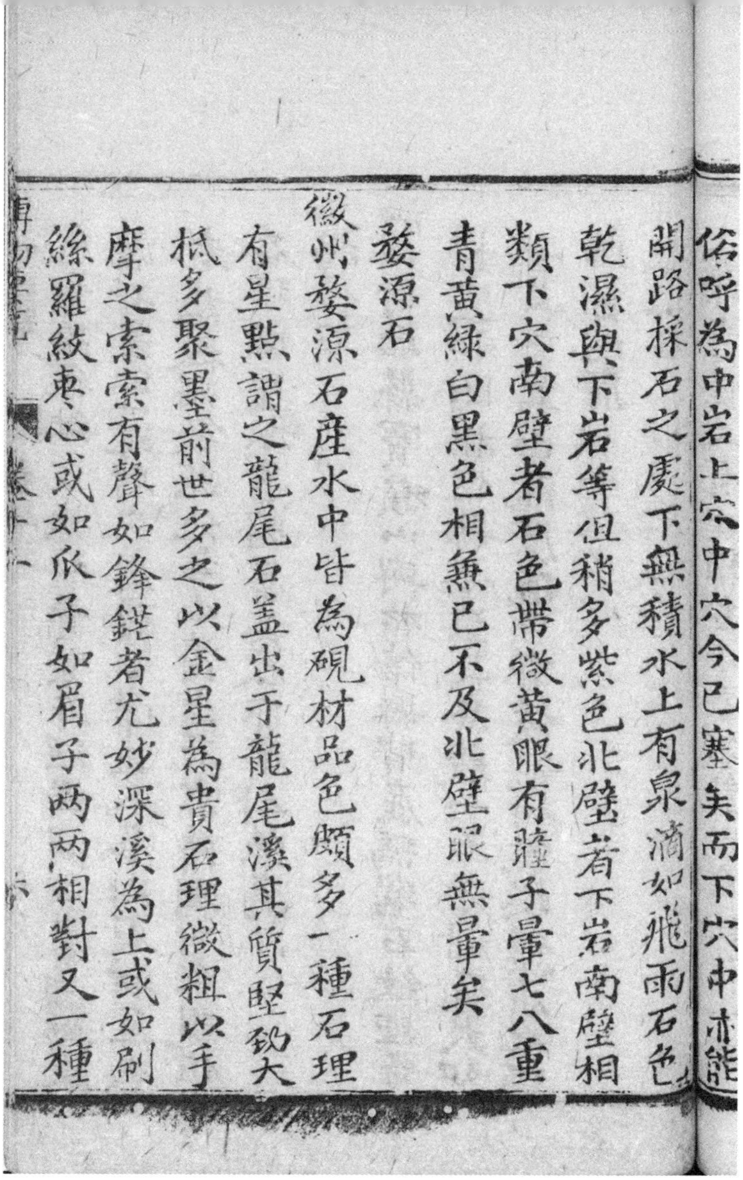

開路採石之處，下無積水，上有泉滴如飛雨。石色乾濕與下岩等，但稍多紫色。北壁（者）[與][1]下岩南壁相類。下穴南壁者石色帶微黄眼，有瞳子暈七八重，青黄緑白黑色相兼，已不及北壁眼無暈矣。

婺源石

徽州婺源石産水中，皆為硯材，品色頗多。一種石理有星點，謂之龍尾石，盖出于龍尾溪。其質堅勁，大抵多聚墨，前世多[用][2]之，以金星為貴。石理微粗，以手摩之，索索有聲，如鋒铓者尤妙，[以][3]深溪為上。或如刷絲羅紋（棗心）[4]，或如[棗心]瓜子，[或][5]如眉子兩兩相對。又一種

1 與，原作“者”，據《雲林石譜》卷下改。

2 用，原無此字，據《雲林石譜》卷下補。

3 以，原無此字，據《雲林石譜》卷下補。

4 棗心，此二字《雲林石譜》卷下在“瓜子”前。

5 或，原無此字，據《雲林石譜》卷下補。

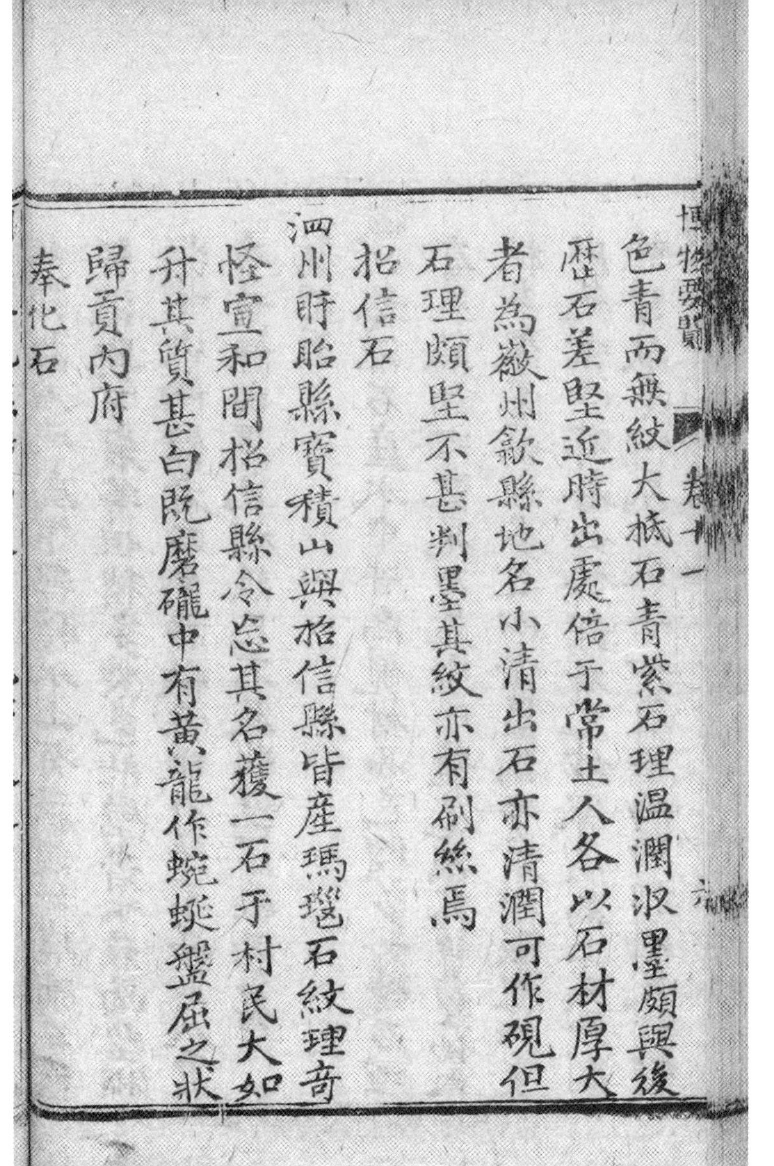

色青而無紋。大抵［石質貴清潤發墨為最。又有祁門縣文溪所産］[1]，石青紫，石理温潤收墨，頗與後歷石差堅，近時出（處）［價］[2]倍于常。土人各以石材厚大者為上。徽州歙縣地名小清，出石清潤，可作硯，但石理頗堅，不甚（判）［剉］[3]墨，其紋亦有刷絲焉。

招信石

泗州盱眙縣寶積山與招信縣皆産瑪瑙石，紋理奇怪。宣和間，招信縣令（忘其名）[4]，獲一石于村民，大如升，其質甚白，既磨礱，中有黄龍作蜿蜒盤屈之狀，歸貢内府。

奉化石

1“石質”一句，無原此句，據《雲林石譜》卷下補。

2 價，原作“處”，據《雲林石譜》卷下改。

3 剉，原作“判”，據《雲林石譜》卷下改。

4 忘其名，《雲林石譜》卷中無此三字。

明州奉化縣諸山大石中凡擊取之即有平面石色
微黄而稍潤扣之無聲其紋横裂道如細墨描画
一帶夹径寒林烟霞朦朧之狀或如濃墨點染成
高林與無為軍所産石屏相類
大理石
雲南大理府點蒼山出石白質青章或白質緑章及白
質黄紋者多成山水人物飛走之物白質青章成
山水者名春山緑章者名夏山黄紋者名秋山石
紋妙者以春夏山為上秋山次之亦有用漆藥點
造而成者但真者就高下取形磨琢既平故有凹

明州奉化縣諸山大石中，凡擊取之，即有平面石。色微黄而稍潤，扣之無聲，其紋横裂道，如細墨描画一帶夹徑寒林、烟霞朦朧之狀，或如濃墨點染成高林，與無為軍所産石屏相類。

大理石

雲南大理府點蒼山出石，白質青章，或白質緑章，及白質黄紋者，多成山水、人物、飛走之處。白質青章成山水者名春山，緑章者名夏山，黄紋者名秋山。石紋妙者，以春夏山為上，秋山次之。亦有用漆藥點造而成者，但真者就高下取形，磨琢既平，故有凹

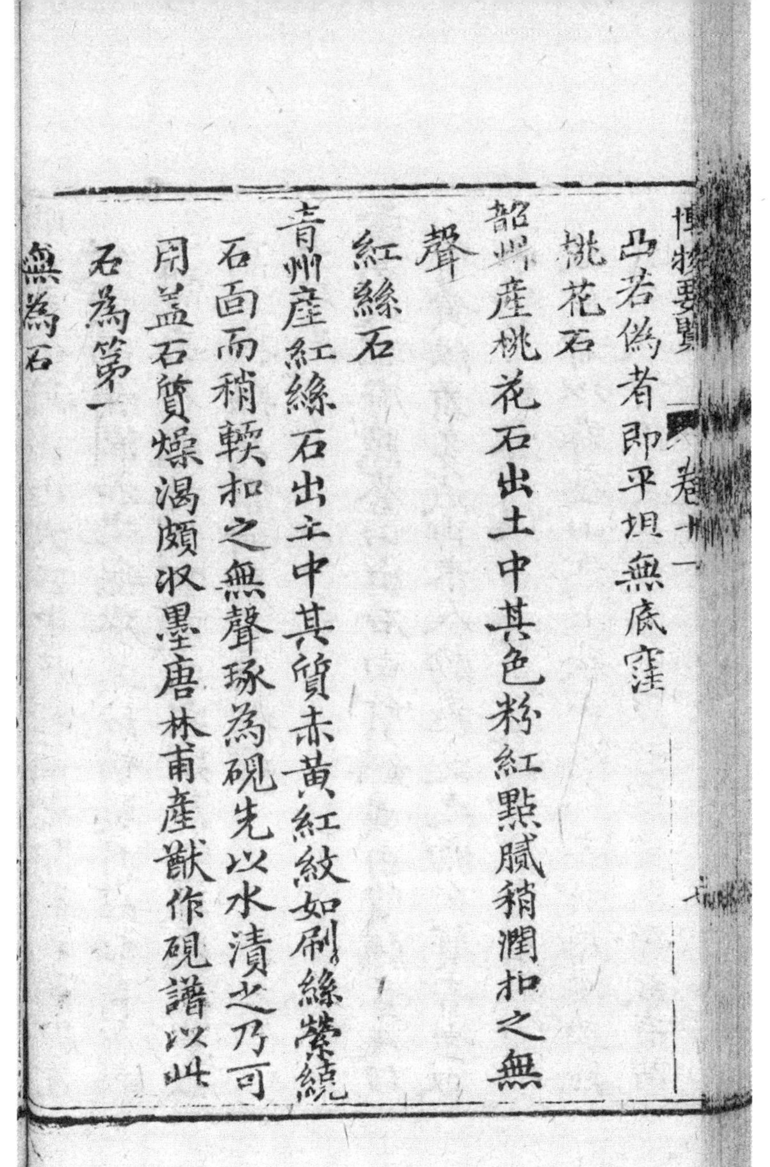
博物要覽 卷十一

凸若偽者即平坦無底窪

桃花石

韶州產桃花石出土中其色粉紅點膩稍潤扣之無聲

紅絲石

青州產紅絲石出土中其質赤黃紅紋如刷絲縈繞石面而稍輭扣之無聲琢為硯先以水漬之乃可用盖石質燥渴頗收墨唐林甫產獻作硯譜以此石為第一

無為石

凸，若偽者即平坦無底窪。

桃花石

韶州產桃花石，出土中，其色粉紅，點膩稍潤，扣之無聲。

紅絲石

青州產紅絲石，出土中，其質赤黃，紅紋如刷絲，縈繞石面，而稍輭，扣之無聲。琢為硯，先以水漬之乃可用，盖石質燥渴頗收墨。唐林甫（產）[彥][1]獻作《硯譜》，以此石為第一。

無為石

1 彥，原作“產”，據《雲林石譜》卷下改。

無為軍石産土中，性甚軟，凡就土揭取之，見風即勁。兩面多柏枝，如墨描寫。石色帶紫或灰白，間有紋理。或成岡巒遍列，寒林中有徑路，全若圖畫之狀，頗奇特。又有彷彿諸佛像及人物形，土人裝治為屏，頗自然。

菩薩石

嘉州菩薩石，産峨眉山，正與五臺山相似，出岩竇中，名菩薩石。其色瑩潔，狀如太山狼牙、信州水晶之類，映日射之，有五色圓光。其質六稜，或大如棗栗，則光彩微茫，間有小如櫻桃，則五色燦然可喜。

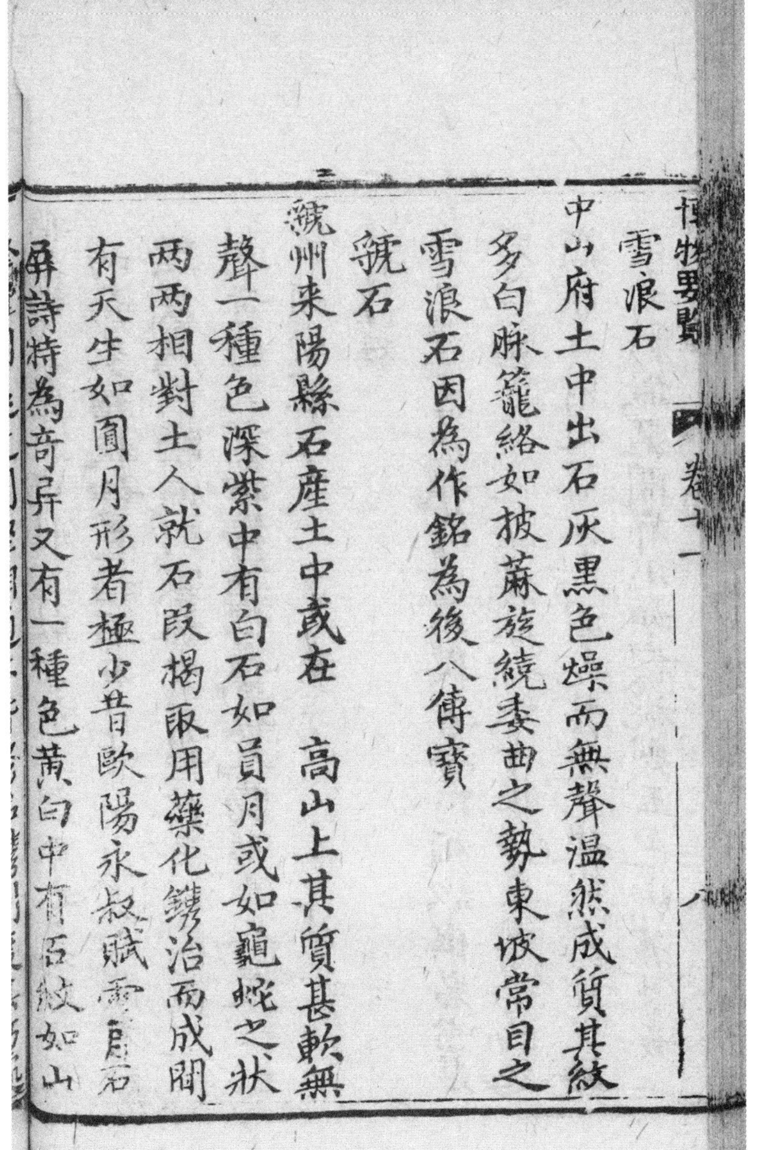

雪浪石

中山府土中出石，灰黑色，燥而無聲，（温）［混］[1]然成質。其紋多白脉籠絡，如披蔴旋繞委曲之勢。東坡常目之雪浪石，因為作銘，為後人傳寶。

虢石

虢州（來）［朱］[2]陽縣石産土中，或在（□）[3]高山上。其質甚軟，無聲。一種色深紫，中有白石，如員月，或如龜（蛇）［蟾吐雲氣］[4]之狀，兩兩相對。土人就石叚揭取，用藥［點］[5]化鎸治而成。間有天生如圓月形者，極少。昔歐陽永叔賦《雲月石屏詩》，特為奇异。又有一種色黄白，中有石紋如山

1 混，原作“温”，據《雲林石譜》卷下改。

2 朱，原作“來”，據《雲林石譜》卷中改。

3 □，乾隆四十九年刻《函海》本《骨董志》作“在”，據文義當刪。

4 蟾吐雲氣，原作“蛇”，據《雲林石譜》卷中改。

5 點，原無此字，據《雲林石譜》卷中補。

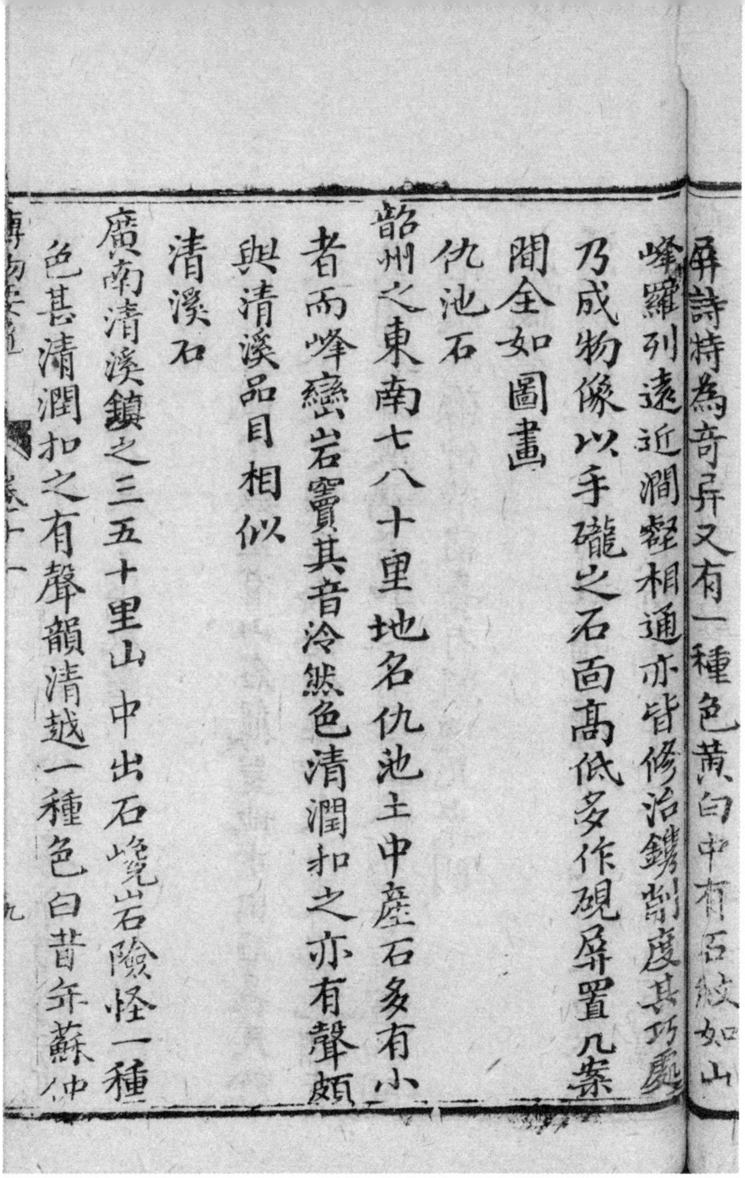

屏詩特為奇異又有一種色黃白中有石紋如山
峰羅列遠近澗壑相通亦皆修治鐫削度其巧處
乃成物像以手礲之石面高低多作硯屏置几案
間全如圖畫
仇池石
韶州之東南七八十里地名仇池土中產石多有小
者而峰巒岩竇其音泠然色清潤扣之亦有聲頗
與清溪品目相似
清溪石
廣南清溪鎮之三五十里山中出石巉岩險怪一種
色甚清潤扣之有聲韻清越一種色白昔年蘇仲

峰，羅列遠近，澗壑相通。亦皆修治鐫削，度其巧處，乃成物像。以手（礲）[攏][1]之，石面高低。多作硯屏，置几案間，全如圖畫。

仇池石

韶州之東南七八十里，地名仇池，土中產石，多有小者，而峰巒岩竇，其音泠然，色清潤，扣之亦有聲，頗與清溪品目相似。

清溪石

廣南清溪鎮之三五十里，山中出石，巉岩險怪。一種色甚清潤，扣之（有）[2]聲韻清越。一種色白，昔年蘇仲

1 攏，原作“礲”，據《雲林石譜》卷中改。

2 有，《雲林石譜》卷中無此字。

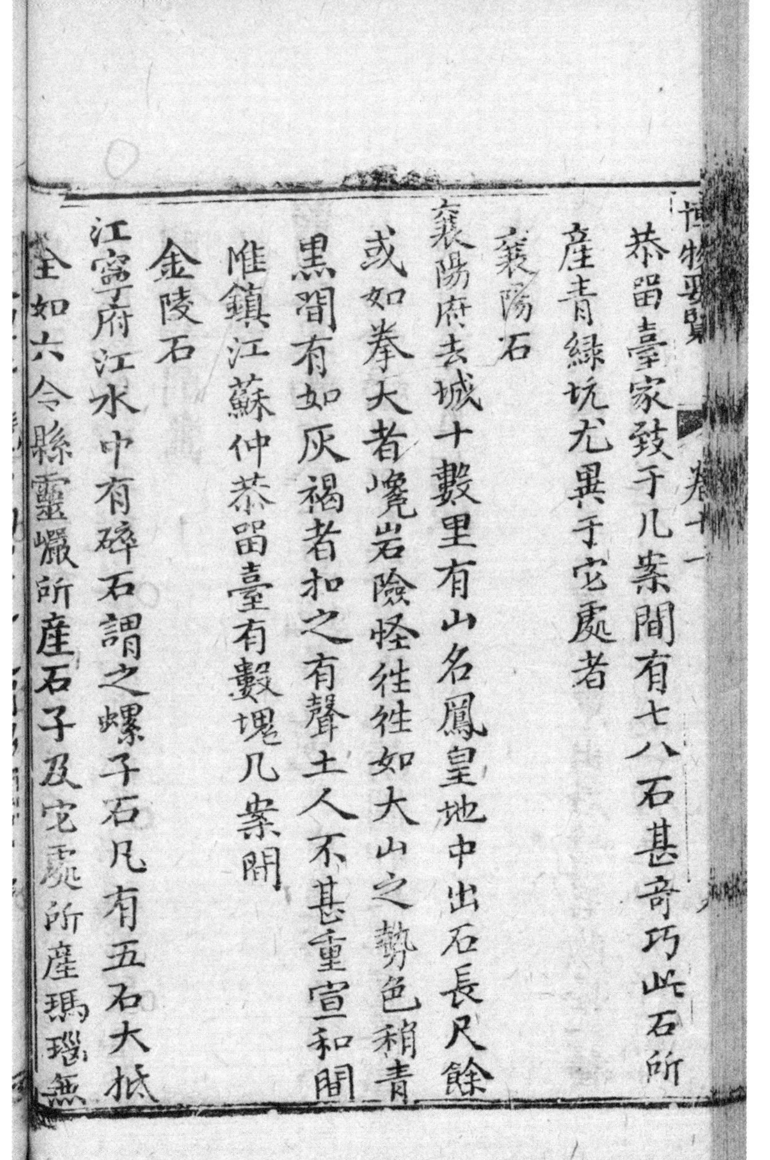

1 政，原作“宣”，據《雲林石譜》卷上改。
2 色，原作“石”，據《雲林石譜》卷中改。

恭留臺家致于几案間，有七八石，甚奇巧。此石所産青緑坑，尤異于它處者。

襄陽石

襄陽府去城十數里，有山名鳳皇，地中出石，長尺餘，或如拳大者，巉岩險怪，往往如大山之勢。色稍青黑，間有如灰褐者，扣之有聲。土人不甚重。(宣)[政][1]和間，惟鎮江蘇仲恭留臺有數塊几案間。

金陵石

江寧府江水中有碎石，謂之螺子石。凡有五(石)[色][2]，大抵全如六合縣靈巖所産石子，及它處所産瑪瑙無

异。紋理縈繞石面，望之透明，温潤可喜。

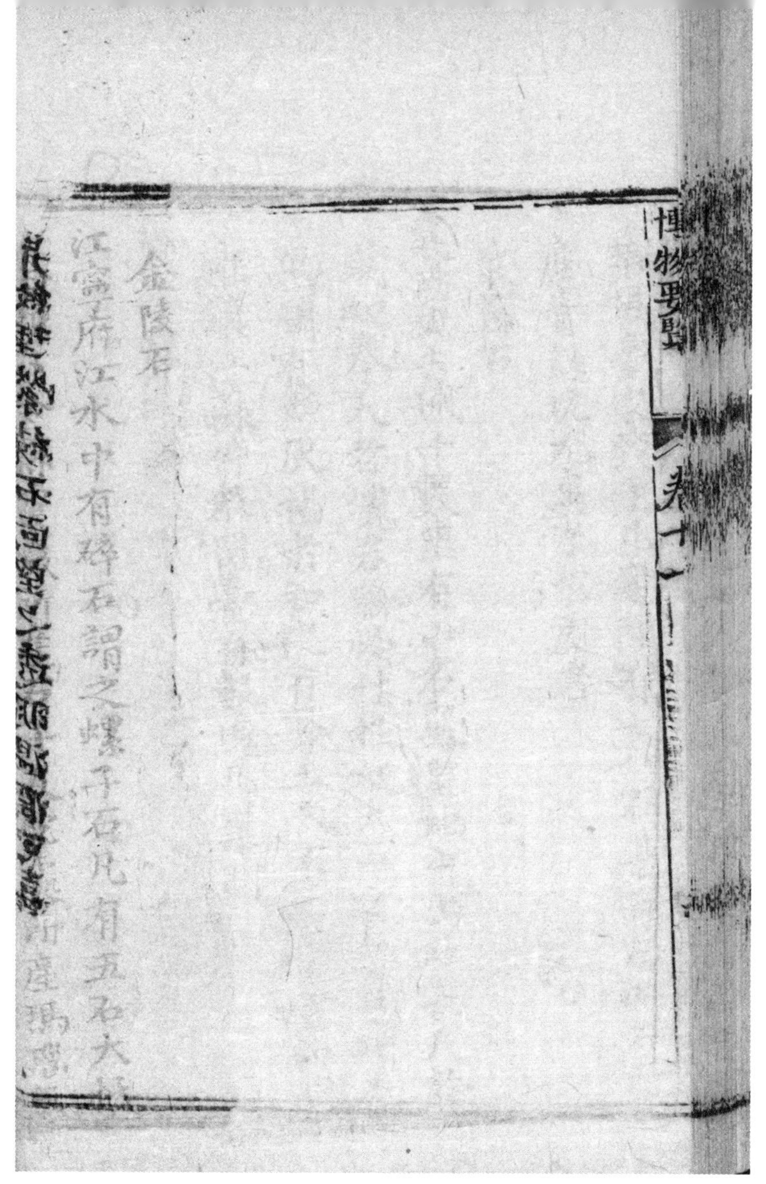

博物要覽卷十一

博物要覽卷十二
綿州　李調元　輯
志錦
錦繡
錦金也作之用功重其價如金故製字從帛與金也
繡修也五色絲彩備者謂之綉
歷代雖有錦而未彰至漢時西蜀貢錦始稱大備至三國時魏則市于蜀矣吳亦資于西蜀也
鄴中記曰錦有大登高小登高大明光小明光大博山小博山大茱萸小茱萸大交龍小交龍蒲桃文

博物要覽卷十二

綿州　李調元　輯

志錦

錦繡

錦，金也，作之用功重，其價金如金，故製字從帛與金也。

繡，修也，五色絲彩備者謂之綉。

歷代雖有錦而未彰，至漢時西蜀貢錦始稱大備，至三國時魏則市于蜀矣，吳亦資于西蜀也。

《鄴中記》曰：錦有大登高、小登高、大明光、小明光、大博山、小博山、大茱萸、小茱萸、大交龍、小交龍、蒲桃文

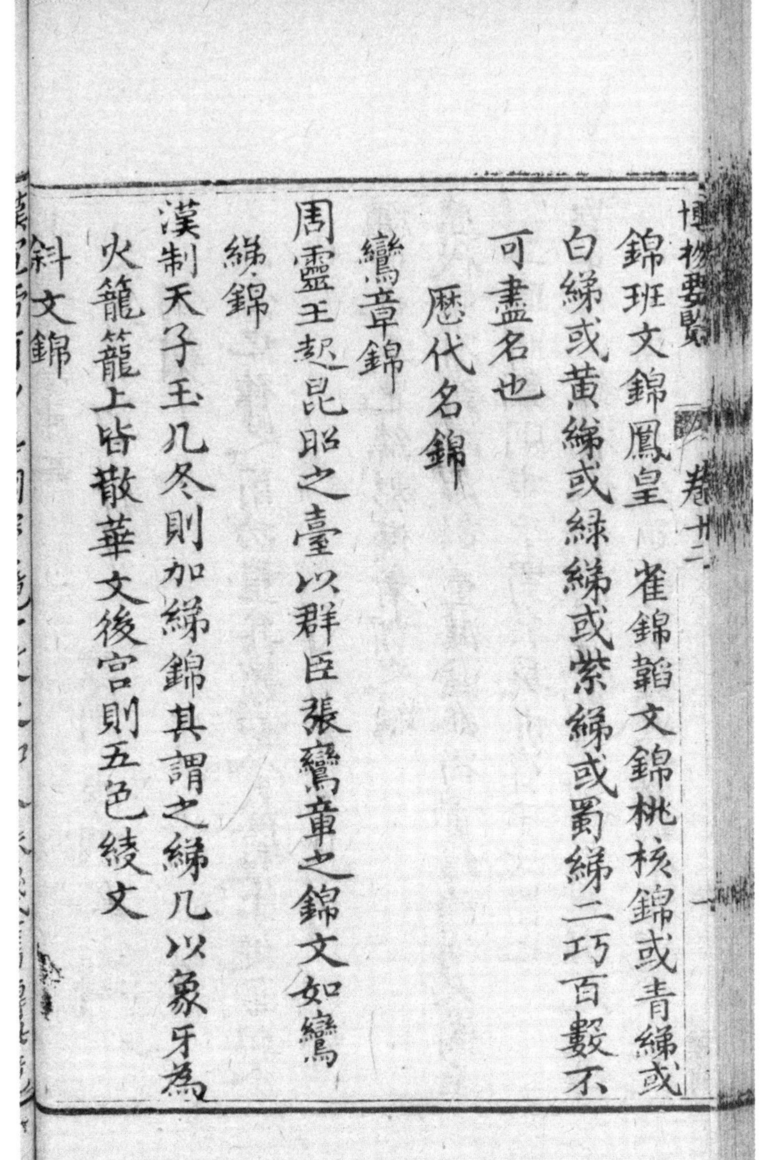

錦、班文錦、鳳皇（☐）[朱][1] 雀錦、韜文錦、桃核 [文][2] 錦，或青綈、或白綈、或黄綈、或緑綈、或紫綈、或蜀綈，（二）[工][3] 巧百數，不可盡名也。

歷代名錦

鸞章錦

周靈王起昆昭之臺，以 [享][4] 群臣，張鸞章之錦，文如鸞 [翔][5]。

綈錦

漢制：天子玉几，冬則加綈錦，其謂之綈几，以象牙為火籠，籠上皆散華文，後宫則五色綾文。

斜文錦

1 朱，原無此字，據乾隆四十九年刻《函海》本《骨董志》及《鄴中記》補。

2 文，原無此字，據《鄴中記》補。

3 工，原作“二”，據《鄴中記》改。

4 享，原無此字，據《初學記》卷二十七補。

5 翔，原無此字，據《初學記》卷二十七補。

博物要覽　卷十二　二　補刻

斜文錦

漢宣帝有身毒國寶鏡一枚大如八銖錢舊傳此鏡照見妖魅得佩之者為天神所福故帝盛以琥珀笥緘以戚里織成錦名曰斜文錦

蒲桃錦

霍光妻淳于衍蒲桃錦二十四疋散花綾二十五疋綾出鉅鹿陳寶光家寶光妻傳其法霍顯召入其第使作之機用一百二十鑷六十日成一匹疋值萬錢又與走珠一琲綠綾百端

鴛鴦萬金錦

漢宣帝有身毒國寶鏡一枚，大如八銖錢。舊傳此鏡照見妖魅，得佩之者為天神所福，故帝盛以琥珀笥，緘以戚里織成錦，名曰斜文錦。

蒲桃錦

霍光妻［遺］[1]淳于衍蒲桃錦二十四疋，散花綾二十五疋，綾出鉅鹿陳寶光家，寶光妻傳其法，霍顯召入其第，使作之，機用一百二十鑷，六十日成一匹，疋值萬錢，又與走珠一琲，緑綾百端。

鴛鴦萬金錦

（□□□□□□□□□□□□□□□□□□□□）［漢昭儀趙合德以鴛鴦萬金錦一疋與飛燕，價值百］[2]

1 遺，原無此字，據《西京雜記》補。

2“漢昭儀”一句，原無此句，據乾隆四十九年刻《函海》本《骨董志》補。

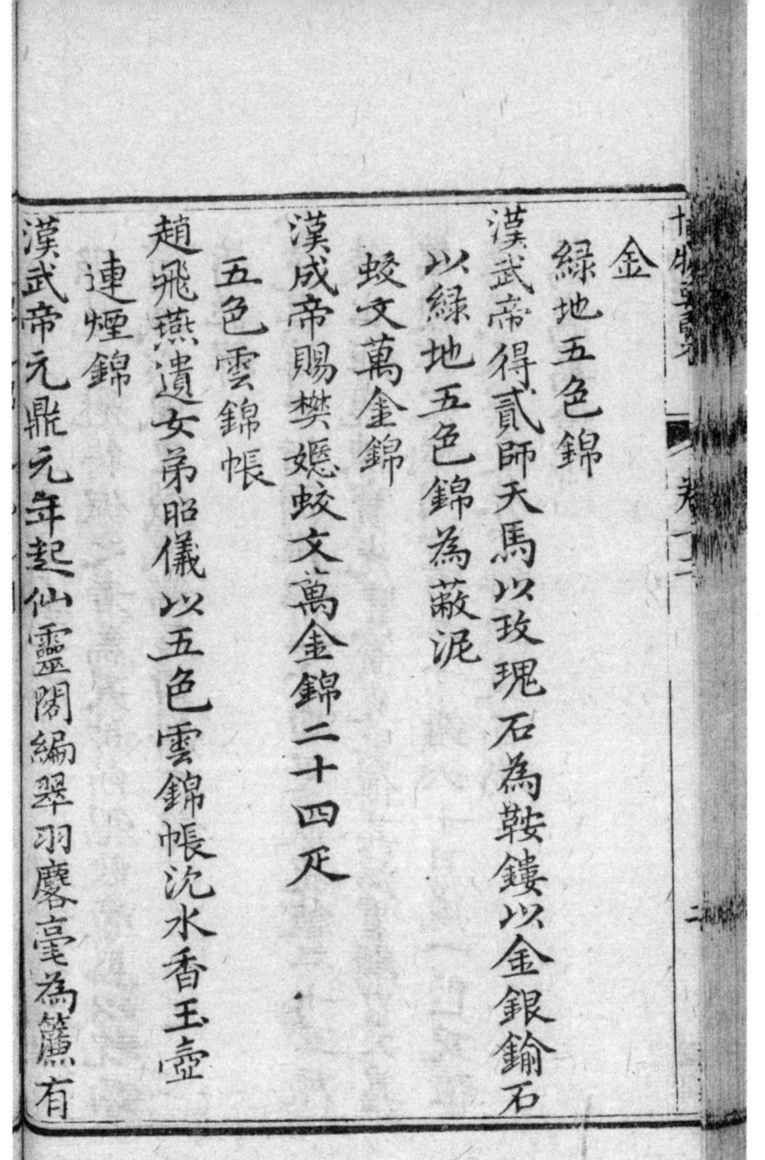
金
緑地五色錦
漢武帝得貳師天馬以玫瑰石為鞍鏤以金銀鍮石
以緑地五色錦為蔽泥
蛟文萬金錦
漢成帝賜樊嫕蛟文萬金錦二十四疋
五色雲錦帳
趙飛燕遺女弟昭儀以五色雲錦帳沉水香玉壺
連煙錦
漢武帝元鼎元年起仙靈閣編翠羽麐毫為簾有

金。

緑地五色錦

漢武帝得貳師天馬，以玫瑰石為鞍，鏤以金銀鍮石，以緑地五色錦為蔽泥。

蛟文萬金錦

漢成帝賜樊蛟文萬金錦二十四疋。

五色雲錦帳

趙飛燕遺女第昭儀以五色雲錦帳，沉水香玉壺。

連煙錦

漢武帝元鼎元年，起仙靈閣，編翠羽麐毫為簾，有

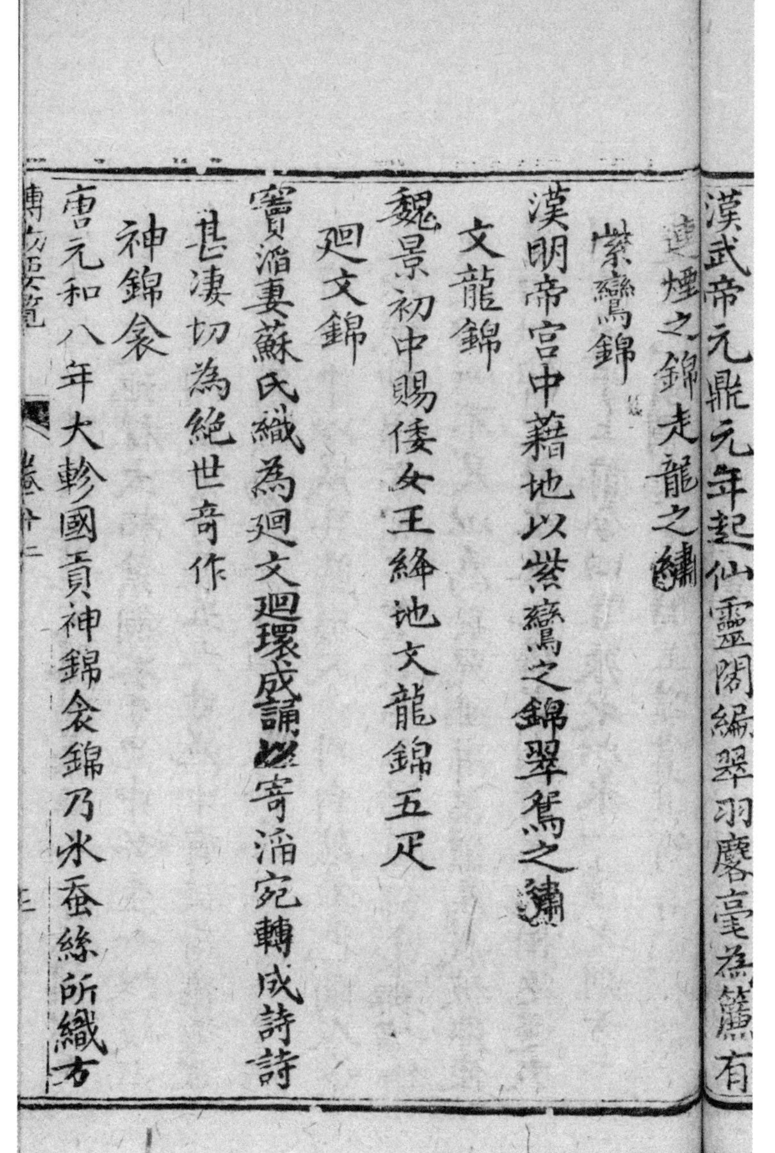

漢武帝元鼎元年起仙靈閣編翠羽麐毫為簾有
連煙之錦走龍之繡
紫鸞錦
漢明帝宮中藉地以紫鸞之錦翠鴛之繡
文龍錦
魏景初中賜倭女王絳地文龍錦五疋
迴文錦
竇滔妻蘇氏織為迴文迴環成誦以寄滔宛轉成詩詩
甚淒切為絕世奇作
神錦衾
唐元和八年大軫國貢神錦衾錦乃冰蚕絲所織方

博物要覽　卷十二

連煙之錦，走龍之繡。

紫鸞錦

漢明帝宮中藉地以紫鸞之錦，翠鴛之繡。

文龍錦

魏景初中，賜倭女王絳地文龍錦五疋。

迴文錦

竇滔妻蘇氏織為迴文，迴環成誦，以寄滔。宛轉成詩，詩甚淒切，為絕世奇作。

神錦衾

唐元和八年，大軫國貢神錦衾。錦乃冰蚕絲所織，方

二尺厚一寸其上龍文鳳彩殆非人工其國以五
色石甃池採大柘葉飼蚕于池中始生如蚊睫游
泳于其間及老可長五六寸池中有挺荷雖驚風
疾吹不能傾動大者可濶三尺而蚕經十五月始
入荷池中以成其繭形大如斗自然五色國人繅
之以織神錦亦謂之靈泉絲上始覽錦衾與嬪御
大笑曰此不足以為嬰兒繃席曷能為我被耶使
者曰此錦之絲氷蚕也得水則舒水火相返遇火
則縮遂于上前令四官張之以水一噴之則方二
丈五色煥爛逾于向時上嘆賞其奇异因命藏之

二尺，厚一寸，其上龍文鳳彩，殆非人工。其國以五色石甃池塘，採大柘葉飼蚕於池中，始生如蚊睫游泳于其間。及長可五六寸。池中有挺荷，雖驚風疾吹不能傾動。大者可闊三四尺，而蚕經十五月始入荷池中，以成其繭，形大如斗，自然五色。國人繅之，以織神錦，亦謂之靈泉絲。上始覽錦衾，與嬪御大笑曰："此不足以為嬰兒繃席，曷能為我被耶？"使者曰："此錦之絲，冰蚕也，得水則舒，水火相返，遇火則縮。"遂于上前令四官張之，以水一噴，即方二丈，五色煥爛，逾於向時。上嘆賞其奇异，因命藏之內庫。

浮光錦

唐敬宗寶歷元年，高昌國獻浮光錦裘。浮光錦絲以紫海之水染其色也，以五采蹙成龍鳳，各一千二百，絡以真珠，上衣之以獵北苑，為朝日所照，而光彩動摇，觀者皆眩其目。上亦不為之貴。一日，馳馬從禽，值暴雨，而浮光裘略無霑濕，上方嘆為异物也。

明霞錦

唐大中初，女蠻國貢明霞錦。錦練水香麻以為（地）[之也][1]，光

1 之也，原作“地”，據《杜陽雜編》改。

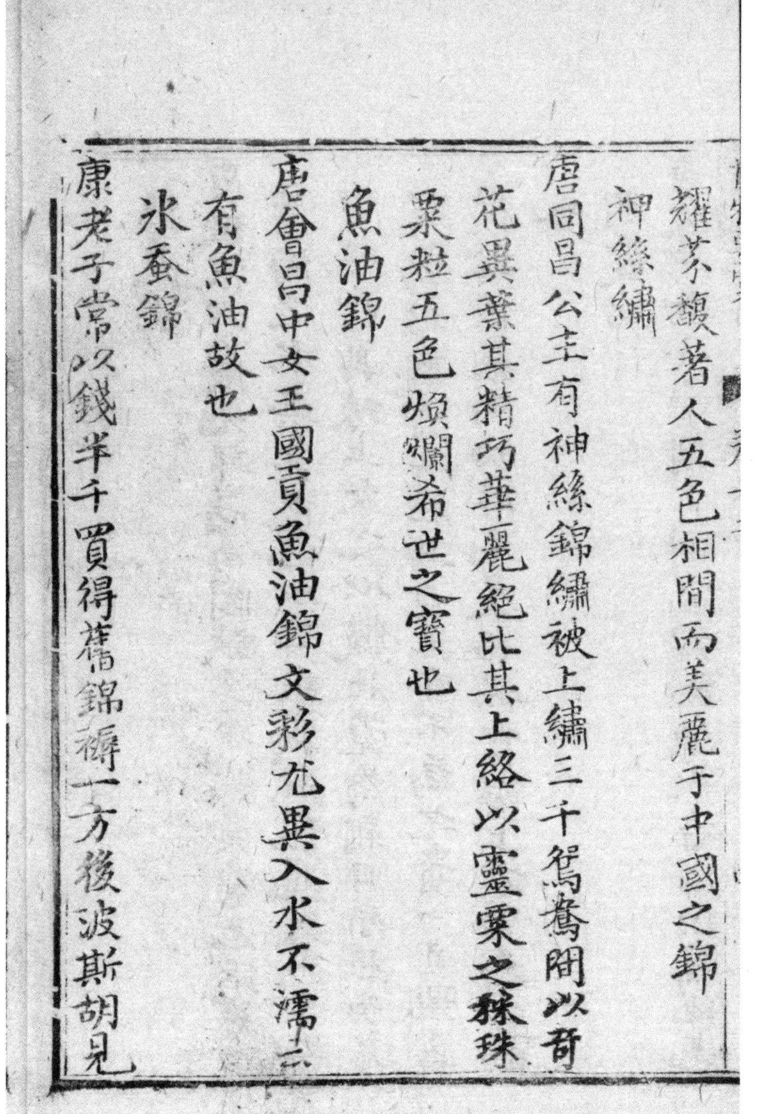
耀芬馥著人五色相間而美麗于中國之錦
神絲繡
唐同昌公主有神絲錦繡被上繡三千鴛鴦間以奇
花異葉其精巧華麗絶比其上絡以靈粟之綵珠
粟粒五色煥爛希世之寶也
魚油錦
唐會昌中女王國貢魚油錦文彩尤異入水不濡云
有魚油故也
冰蚕錦
康老子常以錢半千買得舊錦褥一方後波斯胡見

耀芬馥著人，五色相間，而美麗于中國之錦。

神絲繡

唐同昌公主有神絲錦繡被，上繡三千鴛鴦，間以奇花異葉，其精巧華麗絶比。其上絡以靈粟之採珠，粟粒五色煥爛，希世之寶也。

魚油錦

唐會昌中，女王國貢魚油錦，文彩尤異，入水不濡，云有魚油故也。

冰蚕錦

（唐）［康］[1]老子常以錢半千買得舊錦褥一方，後波斯胡見

1 康，原作“唐”，據《樂府雜録》改。

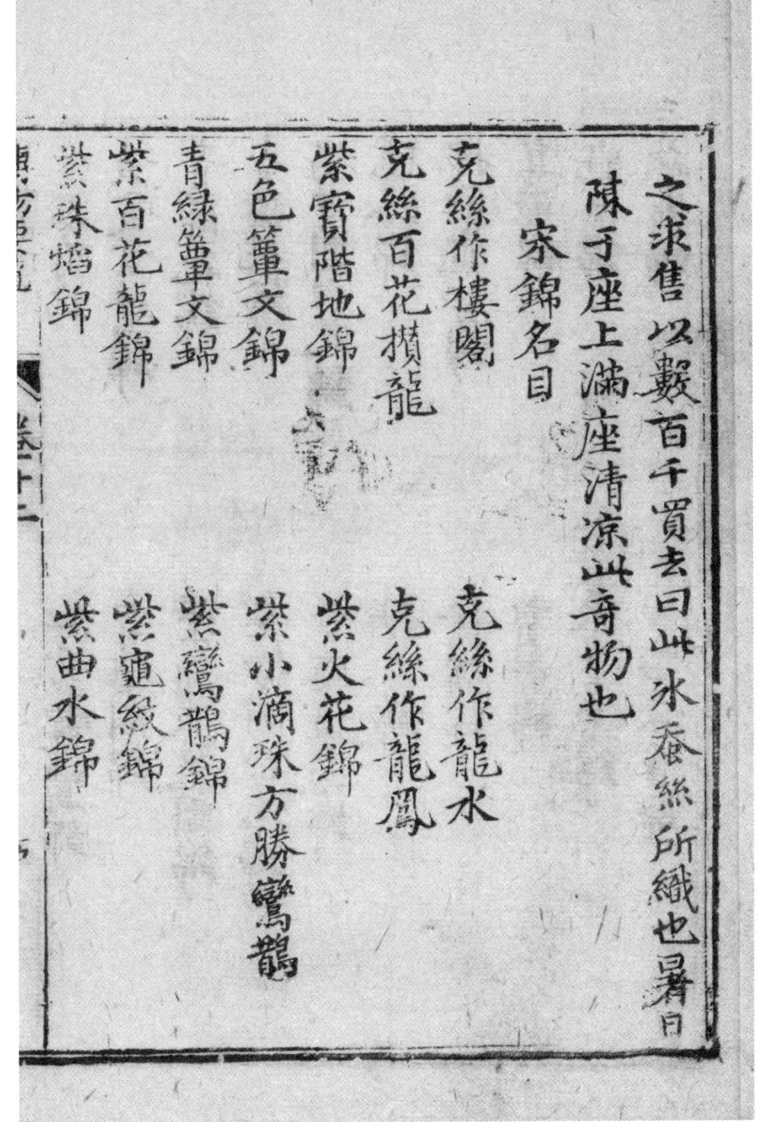

之，求售，以數百千買去，曰：此冰蚕絲所織也，暑日陳于座上，滿座清凉，此奇物也。

宋錦名目

克絲作樓閣	克絲作龍水
克絲百花攢龍	克絲作龍鳳
紫寶階地錦	紫火花錦
五色簟文錦	紫小滴珠方勝鸞鵲
青緑簟文錦	紫鸞鵲錦
紫百花龍錦	紫龜紋錦
紫珠焰錦	紫曲水錦

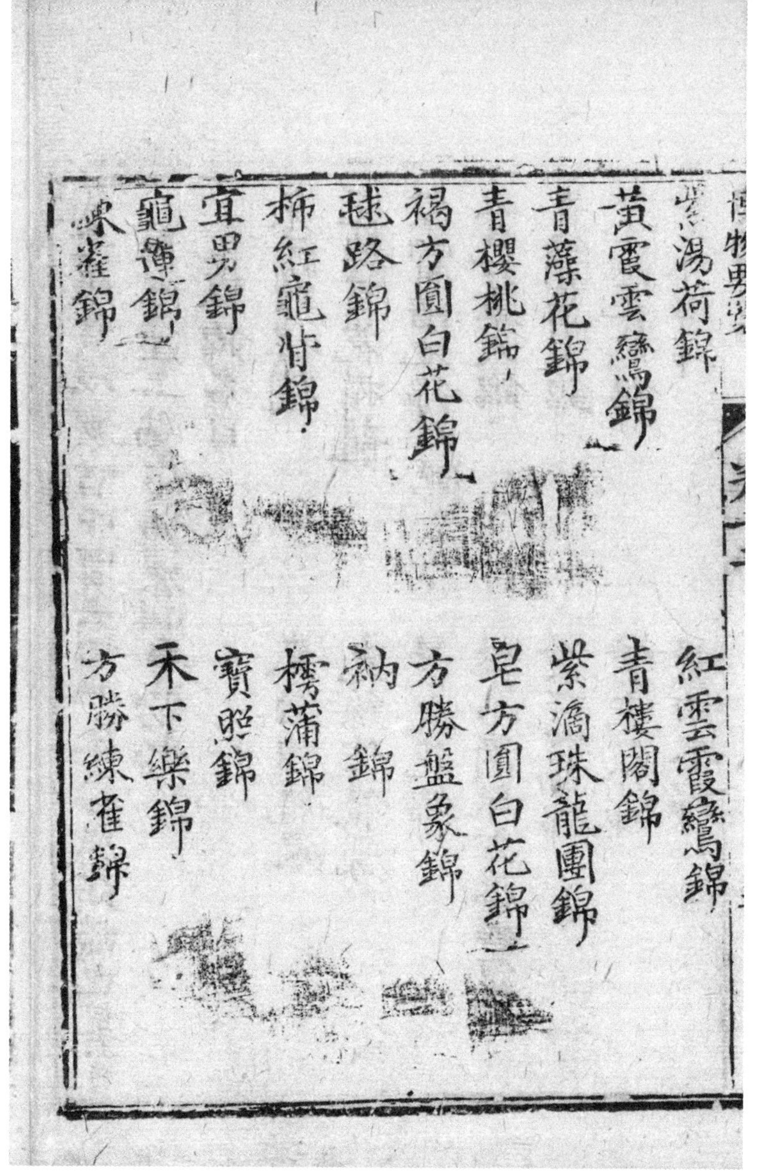
博物要覽
紫湯荷錦
黄霞雲鸞錦
青藻花錦
青櫻桃錦
褐方圓白花錦
毬路錦
柹紅龜背錦
宜男錦
龜蓮錦
練雀錦
紅雲霞鸞錦
青樓閣錦
紫滴珠龍團錦
皂方圓白花錦
方勝盤象錦
衲錦
欏蒲錦
寶照錦
禾下樂錦
方勝練雀錦

紫湯荷錦

黄霞雲鸞錦

青藻花錦

青櫻桃錦

褐方圓白花錦

毬路錦

柹紅龜背錦

宜男錦

龜蓮錦

練（雀）［鵲］[3]錦

紅（雲霞）［霞雲］[1]鸞錦

青樓閣錦

紫滴珠龍團錦

皂方圓白花錦

方勝盤象錦

衲錦

欏蒲錦

寶照錦

（禾）［天］[2]下樂錦

方勝練（雀）［鵲］錦

1 霞雲，原作“雲霞”，據《南村輟耕録》卷二十三改。

2 天，原作“禾”，據《南村輟耕録》卷二十三改。

3 鵲，原作“雀”，據《南村輟耕録》卷二十三改，下同。

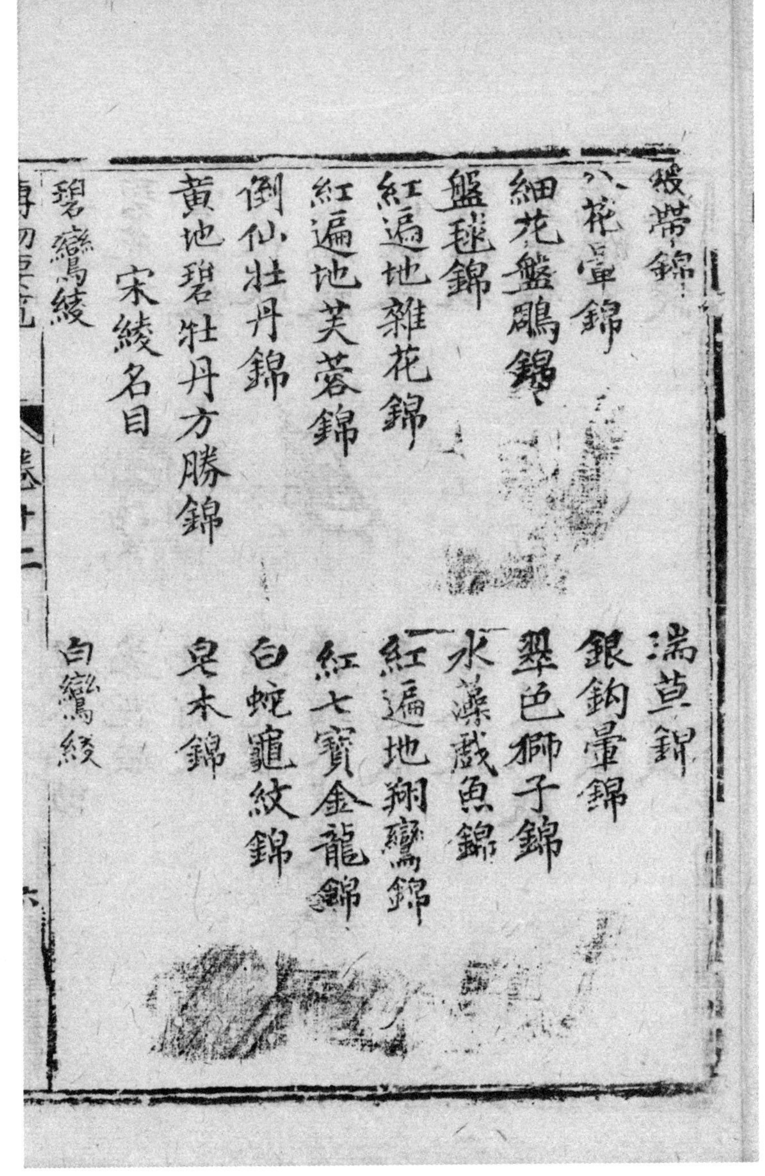

綬帶錦

八花暈錦

細花盤鵰錦

盤毬錦

紅遍地雜花錦

紅遍地芙蓉錦

倒仙牡丹錦

黃地碧牡丹方勝錦

瑞草錦

銀鉤暈錦

翠色獅子錦

水藻戲魚錦

紅遍地翔鸞錦

紅七寶金龍錦

白蛇龜紋錦

皂木錦

宋綾名目

碧鸞綾

白鸞綾

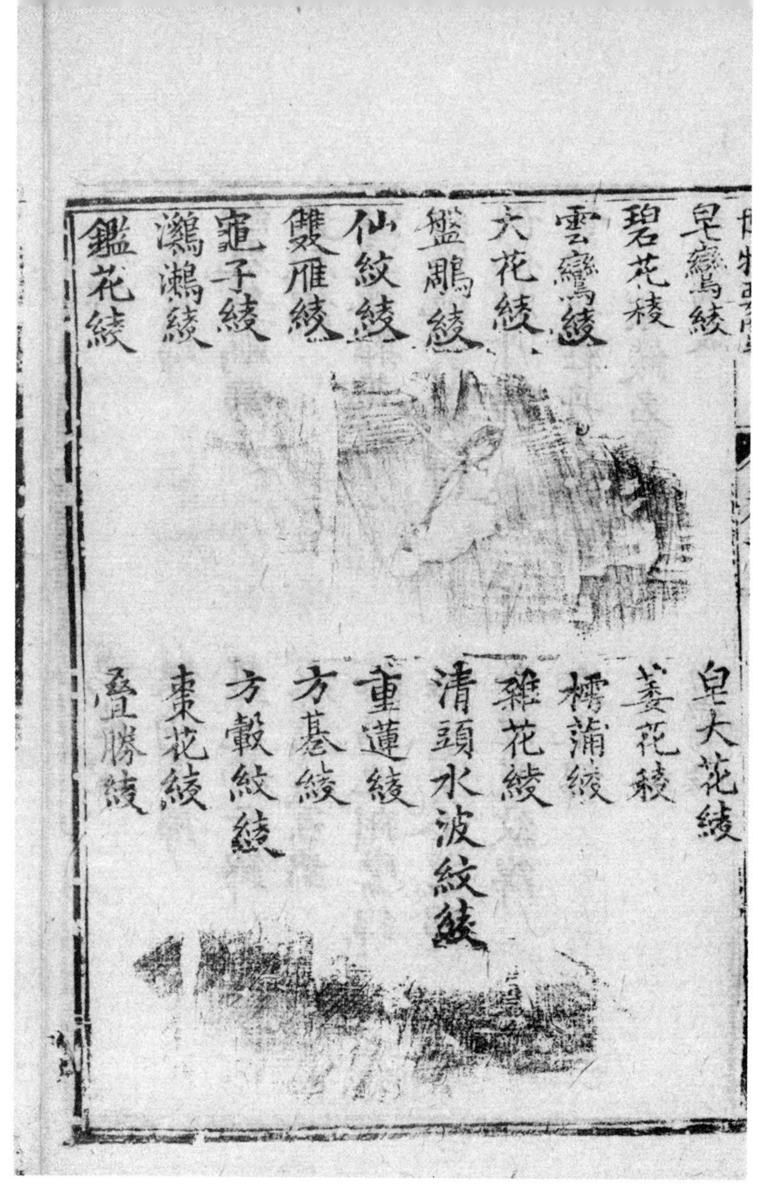
皂鸞綾
碧花稜
雲鸞綾
大花綾
盤鵰綾
仙紋綾
雙雁綾
龜子綾
鸂鶒綾
鑑花綾
皂大花綾
萎花稜
樗蒲綾
雜花綾
清頭水波紋綾
重蓮綾
方碁綾
方縠紋綾
棗花綾
疊勝綾

皂鸞綾	皂大花綾
碧花稜	（萎花）［姜牙］[1]稜
雲鸞綾	樗蒲綾
大花綾	雜花綾
盤鵰綾	清頭水波紋綾
仙紋綾	重蓮綾
雙雁綾	方碁綾
龜子綾	方縠紋綾
鸂鶒綾	棗花綾
鑑花綾	疊勝綾

1 姜牙，原作“萎花”，據《南村輟耕録》卷二十三改。

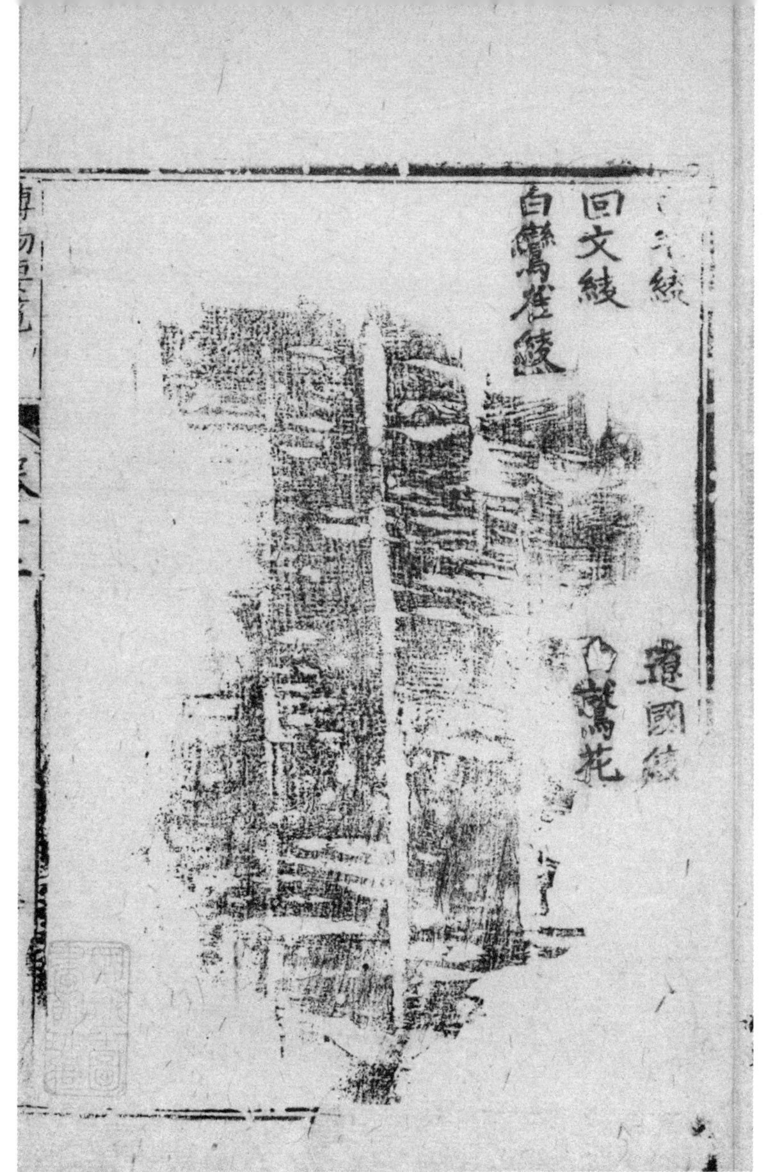

白毛綾　　　遼國綾
回文綾　　　白鷺花綾
白鷺雀綾

博物要覽卷十二